光从中华来

LIGHT COMES FROM CHINA

以图证史（下）

把颠倒的历史再颠倒过来

河清 著

中国大百科全书出版社

图书在版编目（CIP）数据

光从中华来 / 河清著. —北京：中国大百科全书
出版社，2024.1
　　（以图证史：下）
　　ISBN 978-7-5202-1460-5

　　Ⅰ.①光… Ⅱ.①河… Ⅲ.①中华文化—文化史—通
俗读物 Ⅳ.①K203-49

　　中国国家版本馆CIP数据核字（2023）第221700号

出 版 人	刘祚臣
策 划 人	郭银星
责任编辑	常晓迪
特邀审读	辛晓征　战　歌
校　　对	马　跃
责任印制	李宝丰
封面设计	王　薇　王　不
版式设计	博越创想
出版发行	中国大百科全书出版社
地　　址	北京阜成门北大街 17 号
邮　　编	100037
网　　址	http://www.ecph.com.cn
印　　刷	北京君升印刷有限公司
开　　本	710 毫米 ×1000 毫米　1/16
字　　数	1025 千字（上下册）
印　　张	61（上下册）
版　　次	2024 年 1 月第 1 版
印　　次	2024 年 3 月第 4 次印刷
定　　价	198.00 元（上下册）

目录

引子 /001

一、中国典籍才是真正的古代信史 /005

"秦"就是中国，英语 China 就是"秦哪" /005

大秦并非东罗马 /010

历史附会学可以休矣 /012

匈奴、鲜卑、突厥、契丹、蒙古等"戎狄"都源于华夏 /013

西方古代不可能有大区域拼音文字，古代拼音文字也不可释读 /014

二、华夏族裔一波一波向西迁徙 /020

匈奴西迁欧洲 /021

突厥西迁中西亚 /023

蒙古人西征欧洲和中西亚 /025

插问：蒙古人西征时君士坦丁堡存在吗？ /027

伟大的大月氏人开创了昭武九姓、犍陀罗和古印度文明 /031

传说祖先是中国人的亚美尼亚开国英雄 /034

中华文明影响环绕喜马拉雅南部——蜀身毒道 /034

三、中国四大发明西传：欧洲是新生而非"重生"（文艺复兴） /037

中国造纸术西传 /038

中国指南针和航海术西传　/039

中国火药和火器西传　/042

1513 年葡萄牙人开辟中西直通"海上之路"（大西洋五国）　/047

中国印刷术西传　/050

四、中华钢铁西传——钢铁是中华文明第五大发明　/054

"自（大）宛以西至安息国……不知铸铁器"　/054

中国是世界上最早发明冶铁的国家　/057

中国在西周春秋时期就进入钢铁时代　/061

战国两汉已是钢铁大国，直至宋朝"第一次工业奇迹"　/063

中华钢铁冶炼术西传　/066

海上铁锅之路　/071

五、中华瓷器西传　/075

20000 年历史的江西陶片　/076

商朝烧出瓷器　/079

陶瓷西传波斯阿拉伯、西班牙和意大利　/084

"欧洲的景德镇"——利摩日　/086

六、中华医药西传　/089

中华医学是人类最古老的医学（包括不可思议的外科）　/089

中华医学西传昭武九姓和波斯阿拉伯　/095

西医祖宗伊本·西那姓"中国"——"中国的儿子"　/096

中华医学从西班牙传播欧洲　/104

《本草纲目》直接启示现代西医（西方化学来自中国炼丹术）　/108

西方医学长期落后（放血和灌直肠） /117

七、中华天文学和数学西传 /122

中华天文学和数学在汉代就已极其辉煌 /122

中国天文学和数学在宋元达于巅峰 /138

西方天文学之父比鲁尼和数学之父花拉子米，皆中亚昭武九姓地区人 /157

元朝中国在波斯援建马拉盖天文台和图书馆 /167

黄道十二宫（星座）本是中国唐代产物 /176

16 世纪中华天文学数学传入欧洲，催生西方现代科学 /190

17 世纪巴黎梅森学院（"帕斯卡三角"源自北宋贾宪三角） /207

八、中华器物西传 /212

西语"机器"一词本义是"马秦"——伟大的中国 /212

机械钟是中华民族又一伟大发明 /218

中国元朝《农书》器械插图影响达·芬奇 /232

中国纺织机、活塞风箱和铁铧犁引发欧洲工业革命和农业革命 /237

眼镜、算盘、马镫、纸钞、烧酒（白兰地）等也是中国发明 /248

九、中华艺术西传 /267

中国绘画直接影响 13 至 14 世纪意大利绘画 /267

欧洲绘画之父——乔托画中的蒙古人和元朝符号 /275

达·芬奇《蒙娜丽莎》背景的中国山水 /280

17 至 18 世纪荷兰和法国绘画的"中国风"
（欧洲古典绘画借助透镜投影） /283

17 至 18 世纪中国园林影响英国式花园并风靡欧洲 /317

17 至 18 世纪欧洲人迷醉中国宝塔、楼阁和室内装饰　/330

"古罗马圆拱"源自中国（中国砖穹顶建筑技术西传）　/348

中国十二平均律是欧洲发明十二音阶钢琴的前提　/371

十、17 至 18 世纪中国文化启蒙欧洲（从"神"走向"人"）/391

16 世纪中国思想星星之火点燃西班牙萨拉曼卡学派（自然法，理性）/394

17 世纪荷兰——中华文明之光启明欧洲的一盏明灯　/405

中国的"天理"导向格劳秀斯的"自然法"和笛卡尔的"理性"/414

中国的"道"启示 17 世纪英国的"自然神论"（反基督教）/426

洛克"天赋人权"的"天"是中国天理的"天"（反专制）/431

德国莱布尼茨推崇中国儒家理性　/435

18 世纪法国的"中国热"（"中国化的欧洲"）/440

"自由"旗手伏尔泰鼓吹"全盘华化"论　/446

"民主"祖宗卢梭受孟子"民为贵"思想影响　/450

魁奈——"欧洲的孔夫子"（老子"无为"思想导向斯密经济自由主义）/456

康德——"哥尼斯堡的中国人"/460

法国国王和奥地利皇帝模仿中国皇帝扶犁亲耕"籍田大礼"/463

中国理性观念导致法国大革命（巴黎圣母院成了"理性庙"）/467

余绪—— /480

结语：中华文明之光照耀人类未来 /482

后记 /487

参考书目 /491

引子

西方有一句拉丁语格言——"光从东方来"（Ex oriente lux）。西方承认文明之光来自东方。当然，这个东方是指近东、中东乃至印度，并不包括中国。但至少西方人承认自己那块地方，早先没有光，处在黑暗之中。

应该说，成熟发达的农业，人口众多，是古代文明产生的基本条件。

我们已知的两河流域文明，其农业徒有虚名。世界上古代农业真正发达的地方，只有中国的黄河和长江这个地球上最大的两河流域。

上天眷顾中华，在北半球给了中华民族一块巨大的温带土地，不能说"流淌着奶与蜜"，但大体上风调雨顺。黄河长江，这两条发源于世界屋脊冰川的大河，从海拔8000多米的高原雪山，奔向大海。既有汹涌波涛，也有涓涓细流。无数支流与河溪像毛细血管，滋养着一块全世界真正的膏腴之地。

欧洲南部的三个半岛——巴尔干半岛、亚平宁半岛和伊比利亚半岛（图1），地理条件并不太好，大部分是山地，不那么适于原生农业。巴尔干半岛山最多，条件最差。伊比利亚半岛南部条件稍好，阿拉伯人占领长达700年。

所谓四大文明古国的四大流域，其中三个——尼罗河流域、

图1　欧洲三个半岛地理条件都不好

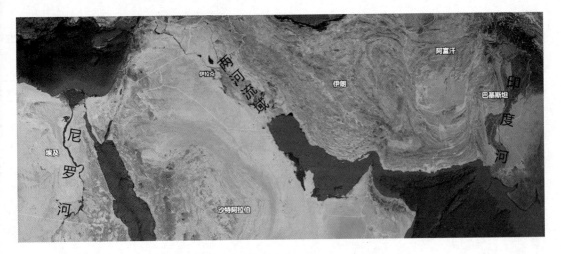

图2　三个"古文明"之流域都属于高温热带沙漠气候

两河流域和印度河流域，都属于高温热带沙漠气候（图2）。尤其尼罗河和两河流域，大部分处于沙漠或准沙漠地区。印度河的上游气候条件稍好，但中下游也是高温热带沙漠气候。这三个流域都不具备产生古代农业文明的理想地理条件。

黄河长江流域才是理想的人类文明主要发源地。其他三个流域的大河"文明"，都是近代西方伪造出来的神话。

中华民族拥有世界最大的一块温带膏腴之地，原创了古代世界最成熟发达的农业，养育了古代世界最稠密众多的定居人口，创生了古代世界最先进的科技知识。中华文明像一座灯塔，向黑暗的四周播撒文明的光亮……

中国人发明了造纸术和印刷术，让文化知识得以空前便利地传播。中国人发明了火药和火炮，改变了世界的军事格局。中国人发明了指南针、罗盘、尾舵和水密舱，给人类提供了真正的航海技术。中华民族的发明远远不止四大发明。

冶铁术也是中国最伟大的发明之一。中国是世界上最早使用铁的国家。早在前8世纪的春秋时期就发明了液态铸铁技术，也就是生铁冶炼技术。炼生铁必须要有大型竖炉和皮囊鼓风器，获得1200℃以上高温，这在古代世界只有中国才能办到。生铁可以铸造耕地的铁犁。西方只是在17世纪从中国引进了铁铧犁，欧洲才发生了农业革命。

中国人发明的瓷器，晶莹光滑，欧洲人称为"白色的金子"，16世纪输入欧洲，引起了欧洲人长久的痴迷。君王贵族都要收藏中国瓷器，布置一个中国陶瓷厅，那是有身份的象征……

神农尝百草，中国有历史悠久的中医中药。神医扁鹊和华佗医术高明。明朝李时珍编撰《本草纲目》，被翻译成拉丁文、法文、英文、德文等多种文字。中国在很长的历史时期中都是世界上医学最先进的国家。

正是因为农业发达，需要准确的历法，确定农时节气。所以，中华民族最早仰望星空，创造了人类最古老的天文学。山西陶寺遗址，考古发现了一根约4400年前的观测天文的圭尺。历朝政府，都有专门负责天文的官职和机构。早在东汉，伟大的天文学家张衡就制造了世界上最先进的观测天象的浑天仪。

为了计算天文历法，中国人创造了最高水平的古代数学。成书于西汉的《周髀算经》是中国最古老的数学著作，同时也是一部天文学著作。南北朝的祖冲之，既是伟大的数学家，也是杰出的天文学家。他不仅把圆周率精确到小数点后7位：3.1415926，也能精确计算出一个回归年长度为365.24281481日，并编订了一部《大明历》。

西汉人张苍和耿寿昌编撰的《九章算术》，收有246个数学问题，包括平面几何图形面积的算法、开平方、开立方等等，还有勾股定理（被西方盗用称"毕达哥拉斯定理"）。可以说，中国在2000年前的两汉时期，就已达到人类天文学和数学的高峰。

中国人还发明了无数的器物，比如纺织机、机械钟、眼镜、算盘、马镫、纸钞、烧酒等。这些东西貌似寻常，其实包含巨大的文明意义。甚至西语"机器"（machine）一词，意思就是"大秦"——"伟大的中国"的意思！

中华艺术对西方也产生了重大影响。中国绘画直接影响了13至14世纪的意大利绘画；17至18世纪，中国审美趣味的"中国风"风靡欧洲……

从文化思想上，中国人向全世界传播了一种真正的人文主义，肯定人的天性（性善论），认为人具有理性。一切法律和道德都应当基于人的理性，而不是取决于上帝。正是中国的理性文化影响了欧洲的启蒙运动，促使欧洲从神权走向人的解放……

16至18世纪，耶稣会士给欧洲传回去一个物质富裕、人民幸福、君王仁慈的中国形象，致使18世纪法国乃至整个欧洲狂热向往中国，产生所谓"中国热"。

至少在18世纪前，中国无可争议的是世界上科技最先进、经济最富裕、文明最昌盛的大国。

当今世界的时空坐标是中国人制定的。

一年 12 个月，一天 12 个时辰。"岁有十二月，日有十二辰"（《黄帝内经》）。一年 12 个月，分为 24 节气。一天 12 时辰，分为初和正，有 24 "小时"。都是 12 为单位，再分为 24。

12 之数来自地支。中国文化酷爱 12 之数：有 12 生肖，黄道 12 宫。中国的音律也是 12 分，所谓十二音律。明朝朱载堉发明的"十二平均律"，12 个半音，构成现代钢琴的定音音阶。

10 进位制来自中国。

圆周 360 度源自中国。

经纬度来自中国。早在汉朝，中国就开始测量某地的地球纬度。经度是基于中国为中心将地球圆周分为 360 度。明朝《坤舆万国全图》的赤道已画出 360 经度（以非洲大陆西部为经度 0 度）。

7 天一"星期"也是源自中国的七曜：日月 + 五星（金木水火土）。唐代佛经《宿曜历经》："夫七曜者，所谓日月五星，下直人间。一日一易，七日周而复始。"

西方星期用英法文表示，星期日：太阳 Sunday/dimanche；星期一：月亮 monday/lundi；星期二：火星 tuesday/mardi，星期三：水星 wednsday/mercredi；星期四：木星 Thursday/jeudi。星期五：金星 Friday/vendredi；星期六：土星 saturday/samedi

......

中华文明，不仅向东（朝鲜日本）、向南（印度半岛和东南亚）、向北（蒙古高原），而且还向西，通过波斯、阿拉伯直至欧洲，播撒文明之光。

中华文明向西影响和传播，一直被西方话语体系刻意掩盖。西方一直让人们相信，中国是一个封闭的国度。中国通过亚欧大陆传向欧洲的，主要是轻飘飘的丝绸……

文明固然有相互交流，但亚欧大陆的文明主流是自东往西传播，从中华经波斯、阿拉伯，终抵欧洲。

人类文明之光来自中华。

一、中国典籍才是真正的古代信史

在讲中华文明西传之前，有几个要点需要先说明。

"秦"就是中国，英语 China 就是"秦哪"

一直以来我们被告知，西方人把我们中国叫作 China，是因为当年古罗马人管我们叫丝国，什么"赛里斯"（Serice, Seres），后来变成 Sina, China。还有说"中国"国名来自中国瓷器（china）。其实，China 的名字跟中国丝绸或陶瓷毫无关系。

历史的真相是，从秦朝以后，中国以西各国，一直都用"秦"和"契丹"这两个名字称呼中国。直到今天，依然这么叫。

2000 多年前，中国诞生了一个秦帝国。它是人类历史上第一个大一统帝国。这是一个真正的帝国，统一了广袤的地域，实行有效的国家行政管理。

中国以外的其他地方，中亚、西亚多沙漠，大多是游牧部落，最多是松散的部落联盟，中国古籍称它们为"行国"，就是说不固定于一地，一直在"行走"，逐水草而迁徙。古代西欧更是地荒人稀，长期以来都像是一片小部落组成的马赛克。意大利和德国只是在 19 世纪中叶，才将一些松散小邦聚合起来，成为现代国家。

秦始皇废除分封制，实行郡县制，是人类历史上最早实行中央集权行政管理的国家。西方故事学描述亚历山大大帝跑马跑一圈，建立"亚历山大帝国"，那根本不是帝国。还有什么赫梯帝国、古波斯帝国、雅典帝国、古罗马帝国……所有这些帝国都是虚构。

读者朋友切记：秦帝国是人类历史上第一个真正的帝国。秦始皇也是人类历史上真正的"始皇帝"。

秦帝国这个大块头的名声，从中国向西发生了无穷的扩散。"秦"这个声音，留传至今。

2015年我去伊朗，跟伊朗人交谈用英语自称"中国人"，伊朗人立即称：你是"秦"（Qin，Chin）人。伊朗人"秦"的发音字正腔圆，非常标准。也有手指勾手指比划：伊朗……秦，关系很好。

这"秦"听上去与"亲"一样，加上伊朗人非常友好，一声声的"亲"，听起来非常舒坦。另外我在伊朗街头经常被搭讪，被伊朗男女老少要求与他们合影，生平第一次有了当万人迷的感觉，哈哈。

游完伊朗去土耳其，土耳其人称中国也叫"秦"。（独行背包客的好处，就是能与当地人直接交流）

其实是我们忽略了秦王朝空前的历史意义。秦王朝的雏形早在前905年的西周就已出现：周孝王封"秦"地于甘肃天水。如果从这一年算起到前206年秦朝灭亡，秦这一政权享国约700年。

秦国一直在华夏民族的西部，与西部的羌戎接壤。前821年，秦庄公击败西戎，被周宣王封为西陲大夫。等到春秋五霸之一的秦穆公，再次大破西戎，灭了12个西戎小国，往西辟土千里，被周襄王任命为西方诸侯之伯，秦国更是在西域戎狄那里威名大振。

前316年，经过商鞅变法而强大的秦国攻灭了巴蜀，占领了四川。而四川有一条古老的商道"蜀身毒（印度）道"，经缅、泰直通印度北部。秦国之名开始传播南亚。

等到秦始皇一统华夏，秦军虎狼之师，所向披靡，整个中国都是"秦"。大秦帝国的威名更加远播四方。秦帝国对周边蛮夷小部落的这种历史震撼，是我们今天无法想象的。因为这是人类历史上第一个领土辽阔的大一统帝国。

所以对于西边的羌戎、北方的匈奴，南方云南、广西及以南的民族来说，它们所面对的一块巨大广袤的疆域都是"秦"。直至今天，中国南边的一些南亚和东南亚国家，也称中国为"秦"。如印度（印地语）、巴基斯坦（乌尔都语）、老挝、泰国、柬埔寨等，都称中国为"钦"或"晋"之类的发音。

中国西北南三边及以外的部落小国，都记住了"秦"这个空前的大帝国，一直把中国叫做"秦"。

把秦的威名直接播到中亚，最重要的事件应是汉武帝西征大宛。西汉太初三年（前104年）前后，汉武大帝为求西域大宛国的汗血宝马，远征大宛。第一次派将军李广利前去索讨，没有成功。之后就搞了一次几乎是全国总动员的远征。司马迁《史记·大宛列传》将这次远征描写得无比生动："岁余而出敦煌者六万人，负私从者不与（自带装备者不算在内），牛十万，马三万余匹，驴骡橐它（骆驼）以万数。多赍粮，兵弩甚设，天下骚动，传相奉伐宛。"兴师动众，全国人民都知道汉军去讨伐大宛。

大宛在今天的乌兹别克斯坦。《史记》专门有"大宛列传"，可见其重要。所以我用"大宛地区"来泛指乌兹别克斯坦。那里有一个乌浒水（阿姆河）和药杀水（锡尔河）之间的"河中地区"。尽管大部分地区是沙漠，但两河上游和一些河谷地区，还是土地肥沃，是农耕地区，也是中华族裔"昭武九姓"9个小国的所在地（图3）。

当时大宛是一小国。《汉书》统计为6万户，人口30万，6万士兵。汉朝10万大军压境，大宛人哪见过这阵势？大宛的贵族马上就杀了国王献上首级，也献了宝马，商议投降。汉军受降，挑了3000余匹汗血马，班师回朝。

这次远征震动了西域各游牧小国。"汉既诛大宛，威震外国"。加上汉朝

图3　两河之间河中地区是昭武九姓（康：撒马尔罕）

又派了十几拨使者到大宛以西那些小国，宣扬"伐宛之威"。到东汉班超平定西域，"条支、安息（伊朗）诸国至于海濒四万里外，皆重译（遣使）贡献"（《汉书》），中国声名远播整个中亚、西亚。

即使秦朝已被汉朝取代，对于西域各国的人来说，东方大国依然是秦国，汉人依然是秦人。

从此，不管中国换了多少朝代名号，中亚、西亚、南亚诸国人民，一律称中国为"秦"，中国的皇帝叫"秦王"。

自有了拼音文字，"秦"的拉丁拼音就成为：Chin、Cin 或 Sin。今天阿拉伯语称中国，还是发 Siyn（辛）的音。

许多词语经常加后缀：哦（e）啊（a），秦就成了"秦呢—秦哪"。

Chine-China、Cine-Cina 或 Sine-Sina，这些听上去是"奇呢－奇那"或"西呢－西那"的拼音，实际都是指"秦呢—秦哪"。

唐朝玄奘在《大唐西域记》里记载，印度鸠摩罗国王问："大唐国在何方？"玄奘答："印度所谓摩诃至那国是也。"国王说："尝闻摩诃至那国有秦王天子……盛德之誉，诚有之乎？大唐国者，岂此是耶？"玄奘说："然。至那者，前王之国号。大唐者，我君之国称。"

可见，唐朝印度地区把中国叫做"摩诃至那"。摩诃（Maha）佛经中常见，意为"大""伟大"。至那就是秦。摩诃至那就是"大秦""伟大的秦"的意思。大家要记住"摩诃至那"（mahachina）是"大秦"的意思。

玄奘把秦写成"至那"，也就是佛经梵文中的"支那"，拉丁拼音的"西那"（Sina），都是"秦哪"。

法语"中国"（Chine）发音"西呢"，就是"秦呢"。英语"中国"（China）发音本应是"奇那"，今发成"恰那"，实际上还是"秦哪"。

全世界的人都叫中国人是"秦人"，只有我们自己自称汉人。因为我们有些忘记了第一帝国"秦"（暴政恶名），只记住了第二帝国"汉"，自称汉族。

还有一件中国对西域国家发生重大震荡的事件，是 1141 年，契丹人西侵西域，建立西辽王朝。将大宛地区纳入契丹人的西辽王朝。从此，"契丹"之名威镇西域，对西北方向的俄罗斯草原和更远方的欧洲也发生了深远影响。

尤其，契丹人的辽朝是一个高度汉化的王朝。皇帝有年号、庙号，实行科举制，是一个标准的中国王朝。西辽的第一位皇帝耶律大石，还曾科举中了进士，当过翰林应奉，有深厚的中国文化修养。

于是，里海北岸往西的草原部落和更西的欧洲人，都把西辽"契丹"当作中国。他们口中的契丹，就是指中国。

欧洲人长期称中国为契丹，在17世纪之后改称秦。但俄罗斯人、保加利亚人以及乌兹别克人，今天依然把中国叫作契丹（Kitan）。契丹也有发音成"加泰"（Cathay）。

中国正史对契丹人建立的辽朝有些偏见，只承认两宋（960—1279年），而不那么待见辽朝与西辽（907—1218年）。其实辽朝与宋朝一样享国300多年。辽朝的疆域，与它的名字一样"辽"，东起库页岛，囊括蒙古草原，西至新疆阿尔泰山，南边包括了山西和河北，"幅员万里"。

西辽占据大宛地区，西北抵咸海，东边囊括整个新疆和一部分蒙古地区，疆域同样辽阔。

其实从中国到欧洲，陆上通道除了走里海南边，新疆－大宛－波斯－阿拉伯－地中海的南路之外，还有一条里海以北，北纬50度的"草原之路"。可以从蒙古草原，直接通向欧洲的俄罗斯。这条草原之路作为中国与欧洲的通道，其重要性被大大低估了。

1235年，拔都指挥的蒙古人第二次西征，就是直接从草原之路横扫过去。蒙古人和契丹人都是来自蒙古草原。契丹人额头上自己写着"契丹"，因为辽朝第一个国号就自称契丹，西辽还以"大契丹"做国号。而蒙古人似乎没自称"蒙古"，所以当时欧洲人把蒙古人也当作契丹人。

1271年，意大利人马可·波罗来中国。他在游记中就把元朝的中国叫做契丹。那时，富裕无比的契丹（Cathay）成为欧洲人梦寐向往的乐土。

1602年耶稣会士鄂本笃从印度出发，经中亚绕一大圈寻访契丹。1605年终于到达中国，感天动地，才弄清了契丹就是中国。从此以后，欧洲人才不再把中国叫做契丹，统一称为"秦"（秦呢或秦哪）。

又记：北宋时期，西域喀喇汗国把北宋称为"上秦"（或"马秦"），契丹为"中秦"，南疆喀什为"下秦"。

大秦并非东罗马

今天中国知识界认定大秦就是东罗马，俨然是一个定论。实际上秦是中国，大秦是"类似中国"。不排除移居西域西亚的中国人一度建立的国家，被当地邻居称为"大秦"。

最早记载大秦的是三国时期魏国的《魏略》："大秦国一号犁靬，在安息、条支西大海之西。从安息界安谷城乘船，直截海西，遇风利二月到，风迟或一岁，无风或三岁。其国在海西，故俗谓之海西。"显然，这个大秦的位置并不确定。

接着记述大秦的是《后汉书·西域传》："大秦国一名犁鞬，以在海西，亦云海西国……其人民皆长大平正，有类中国，故谓之大秦。"南宋僧人志磐《佛祖统纪》中有一幅"汉西域诸国图"（图4），大秦画在西海里。

重点来了：之所以叫"大秦"，是因为该国"有类中国"。

《晋书》记载中的大秦也这样："其人长大，貌类中国人而胡服。"《魏书》

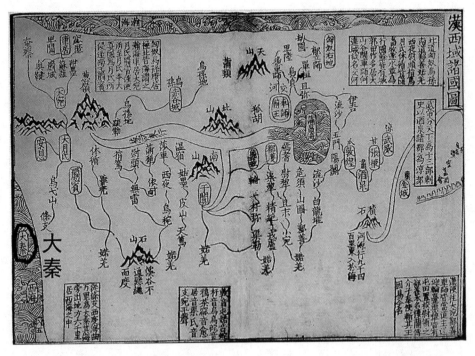

图4 《汉西域诸国图》大秦在西海里

和《北史》记载大秦："其人端正长大，衣服、车旗，拟仪中国，故外域谓之大秦。"可见，人和礼仪像中国，所以被外域人叫作大秦。

但《魏书》和《北史》突然冒出一句："（大秦）东南通交趾（越南），又水道通益州（四川）永昌郡。"这怎么回事啊？感觉这个大秦一点不远，像是在印度。其实有多位学者考证，印度东北确实有个"大秦"，与我国的云南、四川相通。今天印度东北角有个曼尼普尔邦，

图5　印度东北的曼尼普尔人"有类中国"

属汉藏语系，那里的人长的很像中国人（图5）。

《后汉书》中有一段几乎被用滥的话，说东罗马皇帝曾唯一一次派过使者来中国："桓帝延熹九年（166年），大秦王安敦遣使自日南（越南）徼外献象牙、犀角、玳瑁，始乃一通焉。"

大家都不用脑子想想，东罗马派使者怎么从越南过来？东罗马的礼物怎么是象牙、犀角和玳瑁？如果这个大秦是在印度，那倒是说得通了。

即使按照西方伪史，166年东罗马帝国也尚未存在啊！

有一些典籍把大夏（今阿富汗地区）和波斯说成是大秦。还有一些学者认为大秦在埃及或在埃塞俄比亚等地。综合起来看，大秦极有可能是一些中国移民在西亚和南亚建立的昙花一现的殖民国家。

历史上的亚美尼亚，有可能是诸多大秦之一。《旧唐书》称大秦是拂菻国，"在西海之上，东南与波斯接"。《新唐书》也是："拂菻，古大秦也，居西海上……东南接波斯。"

亚美尼亚刚好在里海的西边，东南接波斯。虽然今天的亚美尼亚很小，而历史上亚美尼亚人的地盘曾经很分散且广大，南抵伊朗西北重要城市大不里士（古称"桃里寺"）。甚至伊朗中部的伊斯法罕，今天还有亚美尼亚基督教堂。……因此，不排除亚美尼亚可能是中国移民建立的大秦之一。

总之，大秦不只一处，有实有虚，类似传说。但无论如何，大秦不是

"东罗马"。

最重要一点是大秦可以指中国自己。"摩诃至那"就是大秦，就是中国。

历史附会学可以休矣

随便翻开一些今天中国的历史著述，除了照搬西方伪史，随处可见把中国史籍的内容附会到西方历史的说辞上，或者用西方历史的说辞附会中国史实。这种历史附会学，把全世界唯一一部真正的信史——中国史籍，也降格成为故事学！

《汉书》里的"塞种"人，源于新疆西北，史书说得很清楚。现在塞种人被附会成从西方迁徙过来的斯基泰人，属于"印欧人"。

这个印欧人，是西方人认的祖宗，也被称为高加索人种，发源于里海和黑海之间的高加索山区（图6-左），即今天车臣、格鲁吉亚地区。

一个多山的山脉地区，欧洲最高峰就在那里，怎么就成了一个人口过剩、全方位向世界出口移民的基地？这样的示意图难道不令人发笑？

印欧人除了向西发源了古希腊、古罗马、古赫梯等欧洲文明，向东也遣送了三支：古波斯、古印度和斯基泰人，满世界创造文明（图6-右）。这样的故事学，中国学界不仅照单全收，还非常配合，把斯基泰人附会为"塞种"人。

还有，中国学者也跟着西方把中亚昭武九姓（图3）地区的人，称作所谓

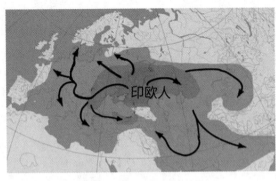

发源于高加索山区的印欧人

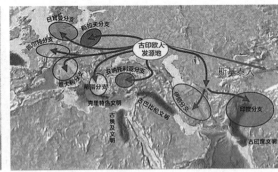

印欧人了不得，到处创造文明

图6

"粟特人"（Sogdian）。昭武九姓是华夏族裔西迁建立的国家，中华后裔与当地人的融合，不是一个特殊人种族群。一些中国学者为了显示学术性，大用特用西方的粟特人概念。如果不用"粟特人"，简直就不会写文章。

再有，西方故事学声称中国秦汉时期，大批希腊人来到阿富汗弄出过一个"巴克特里亚"王国，中国学界也非常愿意接受。中国史籍明确指称那时的阿富汗地区名叫大夏。鬼知道这个巴克特里亚王国是个什么玩意儿。

塞种，昭武九姓，还有大宛、大夏、罽宾等名词，是中华史籍的概念。而斯基泰、粟特、巴克特里亚等名词，则是西方历史学编撰出来的概念。

你是用中华信史去解释世界，还是用西方故事学去解释世界？实际上涉及了一个重要的文化话语权——历史解释权。

中国自己关于西域的史籍相当清晰翔实，为什么不用？为什么要去附会西方故事学，污染中国历史学，把中国历史学变成一种附会学？

匈奴、鲜卑、突厥、契丹、蒙古等"戎狄"都源于华夏

契丹就是中国，也可以说明一个重要史实：华夏四周的蛮夷戎狄，历史上受到华夏文明的感化，渐渐"变夷为夏"，成为华夏。

中华文明不是以人种，所谓"民族"（西方近代概念）来区分夷夏。认同华夏，夷可以变为夏。就是说，你认同中国文化，你就是华夏。这是中华文明伟大的包容性。

唐人陈黯有《华心》论，华夷之辨在乎心。"形夷而心华"就是华。"（匈奴人）金日磾之忠赤，其华人乎！"而中土之人行为不符礼义，则是"形华而心夷"也。[1]

韩毓海先生《天下：包容四夷的中国》认为：正是这种逐渐化夷为夏、夷夏融合，华夏文明的地域越来越大，成就了今天一个疆域辽阔的中国。

尤其尤其，天大的重点来了：《史记·匈奴列传》明确说："匈奴，其先祖夏后氏之苗裔也。"就是说，匈奴是夏朝的后裔，也是华夏子孙！

司马迁一锤定音。

---

[1] 见陈垣《元西域人华化考》。

事实上，"匈奴"可以泛指所有华夏北方草原带的游牧部落，从东边库页岛，往西大兴安岭，蒙古草原，到阿尔泰山这一大片区域。部落的名称，时空上千变万化，诸如鲜卑、柔然、突厥、契丹、蒙古、女真……等等，但大体同源同种。这些游牧部落都与南方农耕区的华夏文明有着千丝万缕的联系，互相厮杀，又互相影响，上演恩怨情仇。

如果说匈奴源于华夏，那么后来所有名称各异的北方草原部落，这些匈奴后裔，也都可以说源于华夏。

这些北方草原部落，有的南下中原消融在华夏族群里，也有一拨一拨向西迁徙，去欧洲（匈奴），去中亚、西亚（突厥），或向西横扫整个亚欧大陆（蒙古），消融在当地土著族群中。

曾在伊斯坦布尔与一位土耳其青年聊天，言谈间青年对自己身为土耳其人有一种自豪感，因为自己的祖先成吉思汗非常伟大……耶？成吉思汗不是蒙古人的祖先吗？他说不，对于土耳其人来说，突厥人与匈奴人、蒙古人是一回事。他说在土耳其给小孩起名字，经常取成吉思汗的"汗"。

这一拨又一拨从蒙古草原向西迁徙的各个时代的"匈奴"们，携带着华夏文明的科技知识和中华文化的基因，代表着一种先进的军事力量和先进的文明，在西迁的道路上所向披靡！

尤其是蒙古人的西征，让亚欧大陆成通途，把华夏文明直接带到了地中海沿岸和欧洲腹地。所以，这些西迁的"匈奴"，是华夏文明的传播者。

胡人与华夏融合，也导致了华夏文明边界不断北扩。最著名的当推鲜卑人的汉化。鲜卑人拓拔氏建立北魏，孝文帝拓拔宏南下迁都洛阳（490年），行汉制，穿汉服，全面汉化。

还有，唐朝的皇室也有鲜卑人血统。唐太祖李渊的母亲独孤氏是鲜卑化的匈奴人。所以，伟大的唐朝也有来自北方草原的基因。

华夏文明的巨大包容力，让北方各种戎狄胡人，都由夷变夏，化夷为夏，成就了今天中华文明的恢弘和辉煌。

西方古代不可能有大区域拼音文字，古代拼音文字也不可释读

小区域，比如一个村一个乡，创造一些字母规定发音，记录成"文字"

很容易做到。当年一些传教士到怒江地区的村寨，轻而易举就编出一套注音字母，供村民使用。

但要创造一个大区域（一个国家或跨几个国家）统一的拼音文字，就必须要像秦帝国那样，把一大片区域统一起来，实行有效的行政大一统管理。然后以该区域政治中心地的发音，强行推出标准发音，实现统一的拼音文字。

比如中华人民共和国全国统一推广普通话，大体以北京地区的发音为标准，规定"街"只能发 jie，不能发成 jia 或 gai 或 ga 等等。法国形成统一的现代民族国家，规定以巴黎口音为标准推行法语，强行把法国各地的方言，归到民族国家层面统一的"法语"，众多地方方言和小语种（比如普列塔尼语）就被埋灭遗忘……

宗教大一统也能创造大区域的拼音文字。比如阿拉伯文，就是在伊斯兰教兴起后，借助阿拉伯文的拼音字母，用麦加地区的发音书写《古兰经》，由此奠定了阿拉伯拼音文字。随着伊斯兰教的传播，阿拉伯文就成为大区域的拼音文字。

公元前的古希腊和古罗马，既没有而像秦帝国这样的行政大一统，也没有像后来的伊斯兰教那样的宗教大一统，就绝不可能产生大区域统一的拼音文字。

拼音文字从技术层面上讲，首先要产生统一的标音字母，还要有统一的发音，事实上无限困难。

不要觉得拼音字母，不就是 abcd……26 个字母嘛。其实人类的拼音字母五花八门。我当年在洛阳外语学院，一个同学是学缅甸文的，感觉缅文都是画圈圈。还有泰文、韩文……都是拼音文字，许多像鬼画符。所以，拼音文字第一步，形成统一的拼音字母，就极其困难。

拉丁字母最初只有 21 个。后来是从 I 分蘖出 J，从 V 分蘖出 U 和 W（意思是"两个 U"），最后才定型为 26 个字母。

第二步，字母定型以后，让大家发同样的音，也极其困难。即使今天大家使用同样的字母，各国发音也不一样。比如字母 C，后面跟元音 A，法国人读"嘎"，英国人读"卡"，东边的波兰人读"擦"，再往东的俄罗斯人读"萨"。

同一个字母 C，就可以有四种发音！如果没有统一的行政和宗教规定，你看见这个弯钩 C，可以发多少音啊？

俄语希腊语字母 P 长得和拉丁字母 P 一模一样，但它发 "R" 的音。俄语希腊语的 B 看上去也挺亲切，但它发 "V" 的音。拉丁字母 Vi 发 "维"，俄语、希腊语的 Vi 竟然发 "泥"（Ni）……简直逆天了。

所以，创造统一的拼音字母已千难万难，再让字母统一发音更是难上加难。没有统一的行政和宗教规定，绝不可能做到。

退一万步，假设古希腊、古罗马地区做到了有统一的字母表和统一的发音，各地城邦用这套字母，用当地发音去记录当地的历史，那么，这样的拼音文字，别的城邦和地区的人也绝对不能懂。

试用全国统一标准、统一发音的中国拼音字母，来记录方言。张广天先生用他母亲老家浙江衢州汤溪方言，唱过一首《老老嬷》的歌，用拼音标注为：

Gonie N' de sobe

Be G' N' koko bie le

G' nienie moda ge de lu

Jo mofejie N-no guile

Gose sijei

G' li ge nang N-no ge osan

Ga mese-nie gueko

Jo guofele G' hajo sinlee wo yonia gua

这些字母，任何学过拼音的人都能读出声音。但谁能看懂这段 "拼音文字"？任何衢州汤溪以外地方的人都猜不到，这首歌的意思是：

那年你到山背

对她说 你去去就回

她日日望着那条路

再没见着你回

那些日子

你和她都还年少

可这么些年过去了

她总说不出心里为啥还有点怕

再如我母亲老家浙江临安上甘岭西头的方言，小时候堂舅对别人介绍我："Wa jiege wasang——"（我这个外甥），谁能懂？

浙江是一个方言大省，隔一座山就是一种方言。我完全听不懂东阳和义乌话。温州话更像是外语。福建的方言，闽南闽北，外地人听了找不到北。广东话、潮汕话，弄成拼音文字，也绝对是天书。

来一句上海话："乏要睬格则阿莫灵"（不要理这个傻冒），骂了你你也不知道。

人类的语言，表现为各地方言，在空间和时间上，无穷无尽，所谓十里不同音。记录为拼音文字，一定会像浙闽粤方言拼音，外地人不可能看懂。就算能读出声音，也无法弄懂。必须要有强有力的行政或宗教力量，才有可能产生大区域统一的拼音文字。

巴尔干半岛和亚平宁半岛是多山地区，天然产生各种方言。至今没有任何证据证明，巴尔干半岛和亚平宁半岛在公元前曾有过一个像秦帝国那样实行大一统行政管理的国家，也没有秦帝国那样的驿道交通（罗马大道是神话），所以不可能产生一种"希腊地区"或"罗马帝国"统一的拼音文字：即所谓古希腊语和古罗马拉丁语。

大区域的拼音文字还有一个绝对必需的条件，就是要使用纸张。只有纸张能固定字母的字形和发音，赋予统一意义，然后借助书籍传播开来。有了纸张书籍做媒介，才有可能让大区域的人群都能看懂同样的字母，发同样的音，看懂意思。今天西欧各国，都是在中国造纸术和印刷术传入欧洲，并且有了现代民族国家统一的行政管理之后，才形成自己的文字。

今日英法西荷德等西欧国家的拼音文字，都是现代民族国家形成的产物，历史很短。

裴峰（非子）先生曾论证，一般文明初起之时，文字都比较简洁。比如《诗经》3.9 万字，《老子》5000 余字。然而古希腊和古罗马人写东西，动辄几十万、几百万字，不符合常理。《荷马史诗》30 万字，柏拉图写了 60 万字，希罗多德写了75万字，色诺芬写了100万字，亚里士多德写了300万字，古希腊三大悲剧作家每人写了200万到300万字，古罗马历史学家波利比乌斯写了300万字（传世45万字），李维写了150万字（传世40万字），塔西佗写了100万字……在文明初起就产生"口语化鸿篇巨制"，是"文字生成的悖论"。[①]

就是说，文明一开张就用统一的拼音文字，写出几十万、几百万字的著作，是违反文字产生的规律，绝无可能。

只要稍微想一下拼音文字，字母统一、发音统一和表意统一这三重难关，每一关都是不可逾越。就算三关都过了，真创造出了一种大区域拼音文字，该拼音文字死亡了2000年，后人也绝对无法破译。

事理逻辑告诉我们：古代不可能有统一的拼音文字，有也是不可释读的。

古埃及文字和两河泥板楔形文字，本质上也是拼音文字。四五千年后，这两种死亡的古代拼音文字，竟然被几个西方毛头小伙破译。他们同时要分清字母、读音和句子意义，可谓荒诞之极。

因此，不可能存在2000年前的古希腊和古罗马拼音文字著作。"古希腊古罗马历史"都是故事。

古代拼音文字不可解读，仅这一条就可以让西方"古代史"的大厦轰然倒地。

中国典籍才是真正的古代信史。

研究世界历史，应基于中国史籍。尤其关于中亚、西亚和南亚历史，中国史籍有相当详实的记载，须以中国史籍为确证标准。

"亚历山大东征""古波斯帝国"和"巴克特里亚王国"等，这些中国史籍没有提及的事，皆是故事。

阿拉伯历史也遭到西方故事学污染，里面塞进了不知多少假货，不可全信，需特别注意。

法国巴黎塞纳河边有一座高技术建筑，窗户可以像相机光圈那样，根据日光强弱自动调节，那就是"阿拉伯世界研究院"（Institut du Monde Arabe）。西方人对阿拉伯文明历史的研究是下了本钱，一定会对阿拉伯文献动手脚。

---

① 见非子网文：《如何彻底证无古希腊》。

阿维森纳的《医典》里面提到了古希腊名医，就很可疑。西方翻译的白图泰《游记》，说他在 1326 年看到过亚历山大灯塔，并进去参观云云。这样的游记你还能全信吗？可以说，经过西方人翻译、编撰出版的阿拉伯文献都变得不靠谱。

二、华夏族裔一波一波向西迁徙

华夏大地是古代世界唯一一块大面积温带肥沃土地，产生了最发达的农业文明，积蓄起大量的人口，过剩或战乱时，全方位四向扩散。

向东，华人去了朝鲜、日本。朝鲜的开国国王，是纣王的叔父箕子。

向南，是华人迁徙的一个大方向，长久而持续。最早从江北迁徙到江南，有了福建、广东的客家人。再从福建、广东下南洋，有了今天东南亚各国大量的华人。甚至从明朝起，华人在东南亚曾短暂地建立过许多华人国家，如印尼爪哇顺塔国、马来吴氏王国、泰国吞武里王朝、印尼兰芳大总制国等。西南方向，华夏族裔也有向缅甸、泰国、印度迁徙。

向北，中原华夏人与北方戎狄长期互相交融。

向西，又是一个华夏族裔迁徙的大方向。我们曾被长期教导，中国是一个封闭的国家。而实际上，华夏族裔长期向西迁徙，或汹涌波涛，或涓涓细流，往西，向中亚、西亚，直至欧洲……

地球北半球的欧亚草原带，绵延 15000 千米。它东起大兴安岭，西至多瑙河，土地平旷，水草丰茂，历史上生活着无数的游牧民族。在这个草原带，有一条北纬 50 度的草原通道。沿着这条亚欧通道，人类族群主体上都是从东往西迁徙，从中国北方草原一直向西。

古代欧洲是森林荒原。中国北方的草原部落在向南侵扰农耕的中原王朝失败后，只有往西，再往西，寻找栖息之地。

归结起来，主要有三次大规模华夏族裔西迁的波浪：匈奴人、突厥人和蒙古人。这些源于华夏、相当程度华夏化的戎狄，最终都融化在西去各地的民族里，今天已经辨认不出痕迹。

除了戎狄西迁，还有无数的汉人——贸易商人、谋生工匠、使节士兵，逃避战乱而流亡的汉人等等，也构成无数向西迁徙的"客家人"……

匈奴西迁欧洲

西汉时，匈奴不仅占据整个北方草原，还占据河西走廊和河套地区这些农耕之地。"西域三十六国"（大致新疆）也是它的附属国。

冒顿单于的匈奴极其强大，有"控弦之士三十余万"，曾在大同附近的白登山把汉高祖刘邦包围得铁桶一般。之后汉朝不得不向匈奴纳贡，献美人。还发生不少汉军和汉朝官员向匈奴投降事件。

张骞正是受命去联络大月氏来夹击匈奴，才远赴西域。汉武帝雄才大略，发动大规模汉匈大战（图7），攻占了河西走廊。尤其名将卫青和霍去病的漠北之战，斩杀匈奴9万余人。霍去病兵峰直抵贝加尔湖，"匈奴远遁"，封狼居胥山。但匈奴依然强大。西汉末年，还是发生了王昭君出塞和番的凄美故事。

直到东汉初，匈奴分裂并开始衰落。南匈奴归附汉朝。东汉永元元年（89年），名将窦宪出兵漠北，大败北匈奴，追杀至燕然山（今蒙古杭爱山），勒石纪功，史称"燕然勒石"。

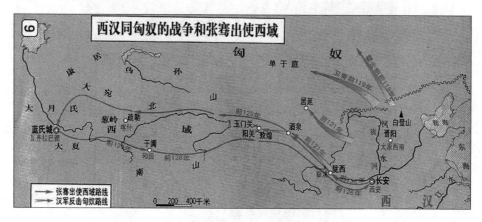

图7　张骞出使与汉匈战争

两年后，汉军又出击阿尔泰山，再次大败北匈奴，终致北匈奴西逃乌孙（伊犁河谷），再迁今天的哈萨克斯坦南部……此后，北匈奴西去，不知所终。

匈奴在与汉朝200多年的拉锯战当中，吸收了相当多的华夏文明，已相当汉化。虽然敌不过汉朝，但在西迁的路上，却代表着先进文明，对付北纬50度草原带上的游牧部落，那是一路横扫，风卷残云。

匈奴人到底向西迁徙到了哪里？中国史籍没有记载，但一定是西迁了。

西方故事学，经常窃取中国历史的一些说法改头换面。比如匈奴，就编出了一个"匈人"（Huns）的说法，说是来自东方，首领是凶猛无比的阿提拉。但这个"匈人"西侵发生的时间却很晚（370年），比北匈奴西迁要晚将近300年。18世纪法国学者德歧尼（Joseph de Guignes）认为，匈人就是匈奴。

据说匈人以匈牙利为中心，建立了一个"匈人帝国"。后来侵入意大利，导致了西罗马的灭亡，拜占庭东罗马也被迫向匈人进贡……

当年学法国历史，曾读到 Les Huns（匈人）曾兵临巴黎城下（图8）。幸亏圣女圣热娜维埃芙保佑，他们没有攻城就转头南下了……心想这 Huns 不就是匈奴吗？匈奴怎么这么厉害，居然打到了巴黎！

就像"秦"的发音，2000多年后依然在伊朗人和土耳其人那里口口相传。"匈"的发音也在中欧匈牙利平原的居民口中千年流传：他们自己认为是"匈

图8　西方历史描述"匈人"西侵图　370—469年

人"的后裔，并用"匈人之国"来命名自己的国家——匈牙利（Hungary）。19 世纪甚至有一位著名的匈牙利学者来中国寻根。

当然，说匈奴就是匈牙利人的祖先，暂不能确证，只能说有较大可能。

突厥西迁中西亚

第二波从中国北方向西迁徙的，是被唐朝打败的突厥人。

《周书·突厥》云："突厥者，盖匈奴之别种。"就是说，突厥也是匈奴的一支。突厥与匈奴一样，源自漠北草原。突厥在西魏北周时迅速崛起。552 年击败柔然，以漠北杭爱山为王庭，建立了一个地域辽阔的王朝。鼎盛时，疆域东至兴安岭外，南抵长城，北拥贝加尔湖，西抵咸海河中地区。

在隋朝初年，突厥汗国分裂成东突厥和西突厥，势力依然很强大，曾让隋炀帝很难堪。唐初，20 万突厥兵直逼唐首都咸阳，太宗李世民在渭水桥头唱了一出空城计，惊险让突厥退兵。之后太宗厉兵秣马，在 630 年，灭了东突厥汗国。657 年，高宗李治又灭西突厥，一直追到河中地区昭武九姓的石国，擒获了西突厥可汗沙钵罗。此后，河中地区昭武九姓都受唐朝管辖。全盛时期的唐朝疆域，还包括吐火罗和部分波斯，设置了波斯都督府。

西突厥灭亡后，突厥人再往西迁徙，中国史籍便没有了记载。

突厥人往西迁徙，除一部分直接往西，从里海北边去向南俄草原（钦察人），其余大部分是往西南，从河中地区迁徙往波斯和西亚，逐渐融化于当地各民族之中。突厥人文明程度高于当时中亚、西亚的游牧族群，到各地称王称霸。他们使用的突厥语，后来也被这一地区的许多民族使用，导致这一地区的所谓"突厥化"。

按现行说法，最早有一支名叫乌古斯人的突厥部落占据了中亚河中地区。1000 年左右，族长塞尔柱，带领突厥人西征，横扫波斯和西亚，占据了大部分小亚细亚半岛，建立了一个地域辽阔的塞尔柱帝国（1037—1194 年）。

后来塞尔柱帝国衰落分裂，其一个旁支建立罗姆苏丹国（1077—1308 年）（图 9），延续 100 多年，1308 年被蒙古人所灭。

野火烧不尽，春风吹又生。罗姆苏丹国属下的一个小部族生命力顽强，族长奥斯曼在 1293 年创建奥斯曼帝国。

图9　罗姆苏丹国
1077—1308年

图10　土耳其陆军认祖
匈奴：M.O.209

奥斯曼帝国后来扩张为一个横跨欧亚非的超级大帝国，享国600多年。第一次世界大战之后，这个"西亚病夫"惨遭肢解，最后只守住了小亚细亚这块祖宗发祥地，1923年建国，取名土耳其。读者不要被"土耳其"（Turkey）这个译名所迷惑，其实它就是"突厥"！

就像匈牙利自认是匈人后裔给自己取名"匈人之国"，今天的土耳其人已不是种族意义从中国出发的突厥人，人种已经多重混血。但祖先的记忆，文化的基因（比如语言）依然留存。

这个地中海边的国家公然给自己取名土耳其（"突厥"），昭示自己的祖先来自中国北方草原，意味深长。

2020年，土耳其庆祝建军2229周年，认祖中国的匈奴。其陆军标志"M.O.209"（图10），表示匈奴冒顿单于在前209年即位，竟然成了土耳其军队建军的标志！

蒙古人西征欧洲和中西亚

第三波从中国北方草原向西远征的是蒙古人。

蒙古人前后共有三次西征（图11-上）：第一次进攻中亚（中间），第二次远征东欧（上边），第三次进占西亚（下边）。

第一次西征（1219—1224年），是元太祖成吉思汗御驾亲征。成吉思汗亲率20万蒙古大军进攻花剌子模，绕里海一圈回来。前后5年时间，荡平花剌子模王国，占据中亚。

第二次是1235—1242年间，元太宗窝阔台指挥，派太祖长子术赤的儿子拔都为统帅，各宗王的长子统兵，也称为"长子西征"。拔都率领15万大

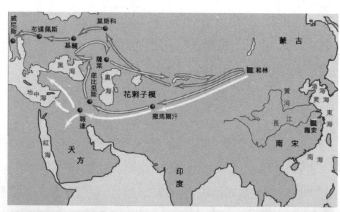

蒙古人三次西征路线

蒙古人第二次西征是跟随匈奴人的足迹沿北纬50度草原带，一路向西

图11

军出征欧洲。这次西征，几乎完全是沿着 1000 多年前匈奴西迁之路，在北纬 50 度的草原带上，一路向西（图 11- 下），横扫里海北边的钦察草原和俄罗斯（斡罗斯），继续进占波兰、匈牙利，兵锋扫过奥地利维也纳，再向南进入巴尔干半岛的克罗地亚，饮马亚德里亚海。再转头向东回返，经过保加利亚，沿黑海北岸，回到俄罗斯南部伏尔加河下游的萨莱城，建立金帐（钦察）汗国。

第三次西征是 1253—1260 年间，元宪宗蒙哥大汗，派遣其胞弟旭烈兀率 10 万大军，征服波斯（伊朗）、阿拉伯黑衣大食（伊拉克）和叙利亚，兵临地中海，占据小亚细亚大部……这一路，基本是沿突厥人西迁的路，一直打到小亚细亚。

成吉思汗的 4 个儿子，分别建立了四大汗国：大儿子术赤之后建立俄罗斯金帐汗国，二儿子察哈台之后建立察哈台汗国，三儿子窝阔台之后建立窝阔台汗国，小儿子拖雷的三儿子旭烈兀建立波斯伊尔汗国。拖雷的二儿子忽必烈则征服南宋，于 1271 年建立元朝（图 12- 左）。

蒙古人西征是携带着中华文明的成果，包括先进武器——宋朝发明的火炮。尤其蒙古大军中，有不少汉人文臣武将和技术工匠。所以蒙古大军的军事能力，对于亚欧大陆上的各部落国家来说，是碾压式的。

拔都率领的蒙古大军横扫欧洲，犹如美军打伊拉克，是一种"降维打击"。当时欧洲的所谓城市，根本没有力量抵御蒙古人的铁蹄和火炮。

正因为蒙古人所向无敌，蒙古人比匈奴人更是欧洲人的噩梦。以致 19 世纪末德皇威廉二世还一脸惊恐，大谈蒙古人的"黄祸"。我认识一位巴尔干半岛的朋友说，在黑山与塞尔维亚，谁都知道成吉思汗。

由此，蒙古人建立了人类历史上最大的帝国——蒙古大帝国（图 12- 右）。亚欧大陆两端的交通和交流，空前通畅。整个亚欧大陆享受了所谓"蒙古治下的和平"（Pax Mongolia）。

蒙古人西征的结果是：给当时的欧洲送去了中华文明之光，尽管这些蒙古人后来已完全消融在俄罗斯等东欧民族当中。

蒙古四大汗国＋元帝国　　　　　　　　横跨亚欧大陆的超级蒙古大帝国

图12

插问：蒙古人西征时君士坦丁堡存在吗？

今天的西方历史教科书都大谈特谈拜占庭帝国（395—1453年），一个以君士坦丁堡为首都的千年帝国，也称为东罗马帝国。但谁都不去追问一个历史悬疑：1242年，拔都的蒙古大军从克罗地亚南下，再东进保加利亚时，为什么不去进攻君士坦丁堡？为什么不去拜访一下这个据称是"公元4世纪到13世纪全欧洲规模最大且最繁华的城市"，过豪门而不入？（图13）

当然有人说，是因为窝阔台大汗去世，拔都急于往回撤兵，顾不上。也有人说，君士坦丁堡城墙坚固，蒙古人攻城不行，放弃了。甚至还有人说，君士坦丁堡刚刚在1204年被第四次十字军东征洗劫，元气大伤，蒙古人看不上……

这些说法都站不住脚。

应该更尖锐地发一问：君士坦丁堡当时存在吗？

再进一步问，所谓"拜占庭帝国"（当时短暂成为"拉丁帝国"1204—1261年）存在吗？

如果当时君士坦丁堡存在，那么即使因十字军抢劫元气大伤，毕竟还是一个帝国首都。按照蒙古人征服世界的脾性，他们怎么能放过一个如此重要的城市？

二、华夏族裔一波一波向西迁徙

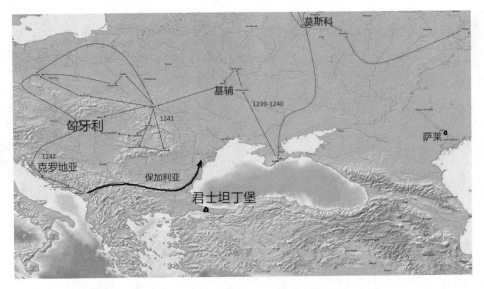

图13　1242年蒙古大军没有攻打君士坦丁堡飘然而过，只能说当时君士坦丁堡不存在

在西方故事学中，拜占庭（东罗马）帝国，远远比当时俄罗斯、波兰、匈牙利那些小公国更重要。

君士坦丁堡的圣索菲亚大教堂，据称建于537年。巨型古罗马竞技场能容纳10万观众的U形建筑，举行赛马和双人战车赛等娱乐活动（图14-上），是石头建筑，十字军烧不掉。广场中央的古埃及和古罗马方尖碑至今屹立。那城市，真叫一个辉煌，真叫一个壮丽！

那么，蒙古人既非瞎子也非聋子。按常理，如果当时真有君士坦丁堡，真有拜占庭帝国，那么蒙古人西征欧洲的目标，理所当然就是首先攻打君士坦丁堡，灭了拜占庭帝国，怎么会去了北边和西北边，去扫荡俄罗斯和波兰那些小国呢？

再说，君士坦丁堡位于博斯普鲁斯海峡西侧（图14-下），蒙古大军经过保加利亚时，君士坦丁堡就在路边，毫无障碍。蒙古人怎么会视而不见，弃这个帝国首都不顾，飘然离去，仿佛这个城市不存在，历史逻辑说不通。

合理的逻辑是：当时君士坦丁堡根本不存在！即使有城市，也是无足轻重的小城。

用中国史籍去比对西方历史，戳穿西方伪史，最有效。

西方故事学后来也发现了问题：蒙古大军与拜占庭帝国怎么可能不发生

君士坦丁堡的古罗马竞技场、埃及方尖碑

君士坦丁堡在海峡西侧

图14

关系呢？必须发生关系。

　　于是现在西方历史学，推出了一个名叫那海（英语名字为 Nogai Khan，也译为诺盖汗）的蒙古汗王，是成吉思汗长子术赤的后人。据说，这位蒙古汗王羞辱了拜占庭帝国。

　　1265 年，那海率领 2 万士兵，入侵拜占庭帝国，击溃拜占庭军队，并摧毁了色雷斯一些城市。1266 年，拜占庭帝国皇帝米哈伊尔八世（Michael VIII）被迫将自己的女儿欧菲柔细娜（Euphrosyne Palaeologina），献给那海做老婆，还进贡许多珍珠首饰和贵重礼品。由此，拜占庭帝国成了诺盖汗国的盟友……这种故事根本没有历史依据。

　　而根据中国史籍：当时既不存在君士坦丁堡，也不存在所谓东罗马拜占庭帝国。

本人赞同福缅科的观点："君士坦丁堡出现的时间实际上不早于14世纪。"[①]
理由是，君士坦丁堡（今伊斯坦布尔）城边的海峡很宽，约2千米。在此建城，
只有火炮发明之后才能控制海峡。而威力大的火炮是14世纪以后才出现。

他考证，伊斯坦布尔以北30千米，有一座古老的约罗斯堡垒（Yoros
Castle），可能是最早控制海峡的城镇。那里海峡较窄（900米），便于控制。
在大威力火炮发明之前，在君士坦丁堡建城没有意义。而火炮，正是蒙古人
带去欧洲的。君士坦丁堡建城应在蒙古人侵欧之后。

所以，君士坦丁堡在蒙古人西征时并不存在。只是在蒙古人西征之后，
此地渐渐成为一个重要城市。

很可能，君士坦丁堡（今伊斯坦布尔）就是中国明朝史籍开始有记载的
"鲁迷（肉迷）"，西方所谓"罗马"。

海峡之东早先有"罗姆（Rum）苏丹国"，海峡西岸长期被叫作"罗梅
里"（Rumeli），明朝《坤舆万国全图》把那块地方标为"罗马泥亚"。所以奥
斯曼帝国很可能就是中国史籍中的"鲁迷"国。

据《明实录》等史籍记载，从明朝永乐到万历年间，鲁迷（肉迷）国曾
十六次向明朝遣使进贡，进献马、狮子和方物，修好外交关系。明朝《陕西
通志》中的《西域土地人物图》（1542年刻本），绘有"鲁迷城"（图173-下）。

康熙十五年（1676年）俄罗斯使清使臣斯帕法里曾在外交辞令中把奥斯曼
苏丹称作"罗马的凯撒"，把奥斯曼帝国首都称为"罗马"。俄罗斯曾经向奥斯
曼帝国称臣纳贡，甚至岁献"童男女各五百人"（清朝椿园著《西域闻见录》）。

奥斯曼帝国曾经很强盛，首都鲁迷（罗马）很繁华。"条条大路通罗马"，
可能通的是伊斯坦布尔这个鲁迷城。

近代西方伪造历史，把这个"罗马帝国"推到了古代意大利，作为西方
自己古代的帝国。留了一个"东罗马帝国"的名头给伊斯坦布尔。后来东罗
马帝国的名头也不给了，干脆将其改名叫"拜占庭帝国"，因为德国人自己搞
了一个"神圣德意志罗马帝国"。

实际上，历史上从来没有一个地方叫做"拜占庭帝国"。所谓"拜占庭"

---

① 福缅科系列专题片《历史发明家》第10集。

的说法，是一位名叫希罗尼姆斯·沃尔夫（Hieronymus Wolf）的德国人在1557年发明的。是他把"新罗马"更名为拜占庭。拜占庭帝国的说法只是在19世纪以后才在西方历史学中流行起来。

所以，"拜占庭帝国"纯属虚构。

伟大的大月氏人开创了昭武九姓、犍陀罗和古印度文明

除了上述三波北方草原民族的西迁，事实上还有大批河西走廊的华夏族裔，在古代西迁中亚，然后转向南亚，从巴基斯坦北部，抵达印度，那就是伟大的大月氏人。

大月氏人原初居住于河西走廊。其迁徙过程，《汉书》和《后汉书》有两段非常明确的记载。

《汉书》："大月氏本行国也，随畜移徙，与匈奴同俗。控弦十余万，故强轻匈奴。本居敦煌、祁连间，至冒顿单于攻破月氏……月氏乃远去。过大宛，西击大夏而臣之，都妫水（阿姆河）北为王庭……"

这段话叙述明白，大月氏人本是敦煌和祁连山地区的华夏族裔，因被匈奴打败，迁徙到大宛，在那里击溃大夏，建立大月氏国，首都设在阿姆河北。可以说，大月氏人来到大宛河中地区，为后来迁来此地的昭武九姓开了路。昭武九姓也是来自河西走廊，祁连山北的昭武城（张掖临泽县）。

《后汉书》："月氏为匈奴所灭，遂迁于大夏，分其国为休密、双靡、贵霜、肸顿、都密，凡五部翕侯。后百余岁，贵霜翕侯丘就却，攻灭四翕侯，自立为王，国号贵霜。侵安息，取高附地，又灭濮达、罽（jì）宾（巴基斯坦北部），悉有其国……复灭天竺，置将一人监领之。月氏自此之后，最为富盛，诸国称之，皆曰贵霜王。"

这一段是接着前一段讲，大月氏人迁到大夏，将国家分为五个翕侯（东西南北中）属国。后来贵霜翕侯丘就却，灭了其他四个翕侯，自立为王。接着进攻安息，占领高附，又南迁灭了濮达和罽宾，占领其国土。最后灭了天竺（印度），在印度建立贵霜王朝。

当时印度是一片散沙，部落数百，邦国数十，"俱以身毒为名，其时皆属（大）月氏"。就是说，当时大半印度都受大月氏人统治！

图15　犍陀罗佛教雕像　2至3世纪

中国史籍明确无误地告诉我们，古代印度地区的文明不是所谓来自高加索的"印欧人"创造，而是华夏族裔大月氏人创造。

大月氏在印度沿用了五歙侯式中国五方位制，设立东西南北中五天竺（辽国也将全国分为东西南上中五京道）。

史上最牛外交官、唐朝朝散大夫王玄策三次出使中天竺。贞观二十一年（647年）的出使，碰上了中天竺国王叛乱。王玄策借了1200名吐蕃兵，7000名泥婆罗兵，荡平中天竺叛兵，俘获叛王阿罗那顺，押送长安……简直是人类外交史的奇迹！

特别值得一说的是巴基斯坦北部的犍陀罗地区。（《大唐西域记》称"健驮逻"。西方艺术史一直这样灌输：因为亚历山大东征，古希腊雕刻影响了犍陀罗的佛教雕像（图15）。有些佛像具有明显的欧洲人样貌。

我已在《言不必称希腊》中证明，"古希腊雕刻"皆近代伪造。因此这些犍陀罗佛像雕刻其实很可疑。这些所谓"希腊风格"的犍陀罗雕刻只是在1848年才被英国人发现，突然冒了出来，迄今不过一百多年时间。而伪造古印度河文明遗址的英国殖民官员马歇尔（J. H. Marshall）也参与炒作"犍陀罗佛教艺术"。这些雕像就更加可疑。所谓犍陀罗艺术（1至3世纪），正是发生于大月氏人的贵霜王朝。哪儿来的希腊人啊？

　　大月氏人来到犍陀罗和印度，可以带来中国的艺术。中国雕塑艺术在前3世纪的秦朝就已非常成熟。秦始皇兵马俑震惊世界，正是因为中国在那么早人体雕塑艺术就达到非常写实的程度（图16）。

图16　秦始皇兵马俑塑像

二、华夏族裔一波一波向西迁徙

匈奴、大月氏、突厥、蒙古人，还有无数有名或无名的来自华夏地区的族群，如涓涓细流，渗透了中亚、西亚和南亚地区，参与创造了当地的文明。

传说祖先是中国人的亚美尼亚开国英雄

亚美尼亚首都埃里温的一个广场，有一座亚美尼亚开国英雄瓦尔丹·马米科尼扬（Vardan Mamikonian）的骑马雕像。这位马米科尼扬，姓马，该国盛传是中国三国名将马超之后马抗的后裔。

瓦尔丹·马米科尼扬（387—451）曾率领亚美尼亚人反抗波斯人，战死沙场，赢得亚美尼亚独立，成了亚美尼亚的民族英雄。他的侄子成为开国君王。马米科尼扬家族曾是亚美尼亚的王族，如今也是一个大家族。马氏祖先来自中国，据说亚美尼亚人都知道。

事实上，亚美尼亚有两位古代历史学家，都提到马米科尼扬家族先人来自中国。一位历史学家叫科勒内的摩西（Moses of Chorene），在他的《亚美尼亚史》中提到：300年前，有两个"秦国"（Chem）的贵族，马米克和他弟弟，因反抗国王失败，流亡到波斯，最后来到亚美尼亚，成为马氏家族的祖先。还有一位亚美尼亚历史学家，帕夫斯托斯·布赞德（Pavstos Buzand），在其《亚美尼亚史》中，也两次提到"马米科尼扬家族是中国汉王朝的后裔"。

从匈奴西迁开始，汉人（文人、士兵和工匠）来到中亚、西亚者不计其数。汉人来亚美尼亚开创一个王朝，完全可能。其风俗"有类中国"，成为可能的"大秦"之一。

中华文明影响环绕喜马拉雅南部——蜀身毒道

话说当年张骞出使西域，来到了大夏（阿富汗），突然发现那里竟然有来自中国四川的布和竹杖，差点惊掉了下巴。

情节出自司马迁的《史记·西南夷列传》："元狩元年，博望侯张骞使大夏来，言居大夏时见蜀布、邛竹杖。使问所从来，曰：从东南身毒国（印度），可数千里，得蜀贾人（商人）市。"

就是说，前122年，张骞从大夏出使归来，谈及在大夏时曾见到四川的布帛和邛都（西昌）的竹杖。让人问是从哪儿来的，答曰来自几千里之外的身毒（印度），在那里可以与四川的商人（蜀贾人）做买卖……

当时四川的商人竟然可以到印度去做生意！

这意味着，在张骞从北边通西域之前，南边沿着喜马拉雅山南麓，已经有一条商路，从四川、云南、缅甸、泰国，通到印度（身毒），被称为"蜀身毒道"（图17）。再从印度、巴基斯坦北部，通到阿富汗……

人们大多只知喜马拉雅北边有条丝绸之路通往西方，但不知道喜马拉雅南边也有一条中国古老的国际贸易商道，今谓"南方丝绸之路"，自古存在，在唐朝已非常畅通。

都说四川云南闭塞，完全搞错了。四川的商品，可以通过这条南方商道——蜀身毒道，输送到印度，再从印度到阿富汗，继续运往西亚，乃至欧洲。

由此构成一个环形：西边有大月氏人南下，绕到印度。东边，有四川云南的华人来到印度。中华文明的影响，将喜马拉雅山南部完全环绕。

尤其这条环绕喜马拉雅南部的商道和中华文化带，包裹了佛教诞生地——尼泊尔和印度北部。

图17 蜀身毒道，四川到印度（身毒）的南方国际商道

我们完全有理由说，佛教的诞生地也属于中华文明影响圈之内。

据黄忠平先生研究，佛教文字梵文并非属于印度，而是属于汉藏语系。所以佛教也不是那么"西来"。

当然，也有大量西域人迁徙来到中国，融入到中华民族之中。西域诸小国都远慕中国。来中国生活，就像现代众多国家的人移民美国。

在东汉年间，安息（波斯）国太子安世高，来到中国成为学者，翻译佛经，终老中国。唐朝长安和泉州，生活着大量波斯和阿拉伯人。据金庸考证，甚至有23位"胡人"当了唐朝宰相。搞叛乱的安禄山也是来自西域昭武九姓之一的安姓。

到了元朝，大量西域色目人来到中国，"华化"为中国人（参阅陈垣《元西域人华化考》）……大量西域回回人来到中国居住，成为后来的回族。

中国和西域之间的人种族群迁徙，当然是双向的，文化的影响也是双向的，但总体上是中华文明向西影响。这一点，不可以"无问西东"。

三、中国四大发明西传：欧洲是新生而非"重生"（文艺复兴）

经常听人说，今天所有东西都是从西方来的，你中国有什么？

其实他根本不知，如果没有中华文明成果西传欧洲，西方也无从产生现代科技。前现代时，欧洲只是一片荒蛮，用诸玄识先生的话说，基本上是"原始社会"。

欧洲并没有过什么古希腊、古罗马"古代文明"，便无从谈起所谓"中世纪"和"重生"（Renaissance，被译为"文艺复兴"）。古代文明都没有"生"过，何来"重生"。

我完全承认西方现代科技的伟大成果，承认西方现代文明对人类做出了巨大贡献。但也应该同时看到，西方现代科技是建立在中华文明西传的基础上。是中华文明西传欧洲，才造就了西方现代"新生"。

1621 年，那个说"知识就是力量"的英国人培根高度评价中国的三大发明："印刷术、火药、指南针这三种发明，已经在世界范围内把事物的全部面貌和情况都改变了：第一种是在学术方面，第二种是在战事方面，第三种是在航行方面……（没有什么东西）能比这三种发明在人类事业中产生更大的力量和影响。"[1]

中国的四大发明为西方现代文明的新生，做出了巨大贡献。

---

[1] 培根，《新工具》。

中国造纸术西传

今天看，纸张再普通不过了，但它对于文明的产生和发展，是决定性的。

没有纸张，就不能便利地传播文字和知识。中华民族曾经把文字刻在甲骨、石鼓、青铜器、竹简和木片上，最终在东汉，蔡伦（61—121）改良了造纸术，使文字可以方便大量地书写在纸张上。

纸张制作工艺复杂（图18-左）。小时候去姑姑家，临安板桥居仁村，山清水秀，见过村里工匠用毛竹纤维水浆，制作淡黄色毛边纸的整个流程。最神奇的是，用细密的竹帘，斜插入水浆中，再捞起来，叫做"抄纸"，最讲功夫。然后一层层揭开，贴在烘干纸的墙上……

纸张，是文化繁荣的根本前提。没有纸张的古代欧洲，荒蛮一片。

尤其纸张是欧洲拼音文字得以发明的先决条件。没有纸张来固定拼音字母，绝无可能产生一种大区域的拼音文字。只有等到中国发明的纸张传到欧洲之后，西方才开始形成自己的文字。

没有纸张，说得难听一点儿，欧洲人连拉屎擦屁股的东西都没有。16世

东汉造麻纸流程

阿拉伯人占领伊比利亚半岛700年

图18

纪法国作家拉伯雷笔下的《巨人传》里，法国人胡乱抓到什么就用什么擦。

中国造纸术西传，最先传到大宛河中地区，再传到波斯和阿拉伯，到了12至14世纪才最后传到欧洲。

唐天宝十年（751年），唐军在大宛都督府（昭武九姓的石国）以北的怛罗斯，与阿拉伯大食的军队打了一仗，唐军重创敌军后而战败。这次"怛罗斯之战"非常著名，因为阿拉伯人俘虏了一些中国懂得造纸的随军工匠，首次将造纸术带往河中地区的撒马尔罕。

接着大约在9世纪，造纸术传到叙利亚的大马士革，生产了阿拉伯大马士革纸。

现在西方流行的说法是，造纸术是12世纪中叶，传入阿拉伯人占领的伊比利亚半岛。13世纪传入意大利北部，14世纪40年代传入法国圣于连地区，14世纪90年代传入德国纽伦堡，15世纪传入英国和波兰[①]。荷兰也是15世纪有了造纸业，俄罗斯晚至16世纪才有。

可见，造纸术传入欧洲非常晚。主要是在13至14世纪元朝时期，西欧主要国家才开始自己生产纸。

阿拉伯人的后倭马亚王朝（756—1492年），8世纪中叶占领了伊比利亚半岛，在那里统治长达700余年（图18-右），代表了一种先进文明进入了荒蛮的欧洲。是阿拉伯人将中国的造纸术、航海术等传入欧洲。

因此，伊比利亚半岛是中华文明传入欧洲的一个桥头堡，也是欧洲现代崛起的根据地。

中国人发明的造纸术传入欧洲，让欧洲摆脱了愚昧，走向"文化"。

中国指南针和航海术西传

指南针西传，也连带中国航海术西传。

西方故事学在描写古希腊、古罗马人航海活动时很是轻松，抬抬腿就跨越地中海。

所谓"腓尼基人"，天生就是航海民族。前10至8世纪，就可以在地中

---

① 见亚历山大·门罗《纸影寻踪：旷世发明的伟大传奇之旅》，第229页。

海上随意航行。古希腊人可以轻松从事地中海海洋贸易，从塞浦路斯进口铜锭。没有粮食吃，也可以从埃及进口。

东汉发明的司南

古罗马人据说也不事粮食生产。要吃粮，找埃及。埃及粮食可以轻松运到意大利。古罗马时期北非迦太基名将汉尼拔，可以轻松率大军横渡地中海到欧洲。罗马军队也轻松横渡地中海到北非，来进攻迦太基……西方故事学的想象力，令人惊叹。

事实上，古代欧洲人根本没有能力制造能够航行地中海的船，也没有横渡地中海的航海技术。

中国古人很早就发现地球是一个大磁体。战国时期发现磁石，东汉发明司南。王充《论衡》中有："司南之杓，投之于地，其柢指南"（图19-上）。

唐末发明水罗盘。北宋沈括《梦溪笔谈》有描写磁石指南针。江西临川宋代墓葬出土一个陶俑，手捧一个宋代指南针罗盘（图19-下）。

持指南针罗盘陶俑（宋）

图19

北宋朱彧《萍洲可谈》（1119年）描写用指南针罗盘航海："舟师识地理，夜则观星，昼则观日，阴晦观指南针。"在北宋，用指南针罗盘航海已很寻常。白天看日影，夜间观极星，阴天看指南针。

人们都知道郑和下西洋，明朝是中国航海的大时代。但其实，早在唐宋时期，中国航海业已非常发达，远洋商船频繁往来于南海和阿拉伯地区。

除了指南针，唐朝天文学家一行发明了覆矩仪，一种"装在转轴支架上的半圆形测角器"，测量北极星出地度数，来确定海船所在的纬度。宋代发明更简便的牵星板，这种测极高的天文导航技术称为"牵星术"。

2018年春，我去广东阳江参观海上丝绸之路博物馆，看到了南宋沉船"南海一号"，震撼啊！

宋代载重600吨的大海船　　　　　　　　满舱的瓷器

图20

宋代已经有大型海船，长30丈（约100米），载重600吨（图20-左）。中国商船可以轻松航海到阿拉伯地区。"南海一号"还只是宋代的中型船，长42米，宽11米，载重400多吨。这艘船装满了瓷器等货物（图20-右）。

中国人不止是发明了指南针，而且在造船、航海的各门类技术中都取得了极高成就。比如尾舵就是中国造船术的一项关键发明。

船的舵在今人眼里很寻常，但却是让船稳定前行所必需的构件。像古希腊三列桨战舰，没有船舵。船上170名划桨手，左右用力不均衡，一定是一会儿朝左一会儿向右，无法直线前行。

中国人还有一项重要发明是水密隔舱。就是将船底的仓区分割成若干密闭的隔舱。行船时船底某一部位触礁破损，海水涌入，但不会进入其他水密隔舱。就像船底安置了一些救生气囊，破了一两个，其他气囊完好，船得以不沉没。这项技术，中国东晋时代就已使用。

在宋代，"中国开往阿拉伯港口的大型船队，以转轴舵驱进，备有水密隔舱，以指南针导航，用牵星术确定船在海中方位，按航海图所标航线前进……"[①] 到了明朝，郑和全球远洋大航海时，中国航海术已极其成熟。

中国还有叫做"针路"的航海图：用指南针指路。明朝茅元仪《武备志》收录不少郑和航海针路图。其中有一幅是经过忽鲁谟斯（图21-左），据说是波斯湾的霍尔木兹。中国人向东去琉球岛，针路也很成熟（图21-右）。

---

① 潘吉星，第759页。

三、中国四大发明西传：欧洲是新生而非"重生"（文艺复兴）

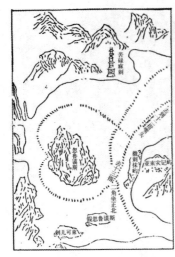

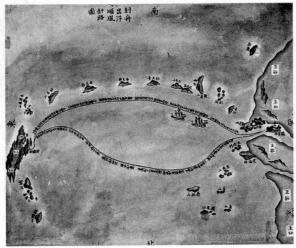

郑和航海过忽鲁谟斯的针路图　　中国去琉球航线的针路图（清朝）

图 21

从 12 世纪北宋时期起，中国海船就往来于南海和印度洋，指南针罗盘在 13 世纪传入了阿拉伯，再由阿拉伯传入欧洲。

这意味着，在中国的指南针罗盘传入欧洲之前，欧洲人绝无可能在地中海远距离航行。所有西方古代史描写古希腊、古罗马时代的海上贸易、海上征战，统统都是故事和鬼话。

中国的指南针和航海术传入欧洲，首先是传入阿拉伯人占领的伊比利亚半岛。葡萄牙和西班牙后来航海领先欧洲，去搞"地理大发现"，哥伦布发现美洲，麦哲伦环球航行，就是因为这两个欧洲国家最早受惠于中国的航海术。

西方所谓"海洋文明"，需要感恩中国。

中国火药和火器西传

有一种广为流传的说法，说中国人发明了火药只是去做美丽的烟花，而西方人则用火药去造枪炮……其实大谬不然。中国人不仅用火药做华彩焰火，也是全世界最早制造出枪炮的原型——火铳。

中国人发明火药源于炼丹术，是为了寻求长生不老之药。炼丹，很化学哦。经历无数试验，居然用硝、硫磺和木炭，弄出了一种彻底改变人类历史的东西——火药。

一般认为，中国是在9世纪唐朝末年发明了火药。北宋曾公亮的《武经总要》记录了三种火药的配方（中国人宽宏大量，很不讲究知识产权）。

北宋也同时将火药用于军事目的，研制各种火器，诸如"火箭"、手炮、火蒺藜等。尤其在1126年发明了世界上最早的火药

南宋突火枪　　　　　飞火枪

图22

飞弹——霹雳炮。北宋名将李纲用霹雳炮，击退围攻汴京的金兵。北宋还发明了一种铁壳弹，爆炸时巨响，叫做"震天雷"。因为见证了火药火器的巨大威力，南宋大力研发火器，并批量生产。

12世纪，陈规发明了一种用竹筒做的突火枪（图22-左），具有管状发射的形式，类似喷火筒。还大量使用像炮仗绑在箭上的飞火枪或"火箭"（图22-右），可造成远距离杀伤。南宋还发明了一种瓶状金属火铳，如1128年南宋四川大足石刻天神像横抱火铳，可以说是最早的火铳。

南宋军队使用火器，立即被金朝军队学了去，又传给了蒙古军队。蒙古人西征时，已有一支专门的炮手军，熟练使用震天雷等火器。

13世纪末的元朝，发明了金属管状发射的火铳和火炮。这是将突火枪的竹筒，改成更牢固的铜制筒。管状的铳，是在金属管内引爆火药将弹丸射出，正是现代枪炮的前身。

我们所能见到最早的实物火铳，是1970年在黑龙江阿城出土的一件铜火铳（图23-左），人称"阿城火铳"，其实跟竹筒差不多，34厘米长，手持，是用于近战的手铳。存世最早的热兵器竟然是一支"手枪"。

铳有三种：最小的叫手铳，中号就是通常说的火铳，加大版就是火炮。

第二件古老的的金属火铳，是1987年在内蒙古发现的元大德二年（1298年）的一件铜火铳（图23-右），长35厘米，内径有小碗大小，已具备火炮的形式，被相关学者认定是世界最早的火炮。

有一支元至正元年（1341年）的手提铜手铳（图24-左上），带一个把

元朝手铳（1290 年）
世界最古老的金属管状火器

元大德二年（1298 年）火铳
世界最古老的火炮

图 23

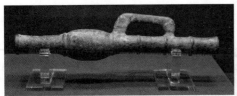

元至正元年（1341 年）手铳

元至正十一年（1351 年）手铳

明洪武十年（1377 年）铸铁炮

图 24

手，可以双手端持，造型令人惊叹。另一支元至正十一年（1351 年）的手铳
（图 24- 左下），现藏于中国军事博物馆，制作非常精良。铳管长 43 厘米，口
径 3 厘米。

中国的手铳已被公认是西方火枪的原型：只是将铳管加长变细。

到了明朝，火炮威力进一步提高。明初洪武十年（1377 年）的铸铁炮
（图 24- 右），长 1 米，口径 21 厘米，是当时的重型火炮。朱元璋的部队，使
用火炮非常娴熟，在他的征战中居功甚伟。

13 至 14 世纪，尤其是蒙古人占据波斯之后，中国火药和火器西传到波斯
和阿拉伯地区。后来的奥斯曼人，也能以火炮轰城。

欧洲人掌握火药，自认感谢蒙古人：是蒙古人给欧洲带去了火药。在蒙古人西征之后，欧洲人开始学习制造火药和火器。有说意大利和德国在14世纪中后期，就有了金属管形火器，存疑。

1470年，欧洲造出了火绳枪（图25-左）。图中是一人扶枪，另一人手持火绳点火。后来扳机连接火绳，变为单兵武器。最著名的是西班牙火绳枪，将法国骑兵打得一败涂地。

有一个西方视频说，中国人发明的火枪"四十年内传遍了欧洲，没有哪一项发明，像枪那样传播得如此迅速"。

16世纪以后，火绳枪不断改进，枪管变得细长，中国人称为"鸟铳"。西班牙鸟铳手，打遍欧洲无敌手。鸟铳火绳枪一直用到1720年，被燧石枪所取代。

中国火炮西传欧洲，除了西亚陆路，葡萄牙人开辟欧洲直通中国的海路传播也起了很大作用。

因为有中国明朝初年抵达非洲的大航海，葡萄牙人从阿拉伯人那里了解了一些去东方的航海知识。1497年葡萄牙人达伽马，绕过好望角，由阿拉伯领航员领航，从东非横渡阿拉伯海，1498年抵达印度西南岸的卡利卡特，中国史籍称"古里"。那里也是郑和船队西进时补充淡水食物的基地。

15世纪中后期欧洲人制造出火绳枪

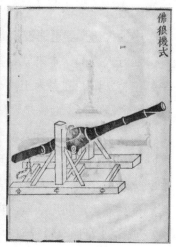

葡萄牙人改进的佛朗机炮

图25

三、中国四大发明西传：欧洲是新生而非"重生"（文艺复兴）

1500 年葡萄牙人抵占印度西岸的科钦（Cochin，"钦"有"秦"意味），1510 年占领果阿，1511 年占领马六甲。

1513 年葡萄牙探险家若热·阿尔瓦雷斯（Jorge Alvares）来到中国珠江口，开创了欧洲直通中国的航线。1553 年，葡萄牙人获得澳门居住权。

葡萄牙人学习中国铸炮技术，部分得自于阿拉伯人，也得自 15 世纪明朝郑和船队向西航行。

中国明朝海军从舰船吨位到火炮当时碾压全世界。葡萄牙和西班牙的海盗船，最初根本不是明朝海军的对手。郑和西行数度造访印度西南岸的科钦和古里（两地都居住着大量中国人）。葡萄牙人 1500 年后抵达科钦、果阿等地，可以接触到中国的火炮。

由于与海盗的战争，葡萄牙人自然急迫需要改进中国火炮，开始在果阿等地铸造火炮。因为葡萄牙被中国人称为"佛朗机"，葡萄牙人改进的火炮，就被称为"佛朗机炮"（图 25- 右）。这种炮的创新，是后膛加了可以手提装卸的子铳，加快了装填弹药的速度，于明朝嘉靖年间（1522—1566 年）引入我国。

17 世纪，新任海上霸主荷兰人又改进制造出一种重型火炮。因为荷兰人被称为"红毛蛮夷"，所以这种火炮被称为"红夷大炮"。明朝末年，澳门的葡萄牙人能够制造出一种威力巨大的"红夷大炮"，射程 1500 米，威力反超明朝火炮。

中国火药火器迅速被欧洲人改进，性能更好，这也是要承认的。

西方人之间，本来就是霍布斯说的"狼与狼之间"互相撕咬抢食物的关系，丛林法则，强者为王。一切都是刀剑、武力说了算。所以对武器极为重视：谁武器厉害，谁就是天皇老子，荣华富贵。

葡萄牙人和西班牙人对中国的火枪火炮迅速加以改进，也带动了北边大西洋岸边的荷兰（早先受西班牙人统治）和对岸的英国。荷兰和英国研发的舰载火炮后来居上，威力空前。中国传给西方的火药和火器，终于让西方从刀剑冷兵器，走向热兵器，提高了一个维度，为西方后来用"有组织的暴力"（亨廷顿语）征服全世界奠定了基础。

但西方列强的船坚和炮利，知识产权都来自中国。

1513年葡萄牙人开辟中西直通"海上之路"（大西洋五国）

当年有一部电视专题片叫《大国崛起》，在中国知识界非常火。最先崛起引领世界的"大国"——葡萄牙、西班牙、荷兰、法国和英国，恰恰就是这五个大西洋国家。

电视片声称这几个"大国"崛起，是因为制度优良。其实撰稿人不知道，葡西两国最先崛起，是因为这两国最先吸收了中国的航海术和火器技术。中国航海术西传，才让葡西两国能够大航海到世界各地殖民掠夺。

据说在哥伦布"发现"美洲之后，葡萄牙和西班牙就让教皇作主，在大西洋上划出一条教皇子午线（1493年），两家瓜分世界：子午线以西归西班牙，以东归葡萄牙。大略说，整个美洲归西班牙，非洲和亚洲归葡萄牙。但马上1494年葡萄牙后悔了，又跟西班牙签了一个"托德西利亚斯条约"，将子午线往西挪了一挪，将南美洲切了一块划给了葡萄牙。这就是今天南美洲唯一讲葡萄牙语的国家巴西。（图26）

图26　葡萄牙与西班牙，两个海盗瓜分世界1493—1494年

由此，教皇子午线以西，西班牙几乎独占南美洲以及除了墨西哥的北美，所以今天美国西部的洛杉矶（Los Angeles）和旧金山（San Francisco）也都是西班牙地名。西班牙还占了关岛和菲律宾，形成一个西班牙日不落帝国。

子午线以东，葡萄牙不仅将非洲作为自己的囊中之物，还分得了亚洲，探入了印度和中国。

1513年阿尔瓦雷斯来到中国，被认为是近代第一个来到中国的欧洲人，开辟了欧洲直达中国的航线（图27），由此开启了西方"发现中国"的时代，具有划时代意义。

这是一条西方快速搬取中华文明成果而实现"现代新生"的生命线。阿尔瓦雷斯对于西方的重要性，超过发现美洲的哥伦布。

正是沿着阿尔瓦雷斯开辟的航线，一批又一批耶稣会士来到中国，将中

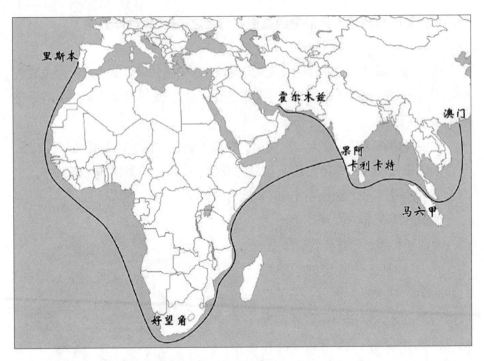

图 27　葡萄牙人阿尔瓦雷斯开创欧洲直通中国航线　1513 年

华文明信息、科技成果搬回欧洲，导致现代欧洲的崛起。

我们太忽略了葡萄牙城市里斯本。里斯本是当时伊比利亚半岛最重要的港口。内陆城市马德里，1561 年才开始作为西班牙首都，是一个新城市。

西班牙人、意大利人（包括利玛窦）来中国，都是从里斯本起航。里斯本成了近代欧洲最早直通中国的一个窗口。对于西方的崛起，其重要性远远超过同时期"文艺复兴"的意大利城市。

继葡萄牙和西班牙之后，荷兰成为第三号霸主。荷兰居于大西洋岸边的一块低洼地，1648 年从西班牙统治下获得独立，17 世纪成为海上霸主。

荷兰向西在美洲占了几块地（今天的纽约当初叫"新阿姆斯特丹"），向东也到东亚占领了印度尼西亚，一度侵占台湾，还敲开了日本的大门。荷兰人从中国搬回了大量东西。在荷兰之后称霸的法国和英国，胃口更大。两家不仅瓜分了北美，还基本瓜分了非洲，又到印度和东亚各占一大块，最终英国成为日不落帝国。

有了这条中西直通的大西洋航线，不仅中国的瓷器、茶叶、丝绸，更有中国的书籍和耶稣会士的信件（文化科技情报）等，可以直接从中国运往欧洲，引发了 17 世纪荷兰"中国风"和 18 世纪法国"中国热"，导致了欧洲的启蒙运动……

有趣的是，中华文明通过陆上"一带"和海上"一路"对欧洲的影响，可以用中国茶这个词在西欧的两种发音来显示（图 28）：陆上"一带"，伊朗、阿拉伯、土耳其、俄罗斯、乌克兰、捷克斯洛伐克、巴尔干半岛等地，茶的发音都接近"茶叶"（cai 或 cay）的发音。就是说，中华文明通过陆路影响的欧洲国家，都把茶发音为"茶"。

而海上"一路"，西班牙、荷兰、法国、英国、德国、意大利等国，茶的发音都发闽南话的 dea 或 tea。因为 17 世纪海上霸主荷兰人是跟福建闽南人做茶叶生意。（只有葡萄牙受粤语影响发 chya）就是说，中华文明通过海路

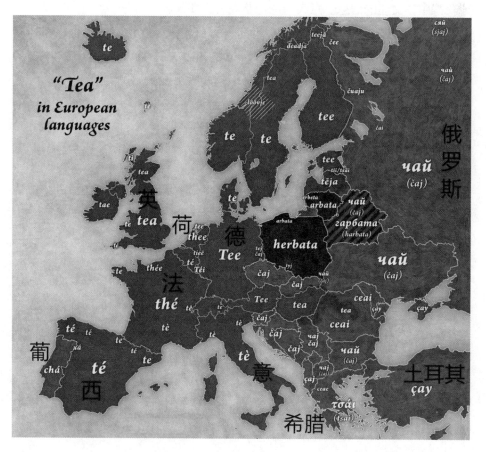

图 28　茶在海上"一路"与陆上"一带"国家发音的区别

三、中国四大发明西传：欧洲是新生而非"重生"（文艺复兴）

影响的欧洲国家，基本都把茶发音为 Tea。

正是通过海上"一路"，葡、西、荷、法、英这五个欧洲国家，直接受到了中华文明的滋养，迅速崛起。

海上一路除了到大西洋沿岸，还有从西班牙往东延伸到意大利。意大利早期接受陆路东方影响较多。大西洋海路开通之后，更多是接受海路的影响。

这条航线像一根脐带，西方婴儿吸收中华文明母体的营养而迅速成长。在这个意义上，大西洋对现代欧洲"新生"的作用，要超过地中海。

换言之，现代欧洲的"新生"，所谓文艺复兴，与其说是从意大利开始，不如说是从葡萄牙和西班牙开始。

13 至 14 世纪，意大利是接受蒙古人西征带来的中华文明的影响。之后较多受奥斯曼帝国的影响。16 世纪开始，意大利更多是从大西洋海路，从西班牙获得中华文明的信息。意大利也把茶发音为 Tea 就是证据。

尤其不要忘了，1500 年前后，西班牙国王费迪南二世同时也是意大利南部那不勒斯国王。他的外孙查理五世（Charles V，1500—1558），又接管了西西里和撒丁岛。西班牙王权一统北地中海和意大利南部。

葡萄牙这个欧洲的小国家，打通了中西直通的海上之路，功劳大到天上去了。

中国印刷术西传

印刷术在中国人印象里，也没什么了不起，太平常了。而实际上，印刷术西传却是一件引起欧洲翻天覆地变化的大事件。

文明已久的中国人，很难设想西方长期是一个文盲世界。很多西欧的贵族甚至国王都是文盲。造纸术只是 14 世纪才羞羞答答进入西欧中部的法国和德国。因为没有竹帘抄纸，最初纸质还极其粗劣。

15 世纪中国印刷术传入欧洲，终于可以印刷书籍了，广泛传播文化知识，让欧洲摆脱了愚昧。

中国最早的印刷品，一般认为是唐代的《金刚般若波罗蜜经》木刻插页（868 年）。但潘吉星先生考证，中国木板雕刻印刷，在 6 至 7 世纪隋唐之际就已出现。

13 至 14 世纪，中国木版印刷术随蒙古人传入西亚。1294 年，波斯伊尔汗国模仿中国，用木板印刷纸钞。

中国木版印刷西传，除了蒙古人带去中国纸钞，还带去中国人玩的纸牌。因纸牌是长条形，被称为"叶子戏"，也称为"马吊"（图29）。

世界公认是 11 世纪中国北宋的毕昇（972—1051），发明了活字印

中国早期纸牌叶子戏　　　14 世纪纸牌马吊

图 29

刷。毕昇主要发明了陶活字。北宋还有用木活字来印官契，没有提及金属活字印刷。结果，韩国人声称金属活字印刷是 1403 年朝鲜李朝时期的发明。

而据潘吉星先生考证，北宋时期的纸钞，已经是铜版和铜活字印刷了。印钞"大规模使用铸铜活字"[①]，说明中国在 11 世纪的北宋就已发明金属活字印刷。

上海博物馆收藏一块金朝 1216 年铸制的"贞祐宝券伍贯"铜钞印版（图30-左），上部有两个方形凹洞，放置活字模。印出来的纸钞（图30-右）显示，这两个活字在"字號"和"字料"的上方，是采用千字文序列，标示纸币的编号。铜版下部还有 12 位官员画押，需要植入 12 处活字。

这块铜版无可置疑地证明，中国铜活字印刷早在北宋已经使用。韩国兄弟请悠着点，不要把什么东西都说成是韩国发明。

另外，元朝农学和机械学家王祯（1271—1368），在他伟大的著作《农书》书末附《造活字印书法》，不仅说到木活字，还提到锡活字："近世又铸锡作字，以铁条贯之，作行，嵌于盔内，界行印书……"

大约在 15 世纪初，中国的木活字印刷传入欧洲。根据一些记载，木活字出现在意大利、尼德兰（荷兰）、德国等地，然后走向金属活字印刷。

欧洲的金属活字印刷，西方公认是 1450 年德国人古登堡（J. Gutenberg，

---

① 潘吉星，第 590 页。

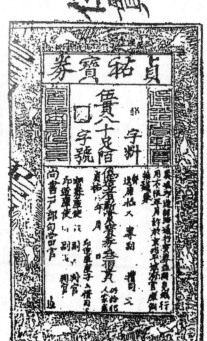

金朝伍贯贞祐宝券，活字铜钞印版　1216 年　　　伍贯贞祐宝券，纸钞

图 30

1400—1468）发明。

　　早年读法国汉学家安田朴（René Etiemble，也译作艾田蒲）《中国的欧洲》，开篇绪论就批评"所谓古登堡可能是印刷术的发明人"，是"欧洲中心论欺骗行为的代表作"，印象深刻。安田朴对一本法国辞典称古登堡"发明了活字印刷"，感到非常气愤。

　　潘吉星先生提到一个趣闻，2008 年北京奥运会开幕式展示中国发明活字印刷，引起了荷兰哈勒姆（Haarlem）市长的抗议，写信给北京奥组会，声称活字印刷是哈勒姆市民扬森·考斯特在 1400 年发明的，北京"一定是出于一种误会"。①

---

① 潘吉星，第 614 页。

中国人恐怕难以想象，今天西方的词典和书籍，竟然可以无视举世公认的史实，声称是西方人发明了印刷术，将中华文明的成果窃为己有。

西方非常看重印刷术。法国文豪雨果曾称"印刷术为世界上最伟大的发明"，它使欧洲的文盲大量减少，所以古登堡在西方被捧到了天上。

美国学者麦克·哈特在所著《影响人类历史进程的100名人排行榜》，将古登堡排在第8位。

古登堡前面7位是穆罕穆德、耶稣和释迦牟尼（三大宗教创始人），以及孔子、圣保罗、牛顿和蔡伦；古登堡后面是：哥伦布、爱因斯坦、马克思、巴斯德、伽利略、亚里士多德、列宁、摩西、达尔文、秦始皇、凯撒、毛泽东、成吉思汗……

古登堡位列这么多如雷贯耳的历史大名人之前，可见活字印刷（还有蔡伦造纸）在西方人心目中是多么重要！

造纸术和印刷术，让欧洲文化知识的传播呈爆炸式增长。

读者要记住：欧洲只是在中国明朝中期（1450年），才刚刚开始有印刷的书！而那时，书籍在中国早已是寻常物。中国读书人可以随意阅读四书五经以及唐诗宋词元曲，还有《三国演义》《水浒传》等小说。

朋友请假设一下，假如中国在明朝中期才刚开始有书，你会是一种什么感觉？

印刷术和书籍的普及，让欧洲走出文盲状态，走向文明。正因为此，西方人才如此看重造纸术和印刷术。

造纸术、印刷术、指南针航海术和火药火器，对欧洲现代文明的贡献，怎么估量都不为过分。

四、中华钢铁西传——钢铁是中华文明第五大发明

中华文明对人类的贡献，远远不止大家熟知的四大发明。在李约瑟的著述中，中国对世界的贡献至少有"100项发明"。参阅罗伯特·坦普尔（Robert Temple）《中国：发明与发现的国度，中国的100个世界第一》。

除了四大发明，中国还给西方送去了钢铁、陶瓷、中医药和天文学、数学等重大文明成果，还有无数今天看来微不足道却在历史上给西方带来天翻地覆变化的小发明，比如马镫、马颈轭挽具、铁铧犁、纸币、烧酒……等等。

尤其中国钢铁冶炼术西传，是中华民族对于人类文明的极大贡献。某种意义上，甚至比四大发明对西方的贡献还要大。值得专门叙述。

"自（大）宛以西至安息国……不知铸铁器"

今天中国学界，迷信西方伪史，又文化自卑，充斥了各种中华文明"西来"说，比如中华文明源于古埃及，尤其是"青铜西来"和"冶铁西来"说，影响最深。

对于青铜，中国学界主流说法是，青铜冶炼技术来自西亚、中亚或北亚——"安德罗诺沃文化"和"塞伊玛-图尔宾诺冶金现象"（图31），然后传入中原发扬光大。某央视节目说："源自西亚、中亚的青铜冶炼技术，逐步融入中华文明之中，并改造生发出崭新的面貌。"就是说，青铜发明在西亚、中亚，传到中华就突然大大提升，"崭新"了起来。

1975年，在甘肃马家窑文化遗址，出土了一把5000年前的青铜刀（图32-左）。这把刀长12.5厘米，宽2.4厘米，是中国最古老的青铜器。这其实

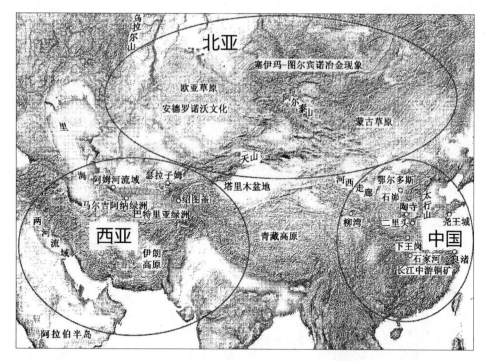

图 31　前 2000 年三个冶金文明区（主流说法）

马家窑青铜刀　前 3000 年

图 32

甘肃临潭磨沟遗址出土的人工冶炼铁条
商朝　前 1430 年

已经事实上证明，中国青铜器从年代上已领先中西亚和北亚，青铜器是本土起源。

　　中国拥有全世界无可比拟的最辉煌灿烂的青铜文明，至今保留了年代最古老、数量最多、重量最重的青铜器。中国的司母戊鼎重达 832 公斤，铸造所需青铜原料超过 1 吨！

　　这里不多展开驳斥青铜西来说之伪。只想强调一点：青铜从中西亚和北亚传播向中国，没有确凿实证。青铜器不仅不是西来，而是相反，是从中国

甘肃临潭磨沟遗址出土的铁锈块　　　　　新疆尼勒克县吉仁台沟口出土的铁块
商朝　前1510年　　　　　　　　　　　商朝　前1500年

图33

往西传播，正如中国铁器西传一样。

对于"冶铁西来说"，中国学界也是一片迷信西方说法：冶铁技术也是源自西亚、中亚，经由新疆和河西走廊传入中原。

2009年甘肃临潭磨沟遗址出土两件铁器，其中一件铁条（图32-右），明确证实"是由块炼渗碳钢锻打而成，系人工冶铁制品"，树轮校正测年为前1430—前1260年。另一铁锈块为前1510—前1310年（图33-左）。2015至2016年，在新疆尼勒克县吉仁台沟口发现一处青铜冶炼的大型聚落遗址，遗址中出土3件铁块（图33-右），测定上限年代"在公元前16世纪左右"，即前1500年。

可见，中国出土的铁器已确凿认定为前1500年，比前1400年赫梯人发明冶铁要早。但面对"铁"的事实，中国学者却不敢承认。发明铁器，没中国什么事。

中国学者从来也不去追究一下，西亚、中亚发明冶铁到底是怎么回事，不去实地看一看，看看那里的冶炼遗址，那里的"古代"铁器长什么样。都是一味相信书，西方书怎么写就怎么信，青铜西来，冶铁西来……

其实中国史籍早就写得清清楚楚，中亚、西亚在汉代以前根本就不懂得冶铁。

《汉书·西域传》明确说：

"自宛以西至安息国，虽颇异言，然大同，自相晓知也。其人皆深目，多须髯。善贾市，争分铢。贵女子，女子所言，丈夫乃决正。其地无丝漆，不知铸铁器。"

就是说，从中亚大宛（今乌兹别克斯坦）往西，到西亚安息（今伊朗），那里的人都不懂得如何铸造铁器！

接下来一句："及汉使亡卒降，教铸作它兵器。"要等到汉朝使者逃亡和士兵投降，才教会那里的人用铁铸造兵器和器物（尚没说教会他们冶铁）。

再重复一遍："自（大）宛以西至安息国……不知铸铁器。"

《汉书》这句话，明白无误、无可置疑地宣告，在汉朝以前，中亚和西亚根本不懂得铸铁器。

再往西的地中海欧洲，所谓"古希腊""古罗马"地区，生产力程度更落后，就更不会"铸铁器"。

中国是世界上最早发明冶铁的国家

铁的熔点是 1537℃。早期小型炼铁炉，炉温 800℃至 1000℃以下，不能将铁矿石彻底熔化炼出液态的生铁，只能炼出固态的所谓"块炼铁"。炼完后要将炉子拆了，才能取出。这种"块炼铁"，因含有较多杂质，也称"海绵铁"，属于熟铁。而熟铁较软，容易变形，强度硬度都低，做不来工具。

真正意义上的冶铁技术，应当指高炉温冶炼铸铁（也叫生铁）技术。冶炼铸铁需要 1200℃以上的高温，才能熔炼出液态的铁水。铸铁（生铁）硬度高，用处大。

冶炼铸铁难度大。尤其要有强力鼓风皮囊和风箱，用大型竖炉，才能将炉温加热升到 1200℃以上，将铁矿石熔化为液态铁水，导出炉外，注入模型冷却，成为铸铁。

1200℃以上的高炉温是决定性的。中国以西地区长期没有铸铁，就是因为没有能力获得这么高的炉温。

而钢，既有熟铁的韧性，又有铸铁（生铁）的刚性。今天通常意义的钢，基本是用铸铁制成。将铸铁加热到一定程度，将其"退火"脱碳，便可以得到"铸铁脱碳钢"。

很大程度上可以说，只有冶炼出铸铁（生铁）之后，真正意义的钢才可能出现。

潘吉星先生《中外科学技术交流史论》专门有一章"中国铸铁、炼钢技术的发明和西传"，谈到"中国是世界上发明和最早使用铸铁的国家"。

中国文献记载最早的铸铁器物，是前513年，春秋时晋国用生铁铸造了一只刻有刑法的铁"刑鼎"。

实物铸铁器出土最早的，是山西天马曲村的春秋墓葬出土的2件铸铁（生铁）器残片，年代是春秋早期前8至前7世纪。这说明"春秋早期中国已制出液态生铁"[1]，已具有将炉温升到1200℃以上的鼓风皮囊技术和大型竖炉。

西方历史学声称赫梯文明发明了冶铁，也只是低炉温的块炼铁。最近连这也不敢承认，改称赫梯人只是使用陨铁，事实上已经否定赫梯人发明铁（见本书上册）。

西方始终承认没有能力高炉温炼出生铁。这一条读者朋友须要牢记于心。

所以，中国是最早发明铸铁（生铁）的国家，世界公认，没什么说的。

事实上，是延绵至今9000年文明的中国人发明了冶铁！之所以中国学界普遍持"冶铁西来说"，一个重要原因是中国学者文化自卑的软骨病。

1972年，在河北藁城台西村商代遗址中，出土了一件商代铁刃铜钺（图34），铜钺镶铁刃，残长11.1厘米，年代定在前1400年。

经冶金工业部钢铁研究院检验分析，结论明确认定，钺的刃部是"古代人工冶炼的熟铁"。但是，时任中国社会科学院考古研究所所长、著名考古学家夏鼐先生，对这个结论表示怀疑，要求进一步鉴定，并撰文认为："不排斥这铁是陨铁的可能。"

其实藁城发现的商朝铁刃铜钺不是第一件。1931年，河南浚县就出土过两件西

图34　商朝铁刃铜钺　前1400年

---

[1]　潘吉星，第629页。

西周初铁刃铜钺　　　　　　　　　商朝铁刃铜钺

图 35

周初年的铁刃铜器，其中一件也是铁刃铜钺（图 35- 左），后来流入美国。夏先生知道，1954 年日本学者梅原末治经过研究，认为铁刃是人工冶炼的铁，并宣告这两件铁器的发现是"划时代的事实"。但后来美国学者盖滕斯（Rutherford John Gettens）1971 年发表的英文论文，一口否定，认为是陨铁做的。夏鼐先生怀疑是陨铁，显然顾忌了洋人刚刚发表的结论。

　　1974 年夏鼐先生委托北京钢铁学院的柯俊先生再做鉴定。柯俊先生是留英博士，自然也有洋人结论的压力。他的鉴定报告，果然印证了夏鼐先生的怀疑：铜钺铁刃是陨铁制作，不是人工冶铁。

　　主要理由是铁刃里面含有微量镍，而镍是陨铁特有的。[1]

　　就这样，两位权威学者硬是否定了冶金工业部钢铁研究院的鉴定报告，否定中国在商代已经发明了冶铁技术。

　　之后的 1977 年，北京平谷又出土了一件商代铁刃铜钺（图 35- 右），自然又被认为是陨铁……于是，铁刃铜钺是陨铁不是人工冶铁，就成为定论。

　　两位权威实际上只顾及了单一"科学指标"——镍含量，而缺少了一点

---

① 见《科学人物——柯俊》《夏鼐与藁城商代铁刃铜钺》2019.2.27。

陨铁多有铁纹和镍纹　　　　　　　　纯陨铁很软，只能当工艺品
所谓"维斯台登纹理"　　　　　　　陨铁切割打磨的匕首

图36

实践理性。

首先，铜钺为什么要铁刃？逻辑是：铁刃的硬度超过青铜。青铜已经有相当硬度了，这里的铁刃应当具有初级钢的硬度。

而陨铁因大气摩擦高温"熔炼"已没有碳，近乎熟铁，所以较软。另，陨铁含镍，剖面呈 X 交叉的铁纹和镍纹，所谓"维斯台登纹理"（图36-左），是一种八面体构造的结晶，物质结构松散。

亲手用陨铁制作过剑的龙泉制剑人"满江红剑出龙泉"，戳穿网上一片赞美陨铁剑如何锋利，实打实地证明："无坚不摧的陨铁剑只存在于金庸的小说里，陨铁的本质还是铁，离百炼成钢还有很大的距离。所以，纯陨铁刀剑是很软的，只能当工艺品陈设（图36-右），没有任何刀剑的性能。"（"陨铁可以做刀剑吗？"2020年）因此，纯陨铁是不可能直接锻打成具有钢硬度的铁刃的。

要制作出一把有钢硬度的陨铁剑，必须将陨铁与人工钢材进行一定配比的混合，加以熔炼锻打才能成功。

第二，陨铁也不是到处有，属于稀缺原料。怎么可能中国河南、河北多地，到处都有用陨铁制作的铁刃铜钺？这些铁刃铜钺几乎已经"制式化"，好像陨铁可以轻易获得。

第三，后来藁城台西遗址发现了铁矿石和"经过冶炼的铁矿渣"，确凿证明早在前 1400 年，这里就开始采矿冶铁。[①]

---

① 网文《寻访藁城台西商代遗址的七项世界之最》，2019。

中国从前 3000 年的龙山文化时期就出现青铜冶炼技术，到了商朝已是炉火纯青。冶炼青铜的炉温 800℃，已可以冶炼"块炼铁"。新疆尼克勒吉仁台沟口遗址，原是青铜冶炼，也冶炼出铁。

中国正是凭借先进的冶铜技术，发明了冶铁。

各种事实证明：藁城商朝铁刃铜钺之铁，不是陨铁，而是人工冶炼的铁。两位权威人士的"陨铁"论，是文化自卑不自信的产物。

中国的冶铁不是西来，甘肃临潭磨沟遗址出土的铁器已经确证：中国早在商朝（前 1510 年）就已发明冶铁。

中国在西周春秋时期就进入钢铁时代

中国考古不仅证明商朝发明冶铁，还发现了西周和春秋时期的铁器。到了战国，铁器已经普及民间，成为打仗、农耕和日常生活的寻常物品。

1990 年，河南省三门峡市虢国墓出土了一把西周时期前 800 年的玉柄铁剑（图 37）。铁剑长 20 厘米，玉柄长 13 厘米。中国社会科学院考古研究所副所长白云翔指出："经金相鉴定"，铁刃已是"块炼渗碳钢"，说明"在西周晚期我国先民已经掌握了炼钢技术"。①

白先生尤其澄清了铁被看作"恶金"的误解。"西周晚期炼钢技术的发明，铁不仅不是粗劣的'恶金'，反而可能是一种贵重金属"②。

图 37　西周虢国玉柄铁剑　前 800 年

前文已述，在春秋早期（前 700 年）中国就出现了铸铁（生铁）冶炼技术。有了生铁，就有了通向钢的直通车。也正因为有了生铁，春秋时代铁制农具开始普及。

春秋齐国名相管仲开始实施国家专卖铁和盐，所谓"官山（铁）海（盐）"。铁和盐开始官营，说明冶铁业在春秋时代已具相当规模，铁器也相当

---

① 《"美金"与"恶金"的考古学阐释》，《文史哲》，2004 年第 1 期，第 54—57 页。
② 同上。

普及。自然，铁制兵器也获大发展。（图38-上）

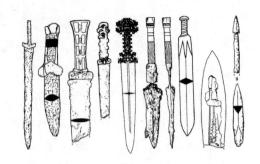

春秋时期铁兵器

据白云翔先生统计："迄今发现的可辨器形的春秋铁器计51件，其中铁兵器为18件，包括铁剑、铜柄或金柄或玉柄铁叶剑、铜内铁援戈、铁铤铜镞等。"

"长沙杨家山65号墓出土的春秋晚期的铁剑（图38-下），整器用碳钢锻造加工而成，是目前所知最为古老的全铁制兵器。"据有关鉴定，这把剑是含碳量0.5%的中碳钢，已是一把钢剑。

春秋长沙杨家山钢剑　前500年

图38

春秋晚期，中国诞生了一位古代铸剑大师——欧冶子（约前514年）。他是江南越国人，冶铸了一系列青铜名剑，湛卢、巨阙、胜邪等。同时他也冶铸出三把钢铁剑，曰龙渊（后改名"龙泉"）、太阿、工布。其后又有著名的铸剑大师干将和莫邪。干将

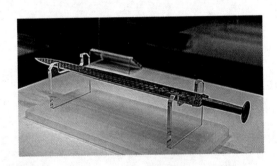

图39　春秋越王勾践剑　前500年

为吴国人，为楚王铸剑。他们冶铸的剑之锋利，已成为传奇。

1965年，湖北省荆州市江陵县望山楚墓出土了一把惊世名剑——春秋时期的"越王勾践剑"（图39）。剑长55.7厘米，柄长8.4厘米，出土时依然非常锋利，保存完好。尽管是青铜剑，但其卓越的合金配比，颇可以与钢剑媲美。这把剑也可以让我们相信，干将莫邪所铸之剑并非虚名。

西周及春秋时期，钢铁时代已然来临。

战国两汉已是钢铁大国，直至宋朝"第一次工业奇迹"

战国初期，中国已经发明将铸铁（生铁）加热又冷却制成"脱碳钢"，所谓"退火"制钢技术。"由生铁制钢的各种技术都发端于中国"。[1]

战国时期，中国铁器更加日常化。据《管子》记载，仅齐国一个国家，"出铁之山三千六百九"。冶铁业遍地啊！出土的战国铁器，也是遍布中国。战国的农具，不仅数量大，种类也多。仅河南辉县的战国墓中，就发现铁制农具58件（图40-上），其中有 V 形铧犁、锄、镰、斧等。战国的 V 形铧犁（图40-中）已非常成熟。

战国的钢铁兵器也更加精良。出土的一把战国时期楚国的铁剑（图40-下），保存比长沙春秋铁剑要好，至今寒光凛凛。战国燕下都墓葬出土了十几把铁剑，其中一些经过检测，是经过热处理的钢剑，非常锋利。

小时候曾听说讨论《盐铁论》：是加强还是削弱西汉国家对盐和铁的中央集权管理，说明在西汉中国冶铁业已高度发达。

西汉时的中国已是一个钢铁大国。西汉元狩六年（前117年），汉武帝政

战国铁农具和铁器

战国 V 形铧犁

战国楚国铁剑　前475—前221年

图40

---

[1] 潘吉星，第630页。

炒钢图景　　　　　　　　　　　西汉长剑

图41

府对铁器生产实行全面国有官营，统管铁矿采掘、钢铁冶炼、铁器铸造和销售等环节，对铁业实行全面垄断。钢铁成为了国家财政的重要支柱。

　　西汉中期，钢铁技术大大进步，发明了炒钢——将生铁加温到1200℃以上，熔化为液态铁水，然后加入精矿粉，加以搅拌（图41-左），获得价廉质优、可以大量生产的炒钢。

　　炒钢的发明，也让汉朝的军队拥有大批量优质钢铁兵器，汉军可以大败匈奴，横扫西域。有好钢兵器，西汉名将陈汤才可以率汉军，远征中亚南部，斩杀北匈奴郅支单于，发出"犯强汉者，虽远必诛"的豪言。

　　西汉钢剑长什么模样？参看一下洛阳出土西汉画像石佩剑人物（图41-右）。东汉时南阳太守杜诗发明"水排"鼓风技术（图42-上）：用水力驱动牵拉风箱，让炼铁炉获得高温。

　　东汉在炒钢的基础上，将炒钢料反复加热、折叠、锻打，千锤百炼，获得更优质的"百炼钢"。用以制作钢刀，锋利无比。

　　到了北朝，冶金家綦毋（qí wú）怀文，东魏襄国沙河人，520—595年在世，对炼钢工艺进行了重大革新。据《梦溪笔谈》介绍：将生铁置于熟铁

东汉杜诗发明水排水力鼓风炼铁

生熟炼

图42

中合炼，或将生铁水灌入熟铁团之中再熔炼，获得"灌钢"（也叫"团钢"）。

灌钢法，实际上是生铁和熟铁合炼，生铁脱碳，熟铁渗碳，从而获得优质钢，大大提高了钢的生产效力，增加了钢产量。这种将生铁与熟铁合炼成钢（图42-下）的技术，是中国炼钢术的伟大创举。

中华大地，到处遗存古代冶铁遗址。2014年，北京延庆大庄科乡，发现1000年前的辽代矿冶遗址，炼铁炉保存比较完好（图43）。

中国从汉朝起，除了木炭，还试用煤作为冶铁燃料。到了宋朝，普遍使用煤制焦炭，钢铁产量获得空前提高，堪称一场真正的"钢铁革命"。北宋时，在四川、陕西等地，铁的价格非常便宜，只比米价稍贵一些，始终不到米价的两倍。

英国历史学家霍布森的《西方文明的东方起源》，曾指出一个不可思议的史实：中国在北宋的1078年，生产出12.5万吨铁，"直到1788年，英国的铁产量只有7.6万吨"[1]。就是说，中国北宋的钢铁产量，竟然超过已进入"工业革命"时期的英国！

---

① 霍布森，第48页。

霍布森赞叹，"11世纪的中国宋朝"有了"第一次工业奇迹"。在宋代，钢铁成为中国出口海外的重要外贸产品，向中国以西的波斯、阿拉伯地区大量出口铁锅、铁钉等铁器（参考南海一号沉船）……

中华钢铁冶炼术西传

中国钢铁西传，首先是到大宛、波斯。也就是《汉书·西域传》所说的"及汉使亡卒降，教铸作它兵器"，是逃亡的汉朝使者和投降的士兵，教会西域人铸造铁器。

有没有教会他们冶铁技术，不能确知。因为冶铁首先要有铁矿和森林（木炭），还要有流水推动水排，驱动鼓风维持高炉温。这些条件在波斯、阿拉伯地区似乎有所欠缺。

图43 延庆大庄科乡，辽代冶铁遗址

13至14世纪蒙古人占领波斯、阿拉伯，给波斯语中带来新词"tchuden"，铸铁的意思（"铸"源自汉语），但波斯依然非常缺铁，因为那里一直在进口中国钢铁。

潘吉星先生指出："在整个中世纪直到15—16世纪的漫长时期中，波斯还不断从中国进口小巧的铸铁制品，据波斯史家马扎海里（Aly Mazaheri）……其中包括铸铁锅，波斯文称为 degrikhten。"请记住波斯进口中国铁锅。

"还有理发师用的剃刀、剪刀，缝衣服用的钢针，以及梳妆的铁镜、铜镜……波斯还采购中国的铁钳、铁锉等小五金商品。"①

"波斯人将中国钢针称为 ibra al-khata。钢针虽小，但用途大……一根钢针在波斯可换一头羊！"②

西方考古在伊朗苏萨出土前 1100 年的古波斯铁剑和其他铁器，不可信。历史真相是：波斯阿拉伯地区直到 15 至 16 世纪，长期缺钢铁。

欧洲古代也没有冶铁。希腊神话里的铁匠之神赫菲斯托斯，只是神话。古代欧洲地区用铁，也是通过阿拉伯人，从东方输入。

阿拉伯人从 8 世纪中就占领了伊比利亚半岛，长达 700 年（756—1492 年）。是阿拉伯人给欧洲带去了中国的造纸术、航海术等中华文明的成果。

中国冶铁术，或铸铁冶炼术西传欧洲，有北陆路和南海路两条通道。

西方有观点认为，中国铸铁是由北边陆路，于 13 至 14 世纪随着蒙古人西征传到俄罗斯，再传到北欧瑞典。

潘吉星先生也认为，中国铸铁冶炼技术是 14 世纪最早传到俄罗斯。俄语词"铸铁" чугун（chugun），含有来自汉语"铸"的发音，可以从语言学上证明，在俄罗斯，铸铁这东西源于中国。

他还认为，在 14—15 世纪之交，中国的冶铁技术传到了比利时的弗兰德斯和意大利，那里出现了采用中国的水力驱动鼓风冶铁技术，砌出了中国式 2 米以上的高炉。佛罗伦萨人阿韦利诺（Averlino）描绘，1463 年意大利费拉拉出现了中国卧式水轮驱动鼓风的炼铁高炉。1517 年，一位法国人描绘了法国北部靠近比利时的阿登山林地区，有一座用两个水轮驱动大型手风琴式皮囊的炼铁高炉……③

我以为，中国的水力驱动鼓风冶铁技术，没有那么早从陆路传到意大利和弗兰德斯。中国铸铁冶炼技术西传欧洲，更可能是 16 世纪上半叶，由葡萄牙人和西班牙人通过海路引入欧洲。

中国铸铁在欧洲的重要用途，是铸造火炮。由于大炮在西方海战和陆战

---

① 潘吉星，第 633 页。
② 同上。
③ 同上，第 635 页。

中日益重要，海盗出身的葡萄牙人和西班牙人，很重视学习并改进中国发明的火炮，应该同时学到中国的铸铁冶炼技术，将其引入欧洲。

可以确定的是，16世纪中叶前后，在西班牙属地弗兰德斯山区，出现了冶铁的热潮。弗兰德斯地区是一个理想的冶铁之地：不仅有丰富的铁矿，还有茂密的森林（燃料）和丰沛的河水资源。

中国的铸铁冶炼技术传到弗兰德斯地区，有一个根本性的标志，就是采用中国式木制水轮，来驱动鼓风。

有4位弗兰德斯画家，画出了16世纪中叶到17世纪，弗兰德斯山区就地采矿冶铁，到处可见中国式水轮，一片"大炼钢铁"的生气勃勃景象。

先来看16世纪的德·布莱斯（Herri met de Bles，1480—1555）的《有炼铁炉的风景》（图44），炼铁炉旁有一架中国式水轮。比较特别的是，水流是从上方浇下，推动水轮。背景的巉岩山峰，当地并没有这样的山峰，颇有中国山水画之风。事实上，荷兰风景画的确受到中国绘画的影响。

马腾·凡·瓦尔肯博克（Marten van Valckenborc，1535—1612），画的《炼铁炉的河谷》（图45），画有两座炼铁炉。左边有中国式双水轮，右下还有一个单水轮。

他画的另一幅《炼铁炉风景》（图46），画面中有3座炼铁炉，可见4个中国式水轮。右侧前景是在画挖铁矿井，用小车运铁矿料。全过程表现了就地采矿冶炼的场景。

马尔丹·里卡尔特（Martin Ryckaert，1587—1631），也画过一幅《炼铁

德·布莱斯《带炼铁炉的风景》 约1550年　中国式水轮局部

图44

马腾·凡·瓦尔肯博克《带炼铁炉的河谷》 约1610年 局部：左边两个水轮右下还有一个水轮

图45

马腾·凡·瓦尔肯博克 《炼铁炉风景》 1611年

局部：四个水轮

图46

炉岩石风景》（图47），作于1631年之前。画了两座炼铁炉。左边看不到水轮，只能看到右边炼铁炉旁露出半个水轮。画面中有鲜红的铁水，还有规整的三角铸铁长条，显示出冶炼铸铁技术已比较成熟。

老扬·勃鲁盖尔（Jan Brueghel the elder，1568—1625）也画过一幅《炼铁炉的风景》（图48-左）。初看以为没有水轮。仔细一看，炉的左侧，还是悄无声息地藏着一架中国式水轮……

这4位画家画的炼铁炉，无一例外都画了中国式水轮，无可置疑地证明这些冶铁技术来自中国。就是说，欧洲是学习了中国水排驱动鼓风技术，才炼出铸铁。

还有一位弗兰德斯画家斯特拉达努斯（Johannes Stradanus，1523—1605）画过一幅在弗兰德斯用生铁水，浇铸火炮的版画（图48-右）。可以反

马尔丹·里卡尔特《炼铁炉岩石风景》
约 1620—1631 年

局部：左边半个水轮

图 47

老扬·布鲁盖尔《带炼铁炉的风景》，
水轮隐在炉左侧　1600—1625 年

斯特拉达努斯《铸造铁炮》　1550 年

图 48

映荷兰"红毛蛮夷"学会冶炼铸铁后，首先就是用来铸造大炮打仗。后来不断改进，造出威力巨大的"红夷大炮"。

弗兰德斯引入中国铸铁冶炼技术之后，成为欧洲冶铁中心。很有可能铸铁冶炼技术是从弗兰德斯四面扩散到欧洲其他地区：往西英国，往北瑞典，这两地后来也成为欧洲冶铁重镇；往东去德国，直抵俄罗斯（有说铸铁是从荷兰传到俄罗斯）；往南去法国和意大利北部……

"欧洲作为一个整体，大概到 1700 年时才大量生产铁。"[1] 可以说，直到 16 世纪的 1550 年，中国铸铁冶炼术传入欧洲之后，西方才真正进入"铁器

—————————

① 霍布森，第 48 页。

时代"。

需要注意的是，欧洲当时获得的是铸铁，还不是生产钢。

为了生产铁，17 世纪英国的森林曾遭到大肆砍伐而急剧减少，导致英国森林资源枯竭。18 世纪西方开始使用煤炼焦碳。

1722 年，法国科学家德·雷奥米尔（R.A.F. de Reaumur）发表《熟铁转变成钢和铸铁柔化技术》。1784 年英国人亨利·科特（Henry Cort）发明"搅炼法"，类似中国炒钢。西方铸铁才大规模变成炼钢。18 世纪，西方进入钢的时代。

19 世纪，西方钢铁冶炼技术和产量获得飞跃性发展。其关键技术似乎还是中国人提供：美国人威廉·凯利（William Kelly）在 1845 年请了 4 位中国炼钢技工到美国肯塔基，发明了转炉炼钢法，于 1851 年申请了专利。后来他指责英国人贝塞麦 1855 年剽窃了他的这项专利……

事实证明，西方的冶铁炼钢技术完全来自中国。

西方历史教科书说古罗马能炼铁，只是故事。

海上铁锅之路

为了证明波斯阿拉伯以至西方长期缺铁少钢，再提供一个证据：中国除了向西方运送丝绸、陶瓷、茶叶……还向西方输送铁锅铁器。

南宋沉船"南海一号"载重 400 吨。这 400 吨里，除了装载瓷器之外，竟然装了 130 吨铁器，大部分是铁锅，还有铁钉和铁锭。

沉船上的铁锅粘黏成一摞一摞，能分拆开来的比较少（图 49、50- 左）。

铁器构成这艘远洋商船装载的两样大宗商品之一，不可思议。这些黑乎乎廉价笨重的铁锅、铁钉、铁锭，竟然可以与精美的瓷器分庭抗礼，占了装载货物重量的三分之一！

人们可能会问：在 800 多年前，难道中亚、西亚、欧洲等西方人连铁锅都造不了，以至于把铁锅当成高科技产品，要从宋朝大量进口？

然而铁锅的确是宋朝大批量出口的高科技工业产品。

古代西亚和西方人就是造不出铁锅。铁锅对于 12 至 16 世纪的西亚、欧洲地区，是千真万确的奢侈品。

沾黏成一摞的铁锅　　铁锅

图 49

南海一号的铁锅　　铁钉和铁条

图 50

晚至明朝，瓦剌人与明朝战争，据网上一篇文章，其中一条理由是"你们大明卖的铁锅太贵了！""土木堡之变可以说是一口铁锅引发的血案"。《大明会典》规定"铁锅并硝黄钢铁，俱行严禁"……铁锅对于北方草原的少数民族也是战略物资。

中国海运出口铁锅，广东佛山是一个生产铁锅的基地。

中国出口海外的瓷器，国外大量保存了下来。而中国输往海外的铁锅则没有什么留存下来。但人们不能遗忘这个重要的历史事实：中国曾经向西亚和欧洲大量出口铁锅，可谓有那么一条"海上铁锅之路"。

中国社科院研究员陈春晓也在《"中国石""中国铁"与古代中国铜铁器的西传》一文中指出：古代中国不仅向西方出口铁，还出口铜。中国的铸铁和铜制品被称为"中国石"和"中国铁"。尤其从南海出水的沉船上大部分都装载有铁锅（见下表），"海上铁锅之路"千真万确。

历代沉船及出水中国铜铁制品

沉船	沉没年代	沉没地点	出水中国铜铁制品
黑石号	9 世纪	印尼 Belitung 岛	铸铁大锅、铸铁鼎、铜合金碗、铜磨石、铜秤锤、铁箭簇、青铜镜
印坦号	10 世纪	印尼印坦海域	青铜镜、青铜碗、青铜盘、架
井里汶号	10 世纪	爪哇北岸井里坟外海	铁锭、铁锚、铜镜、铜锭
Tanjung Simpang	11 世纪	马来西亚 Sabah 西北	铜锣、铜锭、铜盘
爪哇海船	13 世纪	印尼爪哇海西岸	铁锅、熟铁条、铁斧、铜
Jade Dragon Wreck	13 世纪	马来西亚婆罗洲最北端	青铜镜
南海 I 号	南宋	广东阳江	铁锅、铁钉、铁锄、铜环、铜钱、铜镜、铜鼎
华光礁 I 号	南宋	西沙群岛华光礁	铜镜、铜钱、铜锭、铜器、铁器
泉州湾宋代海船	南宋末年	泉州湾	铁钱、大量铜钱；零星铜镜、勺、钮、钩、锁，铁斧、搭钩、钉送
新安	元代	韩国新安	铜镜、铜秤锤、青铜器皿、铜锣、铜钱、铜笔架

沉船	沉没年代	沉没地点	出水中国铜铁制品
绥中沉船	元代	辽宁绥中	铁犁、铁锅
Phu Quoc	14 世纪	暹罗湾 Phu Quoc 南	铜钱、铁凝结物、铜锭
Turiang	约 1370 年	南中国海、马来半岛东 100 海里	铁凝结物、铁条
占婆号	15 世纪	云南占婆岛	铜钱、铁锅、铜磬
潘达南岛	明代	菲律宾潘达南岛和巴拉望岛之间海域	铁锅、铜锣、小铜炮、铁剑、铁刀、铜镜、铜盒、铜天平、铜钱
平顺	明末	越南平顺海域	铜壶、铜盘、铜锁、针、铁锅

南海一号沉船还装有大量的铁钉铁条（图 50- 右），用竹篾进行包扎，数量非常大。铁钉个体较大，大都有 20 多厘米长。根据金相分析，这些铁钉是炒钢锻打。

这就意味着，这些炒钢制的铁钉、铁条，进一步锻打之后，可以成为钢凿，再制成钢制刀具等器物。

有了钢凿，才可以开采石材，建造石块建筑。

由此可以推断，西亚和欧洲出现的大石块建筑，应该是在北宋成为"钢铁大国"，大规模出口炒钢铁器之后。

还可以推断，晚至 12 至 13 世纪的南宋时期，西亚和西方依然极度缺铁少钢。在那里，钢铁差不多与珍贵的瓷器等值。这才导致这艘商船冒着翻船的危险，尽量多地装载了 130 多吨铁器，占了货物总重量的三分之一。

所以，在欧洲自己冶炼出铸铁之前，中国出口存在一条"海上钢铁之路"。

没有金刚钻，不揽瓷器活。没有钢凿，就不能雕凿加工石头。

古埃及、古希腊和古罗马都没有铸铁，没有钢凿，所以，巨石金字塔是假的！古希腊古罗马建筑是假的！古希腊古罗雕刻是假的！

钢凿是硬道理。没有钢凿，所有西方古代块石建筑和雕刻都是编故事。

五、中华瓷器西传

通常所说的陶瓷，其实分为陶器和瓷器。陶和瓷都是用土烧出来的，但极为不同：陶器700至800℃低温可以烧出来，瓷器则须用1200至1400℃高温才能烧制出来，与炼生铁的温度一样。

西方长期不能生产瓷器，相当原因就是西方长期没有技术获得1200℃以上的高温。

现在流行的通识说人类发明陶器是偶然：一块湿泥巴掉在篝火边，就有了陶。所以陶器全世界各地到处开花，年代也很古老，动不动1到2万年以前。根据西方定义，陶器是人类进入新石器时代的一个标志。

以现代人眼光来看，陶器太简单了，不就是捣泥巴用火烧一烧嘛。但实际上，制作陶器也很不容易。泥坯制模，砌窑烧制，需要燃料，整个过程需要各种配套的工具，涉及相当多的技术，是一项人类文明的重大创造。

陶器是人类进入农业定居社会的标志。中国原生了人类最早的农业文明，也最早发明了陶器。

西方考古学认为数千或一万年前，世界各地到处出现新石器时代陶器，陶器变得很寻常。某种程度上，这是弱化了发明陶器的意义。

实际上发明陶器很难，发明烧砖也很难。古罗马人发明了烧砖完全是故事。砖也是一种人造石。事实上烧砖在世界上许多地区，都是非常晚近的事。

1666年伦敦大火烧掉了80%的城区，当时都是木头泥墙房子。大火之后英国政府颁布建筑法规，英国才开始推广使用砖和石块。

许多地区的人类族群，长期没有陶器装食物，更不要说瓷器或金属器皿。所以就直接用手抓食物。

图 51　彼得·布鲁盖尔，农民婚礼　1569 年

2 万年前的陶片，江西仙人洞　　　　　　　裴李岗陶器　前 6000 年

图 52

比利时画家彼得·布鲁盖尔，描绘 16 世纪荷兰、比利时日常生活的画作《农民婚礼》（图 51），左下角可见各种土陶罐。可见土陶器在当时还是主要日常器皿。

20000 年历史的江西陶片

人类最早的陶器，据 2012 年北大考古学者考证，是中国江西仙人洞发现的陶片（图 52- 左），有 2 万年历史。

现存最早成器形的陶器，有河南裴李岗的陶器（图 52- 右），器形有碗、杯、钵、壶、罐等，属于 900 多度烧制出来的红陶，时代约为前 6000 年。陶器开始成为日常器皿。

然后是大家比较熟悉的仰韶文化的彩陶器，前5000—前3000年。这只青海大通县发现的"舞蹈纹彩陶盆"（图53-左），已进入中国美术史教科书，非常著名。还有一只1978年在河南省临汝县发现的"鹳鱼石斧彩陶缸"（图53-右），不那么著名，但画的那只鹳鸟，无比生动，令人叹绝。

山东大汶口文化，定期为前4500—前2500年，也出土大量红陶器，器形多样。烧窑技术有了很大改进，陶器的质感，精细了很多。有一件彩陶八角星纹豆（图54-左），是泥质红陶，表面涂了一层深红色陶衣。八角星有许多解释，应该是太阳光芒的象征。

一件夹砂红陶制作的兽形壶（中），造型极其生动。表面磨光，兽口朝天，兽背上添加了一个把手，既是日用的酒壶，也是一件极其珍贵的古代艺术品。

还有一件陶鬹（guī）（右），三条胖腿，既可用来作炊具，直接在下面烧火，也可以用作陶罐，据说可以用来煮汤温酒。这件陶器制作比较复杂，显示了古人高超的制陶技艺。

良渚文化，近年确定为有4000—5300多年历史，非常古老。良渚文化以

舞蹈纹彩陶盆，马家窑文化
前5000—前3000年

鹳鱼石斧彩陶缸，仰韶文化
前5000—前3000年

图53

彩陶八角星纹豆　　　　　红陶兽形壶，大汶口文化　　　陶鬶，大汶口文化
前 4400—前 4100 年　　　前 3500—前 2500 年　　　　前 3500—前 2500 年

图 54

玉器著称，也有很精美的黑陶器。这两件黑陶
罐（图 55），属于泥质黑陶，质地精细。上边
这件外表磨光，给人一种金属的感觉。下边那
件有刻划的装饰纹，也非常精致。

　　甘肃马家窑文化，定期为前 3300—前 2000
年，出土大量几何纹样的彩陶器，纹样图案极
其丰富。这只尖底陶瓶（图 56- 左）是旋纹，
线纹非常流畅。放在现代纹样设计图案中，也
不违和。其他还有网格纹、旋涡纹、方块纹等，
也有人像和动物简化图案。

　　还有一件国家博物馆收藏的青海马家窑彩
陶壶，表面是一个裸体人像浮雕（图 56- 右），
非常别致，也可谓是一件比较罕见的中国古代
雕塑作品。

　　中国古代陶器之精致，要推山东龙山文化
（前 2600—前 2000 年）的超薄蛋壳黑陶杯（图
57）。这些黑陶杯乌黑光亮，杯壁像蛋壳一样
薄，最薄的地方不到 1 毫米，重量也很轻，即
使用现代工艺也很难制作。我无法想象，这样

图 55　黑陶罐，良渚文化
前 3300—前 2200 年

光从中华来——以图证史（下）

左：
旋纹尖底陶瓶，马家窑文化
前 3200—前 2000 年

右：
裸体浮雕彩陶壶
前 3300—前 2100 年

图 56

左：
蛋壳黑陶高柄杯，龙山文化

右：
蛋壳黑陶高柄杯

图 57

薄，这样精细的陶器是怎样制作出来的，真是叹为观止！

所以，中国人在发明瓷器以前，发明了人类最古老的陶器，并把各式陶器的形制、功用和装饰，都发挥到极高水平。

商朝烧出瓷器

中国最早的瓷器，出现在商朝，一般称早期瓷器为原始瓷。尽管是原始瓷，但也需要 1200℃左右的高温才能烧制出来。

这 3 件商朝的原始瓷器（图 58），釉色比较粗糙，但造型古朴，色泽沉稳，非常美。上海博物馆藏的这件原始青瓷杯（右），其实已相当的精致。

商代原始瓷罐，滕州博物馆　　商代原始瓷罐　　　　　商代原始青瓷杯，上海博物馆

图 58

春秋原始瓷罐　　　　　战国越窑带盖瓿　　　　　战国瓷罍

图 59

故宫藏东汉青釉瓷匜　　　东汉越窑青瓷罐　　　　　三国上虞越窑青瓷罐

图 60

春秋战国时的原始瓷器（图 59），瓷质更加精细，圆轮器形也更加规整。
3 件瓷器造型简洁，端庄大气，是古代瓷器的精品。

到了两汉三国时期，瓷器更加精细。北方和南方都烧制瓷器，品种也更
加多样。故宫藏有一件东汉青釉瓷匜（图 60- 左），釉层较薄，质地古朴。匜
（yí）是一种古代盥洗时浇水的用具，造型简洁舒服。浙江的越窑青瓷（图

60- 中右），瓷质精美。这两件青瓷的釉色，已基本具备后来越窑青瓷的基本特征。

隋唐时代，南方越窑青瓷和北方邢窑的白瓷，交相辉映。越窑类玉，邢窑似银。当然隋唐山西、河南等地也产白瓷。著名的白瓷如鸡首龙柄壶（图 61- 左），出土于陕西。该壶白色瓷胎，施白釉，表面有冰裂纹。鸡头和龙身造型优美，色泽含蓄，非常珍贵。另外两件隋唐白瓷（图 61- 中右），造型如唐风，雍容大气。

到了宋代，那是中国瓷器史上的高峰。宋代五大名窑，汝、官、哥、定、钧，各呈异彩。宋代瓷器精美，造型简贵，釉色多变，器形丰富，可谓空前绝后，是中国瓷器的华彩乐章。

汝窑是北宋皇家的御用瓷器，相当于北宋的官窑，位列五大名窑之首。汝窑釉面温润如玉，古朴高雅（图 62- 左）。汝窑存世也不多，非常名贵，民

隋唐白瓷鸡首龙柄壶　　　隋唐白瓷瓶　　　　　隋唐白瓷瓶

图 61

宋代汝窑　　　　　南宋官窑花口碗　　　　南宋官窑贯耳瓶

图 62

五、中华瓷器西传

宋代哥窑　　　　　　　宋代哥窑八方碗　　　　　南宋龙泉青瓷

图 63

间有"家财万贯，不如汝窑一片"的说法。

官窑是南宋迁都临安（今杭州）后的皇家御用瓷器。官窑釉色主要是粉青，淡雅华贵（中）。有的南宋官窑，釉面有纹片（右），大小不一，疏密有致。这些裂纹本是一种烧制过程中的缺陷，反过来也是一种装饰效果。加以人工染色，竟有了"金丝铁线"的美誉。

哥窑产地一般说是在浙江龙泉。哥窑之名来自一对章姓兄弟，与弟窑相对。哥窑的典型特征，正是釉面上的碎裂纹（图 63- 左中），构成"叶脉纹""金丝铁线"等纹样，冰裂一样的纹样或疏或密，有一种独特的美感。哥窑色泽有灰青、粉青、月白等颜色，朴拙温润，格调雅逸。

龙泉青瓷，虽未列入五大名窑，但其艺术价值和在中国陶瓷史上的重要性，完全不亚于五大名窑。龙泉青瓷历史悠久，可追溯至汉代，在南宋大放异彩。其代表性的色泽是梅子青和粉青（图 63- 右），温润如玉。

定窑位于河北保定，属于北方白瓷体系。与隋唐邢窑相比，多了一些浑厚内蕴之感。一件藏于大英博物馆的定窑瓶（图 64- 左），高贵典雅。瓶体有隐隐的刻花纹，含而不露。太美了，是定窑中的极品。

钧窑也是北方瓷窑，主要产自河南。钧窑的特色是华彩丰富，姹紫嫣红。高温导致釉色窑变，使得钧窑的颜色有些不可控，千变万化。有时如泼洒的鸡血红，有时蓝紫交融，雄浑瑰丽。这只钧窑杯（图 64- 右），深紫色里透着蓝，沉着高贵。还有一只钧窑碗（图 65- 左），色泽含蓄，犹如黛色的远山在云雾中隐现……

宋代定窑　　　　　　宋代定窑　　　　　　宋代钧窑杯

图 64

宋代钧窑　　　　元青花缠枝牡丹纹大罐　　　元青花凤穿花纹玉壶春瓶

图 65

　　到元代，那时青花瓷横空出世，江西景德镇华丽登场，成为明清时代名副其实的瓷都。

　　青花瓷的特点不再是之前的单色或彩色，而是蓝白二色。白瓷配蓝色图案（图 65- 中右）。蓝色是使用了钴矿料，烧制有釉下彩和釉上彩。元青花还有一个特点，是把绘画搬到了瓷器上，表现历史故事场景或龙凤花卉等。

　　有一种广泛流传的说法，是因为从波斯伊朗进口了钴矿料，才有了元青花。其实中国在唐宋时期就有了青花瓷，尤其宋代龙泉窑（离景德镇不远）已生产青花瓷，浙江本身就有丰富的钴土矿。事实上，波斯钴料的产地究竟是哪里，并没有一个明晰的说法。

明清时代，瓷器日益普及。官窑民窑，南方北方，瓷器越来越日常化。

陶瓷西传波斯阿拉伯、西班牙和意大利

中国瓷器在唐宋时期，传入波斯、阿拉伯地区。波斯人用"中国"（sini）来指称中国瓷器，就像后来欧洲人也用 china 来指称中国瓷器一样。[1]

据一些记载，唐宋元时期，波斯、阿拉伯地区有仿造烧制釉陶器。据称 9 世纪在撒马尔罕等地已能生产一些釉陶器。比较实证的是，蒙古人西征带去了中国的制陶技术。13 到 14 世纪，一些波斯、阿拉伯地区烧制出了低温釉陶器。

伊朗德黑兰南郊波斯旧都雷伊（Ray 或 Rey，也译成瑞城）和伊斯法罕北边的卡善（Kashan），是那个时期烧制波斯陶器的产地。有两件雷伊城发现的 13 世纪波斯彩绘陶器（图 66- 上中），是一种乳白色的釉陶。还有一件 13 世纪波斯陶盘，装饰有波斯阿拉伯文字图案。三件陶器的图绘人物，带有中国绘画之风。尤其是面容微胖的女性，很像中国唐代仕女画风。

大约 14 至 15 世纪的明代初年，中国的制陶技术通过阿拉伯人，传入欧洲伊比利亚半岛的西班牙。先是到南部的安达卢西亚地区（马拉加），又传到东部的瓦伦西亚，在西班牙产生了一种"西班牙 – 摩尔式"（Hispano-Moresque）陶器。所谓"摩尔人"，是欧洲人对占领伊比利亚半岛

13 世纪波斯彩绘陶杯

13 世纪波斯彩绘陶盘

13 世纪波斯陶盘

图 66

---

[1] 潘吉星，第 245 页。

·光从中华来——以图证史（下）

的阿拉伯人的贬低性称谓。

这些陶器实际上是一些移居那里的穆斯林陶工所制作。制陶使用的是一种锡釉（tin-glazed），硬度不高。

卢浮宫有一件15世纪瓦伦西亚"西班牙－摩尔式"的釉陶盘（图67-左），绘有葡萄藤蔓和唐草纹，非常精美。中间一件陶盘的装饰，鸟周围也是植物纹，是阿拉伯装饰艺术的情调。右边是一件16世纪瓦伦西亚的陶盘，装饰变成了人物，头上戴了一顶王冠，绘图色彩也开始繁杂起来。

15世纪末，"西班牙－摩尔式"陶器继续东传，来到意大利。16世纪在意大利中部和北部产生了一种名叫"马尤里卡"（Maiolica）的意大利风格陶器（图68）。烧制炉温是900多℃，不能算瓷器。意大利马尤里卡陶器的装饰，一改"西班牙－摩尔式"陶器相对比较素净的植物或动物纹样，变得有

15世纪"西班牙－摩尔式"   15世纪"西班牙－摩尔式"   16世纪"西班牙－摩尔式"
彩釉陶盘   陶盘   陶盘

图67

图68　16世纪意大利马尤里卡低温釉陶盘

些浓绘重彩，画的是历史故事或神话题材。

"欧洲的景德镇"——利摩日

欧洲人最早大约是从马可·波罗的游记中听说中国瓷器。13至14世纪传入欧洲，非常贵重。

16世纪中叶，葡萄牙人开通海路，中国瓷器才开始大量海运输入欧洲。主要是青花瓷，一青二白，壁薄而硬，只有王公贵族和有钱人才能享用，非常珍贵。由于海运数量较大，渐渐引起了西欧社会的中国瓷器热。于是有了各种仿制的尝试。

西方人搞不懂中国人是怎么样制造出这种洁白轻薄、又像石头一样坚硬的器皿。法国人以为瓷器是用石膏、鸡蛋和贝壳等混起来烧制。

17世纪的荷兰，取代了葡萄牙和西班牙成为海上霸主，所谓"海上马车夫"，几乎垄断了欧洲到中国的海上之路。大量中国瓷器直接运抵荷兰。安特卫普、阿姆斯特丹和哈勒姆等城市，大约从1620年起，努力仿制中国的瓷器。尤其代尔夫特城（Delft）最为成功，烧制出一种乳白色瓷，一种代尔夫特青花釉瓷器（Delftware）。

这种代尔夫特青花釉瓷器，粗一看，很像中国青花瓷（图69），但依然没有达到真正瓷器的硬度，被称为软瓷。它明显受中国瓷器影响，被称为"荷兰－中国传统"。不仅是颜色和形制，还有装饰题材也是中国风。

16世纪开始，整个欧洲都为中国瓷器而疯狂。许多欧洲国家的人都来中国刺探烧瓷秘密。最早是葡萄牙人从中国带回过一些高岭土样本。

17世纪代尔夫特釉瓷罐

17世纪哈勒姆青花瓷盘

18世纪代尔夫特青花瓷罐

图69

法国鲁昂中国风彩瓷盘
1720 年

圣克卢仿造中国青花瓷瓶
1705 年

图 70

由于没有在欧洲找到高岭土，也没有获得窑炉高温的技术，欧洲仿制中国瓷器长期没有成功。中国一直保持着瓷器生产的专利，欧洲人的白银像流水一样流进中国。

进入 18 世纪，欧洲各国仿制中国瓷器的竞争进一步白热化。德国的伯特格尔（J.F. Bottger）和英国的一些陶瓷师，自称最先发明了瓷器。1710 年伯特格尔发现了一种近似高岭土的土料，在德国德累斯顿附近的迈森（Meissen）烧制出了一种相当接近中国瓷器的硬瓷。这种瓷器被称作迈森瓷（Meissen China）。

法国在 18 世纪初，也能生产类似代尔夫特瓷器的软瓷。比如这件鲁昂生产的瓷盘（图 70-上）和圣克卢生产的仿中国青花瓷瓶（下），都属于软瓷。

最终，是一位 18 世纪法国耶稣会传教士殷弘绪（Francois Xavier D'entrecolles），1707—1719 年，专门到江西传教 12 年，兼职经济间谍，偷窃走了中国制作瓷器的秘密配方，才让欧洲烧制出真正达到中国瓷器硬度的瓷器。

殷弘绪在 1712 年 9 月 1 日以及 1722 年 1 月 25 日，给法国耶稣会写过两封长信，详细介绍了景德镇烧制瓷器的全过程，并给法国寄送去了高岭土的样本，还有制作瓷器各个步骤的插图。1735 年，法国耶稣会士杜赫德（J.-B. Du Halde）出版《中华帝国志》，刊登了殷弘绪介绍中国瓷器的信，把中国瓷器的专利秘密公诸于世。

1768 年，在法国中部的利摩日山区，法国人终于找到了极其接近中国高岭土的土料（法文英文都直接沿用了中文 kaolin）。1770 年，巴黎近郊赛弗尔（Sèvres）皇家陶瓷厂，用这种利摩日的高岭土，烧出了真正的硬瓷。

1771年，法国财政总监杜尔果（Turgo）在利摩日当地建立瓷器工场，用殷弘绪介绍的配方，就地生产中国式硬瓷。

利摩日的高岭土质量非常好，不仅供应法国本土的瓷器生产，还远销荷兰阿姆斯特丹、丹麦哥本哈根、德国德累斯顿、英国伦敦、瑞士苏黎世，甚至俄国圣彼得堡。

利摩日的硬瓷是欧洲烧制出来的真正瓷器，可以媲美中国瓷器。这3件19至20世纪利摩日瓷器（图71），就有硬瓷的光洁度。上边盘子画菊花，还是中国风的余绪。

利摩日瓷器由于卓越的品质，很快获得国际声誉，畅销欧洲。1827年，利摩日有了16家瓷器工场。很快，又扩散到周边小村镇，都能生产利摩日瓷器。利摩日成了"欧洲的景德镇"，一个名副其实的欧洲瓷都。

钢铁和陶瓷，黑金和白金（1200℃以上高温才能烧出来），都是中华民族的伟大发明。

19世纪利摩日瓷盘

20世纪利摩日瓷器

20世纪利摩日瓷器

图71

六、中华医药西传

中华医学与中华文明同样古老，在先秦、两汉就已达到非常高的水平。

传说中医的始祖是神农。神农尝百草的故事世人皆知。尽管神农是传说中的人物，但中国人很早就发现药草可以治疗疾病，完全是历史事实。

从先秦到两汉，中华民族积累了丰富的医学和药学知识，汇编成古代中华医学的四部经典——《黄帝内经》《神农本草经》《难经》和《伤寒杂病论》。四部书都成书于两汉。就是说，中华医学在 1800 年以前的两汉时期就已高度成熟。

中华医学是人类最古老的医学（包括不可思议的外科）

据说，我们都是炎帝和黄帝的子孙，而中华医学的第一部经典《黄帝内经》（图 72- 左），就托名中华民族的始祖轩辕黄帝为作者。

《黄帝内经》主要形成于春秋战国，完成于西汉，是中国古代医学集大成之作，是中华医学辉煌的奠基之作。

《黄帝内经》不仅仅是一部医学著作，还是一部哲学著作。它涉及了世界观、人生观和价值观，是一种生命哲学。

中国人宇宙观中一个根本观念是"气"。《易经·系辞》有"精气为物"，指"阴阳精灵之气，氤氲积聚而为万物也"，或"天地合气，万物自生"（王充）。

太极生两仪，分阴阳。阴阳二气相生相激、互相转化生成万物。

天地人，曰三才。三者相依与共，天道地道与人道相通，所谓"天人合一"。中华文明从一开始就显现了整体性，从天地自然的整体来把握人生。

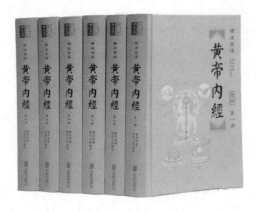

《黄帝内经》，成书于战国至西汉   《神农本草经》，成书于汉朝

图72

《黄帝内经》把人作为自然的一个部分："人以天地之气生，四时之法成。"人与自然万物一样，秉受天地之气而生，循四时之法而存。所以，人得了病，就不能仅仅针对病本身，而是要从人这个整体，从生理到心理，尤其人的精神状态，乃至外部环境等因素，整体综合地去辨析、诊治。

天地分阴阳五行，人也有阴阳五行。宇宙阴阳二气和合而万物生，人的阴阳之气也要调和而无疾病。自然的五行（木火土金水），可以对应人的五脏（肝心脾肺肾）、五志（怒喜思忧恐）等。

《黄帝内经》从人体生理、病理、诊断和治疗等方面，提出了中医最基本的病理和诊治方法。

人体生理方面，《黄帝内经》提出了经脉概念，指人体内气血运行的通道。除了五脏六腑之外，还有十二经脉。最著名的是任脉、督脉，所谓"打通任督二脉"。经脉完全是中医的概念。看不见，但经验证明其确实存在。

病理方面，是指阴阳失调，气血失常，正邪、寒热、虚实失衡而致疾病，尤其人的情志精神，也是致病的重要原因。百病皆生于气。

诊断方面，《黄帝内经》已提出了"望闻问切"：望神色，闻声气，问病情，切脉象。这是中医最经典的四个诊断方法。

治疗方面，首先是协调阴阳，恢复气血畅通。

尤其《黄帝内经》提出了一个"治未病"的观念。这非常了不起。不是要等到有病了去治，而是要在病还没有起来就去治，去预防。那就要顺应自然节奏，春夏养阳，秋冬养阴。春生夏长，秋收冬藏。

所以，《黄帝内经》远不仅仅是一部医学书，而是广泛涉及天文、地理、政治、哲学、心理学、社会学等诸多方面。全书约 15 万字，在中国古代算得上是一本巨著，也是一本中国古代的百科全书。

范仲淹有一名言："不为良相，便为良医。"治疗病人与治理社会，原理相通，都是要拯救苍生百姓，都要防病患于未然。治理社会要施仁政，中医是仁术，是悬壶济世。

中医不局限于医学，而是从整体上来治病。治未病，是中华文明的伟大创造。

《神农本草经》（图 72- 右）是我国现存最早的药学著作，收录药物 365 种，与一年 365 天相合，是东汉以前中国药物学的总结。这部药典收录的诸多中药材，例如人参、甘草、地黄、黄连、当归、龙眼、麻黄、白芷、黄芩、大黄等等，今天还在使用。

谁说中医不科学？发现这 365 种草本植物具有治疗某类疾病的功用，是需要通过长期试验、验证疗效，才能得到的科学结果。

《难经》相传为扁鹊所撰，采用问答方式，对 81 个病因疑难进行解答，尤其讨论了脉诊和经络等问题，认为脉象四时有变化，针刺要因时制宜等。

《伤寒杂病论》是东汉张仲景所撰（图 73- 左）。全书包括《伤寒论》和《金匮要略》两部分，共 8 万余字，是一个大部头。张仲景（150—219）被后世尊为医圣。

张仲景的《伤寒杂病论》原是阐述治疗伤寒的方法，实际上也涉及所有外感病症，甚至瘟疫。那些外部风寒引起的伤风感冒，炎症发烧，都有相应的治疗方案。

如果说《黄帝内经》偏重诊治医道，《神农本草经》偏重药材药学，那么《伤寒杂病论》则是直接实战，给出具体治病的药方子。全书一共给出了 269 个药方，使用 214 味药物，概括了临床各科常见病症的方剂，被称为"我国第一部临床治疗学方面的巨著"。

可以说，今天一些日常病疾，这本书基本上都可以对付。所以《伤寒杂病论》是中国历代从医者必修之书，至今仍是我国中医院校开设的主要基础课程之一。在 2003 年"非典"期间，人们仍然从里面寻找对付现代瘟疫的诊

东汉张仲景《伤寒杂病论》　　　　　唐朝孙思邈《千金方》

图73

治手段，取得很好的疗效。

　　邓铁涛先生带领的广州中医药大学第一附属医院团队，在应对"非典"时，取得了零转院、零死亡、零感染、零后遗症的佳绩。在抗击新冠疫情时，中医再一次取得了卓越战绩。

　　张仲景被尊为医圣，名不虚传。

　　春秋战国时期的名医扁鹊，相传是他写了《难经》。《史记》专门有"扁鹊仓公列传"记述他的事迹。扁鹊尤精于脉诊和望诊。他用切脉诊治，让晋国上卿赵简子和虢国太子起死回生。用望诊，判定齐桓侯有病、病重、将死。齐桓侯自己说没病，最后死了。

　　扁鹊精于内、外、妇、儿、五官等科，应用砭刺、针灸、按摩、汤液、热熨等方法治疗疾病，是一位全科医生，被尊为医祖。

　　中华医学名人，还可以举东晋葛洪（283—363），著有中国第一部临床急救手册《肘后备急方》。唐朝苏敬（599—674），编撰世界上第一部由国家正式颁布的药典《唐本草》。唐代药王孙思邈（581—682），著有30卷《千金要方》（图73-右）是中国第一部临床医学的百科全书。

　　北宋"儿科之祖"钱乙（1032—1113），著有《钱氏小儿方》八卷和《小儿药证直诀》三卷。还有南宋"法医之祖"宋慈（1186—1249），著有《洗冤集录》。明朝更有药圣李时珍（1518—1593），著有192万字的不朽中医经典《本草纲目》。

今天现代医学用疫苗预防疾病。据相关资料，中医在 8 世纪就发明种痘免疫法，预防天花。明代董正山撰《种痘新书》中记述："自唐开元（712—756）年间，江南赵氏始传鼻苗种痘之法。"

图 74　北宋王道士竹管吹干痂，防治天花

所谓鼻苗，就是将天花病人的痘痂，接种于鼻孔，类似打了疫苗。据传宋真宗时期，一位姓王的道士，将痘痂细研成粉末，然后用一支小竹管，将粉末吹入小孩的鼻孔（图 74）。

17 世纪，中国的种痘术传到俄国，又从俄国传到土耳其。18 世纪传到英国和法国。这种人工免疫法，是中华医学对于人类的重大贡献。

中华医学历史悠久，各科齐备，积累了丰富的医方药方，是古代世界最大的医药学体系，远播四方。

一般人心目中，中医好像都是内科，只是号号脉，吃吃草药。其实中华医学从一开始就包括外科。中医外科很早达到很高水平。华佗就是中医"外科鼻祖"。

华佗（约 145—208）安徽亳州人，东汉末年的名医。我是从毛主席《送瘟神》的诗句"绿水青山枉自多，华佗无奈小虫何"，得知华佗的名字。

中医并不刻意去区分内科外科。华佗精通内、外、妇、儿、针灸各科，尤其擅长外科。史籍对华佗有记载，是一个真实的历史人物。

华佗发明了世界上最早的外科手术麻醉药——麻沸散。手术前，让病人服下麻沸散让全身麻醉，"须臾便如醉死，无所知，因破（腹）取……"（《三国志》），"刳剖腹背，抽割积聚"（《后汉书》），再用桑皮线缝合，敷上药膏，四五天伤口愈合，一月间康复。可见，华佗是世界上最早做全身麻醉、开刀破腹的外科手术的人。

马王堆 3 号汉墓（前 168 年）出土的医方著作《五十二病方》，针对 103 种内、外、妇、儿、五官科各种疾病，给出 283 个医方，其中很多是外科外治医方。

书中记载有切除内痔的外科手术方法：病人犯内痔，杀狗取其膀胱，塞入直肠，吹气吹大狗膀胱，便可拉出内痔，用手术刀"徐徐"环切，然后敷以黄芩末消毒……如果肛门脱垂在外不能马上复位，则"寒水溅其心腹，入矣"。

一位中国古代外科医生的形象，跃然纸上。其方法之精巧，手术之熟练，令人惊叹。多么不可思议、多么精彩智慧的中国古代中医外科手术！

到了隋朝，中医外科手术更加成熟，比如能够做肠吻合手术。隋朝太医巢元方的《诸病源候论》（也是一部中华医学的宝典），其中"金创肠断候"详细记载怎样缝合、处理因战争或外伤导致的断肠，叮嘱了术后护理。该书还记载了如何缝合术后皮肤创口"缝亦有法，当次阴阳。上下逆顺，急缓相望"，类似于现代医学的"8字缝合法"。

至于中医外科手术器械，魏晋南北朝、辽金和唐朝的，都有零星出土。网上有一把唐朝的手术刀（图75-左），查不到出处，仅供参考。

1947年，江苏江阴长汀一座古墓出土了一套外科医疗器具，墓主人是元末明初的江阴名医夏颧，擅长针灸和外科。这套外科手术器具（图75-右），包括柳叶式外科刀、平刃式外科刀、铁剪、铁镊、牛角把铁圆针、猪鬃毛药刷、瓷熏药罐等等，令人震撼。

据有关资料，中国明朝的开腹外科手术已很多见，尤其是兵家外科手术，达到很高水平。

清代医家何景才的《外科明隐集》，也列举了各式外科手术器具：开疮刀、三棱针、平刃刀、月刃刀、剪子、镊子等……

事实上，也只有中国才可能是世界上最早施行外科手术的国家。因为古代世界只有中国有钢铁，制成锋利的铁制手术刀。

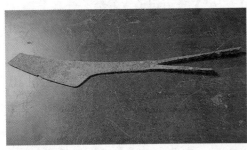

唐朝手术刀

元末明初，夏颧墓外科手术器械

图75

中华医学西传昭武九姓和波斯阿拉伯

大唐盛世，将中亚昭武九姓和波斯部分地区直接划入自己的版图。

正是在唐朝，中华医学西传到昭武九姓，再传到波斯阿拉伯。

按现行说法，先是波斯伊朗出了一个名医拉兹，然后在昭武九姓（今乌兹别克斯坦），出了一个名气更大的医者——伊本·西那。两位医生都受了古希腊医学的影响。他俩不仅仅是医生，而且都是博学通才（polymath），通晓天文地理，哲学玄学炼丹术等。

伊本·西那的名气远大于拉兹，但拉兹也被介绍得成就巨大。

拉兹（Muhammad ibn Zakariya al-Razi，865年—925年），拉丁化名字叫雷泽斯（Rhazes），出生在伊朗德黑兰南郊的雷伊古城（Ray）。原先搞音乐，也从事炼丹术，中年开始行医，在雷伊和巴格达两地担任医院院长。行医同时也带学生，成为医学教育家。最终在雷伊去世。

据称拉兹兼擅外科、妇科、妇产科、眼科，还被认为是儿科之父和精神疗法之父。他的知识涉及心理学、精神病学、药理学、医用化学、医学伦理学，还写过逻辑学、天文学和语法著作。

拉兹的主要著作是《医学集成》。另一部书是《天花与麻疹》，对天花和麻疹的临床特征、诊断和治疗方法作了一些论述。还写有《穷人的医学》（类似家用医疗手册）等。

据称，拉兹的医学知识是受古希腊、古罗马和印度医学的影响，实际上是来自中国。西方的百科全书全力抹去中国医学对拉兹的影响，但还是遗留了两条中国对其影响的信息。

第一条是维基百科法文版，介绍拉兹出生的雷伊城居民"尤其受中国哲学和科学思潮的启迪"。雷伊就处在中国文化向西传播的交通要道上，当然受中国医学的影响。

第二条是英文版维基百科引述阿拉伯史料说，"拉兹高声朗读盖伦（古罗马医生）的医书，让一位中国学生记录下来。这位中国学生只用5个月就流利学会阿拉伯语，听拉兹讲课"。

而事实是，这是一位中国医生，"随带一些中国医书前往巴格达，经常与拉兹讨论医学问题，包括诊断、医治各种疾病的方法，临床用药及医学理论等，着重介绍晋代医学兼炼丹家葛洪的《肘后备急方》和《抱朴子》，讨论的结果由拉兹写入其各种书中"。[①]

拉兹的《天花与麻疹》，其实就来自葛洪对天花的诊断与治疗。拉兹的《穷人的医学》，对穷人施救的伦理，也来自葛洪《肘后方序》。葛洪写《肘后方》的目的，就是为穷人提供简便实用的治病方法，获得廉价易得的药物。据说拉兹善于"观察"，其实是来自中医的望诊。拉兹的"预防医学"，直接来自《黄帝内经》的治未病。他认为病人的心理状态也是治愈疾病的重要因素，也是来自中医。

据称拉兹的《医学集成》对13世纪的欧洲医学，产生相当影响。

与中医西传同时，一些中医药材也西传波斯、阿拉伯。比如大黄、肉桂、黄连、姜、土茯苓、樟脑、麝香、人参等。阿拉伯著名药学家伊本·白塔儿（ibn al-Baytar）的《单药集成》（1248年），就记述了中国大黄、肉桂、黄连等中药材的疗效说明。

西医祖宗伊本·西那姓"中国"——"中国的儿子"

伊本·西那（980—1037），拉丁名叫阿维森纳（Avicenna）。在一般的读本中，我们只知道阿维森纳，不知道他的阿拉伯本名伊本·西那。

伊本·西那的原名很长：阿布·阿里·侯赛因·伊本·阿卜杜拉·伊本·哈桑·伊本·阿里·伊本·西那（……Al-Hasan ibn Ali ibn Sina）。"伊本"相当于英文的"of"（的），后面跟的是父亲名字或祖籍地名。

波斯、阿拉伯习俗以父亲名字为姓，实际上来自中国文化。以地名为姓，也源自中国文化。我姓黄，黄姓起源于春秋时期的黄国，黄国后人以国名为姓。以古代诸侯国名为姓，齐鲁晋宋郑吴越秦楚卫韩赵魏燕陈蔡曹胡许等，是中国诸多姓氏的来源方式。中亚的昭武九姓，九个国王都以昭武为姓，昭示自己的祖籍是中国甘肃昭武县，不忘本。

以地名为姓的风俗，后来传到波斯和阿拉伯。拉兹（Razi）祖籍雷伊（Ray），名字的意思是"雷伊人"。著名数学家花拉子米，实际意思是"花拉

① 潘吉星，第447页。

子模人"，祖籍花拉子模，以国家为姓。

最后传到欧洲，一些欧洲人，尤其贵族多以地名为姓。地名前面加个"的"：阿拉伯语"伊本"，西班牙语"唐"、法语"德"、德语"冯"、意大利语"达"……达·芬奇（da Vinci）的本义是"芬奇城的"。

伊本·西那的名字，维基百科英文版的释义是"西那的儿子"（Son of Sina），法文版也是"西那的儿子"（fils de Sina），把"西那"当作了一个人。

西那（Sina）真是一个人名吗？非也。

感谢潘吉星先生，是他最早点出伊本·西那本义是"中国之子"的意思。

前文"秦就是中国"已经解释：西域诸国自古都把中国叫做秦。加上后缀"哦 e""啊 a"，就成了秦呢、秦哪。拉丁拼音为 Cina、China、Sina。所以，西那（Sina）就是秦，就是中国！

伊本·西那这个名字，实际上是昭示，他以中国（秦）为姓，是"中国的儿子"！

伊本·西那姓"秦"，不仅他名字本身自我宣告，而且还可以从历史史实得到证明：伊本·西那具有中国文化基因，甚至中国血统。他青少年时期生活的喀喇汗国，是"我国古代最西边的一个地方割据政权"。

980 年，伊本·西那出生在昭武九姓的安国，今天乌兹别克斯坦的布哈拉。据中国史籍记载，昭武九姓（康、安、曹、石、米、何、火寻、戊地、史），从北魏 4 世纪开始，到唐中后期 9 世纪渐次灭亡，大约有 500 年存在历史。在唐朝，昭武九姓地区直接属于中国，受安西都护府管辖。唐高宗显庆时置安国为安息州，任命安国国王为刺史。

昭武九姓与唐王朝关系非常密切。不仅有许多中国人生活在安、康诸国，也有大批昭武九姓的人移居中国。最著名的，要数发动安史之乱的安禄山，祖籍就是昭武九姓的安国。

昭武九姓的"小两河流域"河中地区，土地肥沃，是中国以西第一块重要的农耕文明地区。统治阶层是中国人，居民是本地和其他从游牧转为农耕定居的族裔。

布哈拉作为安国首都，长期是昭武九姓地区的政治文化宗教中心（康国首都撒马尔罕也很重要，后来成为帖木儿帝国的首都）。西方说法是，9 至 10世纪有一个波斯人建立的萨曼王朝统治中亚，以布哈拉为首都。

伊本·西那出生在萨曼王朝，青少年时期也生活在这个萨曼王朝。他为国王治好了病，可以进入国王的图书馆看书……而实际上，唐末昭武九姓地区的华裔统治消亡以后，并没有确证有过一个强大的波斯萨曼王朝。中国史籍没有一个字提到过这个王朝。而中国史籍记载，唐末9世纪中兴起的喀喇汗国（840—1212年），以李白出生地碎叶城附近的巴拉沙衮为中心，10世纪时迅速扩张，归并了新疆西部的喀什地区，又南下占据整个肥沃的中亚昭武九姓地区。在北宋开国的960年，当地大规模改宗信奉伊斯兰教。1006年，灭了信奉佛教的于阗国，达于全盛。

喀喇汗国疆域东起新疆库车，东南至罗布泊占和田，西至咸海花拉子模，南临乌浒河（阿姆河），北至巴尔喀什湖，版图相当辽阔（图76-上），占了唐朝北庭都护府和安西都护府的大部分地区，可谓接管了唐朝衰落留下的大部分管辖区。

喀喇汗国包含了四个重要城市：巴拉沙衮（首都）、喀什、布哈拉和撒马尔罕（图76-下）。喀什后来成为东喀喇汗国的首都，布哈拉是西喀喇汗国的首都。

喀喇汗国的统治者是讲突厥语的回鹘人，高度认同中国。汗国君主可汗，自称"桃花石汗"或"秦之王"。"桃花石"是指东方的北宋朝。汗国自认属于秦。根据喀喇汗王朝人马赫穆德·喀什噶里的《突厥语大词典》解释，"秦"分三部分，桃花石（北宋）、契丹（辽）和本朝喀喇汗国。

还有一种说法是，桃花

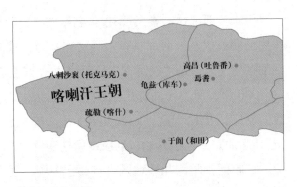

喀喇汗国疆域图

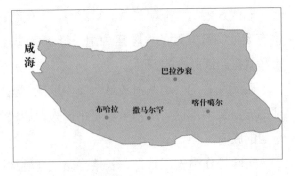

喀喇汗国四个城市示意图

图76

石（北宋）为上秦或马秦，契丹为中秦，喀喇汗国为下秦。不管怎么说，喀喇汗国归属于"秦"（中国）。

喀喇汗国宗教上信奉伊斯兰教，被认为是"第一个突厥语民族的伊斯兰王朝"，但在行政上，喀喇汗国向北宋进贡称臣。北宋大中祥符二年（1009年），喀喇大可汗王遣使"聘问宋朝"。此后，频繁向北宋朝遣使朝贡，派出使团前后有50多次，谦卑恭称北宋皇帝是"东方日出处大世界田地主汉家阿舅大官家"，（《宋史·于阗传》）。在文化上也亲善中国。喀喇是"黑"的意思。汗国以"黑"自我命名，实际上是用中国文化里北方玄武的颜色，被北方游牧民族认为是最高贵的颜色。

喀喇汗国占据昭武九姓河中地区，应该是在其迅速扩张的10世纪时期。

按现行说法，992年喀喇汗国军队占领安国的布哈拉，灭了所谓萨曼王朝。就是说，在伊本·西那12岁时，这个王朝就已不存在了。伊本·西那最重要的学习成长的青少年时代，是在喀喇汗国的统治之下。

伊本·西纳20岁时离开布哈拉，西去花拉子模。而花拉子模也属于喀喇汗国。他在那里生活了近10年，30岁时离开，南下去波斯。

可见，伊本·西纳从少年到成年，都生活在向中国称臣纳贡的喀喇汗国。

伊本·西那去波斯，先是去了里海附近的戈尔甘，接着在雷伊住了一段，最后前往哈马丹，57岁在那里逝世。

按现行说法，伊本·西那是波斯人或塔吉克人（波斯语和塔吉克语同源）。而我以为，伊本·西那是安国的后人，极可能是中国人与当地人的混血，有中国人的血脉，所以他姓"秦"（中国），自认是"中国的儿子"。

北周《周书》有："波斯国，大月氏之别种。"这是说，波斯人也有着大月氏人的基因。中华族裔大月氏向南迁徙，在经过中亚河中地区进入阿富汗、巴基斯坦直至印度之前，分流一些去波斯，由此波斯被认作"大月氏之别种"，逻辑成立。

所以，伊本·西那无论怎么说，都有中国人的血脉。他名字中的"西那"（Sina），就是指"中国"。

伊本·西那最主要的著作是《医典》，约100万字，分5卷。第1卷为总论，定义医学以及一些概论；第2卷是药物学，介绍各种药物；第3卷是病理学、症候学和治疗学；第4卷叙述各种疾病，如发热、流行病和外科等；

第 5 卷记载处方和制药法。

现行说法是，《医典》"直接继承了古希腊的医学遗产，也吸收了中国、印度、波斯等国医药学的成就"。而实际上，《医典》基本来自中国医学。

伊本·西那以"中国"为姓，精神上他就是一个中国人。有说伊本·西那在 20 岁时就编著了《医典》，还有说他是 31 至 33 岁时在里海边的戈尔甘完成的。20 岁，太年轻。在戈尔甘的两年，生活太不稳定。最有可能，伊本·西那应是在花拉子模，这个中国的附属国，将近 30 岁时完成编写《医典》。伊本·西那在花拉子模呆了将近 10 年，从 20 岁到 30 岁。

从内容上来看，《医典》的诊疗方法基本来自中医。

《医典》把医学与哲学相融合，法文介绍称为一种"自然哲学"，把人看作自然的一部分，要从人的生理和心理精神状态，以及外部环境等因素，整体综合地去诊治疾病……这显然来自中国的《黄帝内经》。据称伊本·西那有一句名言"医学是保持健康的艺术"，强调预防，这也是来自中医《黄帝内经》的"治未病"。

《医典》重视观察症候，其实来自中医的望诊。

《医典》也极重视中医的切脉诊断方法，例举了 48 种脉象，其中有 35 种同中国晋代太医令王叔和所著的《脉经》相吻合。

中国医学在东汉医圣张仲景那里已告大成，而唐朝苏敬编的药典《唐本草》，孙思邈编的综合性临床医著《千金要方》30 卷，都给北宋时代的伊本·西那提供了直接的资源。

《医典》列举药物 670 种，恐怕相当大部分来自记载药物 844 种的《唐本草》。《医典》诊治糖尿病的方法，也类似中医。《医典》介绍药物膏、丹、丸、散、液、剂的配方、剂量、制作等，也来自当时先进的中国医药学。

但是，今天所有对伊本·西那《医典》的介绍，都说是"直接继承了古希腊的医学遗产，也吸收了中国、印度、波斯等国医药学的成就"。尤其都会提继承了古希腊医生希波克拉底和古罗马医生盖伦的"医学成就"。

说来好笑，他两所谓的医学就是"四体液说"。

人所以会得病，就是由于四种体液不平衡造成的。这个四体液说哪里像一种医学理论？分明就是一种文学描写。两位古希腊、古罗马名医，没有留下任何具体的药方和诊疗方法。流传下来的只是故事。

据称伊本·西那把"古希腊古罗马"的四体液说，配应到"四行"——水、火、土、气，再对应以寒、热、湿、燥。这种"四行四体液"配置，显然模仿了中医五行脏腑理论。中医是以"木、火、金、水、土"对应"风、热、燥、冷、湿"。两者的模仿关系极其明显。

波斯和阿拉伯的文献只要经过了西方人的手，很难保证不被动手脚，不能全信。事实上，耶稣会士连中国史籍也敢编造，虚构"孔子弟子与鲁公子对话录"，西方人篡改阿拉伯典籍，会更加肆无忌惮。伊本·西那《医典》中的"古希腊古罗马医学"，可以判定是西方人虚构，后来塞进去的。

所以，伊本·西那的《医典》基本来自中国医药学，是中国医药学西传到波斯和阿拉伯。

"中国的儿子"伊本·西那非常了不起。他不仅是一位伟大的医生，也是一位大学者。根据西方夸张的介绍，伊本·西那写过450册书，留存下了240册。其中150册是谈论哲学，40册是讲医学。

他涉猎的领域非常广泛：医学、天文学、占星学、炼金术、地理学、地质学、心理学、语言学、哲学、逻辑学、伊斯兰神学、数学、物理学（包括力学和光学）、化学、音乐和诗歌等。天文地理，诸科百家，无所不晓，因此被称为"阿拉伯世界的亚里士多德"。伊朗哈马丹的伊本·西那陵墓有12根柱子，据说是象征他通晓12门学科。

但我认为，在他身上堆加这么多学术成就，不太可信。他的生命只有57年，还经常处于从一个城市到另一个城市的漂泊之中。他主要是一个医生，比较博学。

在活字印刷术发明以后，《医典》在欧洲重印数十次。

伊本·西那在波斯、阿拉伯世界，乃至西方世界，赢得了广泛的尊崇。今天，伊本·西那不仅被乌兹别克斯坦、伊朗、塔吉克斯坦和阿富汗引为国家的骄傲，在土耳其、巴基斯坦、印度、甚至菲律宾，也有以他名字命名的大学或医学院。巴黎大学也有"阿维森纳医学系"，大厅悬挂他的画像。月球上有一个环形山是以他的名字命名的。

他的雕像遍及世界各地。在他生活过的伊朗就不用说了，在他故乡乌兹别克斯坦的布哈拉，到处可见（图77）。以同种族引为骄傲的塔吉克斯坦，他的雕像也很多见（图78）。塔吉克斯坦首都杜尚别的一尊医圣雕像，背后好像

伊本·西那陵墓雕像　　　　伊本·西那雕像　　　　　乌兹别克斯坦，布哈拉
伊朗，哈马丹　　　　　　　乌兹别克斯坦，布哈拉

图77

伊本·西那雕像　　　　　　塔吉克斯坦，杜尚别
塔吉克斯坦

图78

是中药材灵芝。

　　他的雕像还出现在伊拉克埃尔比勒老城，出现在土耳其东南沿海城市阿达纳（图79）。苏联也非常崇敬伊本·西那。甚至有学者声称阿维森纳是"苏联人民的骄傲"。因此，在克里米亚，就有伊本·西那的雕像，甚至在波罗的海的拉脱维亚首都里加的公园里，也可以见到（图80-左中）。伊本·西那的雕像也出现在奥地利维也纳的联合国机构前。可以说，这位"中国的儿子"

伊本·西那雕像
伊拉克，埃尔比勒老城

土耳其，阿达纳

图 79

伊本·西那雕像
俄罗斯，克里米亚

拉脱维亚，里加

奥地利，维也纳联合国机构前

图 80

形象，遍及大半个世界。

1951 年和 1980 年，许多国家分别按伊斯兰历和公元纪年，先后两次纪念"世界文化巨人"伊本·西那诞辰 1000 周年。

1981 年 2 月，伊朗首都德黑兰隆重举行伊本·西那纪念大会，决议设立伊本·西那基金会，重新出版他的著作，在大学开设他的医学理论课程。2003 年，联合国教科文组织第 166 届执委会，应伊朗共和国的倡议，决定设立阿维森纳科学伦理学奖，每两年授予一次，奖金 1 万美元。

从 1906 年到 2006 年，大约有 750 篇用各种欧洲文字关于伊本·西那的论文和书籍发表出版。

这位"东西方都认为是思想史上最伟大的人物之一",波斯和阿拉伯最伟大的医者和学者,中亚、南亚、西亚乃至欧洲都尊崇的"中国的儿子",在中国却鲜为人知,令人叹息……

到了13至14世纪,忽必烈的弟弟旭烈兀在波斯建立伊尔汗国时期,波斯掀起"中国热",中国医学大量传入波斯。许多中国医生来到波斯,在伊尔汗宫廷服务。旭烈兀很喜欢中国医生为他治病。伊尔汗国首相拉施特自己就是医生,他把中国王叔和的著作《脉经》译成波斯文,题为《伊尔汗的中国科学宝藏》,至今尚保存在土耳其伊斯坦布尔的图书馆中。

中华医学从西班牙传播欧洲

中华医学的西传,并未在波斯、阿拉伯止步,而是继续向西传播至欧洲。中华医学西传欧洲,主要表现为"中国的儿子"伊本·西那的《医典》西传欧洲。

据称,13世纪西班牙人把伊本·西那的《医典》翻译成拉丁语,以手抄本的形式流传欧洲。15世纪中国印刷术传到欧洲,于是欧洲各国广为印行。据说,《医典》的印刷次数仅次于《圣经》。

从13世纪到18世纪的500年间,伊本·西那的《医典》被当作是医学圣经,一直是法国、意大利、德国、英国等欧洲国家医学教育的主要教科书和医学经典。因此,"中国之子"伊本·西那被欧洲和中西亚地区公认为"医学王子"(prince of physicians),"现代医学之父",甚至"世界医学之父"。

中华医学西传欧洲的路径,与中华文明通过阿拉伯人中转西传欧洲的路径完全一致。在13至14世纪,中华文明传播欧洲,相当多是走北非摩洛哥,北渡海峡到西班牙,再从西班牙往东到法国等欧洲其他地区。比如造纸术,制陶技术等,首先是到西班牙,然后向东传播,直抵意大利。

英国著名历史学家杰克·古迪(Jack Goody)在所著《文艺复兴——一个还是多个?》第二章"蒙彼利埃与欧洲医学",专门讲阿拉伯医学,从西班牙流传至整个欧洲。

蒙彼利埃在法国南部的地中海岸边,离西班牙不远,东距马赛170千米。

13世纪，蒙彼利埃曾是西班牙阿拉贡国王的属地。就是说，当时蒙彼利埃属于西班牙。

据维基百科："蒙彼利埃大学成立于1220年，是世界上最古老的大学之一，也是仍在运行的最古老的医学院。"根据古迪，11世纪来自西班牙安达卢西亚的难民，来到了蒙彼利埃，建立了一所大学和医学院，是全欧洲最古老的医学院。（大学也是阿拉伯文明传给欧洲的。建于859年的摩洛哥古城菲斯的卡拉维因大学，向北影响欧洲建立大学）

古迪明确批评19世纪和20世纪西方种族中心主义的"伪史"笔法，把西方现代医学直接接到古希腊、古罗马，由此排斥了阿拉伯医学（包含印度和中国医学）。古迪公开认定阿拉伯医学当时比欧洲先进。而蒙彼利埃医学院，起到了向欧洲传播阿拉伯医学的关键作用。

基督教认为疾病来自原罪，"所以基督教对医学有某种抵触"，造成西方长期没有医学，或非常落后。

而古迪所说的阿拉伯医学，实际上就是伊本·西那和拉兹等人所承载的中华医学。所谓"印度"医学并不存在。因为印度地区从未形成一个统一的行政体，从古代到唐宋时期都是中华文明的势力范围。今天印度也纪念伊本·西那，说明印度地区也受中华医学影响。

阿拉伯医学（携带中华医学）从西班牙到蒙彼利埃，又从蒙彼利埃传播到欧洲，古迪的介绍明白晓畅，这里转录一些：

> 从欧洲科学史的角度来看，欧洲科学吸取了许多其他文字文明的成功，取得了跨越式的发展。李约瑟已经证明：在文艺复兴之后西方"现代科学"出现之前，中国在科学领域取得了巨大的进步……特别是在数学和医学方面。
>
> 蒙彼利埃医学院成立于1230年，在欧洲医学发展过程中起到了关键作用。
>
> 伊斯兰建立了医院系统，同时进行医学治疗和研究。这些医院成了欧洲医院的样板。
>
> 可以很确定地说，中世纪……阿拉伯医学比同时期的欧洲医学要先进得多。更进一步说，穆斯林医生所编撰的医学书籍后来成了

几个世纪中欧洲医学教学的基础。的确，在早期医学院中，阿拉伯语是必需的语言课程。

自 12 世纪开始，蒙彼利埃城凭着与西班牙，更普遍地说与整个地中海地区的商业联系，吸引了许多"西班牙—阿拉伯"医生迁移而来。在医学的发展中，阿拉伯的影响起了关键作用，激发了欧洲相关科学研究和实践的复兴。

萨勒诺和蒙彼利埃两所医学院是地中海知识的贮藏室。

（认为欧洲医学是）自希腊、罗马遗产直接发展而来，这种观念所反映的思想特征，在某种程度上可以说是种族主义的……（这是）将阿拉伯和印度、中国等学术传统所贡献的因素排除出去。把文艺复兴变成是一项纯粹欧洲的、孤立的、一次性的现象，表现的是一种自负的、不尊重其他文化之贡献的态度。[①]

欧洲的复兴很大程度上借着伊斯兰世界的贡献而得以发生，比如说波斯的拉兹等人以阿拉伯文写成的医学著作……更不用说阿拉伯以及更东的国家在知识方面原创的贡献。

当时伊斯兰医学以及科学明显领先于欧洲，一个重要原因在于当时伊斯兰世界的知识传播更广泛和迅捷——由于纸张的使用。那里还有大量对学者开放的图书馆。

蒙彼利埃医学院的历史是欧洲学术在这一方面的缩影，不只表现了 11、12 和 13 世纪的自然科学，同时更概括地说，也象征了我粗略地称之为"欧洲人文主义"的发展。[②]

阿拉伯医学和蒙彼利埃对欧洲医学和学术的历史重要性，在古迪笔下展现得淋漓尽致。

他数度提到犹太人的贡献。其实犹太人与阿拉伯人纠缠不清，难以分离。西方自己也承认，犹太教与伊斯兰教都来自同一个祖先亚伯拉罕。我在波兰华沙看过波兰犹太人历史博物馆，展示欧洲犹太人都是从葡萄牙、西班牙出

---

① 古迪，第 50—54 页。
② 同上，第 58—61 页。

发，向东流徙，一直到波兰、立陶宛等地。那么，葡萄牙和西班牙的犹太人，又是从哪里来的？逻辑上说，这些犹太人应是和阿拉伯人一起，从北非渡海峡到葡萄牙和西班牙的，最早源自西亚。

今天以色列使用的希伯来语，是一位现代立陶宛犹太人埃利泽·本－耶胡达（Eliezer BenYehuda，1858—1922）所编创，非常新。这种希伯来语借取了大量的阿拉伯语词根。埃利泽·本－耶胡达声称："阿拉伯语词根曾经是希伯来语的一部分……曾经丢失，现在我们又重新找回它们了！"（the roots of Arabic were once a part of the Hebrew language ... lost, and now we have found them again）这说明，无论犹太人如何全力撇清与阿拉伯人的关系，自创一种纯粹的希伯来语，但无可奈何，他们讲的还是一种与阿拉伯语牵扯不清的语言。埃利泽原名叫埃利泽·伊扎克·帕尔曼（Eliezer Yitzhak Perlman），后来改名为本－耶胡达，明显阿拉伯化了，意味深长。所以，当时西班牙犹太人的贡献与阿拉伯医学很难区分。

古迪提到意大利南部的萨勒诺医学院也很重要，那里也受到长期占领西西里岛的阿拉伯人影响。

意大利耶稣会士艾儒略撰写的《职方外纪》（1623 年），说中国有什么就吹欧洲也有什么，实际上却透露出 17 世纪初的欧洲非常落后。

他说欧洲有"大学"，教四科：医科、治科（政事）、教科（守教法）和道科（兴教化）。医学放在首位。大学四科之外，才有"度数之学，玛得玛第加（数学）……

他介绍欧洲，开篇放首位的第一大国，是"以西把尼亚"（西班牙）。说西班牙有大量附属国，大者二十余，中下共百余。西班牙文明昌盛，有书堂（图书馆），有学校，"欧逻巴高士多出此学"。葡萄牙首府里西波亚（里斯本）是"四方商舶皆聚都城，为欧逻巴总会之地"……

法国"拂郎察"没什么介绍。首都"把理斯"（巴黎），属国五十余，比西班牙少很多。

艾儒略对自己祖国意大利的介绍，竟然充斥神异迷信故事。他对意大利六个城市的介绍及其简要："罗玛（罗马）为圣，勿搦祭亚（威尼斯）为富，弥郎（米兰）为大，那坡里（那不勒斯）为华，热孥亚为高，福楞察（佛罗伦萨）为整。"人们熟知的意大利文艺复兴中心城市佛罗伦萨，只有一个意义不明的"整"字。为什么辉煌的意大利文艺复兴都过去了 100 年了,佛罗伦萨没什么可介绍的?

真相是当时的意大利很不怎么样,西班牙才是欧洲"文艺新兴"的国家。

12 至 13 世纪起,中华医学借着阿拉伯医学的外衣,主要从西班牙传入欧洲。再从西班牙属地蒙彼利埃,向整个欧洲播散。

古迪在某种程度上,把蒙彼利埃看作"欧洲人文主义"的发源地,完全颠覆了西方 19 世纪历史学把意大利佛罗伦萨捧为欧洲文艺复兴的发源地的说法,耐人寻味。

《本草纲目》直接启示现代西医(西方化学来自中国炼丹术)

自从 16 世纪葡萄牙人开通中国到欧洲的海上航线以后,西方开始直接从中国引进中国医药学。

明朝药圣李时珍(1518—1593)的《本草纲目》,成了西方现代医药学的直接源泉。李时珍耗费了 27 年,三易其稿,才完成这本 52 卷、总计 192 万字的医药百科全书。

《本草纲目》考古证今,总结了历代医药典籍。前两卷是"序列"总论。第 3—4 卷"百病主治药"。第 5 至 52 卷,按水、火、土、金石、草、谷、菜、果、木、服器、虫、鳞、介、禽、兽、人 16 部,分门别类,阐述各种物质的药性,提示用药要点。收药 1892 种,附图 1109 种(图 81,图 82)。

把药材画出来,看图识药,这是一种多么伟大的传播知识的精神啊!

人们印象中,中医药材都是植物药材。其实并非如此。

《本草纲目》第 8 至 11 卷,这 4 卷是"金石部",专门介绍金属和矿物的药性(图 82- 左)。中国最古老的《神农本草经》,所收 365 种药材中,矿物药也有 46 种。

海路开通之后最早来到中国的葡萄牙人和西班牙人,从中国买或拿,大量搬回中国书籍。西班牙人门多萨 1585 年出版的《中华大帝国史》第 3 卷 17 章,专门论述"从中国携回书籍"。外国人离开中国都会"携带很多谈各种事物的印刷书籍",许多是在福州购买中国各地印刷的书,"中国人有大图书馆,价格便宜"。

李时珍《本草纲目》

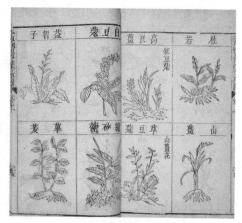

《本草纲目》草部插图

图81

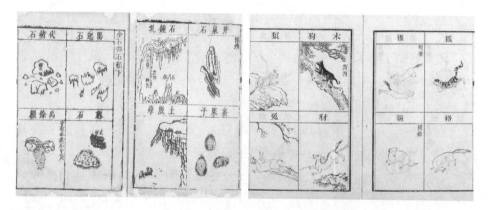

《本草纲目》金石部插图　　　　　《本草纲目》兽部插图

图82

　　正是在这样一种西方人大量搬运中国书籍回欧洲的运动中，各种版本、相当数量的《本草纲目》，从17世纪起被运到了欧洲。

　　感谢潘吉星先生，他在《中外科学技术交流史论》中，专门用了三小节2.5万字，非常详细地论述《本草纲目》在18世纪、19世纪和20世纪在欧洲的流传。《本草纲目》对欧洲曾有过这么巨大的影响，令人震惊。

　　我这里只是转引潘先生的资料。

　　17世纪，西方人主要是搬回《本草纲目》中文原著。西方几乎最主要的国立和大学图书馆，都收藏有不同版本的《本草纲目》。

英国伦敦大英博物馆图书馆 1877 年编的馆藏汉籍书目，"该馆有《本草纲目》的 1603 年江西本、1655 年张云中刊本及 1826 年英德堂刊本等。在英国其他图书馆，例如剑桥大学、牛津大学及曼切斯特大学图书馆汉籍部"，也收藏有一些《本草纲目》版本。

法国国家图书馆，其前身法国王家图书馆也收藏有"1655 年太和堂刊本、1694 年张朝璘本、1717 年本立堂本、1735 年三乐斋本以及 1767 年芥子园重刊本"。德国柏林皇家图书馆"更珍藏有 1596 年金陵本及 1603 年江西本"。

"俄罗斯圣彼得堡国立图书馆、圣彼得堡大学图书馆及莫斯科等地，以及罗马、哥本哈根、斯德哥尔摩、马德里等地的图书馆，甚至比利时鲁汶大学，我们都可以找到《本草纲目》。"

在美国，华盛顿国会图书馆也藏有金陵本和江西本的《本草纲目》。"在美国普林斯顿大学、纽约哥伦比亚大学、芝加哥大学、哈佛大学、耶鲁大学及费城宾夕法尼亚大学图书馆都见有明、清版本"[①]。

西方收藏了从 1596 年最早的金陵版本到最新的清朝版本，几乎所有版本的《本草纲目》。说明了什么？只能说明当时欧洲对医疗和医药知识的极度渴求，也说明当时欧洲的医药学极其落后。

18 世纪西方终于开始翻译《本草纲目》。又因为《本草纲目》文字量太大，所以只能选一部分内容摘要翻译。

1735 年，法国耶稣会士杜赫德出版《中华帝国全志》，其中第三卷收入《本草纲目》的法文摘译（图 83- 上）。李时珍拼音为 Li Che-tchin，《本草纲目》为 *Pen Tsau Cang Mou*。摘译"将《本草纲目》前两卷中所述的本草学史、用药理论以及以后各卷对若干药物的叙述都翻译了出来"，尤其"逐一介绍人参、茶、海马、夏草冬虫、三七、当归、阿胶、五倍子、乌柏木等中药性能及用途"。[②]

18 世纪，法国已成为欧洲文化中心。法国也是当时向全欧洲宣传推广中国文化的中心。这本《中华帝国通志》一经出版，在法国很快售罄，风靡整个欧洲。1736 年，《中华帝国通志》在荷兰海牙再版。同年，被翻译成英文，

---

① 潘吉星，第 420—421 页。

② 同上，第 423 页。

光从中华来——以图证史（下）

在英国伦敦刊行。1747—1749 年，该书被译成德文，在罗斯托克（Rostock）出版。"1738—1741 年，又有两种英文版问世"。1774—1777 年，《中华帝国通志》被译成俄文，在圣彼得堡出版。①

法文《本草纲目》摘译

可以说，《本草纲目》的摘译，通过《中华帝国通志》的转译，流传到欧洲各国。

到了 19 世纪，法国有两位学者以研究《本草纲目》获得博士学位。其中一位是法国著名汉学家雷慕沙（J. P. A. Rémusat）。他早年正是为了研究中国医学和《本草纲目》，而发奋学汉语。1813 年，他以题为《论中国人的舌苔症病》的论文获得巴黎大学医学博士学位。

"英国人里夫斯（John Reeves）于 1826 年发表题为'中国人所用某些本草药物之解说'。与此同时，德国人格尔松（Gerson）及尤里乌斯（Jilius）在 1829 年发表'中国医史'一文……法国植物学家于安（Melshior Yuan）1847 年在巴黎发表 45 页小册子，题为《关于中国药物学的信札》。上述作品均与《本草纲目》有关"。②

《古代和中世纪石药——中国之石药》

图 83

英国皇家科学院院士丹尼尔·汉伯理（D. Hanbury），也为读懂《本草纲目》发奋学汉语，1860—1862 年连续在《制药学杂志》上发表《中国本草学备注》的长篇论文，1862 年在伦敦出版同名单行本。1879 年，他再出版长达 803 页的专著《药物学，重要植物草药之历史》。他的著作"在当时欧洲医药界和科学界都有相当大的影响。"③

---

① 潘吉星，第 424—425 页。
② 同上，第 427 页。
③ 同上，第 428 页。

1862 年，德国学者把汉伯理的《中国本草学备注》译成德文，在德国出版。1865 年，法国药物学家德博（Jean O. Debeau）出版专著《论中国本草学及药物》。

1873 年，巴黎药学院教授苏比朗（J.L.Soubiran）和法国驻华领事铁桑（D. de Thiersant），通力研究《本草纲目》，在巴黎出版 323 页的专著《中国人的医药物质》（La matière médicale chez les Chinois）。1886 年，苏比朗又发表《中国本草学中矿物药研究》。

1896 年，法国学者德梅利（F. de Mély）和库雷尔（M.H. Courel），把法国医生旺德蒙德（J.F. Vandermonde）摘译《本草纲目》金石药部分的内容，全文翻译并出版（图 83- 下）。旺德蒙德医生是 1732 年在澳门行医时获得《本草纲目》中文版，按照《本草纲目》的记载，收集了 80 种无机矿物药标本，占《本草纲目》矿物药总数的 60%，对每一种药都作了说明，标注药物的汉名。他还编了一份法文材料《〈本草纲目〉中水、火、土、金石诸部药物》（Eaux、feu、terres、mineraux、metaux et sels du Pen-Tsau Kang-Mu），实际上除了金石部，还翻译了《本草纲目》的水、火、土三个部，即《本草纲目》第 5 卷至第 11 卷的内容。[①]

这些资料雄辩地证明，《本草纲目》不仅在植物药，而且在无机矿物药方面，对西方现代医学提供了巨大的启示。

19 世纪的英国生物学家达尔文，也查阅了《本草纲目》的相关资料，并在他的《物种起源》《动物和植物在家养下的变异》和《人类的由来和性的选择》等书中多次引用《本草纲目》，并赞誉为"古代中国的百科全书"。

到了 20 世纪，西方医药学界对《本草纲目》的热情依然未减。美国医生米尔斯（Ralph Mills）试图把《本草纲目》翻译成英文，与朝鲜同事合作翻译了 40 余册。1920 年，米尔斯将这些译稿转给了在华英国药物学家伊博恩（B.E. Read）。

伊博恩又在此基础上，与中朝学者合作，将 44 卷《本草纲目》，占全部内容的 85%，翻译成了英文，1936 年在北京出版（图 84）。

1942 年，执教于上海震旦大学的法国学者雅克·鲁瓦（Jacques Roi），

---

① 潘吉星，第 422、430 页。

在北京出版《著名药物学著作〈本草纲目〉中的中草药》，介绍 210 种常用植物中药及其药性。后来他又增补内容，1955 年在巴黎出版《中国草木药概论》。

1955 年，德国柏林两位学者莫斯希（A. Mosig）和施拉姆（G. Schramm）合撰的《中国草木药及药材以及中国本草学标准著作〈本草纲目〉的重要性》一书，由柏林大众与保健出版社出版（图 85- 左）。

1960 年，英国剑桥大学科学史家鲁桂珍博士发表《中国最伟大的博物学家李时珍简传》。李约瑟博士也高度评价李时珍及《本草纲目》，称李时珍是"博物学家的无冕之王"。

1986 年李约瑟访问李时珍的故乡蕲春后说："李时珍是我本家，因为我也姓李。"他称赞《本草纲目》："直到今天，这部伟大著作仍然是研究中国文化的化学史及其他各门科学史的一个取之不尽的知识源泉。"①

可以这么说，自从 16 世纪中欧海上之路开通以后，中国医药学被大规模地引入欧洲，其中以《本草纲目》的影响最大。

图 84　伊博恩《本草纲目》英文版　1936 年

除了《本草纲目》，1682 年荷兰东印度公司药剂师克莱耶尔（A. Cleyer），在巴黎出版《中医指南》（*Specimen Medicine Sinicae*）（图 85- 右），比较早地向欧洲介绍王叔和的《脉经》、穴位（图 86）和中草药。中国的针灸至今在法国乃至欧洲被研究、被应用。我旅居法国时，感觉是针灸在法国甚至比在中国还受重视。

自古以来，欧洲几乎没有什么医药学。中国的《本草纲目》，像照进黑暗的阳光那样，启示了欧洲现代医药学。

---

① 潘吉星，第 433—437 页。

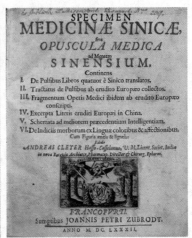

德文版《本草纲目》介绍　1955 年　克莱耶尔《中医指南》 1682 年

图 85

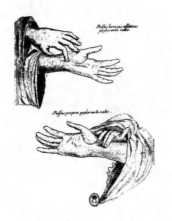
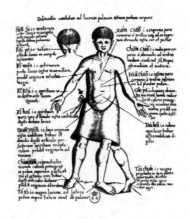

《中医指南》脉诊　　　　　　　《中医指南》穴位图

图 86

　　正是在中华医药学《本草纲目》3 个世纪的光辉照耀下，17 至 18 世纪西方开始试用植物药。19 世纪初，西方医药学开始了自己的成长进步历程。就是说，真正独立意义上的西医药，基本从 19 世纪初开始。

　　一般印象，西医药材基本都是化学合成，是一些无机化合物。实际上最早的西药也是从植物中提取。中药一般是煎熬，西方植物药多用压榨、浸泡、蒸馏等方法，萃取活性因素。

1803 年，法国药剂师德罗纳（J.-F. Derosne）从罂粟鸦片中，成功提取具有镇咳药效的那可丁。他从一公斤鸦片中分离出 40 克"白盐"，也被称作"德罗纳精盐"，开始了西方从植物提取药用活性成分的先河。

1805 年，德国药剂师塞特纳（F.W.A. Sertürner），也是从鸦片中提取了一种生物碱白色粉末，他用自己的狗做试验，狗服下后立即昏睡过去，发现有催眠效用，就用希腊睡梦女神墨尔菲斯（Morpheus）的名字，将其命名为吗啡（morphine）。

1820 年，法国药剂师和化学家贝勒吉耶（P.-J. Pelletier）与他人合作，从金鸡纳树皮中提取了治疗疟疾的奎宁。金鸡纳树原产南美洲的秘鲁，干燥的树皮看上去像中药的桂皮（图 87）。1828 年，他们从 138 吨金鸡纳树皮中，提取了 1800 公斤的硫酸奎宁。这种制造奎宁的方式，标志西方从整体植物药，转向药性分子确定、服用方便的"西药"。

图 87　金鸡纳树皮

19 世纪 20 年代，德国和法国的药剂师，用水煮白柳树皮来提取水杨酸。1853 年，法国化学家格哈特（C.F. Gerhardt），进一步制成了乙酰水杨酸，就是今天常用的解热镇痛药阿司匹林。就是说，阿司匹林的主要成分来自柳树皮。

1894 年，两位欧洲药剂师从原产巴西的吐根植物中，提纯出一种吐根碱，学名叫依米丁，治阿米巴痢疾有特效。周恩来总理长征途中曾患阿米巴肝脓疡，高烧不退。医生给他注射了当时仅有的一支依米丁，终于脱险康复……

诸如那可丁、奎宁、阿司匹林和依米丁等西药，名字听上去很像化学合成，其实都是从植物中提纯萃取的。

当然，从 19 世纪中叶开始，西方偏向用分子原理，用化学方式合成药物。西药越来越多是无机化学药品。

西方有人认为波斯的拉兹最早"使用化学物质来治病"，开创"医用化学"。还有人认为是 16 世纪瑞士的帕拉塞尔苏斯（Paracelsus），率先在医药中使用化学物质和矿物质。其实他们所谓的"医用化学"，是指他们从事炼金术（alchimy），他们也被称为"炼金术士"。而他们搞的炼金术，完全来自中国的炼丹术。中国炼丹术古老悠远，先秦就有，两汉流行。

不仅是西方"医用化学"，整个西方现代化学，都是源自中国的炼丹术。

潘吉星先生专门写过约3万字22页的"中国炼丹术的起源及其西传"一节，不仅指出"中国炼丹术与医药学的紧密结合"，也揭示了中国炼丹术→阿拉伯炼丹术→西欧炼金术→西欧医化学→西方近代化学这一路径[①]。

潘先生特地说明，中国的炼丹术，炼的是金丹，所谓"金液"，不是炼出自然的黄金。中国炼丹家追求长生，相信"服金者寿如金"。但不是服用天然之金，而是炼诸药之精成丹砂，一种人造"药金"，含有硫化汞、氧化汞、氧化铅、硫化砷或其混合物[②]。葛洪就是这一路，称"丹鼎派"。

还有另外一路炼丹术士，试图通过炼丹要炼出真金白银，称为"黄白术"，当然不可能成功。而西方把中国的炼丹术和黄白术，都用 alchimy 一个词来笼统称谓。于是这个词既可以翻译成炼丹术，也可以译为炼金术，两者混淆不分。

西方"化学"一词，正起源于中国的炼丹术。

化学，法语是 chimie，英语 chemistry，都来自西语的"炼金术"（法语 alchimie，英语 alchimy）。而西语的"炼金术"又来自阿拉伯语的"炼金术"：al-kimia 或 al-kimie。

al 在阿拉伯语中相当于英语的定冠词 the，没什么意思。这个 kimia，注意了，指的就是"金"。韩语的"金"也写成 Kim。

阿拉伯人在"金"字前加一前缀，便成为 al-kimia 或 al-kimie，意为"与制造金有关的技术"。由此，中国的炼丹术就变成了阿拉伯的"炼金术"和西语的"炼金术"。再扔掉了阿拉伯语前缀 al 成为 kimie，最终有了西语的"化学"——chimie，chemistry！

西语"化学"这个词，极其明显是从中国通过阿拉伯最终流传到欧洲，演变路径一目了然，无可置疑。

---

① 潘吉星，第226页。
② 同上，第221页。

西方医学长期落后（放血和灌直肠）

自古以来，欧洲医学长期落后，甚至没有像样的医学。所谓的四体液说（血液、黏液、黑胆汁和黄胆汁），算不上什么医学。生了病，基本不知道该怎么治。中国的医学理论传到欧洲，传到教会办的医学院，因为不会望闻问切，也难以付诸实用。

美国学者扎克斯在《西方文明的另类历史》中说："中世纪大学的医生培训，只不过是听听人体四液说的夸张讲演而已。"这种培训"向你们详细讲述所有疾病的起源、进程和治疗方法"，但只会说不会干。到17世纪，法国戏剧家莫里哀的笔下依然如此："医生明白大部分的学术科研科目，知道所有古希腊疾病名字，可以给这些名字下定义，可以给它们分类。可是，至于治病，他们是一点也不明白的。听他们讲话，他们是这世界上穿戴最整齐的人；看他们治病，他们就是世界上最无能的人。"[1]

图88　西方长期流行放血疗法

所谓医生只会干两件事：放血（图88）和灌肠（把药物从肛门灌入直肠），或者用烙铁"烧烤"病人。对于中国的草药，也没有被煎熬成药汤喝，而是用一种大号注射器，把草药溶液从肛门灌入人体。让直肠成了吸收植物药材的通道，也是西方人学习中医药治疗的伟大创造。

17世纪莫里哀有喜剧讽刺灌肠：一个药剂师抱着一个大针筒追赶病人，病人急得用帽子挡住屁股……当时欧洲的庸医不管什么病，只会说："灌肠，放血，清洗"（clyster, bleed, purge）。

有许多铜版画，表现灌肠的场景（图89- 左）。"危急的英国人"，情景很

---

[1]　扎克斯，第160页。

灌肠"很舒服的，夫人……"　　　　　"危急的英国人"

图 89

戏剧化（图 89- 右）。画面解释：1. 躺在床上的英国人呼求治病。2. 手上拿着注射筒的药剂师要来救助。3. 但一位美国人拉住了他。4. 一大帮医生和药剂师想要进来。5-6. 但一位手上执剑的法国人和一位西班牙人不让他们进来。7. 一位荷兰人乘混乱从窗口拿走了财物箱子。

据资料，美国第一任总统华盛顿（1732—1799）因为淋雨而感冒，于是先由管家给他放血，无效。就请来了家庭医生，最后又请了另两位医术更高明的医生。这些医生所有的治疗手段就是放血，放血，再放血。半天之内被三次放血，共放血 2500 毫升（也有说 2300 毫升），相当于 5 瓶矿泉水的量，差不多放干了他全身血液的一半，最后血竭而亡。

具有喜剧意味的是，在 18 世纪，灌肠在法国竟然成为一种上流社会非常流行、甚至带有享乐的消遣。一些贵族夫人，甚至法王凡尔赛王宫里夫人们，有事没事，就让人往后臀部里注射一筒子，以此为情趣享乐（图 90）。

由于灌肠成了寻常事，于是就出现了一种专门调制灌肠剂为职业的人，他们被称为"屁股用柠檬水剂师"（limonadiers du postérieur）！此处读者可以不发声地莞尔一笑。

17 世纪英国国王查理二世（1630—1685），贵为一国之君，享受当时英国最先进的医疗待遇，结果是惨死于庸医的放血和灌肠，甚至被烙铁伺候。

1685 年 2 月 2 日，这位生性风流、情妇无数的国王在刮脸时轻度中风，受到 12 位医生组成的团队治疗："国王接受放血治疗，左右胳膊各放血一品脱；他的肩臂给切开了，然后上火罐；开了催吐剂和灌洗药。然后是灌肠剂，

法国18世纪"夫人们的情趣享乐"　　　凡尔赛的灌肠景象

图90

含有锑、圣物做的苦药、岩盐、锦葵叶、紫罗兰、甜菜根、洋甘菊花、茴香籽、亚麻籽、桂皮、番红花、胭脂虫和芦荟。"这些几乎都是中药植物，都灌进了国王的直肠！据资料，每两小时灌一次，整整灌了5天。

1品脱，相当于500多毫升，1斤多。国王放了2斤多血。之后"国王的头发给剃光了，又（用烙铁）在头上烙了泡……再用云杉脂和鸽子屎做的敷药敷到他的脚上。再之后，用西瓜籽、木密、滑榆、黑莓水、珍珠粉、龙胆根、肉豆蔻和丁香，以及石灰、铃兰、牡丹花和薰衣草提取物熬的水来灌。当他痉挛起来时，再用骷髅头骨熬制的40滴水往头上处理……"

几番折腾下来，陛下精疲力竭。但这班医生"为了尽到他们最后一份责任"，用"珍珠和氨水"制成最后一剂药，"强力灌进他的喉头里"……最后这位至尊至贵"首位英格兰、苏格兰及爱尔兰的国王"呜呼哀哉。[1]

维基百科也承认，国王死前遭受了"折磨性治疗"（torturous treatments）。这就是莎士比亚去世70年之后，当时英国的最高医疗水平！

法国国王路易十三（1601—1643）也接受过饱和式放血和灌肠，所幸没有因此而丢掉性命。在他在位的"有一年，他总共做了212次灌肠手术，放

---

[1]　扎克斯，第163—164页。

了 47 次血"。[①] 看来法国国王具有比英国国王更强的抗折磨体质。

甚至到了 18 世纪末 19 世纪初，欧洲依然流行放血和灌肠。

19 世纪，法国对灌肠用的金属活塞大号针筒进行了科技革新，改用软管子。显然，用一个大号金属针筒往肛门里插，毕竟会给享用者带来一定的不适。

图 91 19 世纪法国讽刺灌肠针筒的漫画

来看一幅讽刺图：猴子用上新款软管灌肠器，不想再用老的金属灌肠针筒（图 91）。配图文字为："请拿走那个让我受够罪的老注射灌筒。刚才用软管灌了罂粟，爽极了。我想再用一下蜀葵。我想插着灌管日夜享用，新灌肠器万岁！"

去希腊参战的英国诗人拜伦（1788—1824），并非死于为希腊而战，而是被放血搞死的。"服侍他的各个医生都要放掉他身上 4 磅多的血……最后进行的抽血手术，是在拜伦几乎失去知觉，当然也浑身无力的情况下进行的。他的太阳穴上还放着吸血的水蛭，而且放了一个晚上。24 小时内，他就给弄死了。"[②]

所以，西方医学直到 19 世纪初，依然令人震惊地落后！

西方是因为植物种类少，无法在本地获得中国药书上的种种药草，所以才转向研制无机矿物药品。在欧洲能搞到的一些草药，都被王公贵族有钱人拿去灌肠了，一般老百姓还用不到。

西欧这块土地，植物种类与中国相比，简直太稀少了。所以西方后来所谓"博物学"，相当一部分精力是收集世界各地的植物。17 世纪耶稣会士卜弥格到了中国就是关注植物，编撰了一本《中国植物志》，配有 27 张精美插图，

---

① 扎克斯，第 164 页。
② 同上，第 166 页。

详细描绘并介绍了中国的植物和中药植物，比如大黄、茯苓、槟郎、番木瓜、柿子、荔枝等。

正因为欧洲植物种类少，所以西方国家热衷于建植物园，将世界各地的植物移植到西欧来种植。

记得 20 世纪 80 年代末，我住在巴黎五区拉丁区 Tournefort 街的协和学生公寓。一天出门，在公寓斜对面的一条小街上偶遇一位修士，相谈甚欢。他邀我进路边修道院里继续聊。修道院是一种没有私有财产的生活，吃喝随便，但不发钱。他从公共食堂的冰箱里拿了两罐啤酒，一起到他房间。他指着窗外一株银杏树对我说："这种植物叫'京戈比勒巴'（Ginkgo biloba），是从你们中国来的……"

很惊讶。这树对于我来说很平常啊，怎么原先法国没有？

"京戈比勒巴"，朗朗上口。永远记住了法文"银杏树"这个单词，更记住了西方的银杏树，是来自中国……

七、中华天文学和数学西传

再次引用法国前总理德维尔潘的话："……没有比鲁尼，何来（西方）天文学？没有花拉子米，何来（西方）数学？"[1]

这位出生在摩洛哥、深谙阿拉伯文化的法国前总理，明确把中亚昭武九姓地区的两位学者，确认为西方天文学和数学的祖宗。

而中亚昭武九姓地区历史上与中国关系密切，我称其为"第二中国"。那里诞生了三位著名人物——伊本·西那、比鲁尼和花拉子米，都是深受中华文明的影响。

不仅医药学，中华天文学和数学也是西方天文学和数学的祖宗。

中华天文学和数学在汉代就已极其辉煌

就像引言所说，人类四大古文明，其他三大文明都属于高温、干旱气候。只有中华黄河、长江流域，才是一块真正的膏腴之地，养育了人类最古老、最发达的农业文明。

近年发现的浙江义乌桥头遗址，确认中华有9000年历史。其实，中华农业文明的历史可能更久远。

农耕文明，非常依赖农时节气。

一般读者朋友对农时节气的重要性没有概念。当过"知青"的我，是有深切体会的。当年浙江农村种双季水稻。每年7—8月要抢收早稻，抢种晚稻，

---

① 《另一个世界》，第168页。

叫"双抢"。那是一年中最热的天气。我穿的衣服浸透汗水，一拎沉甸甸的。裤腰浸满汗水，干了以后是一片白花花的盐渍印迹！

抢种晚稻必须赶在立秋（8月7—8日）之前。因为过了立秋，插下的秧苗就会减产。按照当地农民经验，超过一天都不行，就会少收稻子。

所以，中华文明从一开始，就非常注重天文学和数学，就是为了观测和计算出准确的农时节气。中国古代有一个专门职业叫"畴人"，掌管天文历算之学，父子世代相传为业。还有一个名词叫"历数"。某人"精历数"，就是指精于观测天象以推算年时节候。在中国，天文学和数学从一开始就紧密相连。

只有农耕文明，才特别关注天文历法，以确定准确的节气时间。游牧民族只需大致知道季节变化就可以，不需要精确的季节计时。历史上，中国以西至欧洲，除了中亚河中地区，主要都是游牧民族。欧洲长期农业落后，甚至没有什么农业。只是17世纪中国的铁铧犁传到欧洲以后，才有了农业革命，有了"重农"思想，欧洲农业才开始发展。

中华民族自古就仰观天象，俯计农时。有历史记载之初，中国的天文学，在4500年之前的尧帝时代就已经相当成熟。

中国最古老的历史文献《尚书》记叙尧帝，观测天文是为了给老百姓预报准确的农时："历象日月星辰，敬授民时。"[1]

古代人没有时间和空间概念。中国古人仰观天象，俯察地理。观天象以确定时间，察地理以确定空间。不要小看中国古人区分东南西北四个方位，来把握空间，其实就是现代所谓 X 和 Y 轴的十字坐标。

中国伟大的古帝王尧帝，专门派出羲仲、羲叔、和仲、和叔四人，各往东南西北4个方向，进行天文观测。将四季与4个方位搭配：东春，南夏，西秋，北冬。多么诗意浪漫的时空交融！

四人观测的结果是："期三百有六旬有六日，以闰月定四时，成岁。"一年有366天，是太阳回归年。

月亮朔望亏盈的周期是29.53日。12个"月"只得354天，跟365天的太阳年差11天。于是，大约每过3个月亮年，就要增加一个闰月，应合太阳年。早在春秋时期，中国就精确确定了19个阴历月亮年，设置7个闰月的

---

① 《尚书·尧典》。

定律。

所以，读者朋友切记，中国自古就是"阴阳合历"。日常生活用月亮年，农时节气则用太阳年。中国从来都不是只用所谓"阴历"！

中国古人立竿测影，来测定太阳回归年。日影最长的一天是冬至，夜晚最长。日影最短的一天是夏至，白昼最长。冬至夏至之间对半分，得春分和秋分。一年就分为四等分的"二分二至"。

然后，将四时再对半分，有了立春、立夏、立秋和立冬，就成了八等分，所谓"八节"。这八个节气是中国一个太阳年中最主要的支柱。

再将八节一分为三，或一带三，就把黄道太阳年均分为二十四等分，成为指导农时的"二十四节气"：立春、雨水、惊蛰；春分、清明、谷雨；立夏、小满、芒种；夏至、小暑、大暑；立秋、处暑、白露；秋分、寒露、霜降；立冬、小雪、大雪；冬至、小寒、大寒。

二十四节气与农业紧密相关，上古就已形成，为中华民族所特有。尤其二十四节气所依据的是妥妥的太阳年，是真正的阳历。

中华民族自古精确测算太阳回归年，"敬授民时"，预告日食等天象，从一开始就是官方行为。每个朝廷，都有专职的天文历官。羲氏、和氏两家实际上是尧帝时代专门掌管天文历算的官员，也是中国最早负责官方天文历算的家族。后来"羲和"也用来命名掌管天文的官职。

《尚书·胤征》已有记载中国最早的日食，并用日食来校准历法。如果掌管天文历算的官员预报有误，出现提前或延后的情况，那是要受到法律严惩的。可见，天文历算在古代中国是一件至关重要的国家大事。

《尚书·舜典》记载："在璇玑玉衡，以齐七政。"璇玑就是浑天仪，玉衡是望筒，是两种用于观察天象的仪器。七政，就是七曜，太阳月亮加五星（金木水火土）。可见，早在尧舜时期，就有观测天文的仪器。

2002年，山西的陶寺遗址，出土了大约4400年前的一根约长1.8米的圭尺，木杆漆器，是全世界最早用于天文日影观测的工具（图92-上）。（陶寺遗址上新修的那个所谓观象台，是模仿英国巨石阵的思路，非常可笑！因为巨石阵是1958年伪造。）

中国古人极具智慧，用一种最简单的方法，拿一根竹竿竖在地上，所谓"立竿见影"，来测量太阳影子的长度。竖杆叫表，横在地上标示影子长度的叫圭尺，合称圭表。把日影最短的那一天确定为夏至，日影最长的那一天为冬至，由此计算出一个太阳回归年有多少天，非常简便实用。江苏仪征出土过一架东汉的青铜圭表（图92-下），圭表就是这个模样。

陶寺圭尺

正是借助圭表，中国春秋时期的颛顼历就相当精确地测定太阳回归年的长度为 365 又 1/4 日（也称"四分历"），即 365.25 日，二十四节气由此变得相当精确。

中国先民自古就仰望星空，注意到北极星始终不动，高悬北方的天空，其他星星都围着它转。

东汉青铜圭表，江苏仪征

图 92

尤其北斗七星，始终以北极星为轴旋转。斗转星移，北极星却不转也不移。北斗柄指向东方，那是万物复苏的春天。斗柄转向南方，赤日炎炎的夏天开始来临。斗柄转西，起了秋风。斗柄转向北边，开始万物凋零的冬天。

在浩瀚宇宙，居然有一个点静止不动，北极星当然就成了宇宙坐标的中心点。

于是中国古人以北极星为中心，把天空分成东南西北四个星区，也称"四宫"：东宫青龙、西宫白虎、南宫朱雀、北宫玄武。每一个星区的恒星被分为七组，所谓七个星宿。四七二十八，共二十八个星宿。

东方七宿：角、亢、氐、房、心、尾、箕；南方七宿：井、鬼、柳、星、张、翼、轸；西方七宿：奎、娄、胃、昴、毕、觜、参；北方七宿：斗、牛、女、虚、危、室、壁。

天旋地转，春夏秋冬。当地球沿着环绕太阳的黄道运行，人们会依次看到四宫二十八个星宿。如果把地球之外设想为一个天球，那么在天球的黄道上就可以排列出这二十八个星宿（图93）。地球转到东方七宿面前，意味春天到了。

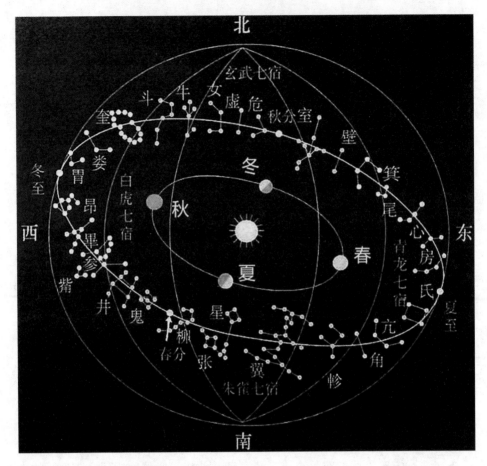

图93 黄道上的二十八星宿

　　二十八星宿在中国出现很早。《诗经》里已有关于二十八星宿的描写。《南召·小星》有："嘒彼小星，维参与昴。"

　　战国曾侯乙（前475年—前433年）的墓出土有一个漆箱。箱盖上有一幅天文图（图94），上面绘有青龙白虎和二十八星宿，

图94 战国曾侯乙墓漆箱盖上二十八宿图　前433年

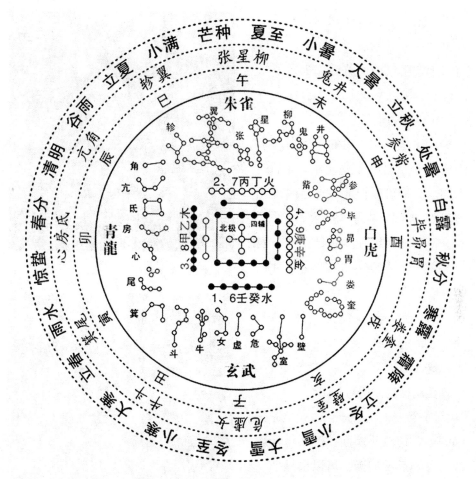

图 95　十二地支对应十二组二十八星宿，二十四节气

说明二十八星宿的知识在战国时期就已非常成熟。

中国古人还用十二地支，把二十八星宿重新编组，分为十二小组。于是，二十八星宿也可以对应二十四节气。有一幅"桐林国学"绘制的示意图（图95），非常简明地显示十二地支，将二十八星宿编为十二组，与二十四节气相对应。

口诀曰：左青龙右白虎，上朱雀下玄武。就是说，左为东，右为西，上南而下北。张衡《灵宪》："苍龙连蜷于左，白虎猛据于右，朱雀奋翼于前，灵龟圈首于后。"现在很多示意图把玄武放在上方，是不对的。这张图以朱雀南为上，是对的。

这张图最值得注意的是，二十八星宿被分为十二组。完美对应黄道二十四节气。而黄道二十四节气二合一，可以合成十二"月建"，将太阳年也分为十二个月。

月建是以北斗星的斗柄指向来确定月份，"建"就是北斗星斗柄的指向。我们可以把北斗七星围绕北极星旋转，看作是一个巨大的钟表盘。把"建"想象为时针，转一圈就是一年（图96-上）。就像时针转一圈12小时，斗柄一年转一圈指示12月建：建，除，满，平，定，执，破，危，成，收，开，闭。

这十二月建，也称"节气月"，是真正均衡的阳历月！

而今天西方的阳历，只是将中国的阳历改头换面，把新年开端放在冬至后一些天，可以说是把冬至作为新年元旦。其实中国也高度重视冬至，魏晋南北朝时冬至被称为"亚岁"，唐宋时冬至与正月新年同样看重，将其看作年节，是皇帝祭天、百姓祭祖的日子。所以，西方的新年元旦有暗窃中国"亚岁"之嫌。

中国人还是更喜欢春天，把新年岁首放在立春前后。如今所谓的"春节"，其实是中国的新年。

西方暗窃中国的太阳历，却把

北斗星斗柄像钟表指针

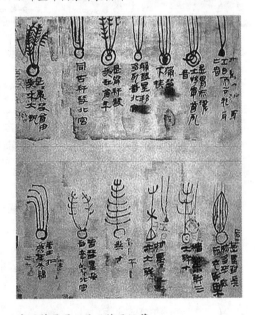

战国彗星图，马王堆西汉墓

图96

一年365天任意分配：2月只有28天，7、8月却都给31天。月份命名也乱来。有用罗马皇帝名字"凯撒"（July）和"奥古斯都"（August）来命名，也有用拉丁数字命名：septum（七）配九月，octo（八）配十月，novem（九）配十一月，decem（十）配十二月，简直错乱到极点！

这种错乱的命名和配置，就好像为了掩盖一场仓促的偷盗。在一件偷来的华美锦袍上仓促套上自己的破衣烂衫，狼狈不堪，正可以证明今天西方的阳历不是西方人自己发明的。

中国历法既基于每个月约30天的朔望月，又融合了一年二十四节气的太阳年。既含有阴历，也有阳历，是真正的阴阳合历。所以把中国历法简单称为"阴历"是不准确的。中国人在2500年前就能够将这两种历法精确地糅合在一起（19年设7个闰月），这是一种何其精微、何其伟大的阴阳合历啊！

所以中国人自古以来，既日常使用美丽的阴历月亮年，欣赏十五的明月，同时也使用二十四节气的阳历太阳年，不误农时。

二十八星宿分十二组，还对应了中国占星学的十二星次和黄道十二宫。

黄道十二宫起源于中国，毋庸置疑。（后文再论）

中国也是最早发现并记录彗星的国家。《春秋·文公十四年》记载，前613年，"有星孛入于北斗"，这是世界上公认的首次关于哈雷彗星的确切记录。1973年，长沙马王堆西汉墓中出土了一部占验吉凶的帛书《天文气象杂占》，记录了29幅战国时期楚国的彗星图。这是世界上最早的彗星记录图。圆圈或黑点代表彗星头，扫帚或树苗一样的是彗尾。（图96-下）

事实上，战国时期中国天文学就达到一个小高峰，天文学家群星荟萃。各国涌现出一大批观察星空的高手。据《晋书·天文志》记载，齐国有甘德，楚国有唐昧，晋国有卜偃，鲁国有梓慎，郑国有裨灶，赵国有尹皋，魏国有石申，宋国有子韦……其中成果最卓著的是甘德和石申二人。

甘德著有《天文星占》8卷，石申著有《天文》8卷，这两本著作在战国时期被合编成《甘石星经》（图97）。两人不仅从浩瀚星空中分辨出金、木、水、火、土五大行星，记录了五个行星的运行规律，所谓甘石"五星法"，还记录了800余颗恒星的位置，编制了中国最古老的星表。甘德命名了118座"星官"，尤其发现了木星卫星三号，"若有小赤星附于其侧"。

《甘石星经》是中国，也是全世界最早的天文学著作。

西汉汉武帝，征召全国天文学家制定历法。在《颛顼历》的基础上，制定出更精确的《太初历》，正式把二十四节气纳入历法。观测出135个朔望月有23次日食的规律，被称为"中国历法上划时代的进步"。

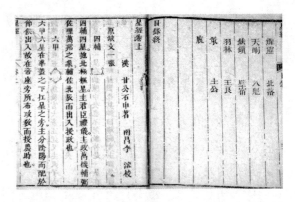

图97　战国天文学家甘德和石申所著《甘石星经》

二十四节气进入历法，就是为农业服务，因此把中国自己的历法称为"农历"，是有理由的。这部《太初历》还把新年岁首定在与今天一样的立春前后，以春季为新年开始。

两汉，中国天文学也是名家辈出，有落下闳、耿寿昌、贾逵等人。在西汉末年，中国天文学已将交食周期和

图98　东汉天文学家张衡制造浑天仪（明朝复制）

五星回合周期测算得极其准确，与今值相差甚微。

在东汉，诞生了中国古代最伟大的天文学家张衡（78—139）。他两次担任太史令，就是国家天文台台长，制造了一台空前精妙的水运浑天仪，展现了中国天文学早期的辉煌。

张衡的浑天仪没有留存。但我们可以看到明朝制作的浑天仪（图98），结构原理是一样的。外层有固定的三个圈：地平圈、子午圈和赤道圈，叫六合仪。中间有黄道环、二至（冬至夏至）和二分（春分秋分）环，叫三辰仪，是一个赤道坐标系统，标示星辰的位置。最里面是一个平行的双环，中间夹一个方形的窥管，可以任意转动。（图99）

张衡的浑天仪也是铜铸的，内外有几层可以转动的圆圈，最外层周长一丈四尺六寸，标示有赤道、黄道、南北极，二十四节气，二十八列宿，以及

图99 浑天仪构造示意

日月五星等天象。

浑天仪的雏形在中国自古就有，在战国和西汉也有制造的记载。但张衡制造的浑天仪不仅比以前精确，而且是水力驱动。张衡发明了一个滴漏系统，带动浑天仪缓慢旋转，每天转一度，显示仪象与真实日月运转和黄道二十八星宿相一致。这台"漏水转浑天仪"，实际上是天文钟性质。

浑天仪基于"浑天说"。张衡是中国浑天说最重要的代表。

张衡《浑仪注》说：

> 浑天如鸡子。天体圆如弹丸，地如鸡子中黄，孤居于天内。天大而地小，天表里有水。天之包地，犹壳之裹黄。天地各乘气而立，载水而浮。
>
> 周天三百六十五度又四分度之一。又中分之，则半一百八十二度八分之五覆地上，一百八十二度八分之五绕地下，故二十八宿半见半隐。其两端谓之南北极。北极乃天之中也，在正北，出地上三十六度。然则北极上规径七十二度，常见不隐。南极天之中也，在正南，入地三十六度。南极下规七十二度常伏不见。两极相去一百

八十二度强半。天转如车毂之运也，周旋无端，其形浑浑，故曰浑天。

中国浑天说到了张衡那里，已经非常"现代"，具备了现代天文学的基本面貌。

第一，地球是圆的。被西方伪史洗脑的中国知识界，老是揪住"天圆地方"，说中国人历来不知道地球是圆的。其实张衡已经非常清楚地表示地球是圆的。天像一个鸡蛋，大地像鸡蛋中的蛋黄（"地如鸡子中黄"）。蛋黄是不是圆的？"周天"鸡蛋壳 365 又 1/4 度，是指一个圆 365.25 度（尚未有 360 度）。一半 182.6 度覆地之上，另一半 182.6 度绕地下，暗示"地"就是个圆。北极出地三十六度，这是洛阳地区的北极仰角，即纬度，也显示"地"是圆球形。

张衡明确知道月亮自己不发光，月光生于日光，"月蚀"是地球影子遮蔽月亮："当日之冲，光常不合者，蔽于地也。"一句话，把地球夹在太阳和月亮中间排成一线的情景，描写得生动无比。西汉的刘向也说："日蚀者，月往蔽之。"作为国家天文台台长的张衡，难道还看不清地球"食"月亮时，地球的影子是圆的？

张衡说"天体圆如弹丸"，显然是知道地球与日月五星一样是圆的，只是没有说"地球"这个词而已。而今天中国流行的"常识"说中国人要等到西方人 16 世纪环球航海之后才知道地球是圆的，无知之极！

第二，宇宙是无限的，天体运行轨道是圆周环行。张衡在《灵宪》中说："宇之表无极，宙之端无穷。"还说"天转如车毂之运也，周旋无端"，实际上已展示宇宙空间大小星星，各种天体如车轮一般运转不息。"周旋"就是指行星是圆周环行。

第三，地球是围绕太阳运转。张衡的浑天仪，已经明确标示有黄道。中国古人把太阳运行的轨迹叫黄道，月亮运行的轨迹叫白道。"黄道，日之所行也"，"日行黄道绕极"……当然，这里"太阳运动"在天文学上叫"视运动"，实际上是地球绕太阳运动。就好像在火车站，自己的火车开动了，有时会觉得自己车没动，而是对面的火车开动了。浑天仪上的黄道是太阳"视运动"的轨迹。太阳沿黄道运行一周 365.25 天，实际上是地球环绕太阳一周运行了 365.25 天。因此，浑天仪的黄道无碍于对太阳和地球关系的正确展现。

张衡浑天仪上黄道和赤道的夹角 24 度（现代测为 23.26 度，误差甚微），黄道与赤道相交点就是春分和秋分，与现代天文学完全一致。

第四，张衡的浑天仪，是一种以地球为天球中心的"赤道坐标系"（图 100- 上），标示黄道一圈二十八宿的星象位置，能够并真实反映太阳系五大行星的运行规律。这种坐标貌似"地心说"（以地球为天象观测中心），实际不妨碍展现太阳为中心的行星体系。

张衡已发现，水星和金星在地球绕太阳的内侧，运行得快，"属阴"；火星、土星和木星，在地球外侧，运行得慢，"属阳"。就是说，张衡已完全知道地球与其他五颗行星一样，围着太阳转，完全符合现代太阳系的行星坐标。（图 100- 下）

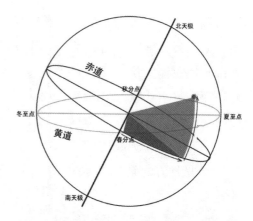

赤道坐标系

现代太阳系行星坐标

图 100

不正常的是，今天中国百度上有大量声音贬低张衡的浑天仪，声称发明浑天仪的不是张衡，而是落下闳。还有"科普"称浑天仪是浑象和浑仪的总称，是两样东西。张衡发明的，不是圆圈圈的浑仪，而是一个圆球"浑象"，是天球仪，一个"空心铜球"。

把"浑天仪"拆分成浑仪和浑象可谓煞有介事。其实浑天仪就是一件东西，就是前述《尚书·舜典》记载、中国自古就有的天文观测仪器——璇玑玉衡（图 101）。璇玑是圆环圈圈，玉衡是望筒。张衡在制作浑天仪之前，用竹篾编了一个"小浑"，就是竹条圈圈。范晔《后汉书·张衡传》说得很明确："妙尽璇玑之正，作浑天仪。"浑天仪就是玑衡。

《晋书·天文志》透露，浑天仪出现很早。"唐尧即位，羲和立浑仪"，"仪象之设，其来远矣。绵代相传，史官禁密，学者不睹，故宣（夜）盖（天）

沸腾"。"史官禁密"，原来中国皇家天文官自古就奉浑天说，使用浑天仪（玑衡），藏在深宫秘不外宣，才造成民间宣夜说和盖天说的"沸腾"。就是说，浑天说是"官科"，天圆地方的盖天说只是"民科"。

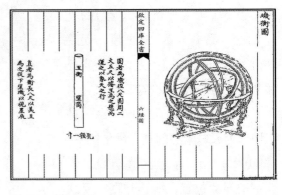

图 101　玑衡图——璇玑玉衡

西方势力在百般否定张衡发明浑天仪，是因为浑天仪是西方天文学家画像的标配。从托勒密到汤若望，手边都是一架浑天仪。西方从中国盗窃了浑天仪，然后抹去中国发明者，这种文化盗窃的暗战至今依然在中国知识界激烈上演！

张衡是一位罕见的全才。他不仅是一位伟大的天文学家，而且也是机械发明家，发明了计时装置瑞轮荚、指南车、记里鼓车等。他朋友崔瑗高度评价他"数术穷天地，制作侔造化"。作为数学家，他著有《算罔论》，推算圆周率。作为思想家，他反对谶纬之风。他还是一位画家，入选张彦远《历代名画记》。

最牛的是，张衡这位众人印象中的理工男，还是个文艺青年！他以《两京赋》等名篇，当选汉赋四大家之一。张衡比后世西方明星达·芬奇牛多了。达·芬奇因为不懂希腊拉丁文，被人讥讽"没有文化"而愤愤不平。而咱们的古代天下第一才子张衡，一边厢手制浑天仪，另一边厢徘徊吟诵"何孤行之茕茕兮，子不群而介立"，"天长地久岁不留，俟河之清只怀忧"（《思玄赋》）……膜拜了！

张衡赢得了中国和世界科学界的尊重。月亮上有三座环形山，是以张衡、石申和祖冲之三人名字命名（图 102）。小行星 1802 号，也以张衡的名字命名。

中国是人类数学的最早发源地。现代数学运算基础的基础——十进位制，就是中国人发明。早在商周时期，十进位制就已经成熟，可以进行加减乘除四则运算。最晚在春秋时期，中国的儿童已经像今天的小学生一样，摇头晃脑背诵乘法口诀"九九歌"了。

图102 以张衡、石申和祖冲之名字命名的月球环形山

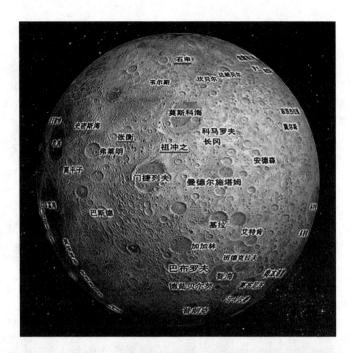

西汉象牙算筹

筹算

图103

　　十根手指不够用，中国古人发明了用一些小棍来帮助计算，这就是"算筹"，用十进位制来运算。算筹有些像吃盒饭用的小筷子，一般用竹子制作。1983年在陕西出土了28枚西汉末年用象牙做的算筹，长13.5厘米，非常珍贵，现藏陕西省历史博物馆。（图103）

　　后来中国人又发明了算盘，把圆珠子套在小杆子上来计算。算盘也是一项伟大的发明（后文有论）。东汉就有雏形，唐宋非常普及。

　　中国的数学与天文学紧密相连。很多数学的产生，首先是为了天文计算，然后才应用到日常生活。

西汉成书的《周髀算经》，是中国最古老的数学著作，也是一本古老的天文学著作（图104-上）。书中早期内容（商高问答）产生于西周初期，约前11世纪。陈子问答形成于春秋战国。最晚一部分天文测量，形成于西汉。

作为数学著作，《周髀算经》最早提出并证明了勾股定理："数之法出于圆方，圆出于方，方出于矩，矩出于九九八十一。故折矩，以为勾广三，股修四，径隅五……"（图104-下）勾股定理后来被西方盗用，称为"毕达哥拉斯定律"。

作为天文学著作，《周髀算经》阐述了"盖天说"，同时也包含"一岁三百六十五日四分日之一""八节二十四气""章岁"（19年7个闰月）、二十八星宿等古代天文知识。

《周髀算经》的盖天说，已不再是早期盖天说的天圆地方，而是天圆地也圆，"天象盖笠，地法覆盘"。就是说天像一个圆斗笠，大地像一个倒扣的圆盘。大地也是圆的。

地球很大，弧度很小，以人类的感知能力，大地几乎是平的。所以《周髀算经》说大地像倒扣圆盘，实际上是球冠形（圆穹形）。所以请那些喋喋不休跟着西方人说中国古人只知道"天圆地方"的人们就此住嘴。

《周髀算经》 西汉

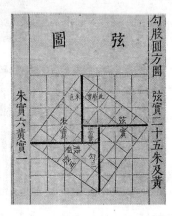

勾股圆方图

图104

西汉末东汉初，中国出现了一本最早的数学专著——《九章算术》（图105-上），为西汉张苍和耿寿昌所编撰，实际上是历代数学家增补修订而成。该书总结了中国古代的数学知识和成就，是2000年前中国数学成就的辉煌亮相。

之所以书名叫"九章"，是因为这本书分为9章，用问答的方式，介绍了246个算术命题及其解法。这些算术题都是与日常生活和生产实践相关的应用

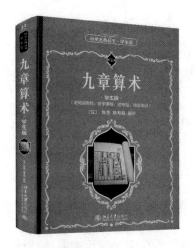

《九章算术》 东汉

上禾、中禾和下禾，三元一次方程

图 105

问题，是当时世界上最先进的应用数学。

九章的标题为：方田、粟米、衰分、少广、商功、均输、盈不足、方程和勾股。

所谓方田，顾名思义，是与丈量和计算田地面积有关。具体说，是计算各种平面几何图形的面积，可以算长方形、三角形、梯形、圆形、弓形、圆环等图形，还涉及分数的加减乘除。

粟米：跟粮食有关，是计算谷物粮食之间的斗升重量折换。若干斗升的粟米可以换多少斗升的稗米。

衰分：是比例分配的计算，涉及家畜、织物、钱款等，非常实用。

少广：已知长方形的面积或长方体体积，求其一边之长，已运用开平方和开立方的方法。

商功：计算工程土石方，介绍各种计算体积的公式，还有计算工程用工的方法。

均输：就是合理分摊税赋。某县多少人口，应当征收多少税赋，涉及国家管理。

盈不足：是指"双设法"（双假设）。假设一，有多（盈），假设二不足，求公约数。举例：大家一起买鸡，每人出 9 元钱，多出 11 元。每人出 6 元，又少 16 元。"问人数、鸡价各几何？答曰：9 人，鸡价 70 元"。这样的问题，已经相当难算。

方程：就是我们今天数学中的方程，所谓"含有未知数的等式"。该章一上来就用"上禾、中禾、下禾"，来了一个三元一次方程（图 105- 下）。答曰：上禾一秉是九斗四分之一，中禾四斗四分之一，下禾二斗四分之三。这一章有一次方程式最早完整的解法，还第一次使用了负数，施行了正负数的加减乘除，是世界数学史上的重大成就。

勾股：用勾股定理求解各种问题。

《九章算术》被誉为"人类科学史上应用数学的算经之首"，包含了成熟的十进位制，几何形面积和体积的计算，分数运算，代数的解方程，开平方立方，双设法，正负数……

中国数学与天文学一样非常早熟，早在 2000 年前的东汉初年，就已光芒万丈。

中国天文学和数学在宋元达于巅峰

自东汉以降，中国的天文学和数学日益精细化，在宋元达于巅峰。在这 1300 年中，天文学家和数学家天才辈出，群星灿烂。

首先，魏晋时吴国太史令陈卓，综合了各种古代星表，画出了一张标有 283 星官、1465 颗恒星的星图，一直沿用到近代。

魏晋还出了一位伟大的数学家刘徽（约 225—295），全面总结了中国先秦两汉的数学知识。他注释了《九章算术》，对其进行了补充完善。还撰有《海岛算经》，提出了重差术，用重表、连索和累矩的勾股测量法，测算海岛的高和远（图 106- 上）。

刘徽发明"割圆术"，首创将无限思维用于数学证明：假设圆内有无穷多的正多边形，最终与圆重合，推算出圆周率为 3.1416，被称为"徽率"。

接着东晋出了一位天文学家虞喜（281—356）。他利用了中国数千年积累的天文观测资料，最早发现了"岁差"现象。什么是岁差？他注意到尧帝时代《尧典》记载，冬至日对应的是西方七宿的昴宿。而到了他的时代，冬至日竟然对应到北方七宿的壁宿。于是他计算出，从尧帝到他的时代相隔 2700 年，冬至点每年都往西偏移，50 年偏差 1 度（现代值是 71 年偏差 1 度）。

中国古人观察天象极其仔细，并准确记载于史册。地球绕太阳一圈，沿着黄道二十八星宿走一遍，一周天，天文学上叫"恒星年"。而地球从今年冬至日到明年冬至日为一周岁，天文学叫"回归年"，要比"恒星年"快！每年要快约 20 分钟，形成岁差。就是说，黄道上二十八星宿的位置是相对不动的，但黄道上冬至日不是固定对应某星宿，而是每年微微往西偏移。71 年，一个人一辈子，偏移 1 度，肉眼根本无法辨别。虞喜没有用天文仪器，是凭借天文历史记载中发现岁差现象，实在太了不起了。

虞喜发现岁差，证明天文学不是某个天文学家一个人的事业，而是一项前人传后人的集体事业，必须依靠几百年、几千年的历史积累。所以天文学是一个民族长期历史积累的成果。中国，正是世界上唯一一个数千年天文记载没有中断的国家。

132 年之后，南朝时宋伟大的天文学家和数学家祖冲之（429—500），就参照了岁差现象，制定出更精确的《大明历》。引入岁差，是中国历法的重大进步。

祖冲之计算出回归年长度为365.2428141 日，与今天测算值只差 53 秒。还计算出朔望月长度为29.5309 日，与现代天文手段测得的朔望月长度相差不到 1 秒钟。他还将此前 19 年设置 7 个闰月，更加精确到 391 年设置 144 个闰月。

刘徽《海岛算经》，测海岛的高和距离

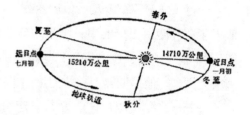

北齐张子信发现：地球绕日轨道是椭圆形

图 106

作为数学家，祖冲之将刘徽的徽率精确到小数点之后 7 位，即 3.1415926-7 之间，与今天的圆周率完全一致。他还给出一个用分数表示的圆周率：335/113，也非常精确。祖冲之还写过一部数学著作《缀术》，里面有开差幂、开差立，涉及二次方程和三次方程求解正根，是很高深的数学问题。不可思议的是，祖冲之是用算筹来进行计算的。

北齐天文学家张子信（生活于 520—560 年）经过长年观测，发现了太阳视运动（实即地球绕太阳）周年的不均匀性，"日行春分后则迟，秋分后则速"，就已发现地球绕太阳的轨道是椭圆形（图106-下）。这是何等了不起的发现！以太阳为中心，都以15度角来区分，椭圆周上的弧长就长短不一致。所以过了秋分，太阳视运动就快。

隋朝天文学家刘焯（544—610）才高八斗，既是天文学家，也是经学大家。他将太阳运动不均匀性用于他定制的《皇极历》，否定了之前平均15天为一个节气的"平气法"，创造了更加符合实际的"定气法"，使二十四节气设置更为合理。这个定气法，最后被清朝颁行的《时宪历》（所谓汤若望编的《西洋新法历书》）所采用，沿用至今。他计算出的岁差75年偏1度，比虞喜和祖冲之更精确。

唐朝出了两位伟大的天文学家——李淳风和一行禅师。

李淳风（602—670），精通天文历法，也是一位重要的数学家。他在太史局（国家天文台）工作了40年，一度担任太史令。他主持制造了一座铜铸浑天仪，改进了东汉贾逵首创的黄道环，称作浑天黄道仪，不仅能观测天体的赤道坐标，还能观测其黄道坐标。李淳风还制定了《麟德历》，计算出太阳回归年长度为365又145/589天。

一行（683—727）是一位佛教禅师，俗名张遂，是一位了不起的科学家。他干了三件彪炳史册的事：测量地球子午线，发明天文钟擒纵器，制定《大衍历》。他不仅是一位高僧，参与翻译佛经，也入职唐玄宗朝的国家历法局和国家天文台。他是世界上首位测量出子午线长度的人！

开元十二年（724年），一行发起组织了一次官方大规模的大地天文测量活动，测量地球子午线（经度线）的长度。他在北半球13个地点设置观测点，测定当地的北极高度，也就是纬度。在冬至、夏至、春分和秋分那天正午，竖立八尺之竿（表），测量日影的长度。观测点最北到北纬51度，即今天蒙古乌兰巴托附近的铁勒，最南到北纬18度越南中部的林邑，南北相距3500多千米。中部，以河南为中心设置四个几乎垂直的点：白马、浚仪、扶沟和上蔡。一行测量出浚仪和上蔡两城之间，北极高（纬度）差1度。而"极差一度"是"三百五十一里八十步"。就是说，纬度1度的长度为351里80步，相当于129千米。现代测定子午线1度为111.2千米，误差甚小。如果唐朝的"里"比我们现在认定的更短，那么一行测出的1度长度就更接近于现代值。

测量出子午线1度的长度，就可以求得地球的周长，进而计算地球的大小。这是人类第一次试图丈量地球的周长。所以，李约瑟高度评价一行的这次观测，一再称"这是科学史上划时代的创举"！

中国一帮"专家"跟着西方絮叨中国古人不知道地球是圆的。其实中国古人早就知道，张衡已知道，这里一行再一次打他们的脸：从唐朝开始，中国人不仅知道地球是圆的，还知道地球的大小。

因为有北极星，中国人很早就有了纬度（北极高）概念。今天世界通用的纬度，就是直接来自中国。只不过古代中国的圆是365.25度（地球绕太阳一圈365.25天），但最晚在唐朝已将其约化为整数360度。

中国人早就知道沿着同一纬度往西或往东走，会回到原处。但对于南北方向上的经度，地球在自转，又没有一个像北极星那样的固定天体作为参照物，就很难确定。经度的发明比纬度要晚。元朝的耶律楚材提出东西"里差"，可能是最早的经度概念。

一行禅师还有一项伟大的发明，是他与梁令瓒一起制造了一台水运浑天仪，以水力推动浑天仪运转，并装有两个小木人击鼓，自动报时。这既是世界上最早的天文钟，也是世界上最早的机械自鸣钟。

现代机械钟最核心的要件是擒纵器。有了擒纵器转动齿轮才有机械钟。而一行和梁令瓒发明了水运擒纵装置（图107），水轮上的受水壶，注水达到一定重量时，会带动左天锁和右天锁，让水轮这个大齿轮走一格。这是现代机械钟擒纵器的前身。

这里也可以看出，现代时钟是来源于天文钟，来源于农业文明的中华民族对天文时间无限精确的追求。一般游牧民族对时间并没有特别精确的要求。所以机械钟绝不是农业长期不发达的欧洲所能发明，而是中华天文学的衍生品。

一行在获得大量长期实地观测的资料之后，编制了《大衍历》，更准确地标示日月运行和日食月食等现象，历法更精密。

中国的星图在汉朝以后日益准确。1974年在河南孟津县发现的北魏孝昌二年（526）元乂（yì）墓，墓拱顶有一幅直径约7米的圆形星象图（图108），中间贯穿天河，波纹呈淡蓝色。图中绘有星辰300余颗，大多数星宿可以辨识。这是中国最早的一幅较详细、保存完好的星图，非常珍贵。

敦煌经卷中有一幅长约4米的唐朝纸质星象图，现存于大英博物馆，是

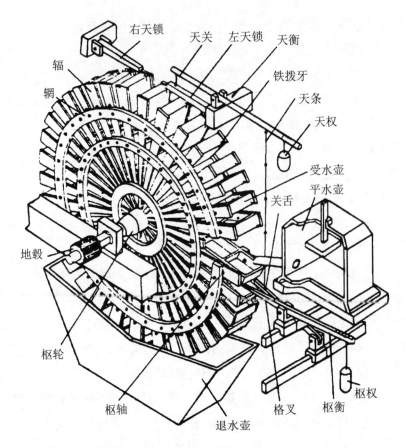

图107 一行和梁令瓒发明水运擒纵装置（示意图）

世界上现存最古老的纸质星图。画中有1340多颗星，分为257个星群。绘制年代被认为初唐7世纪，不晚于盛唐（713—755年）。

一般星图都是圆形，众星围绕北极。而这幅星图，除了一小块北极区星图之外，是将二十八星宿横列成一个长卷，长3.94米，宽0.244米。二十八宿，位置相当准

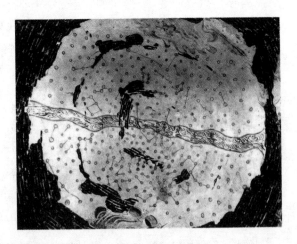

图108 河南北魏元乂墓拱顶星图（天河）

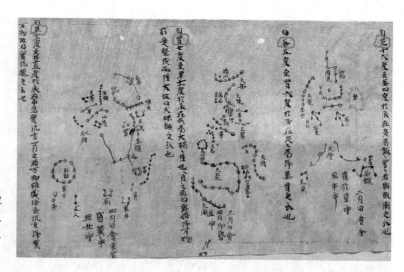

图109 敦煌唐朝二十八星宿星图（危、奎、胃、毕）

确（图109）。尤其，星图把星宿中的星星，富于想象地用线将其串成一小串一小串，像一堆摆放的串珠，给以各种命名。比如：阁道、附路、天仓、积水、五车、竖旗、水府、厕……在另一截图片中，人们可以看到：天乳、女床、新台、箕、杵、织女、牛、天田、天拱、九坎……浩瀚星空，星星数不胜数。在1300多年前，中国古人借助这些具体形象来命名天空繁星，多么富于诗意！

宋朝也有一幅著名的石刻星图，是圆形的，这就是著名的苏州石刻天文图（图110）。图上的天象观测是在北宋元丰年间（1078—1085），刻制是在南宋淳佑七年（1247年）。

天文图直径91.5厘米，以北极为圆心，画出三个同心圆。内圈画的是北极区常年可见的恒星，中圈圆画的是天球赤道，外圈圆画的是黄道二十八星宿。从内圆向外辐射出28条线，穿过二十八星宿中作为观测坐标的距星。全图共刻有1440多颗恒星，标志了中国星象观测在1000年前就已极为成熟。

宋朝诞生了一位杰出的天文学家——苏颂（1020—1101）。他跟张衡一样，是一位通才多面手：朝廷命官、天文学家、机械工程师、药学家、诗人……用时髦话说，是一位厉害的"斜杠青年"。

他官做得好，历五朝，最后73岁荣升宰相。早期小试牛刀，作为朝廷校正医术官，编了21卷插图版《本草图经》，成了李时珍的先辈。

中年领旨搞天文，慧眼识才，找到了精通天文和机械的大才韩公廉，建

图 110　宋代苏州石刻天文图（1078—1085 年的星象）

起团队。苏颂和韩公廉根据张衡和一行的水运浑仪，于元祐七年（1092 年）在开封研制建成了一座高 12 米、宽 7 米的水运仪象台（图 111- 上），像一座三层楼房那样高。

《宋史·天文志》有："上置浑仪，中设浑象，旁设昏晓更筹，激水以运之。三器一机，吻合躔度，最为奇巧。"

就是说，水运仪象台上层是一台观测天象的浑仪，中部是一台浑象，所谓天球仪。下部是一架用水力推动的自动击鼓鸣钟的报时器。浑仪、浑象、

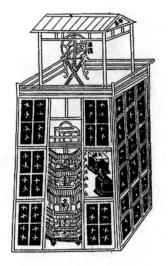

苏颂水运仪象台
《新仪象法要》插图

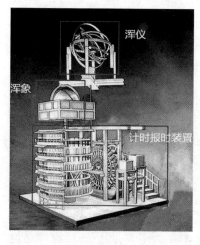

浑仪、浑象、时钟三合一

图111

时钟三合一，"三器一机"，是一座全世界最早的天文钟楼（图111-下）。

最牛的是，苏颂在建造完成之后，还专门写了一本仪象台的说明书——《新仪象法要》。全书用了50多幅插图，详细展示这座天文钟的机械传动的全图、分图和零件图，绘制机械零件150多种，多为透视图和示意图，有的注明尺寸，非常详尽。

所以，我们今天可以根据这本书中图纸，绘制出这座水动力天文观测台和天文钟的结构（图112-左）。1956年，一位名叫约翰·克里斯蒂安森（J. Christiansen）的外国学者，也根据图纸绘制了一幅苏颂的水运仪象台（图112-右），情景生动。

一行禅师发明天文钟和擒纵器，但没有图绘。苏颂是实实在在画出图纸，所以人们可以复制水运天文报时钟（图113-上），162个小木人随齿轮转动，按时敲钟击鼓摇铃。

天文钟木阁设有五层报时装置。第二层司报12时辰。每个时辰分为初、正，于是有24个小时辰（这就是"小时"的来源）。这一层中间有个小门，有24个小木人，12个红衣12个紫衣（图113-下）。每个时辰都会有一个红衣和一个紫衣小木人出现在小门前。

第三层是司报"刻"。《黄帝内经》时就"每时辰八刻"。12时辰得96刻。中国古代刻漏计时曾经是每天100刻，但南朝梁天监六年（507年）就改为96刻。96刻

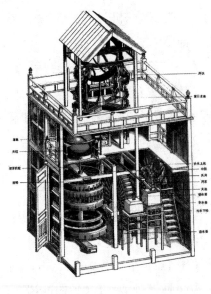

水运仪象台结构图

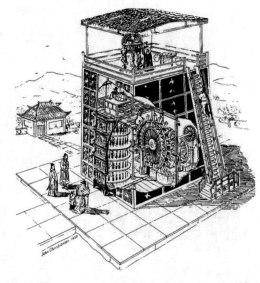

水运仪象台，约翰绘制 1956 年

图 112

就与 12 时辰完整相合。一个时辰 8 刻，半个时辰一"小时"就是 4 刻，1 刻是 1/4 小时（这就是"一刻钟"的来历）。

这一层有 96 个绿衣小木人。每逢一刻，就有一个绿衣小木人出现在小门前，显示几刻。读者朋友来算一下，午时三刻是何时？

曾游布拉格，老城广场有一座著名的天文钟。每天中午 12 点，钟上方的两个小窗户就会有 12 个耶稣门徒人偶雕像，旋转出现在窗口，6 个左转 6 个右转。这些 17 世纪的人偶雕像，与苏颂的报时小木人有没有渊源联系？

正因为苏颂的水力天文钟机械结构非常具体，所以人们把苏颂看作是世界钟表的鼻祖和擒纵器的发明人。李约瑟高度评价苏颂发明时钟，承认"第一个擒纵器是中国发明的"，比欧洲早 600 年。2020 年 10 月，福建厦门举行"世界钟表鼻祖苏颂诞辰 1000 周年纪念大典"。这样的中华奇才，太值得纪念了。

苏颂还根据实测，画过 14 幅星图，星星总数达 1464 颗，是当时世界之最。苏颂还讨论过冶炼钢铁。业余闲暇也舞文弄墨，存世《苏魏公文集》，其中有 587 首诗歌……

终于英文维基百科也厚道一回，称赞苏颂广涉"数学、天文学、制图学、

天文报时钟（自鸣钟）

报时小木人（24小时、96刻）

图113

地理学、钟表学、药理学、矿物学、冶金学、动物学、植物学、机械工程、水力工程、土木工程、发明、艺术、诗歌、哲学、古物和从政"。嚯嚯，苏颂无愧是一位百科全书式的旷世奇才。

据吴文俊先生主编的《中国数学史大系》，漏壶、圭表、浑仪和浑象这四样测天仪器，到两宋时期达到最好水平。北宋制造天象观测用浑仪，在11世纪前后一百年间先后制造过六架，每架用铜约十吨。11世纪前后，约百年间，北宋曾进行过五次大规模恒星位置观测。

到了元朝，又横空出世了一位伟大的天文学家郭守敬（1231—1316）。前文简要介绍过他精确测算出回归年长度是365.2425天，即365天5小时49分12秒，与现代测定回归年一年只差26秒！一年只差几秒，这样微小的误差可以忽略不计。所以，郭守敬测出的回归年与今天的公历值已然一致。

要想到，这是700多年前，中国天文学已经将一年的长度精确到现代值，误差以秒计，这是多么了不起的成就！

郭守敬获得如此精准的观测数值，全靠他改进、发明了许多天文观测仪器。郭守敬早年是一位水利专家。1276年，45岁应招进入国家天文台（太史局），参与研订新历法。他提出"历之本在于测验，而测验之器莫先仪表"，测量首先要有精确的仪器。

　　他觉得原先的浑天仪环套环，测量起来互相遮掩多有不便，于是脑洞大开，抛弃传统浑天仪的同心圆环模式，发明制造了一架"简仪"：将浑天仪简化为两个互相独立的赤道经纬仪和地平经纬仪，安装在同一个底座上，观测起来要简便得多（图114）。这是一种崭新的天文仪器，以空前的精确性来测量天体的位置和角度。简仪的技术极为先进，是我国天文仪器制造史上的重大飞跃。

　　郭守敬一共创制了12件天文观测仪器：简仪、高表、立运仪、日月

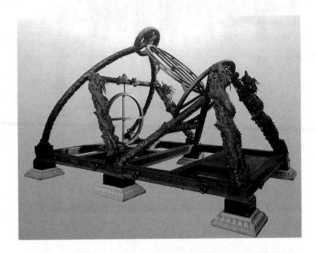

图114　元代伟大的天文学家郭守敬发明的简仪（复制品）

食仪、候极仪、浑天象、玲珑仪、仰仪、证理仪、景符、窥几、星晷定时仪。除了这些固定安装的仪器，郭守敬还发明了4件便携式、可携至野外观测用的天文仪器：正方案、丸表、悬正仪、座正仪。这大大丰富了天文观测工具，也大大提高了观测精度。

　　工具既已准备好，就可以大干一番。至元十六年（1279年），郭守敬向元世祖忽必烈建议：唐朝一行搞过一次大规模天文测量活动，现今元朝的疆域比唐朝大很多，各地昼夜长短和时刻都不同，旧的历法已不适用，需要更精确地观测天象，以制定更精确的历法。忽必烈同意了郭守敬的建议，于是派遣十四位监候官，兵分多路，北至北纬64度的北海（俄罗斯西伯利亚中部通古斯卡河一带），东赴朝鲜开城，南到北纬15度的南海黄岩岛，西去甘陕川滇，规模远超唐朝。唐朝一行设置了13个观测点，郭守敬设置了27个观测

点，号称"四海测验"。

河南阳城，即今天河南登封嵩山告成镇，自古被认为是天地之中。据记载周公曾在那里立表测影，唐朝也将其作为天地测绘的中心点。郭守敬在那里建起了一座体量巨大的天文观测建筑——观星台（图115-左）。

这座观星台，以北壁中间的凹槽高40尺（9.46米）为高表，地上铺建31米青石块砌的长条为圭尺，称为"量天尺"。以前都是8尺高表，这里是40尺高表，测量日影的精度空前提高。郭守敬与天文历算家王恂合作，在元大都北京也建造了一座天文观测台，但今已不存。登封观星台是27个观测点唯一保留下来的古代天文台。

郭守敬从北到南，从元上都到元大都（北京）、河南登封，再辗转多地直至南海，亲自主持观测工作，跋涉数千里，获得了丰硕的成果。这次四海测验，观测地域之广，参与人员之多，观测精度之高，在中国乃至世界天文史上都是空前的。

各地点所测得的纬度与今天误差极小。山东益都北纬36.7度，陕西汉中北纬31.1度，与今天纬度数完全一致。江苏扬州、山东蓬莱、山西太原、内蒙宁城大明城，只误差0.1度。陕西西安、内蒙上都、河北大名东、河南登封告成镇之北，误差0.2度。北京误差0.3度……这些观测的精确性令人惊叹。

由于用上了新天文观测仪器，这次观测的二十八宿距度，平均误差不到5'。新测定黄赤交角值为23°33'34"，与今值误差仅1'多。回归年长度是365.2425天，今值为365.2422天，误差仅为小数点之后四位数的0.0003！

所以，郭守敬制定的《授时历》，于1281年颁行，是中国天文史上最精确、也是使用最久的一部历法。明代只是换了名字叫《大统历》继续用，一共通行了360余年。300年之后，1582年西方颁行的所谓格里高利历，是抄搬了郭守敬的授时历（后文论）。

郭守敬还是一位卓越的数学家，将数学应用在天文计算上，著有《推文》《立成》等历算著作。他在王恂去世后，担任太史令（国家天文台台长）。

郭守敬还曾制作过"大明殿灯漏"，实际上是一台脱离天文功用的机械钟，"一刻鸣钟，二刻鼓，三钲，四钱，初正皆如是"，所以也有人把郭守敬看作是机械钟的发明人。

河南登封嵩山阳城观星台　　　　郭守敬天文望远镜

图 115

　　郭守敬对中国乃至世界天文学的贡献是空前的，影响深远。月球上的一座环形山以郭守敬命名。还有一颗小行星 2012，被命名为"郭守敬小行星"。我国投资 2.35 亿元，2012 年启用的大天区面积多目标光纤光谱天文望远镜，被命名为"郭守敬望远镜"（图 115- 右）。

　　元朝还有一位来自西域的天文学家扎马鲁丁。在他名下，出现了中国乃至世界第一个地球仪。

　　扎马鲁丁生平记载稀少，生卒不详。只知他是西域回回人。维基百科称他是波斯人，生于今天的乌兹别克斯坦的布哈拉，是昭武九姓的安国故地。

　　昭武九姓所处的河中地区有相当规模的农业，需要天文历法。撒马尔罕成为河中地区天文历法之学的中心。成吉思汗西征，辅臣耶律楚材和道士丘处机，都与撒马尔罕的"西域历人"有过切磋。扎马鲁丁很可能是撒马尔罕"西域历人"的弟子。

　　但如前所述，昭武九姓地区深受中华文明影响。撒马尔罕的所谓回回天文学，完全来自中国。

　　自从蒙古大军西征，大批西域人迁徙来华。陈垣先生《元西域人华化考》，考证大量西域人仰慕中华文明而"华化"，其中就包括这位"扎马鲁丁"。

　　他们不仅生活方式上学汉人，取名字也"喜取汉名"。李彦昇，大食国人。廉希宪，畏吾儿人。赡思丁，回回阿剌伯人，用汉语著书十余种。还有一位"哲马鲁丁"，也是回回，中国诗写得极好，当上了镇江儒学教授。元朝著名画家高克恭，诗人丁鹤年，都是西域回回世家。

所以扎马鲁丁尽管来自西域，但可以算华化，是一位来自昭武九姓地区到中国工作的西域裔中国人。尤其，扎马鲁丁是布哈拉人，那块地方在唐宋西辽时期本身就处于中华文明圈。

还有很重要的一点：当时迁居中国的中亚和西亚"色目人"，得到蒙古人的重用，帮蒙古人统治管理中国。为了统治新征服的汉人，元朝统治者将国民分为四等：蒙古人、色目人、汉人和南人，将色目人的社会地位放在汉人之上。元朝政府的一些重要部门都由西域色目人掌管。比如西域人爱薛长期掌管秘书监长达 20 余年。扎马鲁丁也担任北司天台提点（天文台长），而干事的基本是汉人。

扎马鲁丁到元大都北京来，他所掌握的西域撒马尔罕天文学知识，原本就来自中国，不比中国天文学高明。另外，他在元大都制作的天文仪器，名义上标称西域，实际上都是仿自中国天文仪器，都属于中国天文仪器。

《元史》第 48 卷天文志，介绍郭守敬制造的 7 件天文仪器特别详细。最后比较简略地提及扎马鲁丁造的 7 件"西域仪象"，其中第 6 件是一件地球仪。

> 至元四年（1267 年），扎马鲁丁造西域仪象：……苦来亦阿儿子，汉言地理志也。其制以木为圆球，七分为水，其色绿，三分为土地，其色白。画江河湖海，脉络贯串于其中。画作小方井，以记幅圆之广袤、道里之远近。

这段话明确无误地宣告，中国在 1267 年就有了地球仪！

而且，这个地球仪是中国人发明的成果。

首先，这 7 件"西域仪象"不是扎马鲁丁从西域带过来的，而是在北京"造"的。

第二，这个地球仪属于"地理志"，是把中国的世界地图转画到一个球体上。参看一件明朝 1623 年的地球仪（图 116- 左），也是木制。上面绘制的，就是类似明朝的《坤舆万国全图》。所以这个显示环球世界地理的地球仪，不是西域人扎马鲁丁所能图绘和制造出来，而是中国地理学的成果。北宋淳化四年（993 年），中国地理学家已经用 100 匹绢，制成了《淳化天下图》，是一件巨幅的世界地图。中国还有南宋石刻的世界地图《华夷图》，为这件元朝地球仪奠定了世界地理学基础。

第三，地球仪上七分为水、三分为土地，极其准确地描述了地球表面的真实状貌，原因是中国从唐宋朝就开始有远洋航海活动。唐朝地理学家贾耽，曾详细记载"广州通海夷道"，中国商船从广州出发抵达波斯湾。有学者认为，南宋中国商船已经可以抵达东非。

地球仪上的小方井，就是南宋石刻中国地图《禹迹图》那样的方格，接近今天地图上的经纬网格。尤其，中国天文学家早就知道地球是圆的。所以这个地球仪是中国天文地理学的成果，而非扎马鲁丁带来的西域天文学成果。西方人说是德国人贝海姆（M. Behaim，1459—1507）在 1492 年制作世界上第一个地球仪。但 1492 年 8 月哥伦布才出发，环球一圈都没有航行，他怎么能"标注出了 2000 个地名，100 多幅插图"？绝无可能。

今天国内学界一些人声称扎马鲁丁把"波斯阿拉伯的天文历算科学"或"伊斯兰天文历法"介绍给中国，完全把方向说反了，大谬不然。让扎马鲁丁给郭守敬教授天文历法，简直是开玩笑。

伊斯兰回回历是纯阴历，与中国兼有月亮历和太阳历的阴阳合历，完全是两个系统。伊斯兰历是以月亮圆缺为一个月，一年只有 354 或 355 天（闰日）。平均每年比现行阳历少将近 11 天。这就造成伊斯兰历的年份跑得比现行阳历快。伊斯兰历的元年为公历 622 年。2021 年 8 月 10 日开始为伊斯兰历 1443 年。622 + 1443，已是 2065 年了。

再说，13 世纪波斯（伊朗）马拉盖天文台，是旭烈兀攻占波斯之后，引进中国天文学家去"援建"的（后文有论）。波斯哪有什么先进的天文学来给中国提供指导？

扎马鲁丁制作了中国第一个有明确记载的地球仪，的确功不可没。同时也必须注意到扎马鲁丁作为色目人，在元朝享有高于汉人的尊贵地位。一些他名下的功绩，其实是他属下的汉人完成的。

中国的数学在唐朝获得重大进步。"明算科"（数学）曾作为科举考试科目之一。唐初数学家王孝通的《缉古算经》，解决了三次方程的求解，被列入

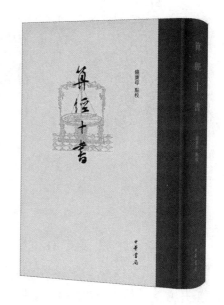

明朝地球仪　1623 年　　　　　　　　唐朝李淳风编《算经十书》

图 116

《算经十书》。天文学家李淳风和一行，同时也大数学家。一行为了计算太阳不均匀运动，发明了"二次不等间距插值法"。在计算日暑影长与太阳天顶距的对应，创作了世界数学史上第一张正切函数表。

尤其李淳风编订的《算经十书》（图 116- 右），作为唐朝国子监算学馆的教科书，对后世中国数学的发展起到了巨大的影响。《算经十书》包括：《周髀算经》《九章算术》《海岛算经》《孙子算经》《夏侯阳算经》《张丘建算经》《缀术》《五曹算经》《五经算术》和《缉古算经》。

《算经十书》是一部综合性的中国数学大典，标志了中国古代数学的一个高峰，也标志了中国的数学体系在唐朝已然告成。

数学的进步，不是凭空来的。数学不仅是天文历法所需，而且也与生产和日常生活紧密关联。数学计算被广泛用于绘制海陆地图、兴修水利、造船造桥、城市规划、修庙建塔等。两宋经济发达，所以中国数学在宋朝和元朝达于巅峰，放射出耀眼的光芒。

贾宪、杨辉、秦九韶、李冶、朱世杰等宋元数学大咖，群星闪耀，登峰

贾宪（杨辉）三角

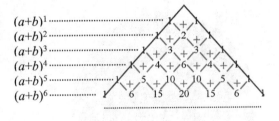

所谓"帕斯卡三角"

图 117

造极。

北宋数学家贾宪，约于 11 世纪中完成《黄帝九章算经细草》，没有留存，幸有南宋数学家杨辉（约 1238—1298）引述才得以流传。贾宪有两大发明："增乘开方法"和"开方作法本源图"，即著名的"贾宪三角"。增乘开方法就是求高次幂的正根，解高次方程，比英国数学家霍纳（W.G. Horner）的解法早了 700 多年，非常牛。

贾宪三角因为是杨辉发布，也称为"杨辉三角"。贾宪（杨辉）三角是二项式系数，几何排列为三角形（图 117- 左）。这个三角形不仅可以用来开方和解方程，而且与高阶等差级数、内插法等数学原理密切相关。用图示来解题，简易明快，非常高明。1654 年法国数学家帕斯卡（B. Pascal）也研究了这个算术三角形，被西方称为"帕斯卡三角"（图 117- 右）。贾宪又一次领先欧洲人 600 年。但贾宪三角被说成是帕斯卡三角，其实是一件文化盗窃案。

杨辉著有《详解九章算法》《日用算法》《乘除通变本末》等 5 种 21 卷，著述丰富，涉猎广泛。给《九章算术》较难的题作了详解，还新增添了 3 卷，极大地丰富了中国古代数学的宝库。杨辉不仅求解各种线性代数和高次方程，还涉及了素数、垛积术、纵横图等。他的《续古摘奇算法》介绍了各种形式的纵横图构造，是世界上第一位排出丰富的纵横图并讨论其构成规律的数学家。他被称为"中国古代数学家中最接近现代数学家定义的一位"。

南宋还有一位伟大的数学家——秦九韶（1208—1268）。他的主要著作《数书九章》（图 118- 上），被我国数学史家梁宗巨誉为"一部划时代的巨著"，"（秦九韶的）大衍求一术（不定方程的中国独特解法）及高次代数方程的数值解法，在世界数学史上占有崇高地位。那时欧洲漫长的黑夜犹未结束，中国人的创造却像旭日一般在东方发出万丈光芒"。

《数书九章》全书共9章18卷，分为大衍、天时、田域、测望、赋役、钱谷、营建、军旅和市物9类，每类9个问答，共81题。这些问题涉及面非常广，上至天文星象、历律测候，下至河道水利、钱谷赋役、市场牙厘、建筑运输，各种几何图形和体积的计算等，极其实用，被誉为"算中宝典"，是一部公认的世界数学名著。

南宋数学家秦九韶《数书九章》

秦九韶的大衍求一术和正负开方术，代表了当时世界数学的最高水平。秦九韶与贾宪一样，两次碾压后来的西方数学家。

秦九韶的大衍求一术，即现代数论中"一次同余式组解法"，比1801年德国数学家高斯（J.C.F. Gauss）（我小学科普读物中的数学神童）提出同样的同余理论，早了554年。这一次西方还算诚实，称大衍求一术为"中国剩余定理"，保留在现代数学里。

正负开方术，即任意高次方程的数值解法，被称为"秦九韶算法"，比1819年英国数学家霍纳提出同样解法早了572年。

三斜求积

图118

秦九韶还发明了三斜求积术（图118-下），可以用三角形三条斜边的长度，直接计算出三角形面积，也是一项具有世界意义的几何数学成就。

秦九韶对现代数学产生了深远的影响。今天世界各国的小学、中学和大学的数学课程，几乎都接触到他的定理、定律和解题原则。美国科学史家萨顿（G.Sarton）称秦九韶是"他那个民族、他那个时代，并且确实也是所有时代最伟大的数学家之一"。

中国数学宋元四大家，除了杨辉和秦九韶之外，还有李冶和朱世杰。

李冶（1192—1279）著有《测圆海镜》（图119-上），首创了"天元术"，阐明用未知数列方程的方法，与现代代数列方程的方法基本一致。

《测圆海镜》是用代数方法，研究直角三角形内切圆和旁切圆的问题。圆城图式（图119-下）是全书的总括图解：一个直角三角形含一个内切圆，线的交点都用某个汉字来指代。

早期数学都是用文字叙述来表示方程。李冶开始用"元"这个字代表未知数，类似设定未知数为"x"，所以天元术被称为一种"半符号式的代数"。

元代数学家朱世杰（1249—1314）著有《四元玉鉴》。在李冶一元高次方程的基础上，他进一步发展出了"四元术"，也就是四元高次多项式方程，用消元法求解二、三、四元高次方程组。他用天、地、人、物这四个"元"表示四个未知数，相当于现在的x，y，z，w。

南宋数学家李冶著《测圆海镜》

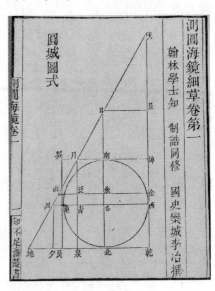

圆城图式，以文字作符号

图119

朱世杰还发展了垛积法（高阶等差数列求和）和招差术（高次内插法）。这已是非常高深的数学成果，比西方同类结果早近400年。

李冶和朱世杰引入未知数概念，将几何代数化，为解析几何开辟了道路。

天元术和四元术用文字来表示未知数，意味着向符号代数的转化。这是中国数学的伟大创造。欧洲据称是16世纪末法国数学家韦达（F.Viete）才开始用字母符号A、B、C来代替未知数，创设代数符号。

所以，中国宋元时期的数学相当"现代"，非常先进。

明清两朝，由于多种原因，中国的天文学和数学趋于衰落。明朝禁止民间研习天文："学天文有厉禁，习历者遣戍，造历者殊死。"（《万历获野编》）但明朝数学仍然有王文素所著50万字的《算学宝鉴》，完成于嘉靖三年（1524年），对一元高次方程数值解法及天元术、四元术，有所发展与创新。

据相关研究，王文素解高次方程的方法，较英国的霍纳、意大利的鲁菲尼早近300年；在解代数方程上，比牛顿、拉夫森早140多年，率先用导数逐步迭代求解。

后来的西方天文学和数学，相当多地只是将中国数学的东西改头换面（比如帕斯卡尔三角），然后进一步精细化，加以提升。刘徽的割圆术，还有朱世杰的垛积术，实际上已经走到了微积分。清朝诸可宝的《畴人传》（三编）指出："西人窃取四元而为代数，窃取招差堆垛而为微分积分。"……

中国天文学和数学传到西方，早期是通过波斯、阿拉伯的中转。海路开通后，16世纪末则由耶稣会士直接搬运。

西方天文学之父比鲁尼和数学之父花拉子米，皆中亚昭武九姓地区人

关于西方天文学，人们最常听说的是16至17世纪哥白尼和伽利略提出日心说。更专业一些，人们会听说16世纪丹麦天文学家第谷和17世纪德国天文学家开普勒。但天文学是一种需要长期积累的学问。这四人显然不能凭空发明了西方天文学。所以，西方人也不得不承认，西方天文学来自阿拉伯天文学。

但阿拉伯天文学是哪里来的？西方故事学又骄傲地告诉我们：阿拉伯天文学主要来自古希腊天文学。这套路正如西方宣称阿拉伯医学是来自古希腊和古罗马一样。西方学界严防死守，绝口不提阿拉伯天文学与中国有瓜葛，全力编造阿拉伯天文学来自古希腊，搭一点印度。

按照西方历史学，影响阿拉伯天文学的古希腊天文学家有两位。一位叫喜帕恰斯，另一位是托勒密。据称，托勒密的天文学著作在9世纪被翻译成阿拉伯文，给阿拉伯天文学以重大影响。而实际上，这两位古希腊天文学家都是子虚乌有，向壁虚构。

喜帕恰斯（前190—前125）出生于今土耳其西部，长期孤零零生活在罗德岛上，并无农业时节的需求，就计算出一年长度为365又1/4日再减去

1/300 日。西方古代并没有像中国那样有长期详实的天文记录，喜帕恰斯竟然还发现了岁差。他还编制出 1022 颗恒星位置的一览星图，首次以"星等"来区分星星……读者是否眼熟啊？这完全是将中国甘德、石申的"甘石星图"和虞喜发现岁差的故事移到一个古希腊人名下。

托勒密（90—168），名气太大了，又一个古希腊全能人才。拉斐尔的名画《雅典学院》，画面上的托勒密一手撮天球，一手托地球（图 120），上知天文，下知地理。他还精通数学，懂光学、音乐，甚至哲学。他主要著作有《天文学大成》《地理学》《占星四书》《光学》和《和声》等。托勒密支撑的古希腊的荣耀，一点不在亚里士多德之下。但这个人物也是一个虚构故事。事实上西方对他的生平，也不甚了了。

托勒密据说出生在上埃及，是"希腊化的埃及人"，长期生活在埃及的亚历山大。而亚历山大城如上册所论，2000 年前是大海，根本就没有这个城市。

托勒密的宇宙模型是所谓"地心说"：地球在宇宙中心，太阳和其他星球围着地球转，做同心圆的匀速圆周运动。托勒密的《地理学》极为夸张：他一个人以洪荒之力，无需像一行和郭守敬那样通过国家力量搞"四海测验"，就发现了经纬度，以网格的形式，列出了欧洲、亚洲和非洲的 8000个地点，其中 6300 个标明坐标。

他画的世界地图（图121），东西横跨 180 经度，从大西洋到中国；南北跨约

图 120　拉斐尔《雅典学院》里的托勒密

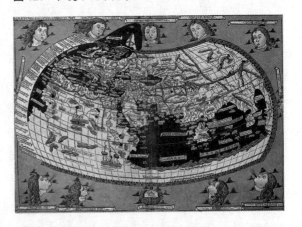

图 121　托勒密世界地图　15 世纪绘制

80 纬度，从北纬 63 度到南纬 16 度，海陆总面积达 1 亿多平方千米！好家伙，约 2000 年前，他一个古代埃及人，是用了什么法力能测绘如此广袤的地域？他精确计算出赤道周长为 39375 千米（现代实测为 40075 千米），并把地球分为 360 度经度。简直是神仙。

再来看阿拉伯天文学。据维基百科法文版"阿拉伯天文学"条目，分为四个阶段。700—825 年，融合希腊、印度和波斯天文学；825—1025 年，研究、接受和改进托勒密体系；1025—1450 年，一种真正阿拉伯天文学派的绽放；1450 年之后，停滞不前。真正有阿拉伯天文学，只是第三阶段。

阿拉伯人为什么要研究天文学？法文维基百科给了两个原因（motif）：

第一，是要确定斋月的时间，预先确知新月在哪一天的天穹出现。伊斯兰历法是纯粹的阴历（月亮历），规定一个月的第一天是新月初见于天空的那一天。所以非常重视新月的"可见性"：新月是在哪天什么时刻可见，日出前或日落后。

第二，是为了确定麦加的朝向，确定每天五次礼拜的时间。

阿拉伯人在古代主要作为游牧民族，采用月亮历而非太阳历，没有像农业民族那样对准确把握农时节气有硬性需求，所以阿拉伯天文学对准确测定太阳回归年的动因并不强烈。

以上几点，决定了阿拉伯天文学不可能领先基于农耕文明、使用二十四节气阴阳合历的中国天文学。

但法文维基百科绝口不提中国天文学影响阿拉伯天文学，反而宣扬阿拉伯天文学影响了中国天文学（中国也有许多这样的声音），特别强调在元朝"穆斯林天文学家来中国改善了中国历法"……这完全是无视真实历史。

事实上，是中国天文学直接影响了中亚昭武九姓的波斯、阿拉伯天文学，并通过中亚、西亚影响欧洲天文学。西方历史学竭力隐瞒中国天文学对阿拉伯天文学的影响，是徒劳的。

为了抹杀中国天文学的贡献，西方不惜拔高阿拉伯天文学。听上去，阿拉伯天文学学派众多：巴格达学派，开罗学派，西班牙科尔多瓦安达卢斯学派等。西方声称 829 年巴格达就建立天文台，继承托勒密的古希腊天文学，肇始所谓巴格达学派，完全属于虚构。

唯一值得重视的是"马拉盖学派"（école de Maragha）。马拉盖在伊朗西北的大不里士市南边，是旭烈兀伊尔汗国最早的首都。据称 1259 年，马拉盖天文台开始建造。纳速刺丁·图西是马拉盖天文台台长。

马拉盖学派并非只限于马拉盖，而是包括东边昭武九姓地区的撒马尔罕，西边的大马士革，一肩挑两头。

事实上，阿拉伯天文学的发展路径是从东到西：昭武九姓—马拉盖—大马士革。最重要的人物是，从昭武九姓的花拉子米和比鲁尼，往西到马拉盖的纳西尔丁·图西，再往西到大马士革的沙提尔。后两人影响了哥白尼。

关键是中亚昭武九姓河中地区。

中华天文学和数学西传，第一站就来到了中亚昭武九姓。这个"小两河流域"，有真正的农业，所以真切需求天文学。农业地区的昭武九姓，才是阿拉伯天文学的发源地，撒马尔罕是其中心。

阿拉伯天文学的开端是在昭武九姓，是中国天文学西传中亚的产物。

西方天文学之父比鲁尼（Biruni，973—1052），与西方数学之父花拉子米（Khwarizmi，780—850）一样，都出生于昭武九姓的火寻，即今天乌兹别克斯坦的乌尔根奇（图 122- 左）。算上西方医学之父伊本·西那，昭武九姓出了三个西方科学之父，三星辉耀。

乌尔根奇、布哈拉和撒马尔罕，三座城市从西到东一线排开，是昭武九

昭武九姓
火寻（乌尔根奇）：比鲁尼和花拉子米的故乡

图 122

三个历史名城：乌尔根奇、布哈拉和撒马尔罕

姓的三座文化名城（图122-右）。

先来说说作为天文学家的花拉子米。花拉子米是中国唐朝时期的人。唐朝安西都护府曾直接管辖过昭武九姓地区，所以一定程度上花拉子米就是一个中国人。他的学术成也是中国学术影响下的产物，是中国货。

花拉子米在830年编撰成《信德（印度）天文表》（*Zij al-Sindh*），西方坚称来自印度天文学。其实"印度"从古至近代，只是一个空泛的地理名称，从来都不是一个统一的民族国家或民族文化。今天的印度不过是英国殖民统治的残余，一个多民族、多语言的大杂烩。这部"印度天文表"实际上是来自中国天文学的知识。

花拉子米的天文表从东往西，100多年后传到了西班牙，被麦斯莱麦（Maslamah）编成《托莱多星表》，成为安达卢斯学派的开山之作。

花拉子米的这本天文表是最早的阿拉伯天文学著作，可以看做是阿拉伯天文学的鼻祖。但他的数学成就更大，后来被公认为西方数学之父。比鲁尼也是数学家，但天文学成就更大，所以被视为西方天文学之父。

为什么说比鲁尼是西方天文学之父？

比鲁尼这个名字，人们不太常听说，但非常重要。他是早期阿拉伯天文学的集大成者。前述阿拉伯天文学真正形成的第三阶段（1025—1450年），他是这个阶段的开创者，成为阿拉伯天文学的鼻祖。西方学界对比鲁尼不吝赞美之词。

法文维基百科的比鲁尼词条："波斯博学者。数学家、天文学家、物理学家、百科全书家、哲学家、占星家、旅行家、历史学家、药理学家和导师。他对数学、哲学、医学和科学领域做出了巨大贡献。"

英文维基百科他的词条："精通物理学、数学、天文学和自然科学，也是一位杰出的历史学家、编年学家和语言学家……伊斯兰黄金时代的伊朗学者和博学者。"

一幅葡萄牙文的比鲁尼肖像（图123-上），称他为"天才的科学家和人文学者"，同时是"天文学家、历史学家、植物学家、地质学家、诗人、哲学家、人文学者、数学家、地理学家、物理学家"。好家伙，一口气说了10个头衔。当然，排在第一位的是天文学家。

伊朗德黑兰有他的纪念雕像（图123-下），土耳其有比鲁尼大学，奥地利维也纳联合国机构门前的波斯学者亭也有比鲁尼。月亮上一座环形山，太空9936号小行星以他名字命名……

比鲁尼"天才的科学家和人文学者"

比鲁尼是中国北宋时期的人，比伊本·西那（980—1037）稍年长几岁，并且有交往。当时统治昭武九姓的政权，是中国北宋附属国喀喇汗国（840—1212）。与伊本·西纳一样，比鲁尼深受中国文化的影响，他的天文学知识也是来自中国。

据说他25岁前生活在故乡花剌子模国，后来去了布哈拉。就是说，他的知识积累是在昭武九姓完成。之后从布哈拉去了现在阿富汗的加兹尼，当时叫伽色尼，是伽色尼王朝（962—1186）的首都，据说是当时伊斯兰文化艺术之都。比鲁尼得到了国王马哈茂德的赏识，长期在加兹尼生活，并在那里逝世。

比鲁尼雕像，伊朗德黑兰郁金香公园

图123

这个伽色尼王朝，历史也不甚清楚。今天的阿富汗地区在唐朝时期属于中国，归安西都护府管辖。唐朝在当地设置了7个都督府，加兹尼就是其中的条支都督府，至少延续到天宝十年（751年）。

按现行说法，比鲁尼写过100多本（册）书，主要的有4部。

第一部叫《过去世纪的痕迹》（过去民族编年史），据说记载了诸古老民族的历法、历史文化及宗教。第二本《印度调查》（印度思想研究），完成于1030年，是他从阿富汗去印度游历的成果，据称反映了印度天文学。第三部是《理解占星术》，以问答的方式介绍数学和天文占星术方面的问题。第四部《马苏德法典》，11卷，1030—1037年间写成，总结了那个时代的天文学知识，是比鲁尼最重要的著作，献给伽色尼国王马苏德。

书中提出了地球以地轴为中心自转的理论，并推测地球是绕太阳运行，为之后的日心说作了铺垫。

比鲁尼提出地球绕地轴自转，中国浑天仪早已演示，对于中国是常识。

至于地球绕太阳转，中国的二十八星宿，就是地球绕太阳一周年所显示的黄道星象。太阳绕地球的"视运动"，完全不妨碍中国天文学家早就明白地球是沿着黄道绕太阳转。这也是中国天文学没有明说的常识。

所以，比鲁尼的两个主要天文学贡献（地球自转和初创日心说），不是来自希腊或印度，也不是阿拉伯天文学自己发明，而是来自中国。

据传比鲁尼画过一幅"月食过程图"，也被称作月亮和太阳运行图（图124-左）。说实话，这样的天文图还是显得有些简略。

比鲁尼还有一个贡献，说是他在著述里设计了星盘。星盘是阿拉伯天文学家和占星家最标志性的携带物。这是一种便携式的仪器。对于阿拉伯游牧民族，比固定天文台更实用。

一般看到的阿拉伯星盘，是一个平面小圆盘，通常可以悬挂（图124-右）。百度词条说："用途非常广泛，包括定位和预测太阳、月亮、金星、火星相关天体在宇宙中的位置，确定本地时间和经纬度，三角测距等。"

西方对比鲁尼的所有介绍，没有一点提及中国的影响。但西方天文学之父诞生在中国文化圈的昭武九姓地区，已足够说明问题。

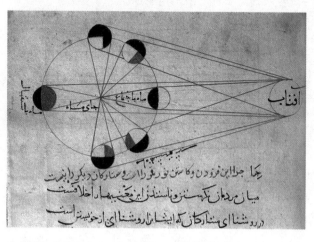

比鲁尼，月亮和太阳运行图

图124

阿拉伯星盘　年代不详

花拉子米雕像，故乡希瓦　　　　　　花拉子米雕像，乌尔根奇市

图 125

西方数学之父花拉子米（图 125），西方的介绍也半点不提中国。也是先提古希腊，再提印度。西方宣称花拉子米的数学来源：代数来自古希腊数学家丢番图（Diophantus），算术来自印度。

尽管西方想尽一切办法对花拉子米乔装打扮，但有一个东西没法弄掉，那就是花拉子米这个名字。它顽强地、不可磨灭地昭示：他来自花拉子模，与比鲁尼是同乡，来自中国文化圈的昭武九姓。

花拉子米就是一个以地名为人名的名字：花拉子模人。

按照现行花拉子米的生卒年（780—850），他就是一个中国唐朝人。唐朝安西都护府，在花拉子米一生的大部分时间，都直接在行政上管辖昭武九姓，包括花拉子米的故乡火寻（花拉子模）。

李岳伍先生专门写过一篇 3 万多字长文《简论花拉子米是古代中国数学家》，详实考证河中地区的昭武九姓，从唐初到唐末，都属于唐朝管辖。

武德七年（624 年），康国（昭武九姓的领头大哥）"遣使朝贡"。贞观五年（631 年）十二月，康国"遣使请臣"。

同年，唐朝在康国首都撒马尔罕设立康居都督府。之后又设立火寻州，隶属康居都督府。康国和火寻正式纳入唐朝的羁縻州府系统。

都是唐朝的府和州了，什么概念？那是唐朝的直辖地！

直到花拉子米出生前些年，宝应元年（762 年），火寻向唐朝遣使朝贡。

大历七年（772年）康国、米国和何国依然向唐朝遣使朝贡。

当时不仅中亚昭武九姓，甚至大食，即西方历史书中所谓"阿拉伯帝国"，也向唐朝遣使称臣。开元四年（716年），"大食国黑密牟尼苏於漫遣使献金线织就宝装、玉洒地瓶各一，授其使员外中郎将，放还番"（《册府元龟》）。贞元十四年（798年），大食派使者含嵯、乌鸡、沙北三人来朝，受任为中郎将（《新唐书》）。

西方史书大书特书的751年怛罗斯之战，阿拉伯大军队打败了高仙芝的唐军，只不过是一次遭遇战。战后撤军，阿拉伯人并未占领昭武九姓，47年后照样向唐朝遣使称臣。

据李岳伍先生考证，从711年到822年，阿拉伯大食对河中地区只是侵扰，占据昭武九姓的时间不超过10年。昭武九姓始终是唐朝的管辖地。

尤其，唐朝除了正规军，还有一支番军——唐朝的羁縻小国突骑施。这支西突厥汗国的军队，在8世纪经常击败侵扰中亚的阿拉伯大食军队。安西都护府直到840年才结束，唐朝对中亚的管辖被吐蕃取代，也没阿拉伯大食什么事。

花拉子米780年出生前后，"正是唐朝在西域影响力最强的时代。政治、经济、科技、文化的影响是全方位的"。汉语也是当时中亚的流行国际语言，不仅"花门将军善胡歌，叶河蕃王解汉语"（岑参），"大量西域诸国王以汉语写成表文"。

所以，李岳伍先生的结论："花拉子米是古代中国的一个边疆之民""他自幼生活在中国的版图之上，受中国文化熏陶长大……他所阐述的数学也是中国数学。他无疑是一位中国数学家。"

再来看花拉子米的数学。

西方介绍花拉子米也是一位全才：数学家、天文学家和地理学家，样样厉害。

花拉子米数学著作有两本。一本叫《代数学》，阿拉伯文全书名是《还原与平衡计算简书》，另一本叫《算术》或《花拉子米算术》。

西方在讲花拉子米的《代数学》之先，都要讲古希腊数学家丢番图是"代数学先驱"，已经写过《代数》了。丢番图生活在古罗马时代（约214年—284年），与托勒密一样，是一个埃及亚历山大的希腊人或"希腊化的埃及人"。生平照例是不详。实际上，丢番图与托勒密一样，是西方历史学虚构出来的人物。

花拉子米的《代数学》全书6章，所有方程都用文字表示。据称《代数学》是最先给出了解一次方程和一元二次方程的基本方法，以及二次方根的计算公式，提出了未知数、根、移项等概念。该书的大部分内容是中国汉朝《九章算术》都有的，还带有一些中国宋朝李冶的天元术的内容。

花拉子米的另一本书《算术》，西方人称为《印度数字算术》，声称花拉子米去过印度，吸收了印度数学的十进位制，介绍了九个数字加一个零的"印度－阿拉伯数字"。

实际上，根本就不存在什么印度数学。花拉子米的印度算术，完全是中国的东西。西方人有意把中国的东西说成是现代意义上"印度"的东西，非常邪恶。

十进位制，是中国古老的筹算方法的基础，完全是中国的发明。所谓十进位的"印度－阿拉伯数字"，新加坡国立大学数学系蓝丽容教授在《数学在传统中国的历史》等著述中认为，"无任何证据显示这数字系统是起源于印度"，而是源自中国的筹算。

蓝丽容教授认为，数字符号并不那么重要，不同的文明可以有不同的标记法。重要的是中国用算筹进行加减乘除，发明十进位的计算方法。

中华文明成熟得早，很早就开始使用和计算大数额的数字。阿拉伯游牧民族在古代不需要使用大数目。欧洲长期处于荒蛮，也无需用大数目。古希腊用字母来计数，只是一个荒诞神话。罗马数字也是后世发明。如果用罗马数字来计算，那将是一场灾难。你来计算一下 MDCXXI（1621）× MCMLXXXVI（1986）＝？

法语1至16是专有数词。20至60是专有数词。60是100以内最大的数字。70是60＋10。80是4×20。90是4×20＋10。……西方用上了简便的十进位"阿拉伯数字"，但念法仍保留数字计算不发达时的念法。看过一个视频，法国人的计数念法简直把一个美国人逼疯了。

所以回过头去看，简便的十进位计数是中华文明一项多么伟大的发明！

今天所谓阿拉伯数字符号的起源不甚明了。李岳伍先生认为，阿拉伯数字符号有可能源自中国数字的草写和旋转①。聊备一说。

西方介绍说，花拉子米离开花拉子模以后，就去了伊拉克的巴格达，担任了哈里发马蒙智慧宫的图书馆馆长，做研究，直至逝世。花拉子米的两本数学著作是在 813—833 年间完成。

花拉子米的《算术》，书名就是以他的名字"阿尔－花拉子米"，拉丁文为 al-gorizmi 命名。今天西语"算术"这个单词（法语 algorithme，英语 algorithm），其实就是花拉子米的名字。

他的《代数学》，阿拉伯文书名的开头"al-jabr"，后来直接变成西语"代数"这个单词：法文 algèbre，英文 algebra。

可见花拉子米对西方数学的影响！

西方也给了花拉子米足够的荣誉。月亮上一个环形山，是以花拉子米的名字命名。还有两颗小行星，13498 号和 11156 号，也以他的名字命名。

西方承认花拉子米是西方的代数之父，其实他是当之无愧的西方数学之父。

而这位西方数学之父，是一位在中国行政管辖和文化熏陶下成长起来的"中国边疆之民"。传入欧洲的花拉子米数学，完全来自他对中国数学的吸收。

元朝中国在波斯援建马拉盖天文台和图书馆

中国的天文学从汉朝起逐渐传入昭武九姓这块农业地区。后来，这里的天文学唐朝时出了花拉子米，宋朝时出了比鲁尼。

在宋元之间，昭武九姓的天文学相当活跃。汉化契丹学者、金朝翰林耶律楚材（1190—1244），跟随成吉思汗西征，1220 年在撒马尔罕与西域历人切磋月食。当地天文学家说五月望有月食，耶律楚材说没有，果然没有。耶律楚材说明年十月有月食，当地人说没有，但最后果然月"蚀八分"（事见《元史·耶律楚材传》）。两次交锋，都是耶律楚材胜出，说明当地历人虽然活跃，但比起中原天文学还略逊一筹。

正是在撒马尔罕的这次月食，耶律楚材发现当地月食开始比中原更早，悟到了东西距离造成的观测时间差，发明了地理经度意义上的"里差"概念。

---

① 网文《中国数字花开世界——阿拉伯数字写法探源》。

后来这地方出了一个效力于忽必烈的扎马鲁丁，说明这里的天文学在延续。明朝时撒马尔罕的统治者乌鲁伯格（1394—1449），在1420—1428年建起了乌鲁伯格天文台，1437年发表乌鲁伯格天文表。所以昭武九姓这地方，是阿拉伯世界最重要的天文学基地。

　　蒙古人西征波斯，把中华天文学从中亚昭武九姓，进一步往西传播至伊朗和叙利亚，直达地中海。

　　忽必烈的同胞弟弟旭烈兀（1217—1265），1258年攻破巴格达，灭了阿拔斯王朝的"阿拉伯帝国"，在波斯建立伊尔汗国。建国伊始，就在最早的首都马拉盖，建造一座天文台和图书馆。马拉盖的位置，在伊朗西北的阿塞拜疆省。紧邻大不里士（中文史籍称"桃里寺"），北边是亚美尼亚，西边是今天的土耳其，直抵欧洲的大门口。

　　旭烈兀在马拉盖设立天文台和图书馆，是因为他想仿照中国建立在波斯的统治。

　　排行第六的旭烈兀在蒙古汗位争夺战中支持四哥忽必烈，坚定地站在忽必烈一边。"伊尔"是从属的意思。伊尔汗国从名号上就强烈地宣示这个国家是属于忽必烈元朝的藩属国，也可以说是元朝中国的"兄弟国"。事实上，伊尔汗国王受到了元朝的正式册封。

　　据说伊尔汗国第四任君主阿鲁浑曾给法国国王腓力四世写信，上面有一枚汉文"辅国安民之宝"的王印（图126）。可见这个蒙古人在波斯建立的国家，带有强烈的中国文化的印记。

　　旭烈兀委托一位波斯学者纳速剌丁（或译纳西尔丁）·图西（Nasir al-

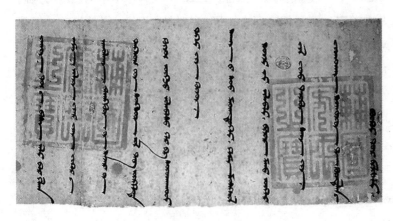

图126　元朝册封的伊尔汗国王印"辅国安民之宝"

Din al-Tusi，1201—1274）来主管天文台。但图西的天文学知识，是一位中国"先生"教给他的。

19 世纪瑞典学者多桑（C. M. d'Ohsson）在所著《蒙古史》中承认："旭烈兀曾自中国携有中国天文学家数人至波斯，其中最著名者为 Fao-moun-dji 博士，即当时人习称为先生（Singsing）者是已。纳速剌丁之能知中国纪元及其天文历数者，盖得之于是人也。"

这位中国先生的名字，只有拼音 Fao-moun-dji。李约瑟将其译为"傅孟吉"，也有人称其为"屠密迟"。14 世纪波斯编年史《达人的花园》和美国科学史学者萨顿的《科学史导论》，都提到了这位中国"先生"。

事实上，旭烈兀的军队来到波斯，随军带来大量中国的学者和工匠。

潘吉星先生指出："13 世纪中叶，当蒙古军西征，灭阿巴斯朝并于其境内建立伊利汗国后，旭烈兀从中国调来大批工匠、技师、学者和医生前来，建立天文台、医院、图书馆……"[①]

西北大学的闫伟教授也证实："旭烈兀曾从中国招募 1000 余名工匠，在波斯烧制瓷器、绘画，营造中式建筑。"[②]

北京外国语大学穆宏燕教授也说："伊尔汗王朝统治阶层对中国文化的热爱带动伊尔汗整个社会的'中国热'。"[③]

旭烈兀带去了精通天文历数的中国学者和各类工匠，带去了各类中国书籍，开创了 13 至 14 世纪波斯的"中国热"。所以可以不夸张地说，波斯马拉盖天文台，是元朝中国援建。

波斯中国热在旭烈兀的曾孙合赞汗（1271—1304）时期达于顶峰。他的宰相拉施特（1247—1317），是一位中国迷。拉施特非常崇尚中国文化："一直非常重视引入和传播中国文化，并为此做出了许多切实有效的努力，如延请中国医生到波斯、培养波斯人学汉语等等。"[④]有不少中国医生在伊尔汗王宫服务。

---

① 潘吉星，第 632 页。
② 闫伟：《古代中国与波斯的文明交往》，2017 年 9 月 11 日《光明日报》。
③ 穆宏燕：《蒙古大〈列王纪〉：波斯细密画走向成熟之作》，《北方工业大学学报》2018 年第 6 期。
④ 王一丹：《波斯拉施特〈史集·中国史〉研究与文本翻译》，昆仑出版社，2006 年，第 28 页。

拉施特自己是医生，非常热爱中国医学，翻译过中医书籍王叔和的《脉经》。他最大的成就，是仿照中国史官，用10年时间写了一本记叙蒙古人历史以及其他民族历史的《史集》。

拉施特的《史集》也提到了三位寓居波斯的中国学者：一位就是那位辅佐图西的"中国先生"，另两位名叫李大迟和倪克孙（译音）。他俩也是精通中国天文历法的饱学之士。

李大迟和倪克孙是应伊尔汗国王之诏，辅佐拉施特编撰《史集》，并为拉施特讲解干支纪年法。

拉施特还出资在首都大不里士附近"兴建了一座名叫'拉施特镇'（Rab'-I Rashīdī）的小城，在那里兴建各种文化设施以及相关机构，如公共学堂、图书馆、医院、药店、制药厂、药浆坊、天文台、造纸厂、抄本房等等"。[①]这些波斯中国热的产物，背后都有中国学者和中国工匠的贡献。

马拉盖天文台遗址早期原貌

马拉盖天文台遗址是在马拉盖郊外一个小山顶上。原来只是地面上一个圆形墙基，看上去就像是新砌的。1978年在上面又加盖了一个半球形护罩（图127），周围啥也没有。

天文台据称是一个四层楼的圆形建筑，里面装了一个半径超过4米的大型墙象限仪（图128-左）。这是马拉盖天文台的核心天文仪器。

何谓象限仪？

加了保护罩的马拉盖天文台遗址

图127

---

① 王一丹：《波斯拉施特〈史集·中国史〉研究与文本翻译》，昆仑出版社，2006年，29页。

光从中华来——以图证史（下）

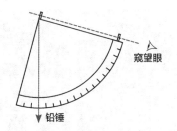

窥望眼

铅锤

简便象限仪

马拉盖天文台，墙象限仪　　　　　　窥管象限仪，北京古观象台

图 128

象限仪的主要功用就是测定天体在地平上的高度，也称地平纬仪。测定观测者投向天体的视线与地平面的夹角，进而确定观测点的纬度。

应该说，象限仪在众多天文观测仪器中功用相对简单，并不算重要。其构造也简单：一般为圆周的四分之一，90 度直角圆弧，称四分仪。少数也有圆周的六分之一，60 度刻盘，称六分仪（英文为 sextant）。

象限仪有简单便携的，视线随直角一条边与天体对齐，铅垂线就可以确定其高度或夹角（图 128- 右上）。还有是固定象限仪，窥管可以移动，来确定夹角。比如北京古观象台上的那一架象限仪，就是用窥管确定夹角（图 128- 右下）。

后文要讨论的丹麦天文学家第谷的象限仪（明显仿自北京古观象台象限仪），还有 17 世纪西方插图中的象限仪（图 129），体量都不大。

而马拉盖天文台是用一大块墙壁来做象限仪，号称"墙象限仪"，半径有 14 英尺（4.2 米），这就有些夸张了。

到了 1420 年，撒马尔罕的乌鲁伯格仿照马拉盖天文台的样式，又建了一个更大的圆形直径 46 米、高 30 到 33 米的天文台，墙象限仪的半径达到 36 米（118 英尺），墙象限仪的圆弧深入地下 11 米（图 130）！

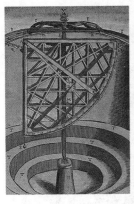

图 129

第谷的象限仪　1598 年　　17 世纪插图象限仪

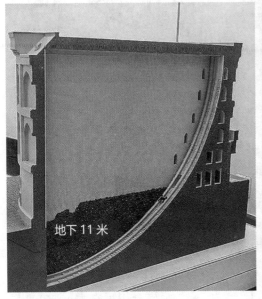

地下 11 米

乌鲁伯格天文台墙象限仪（模型）

象限仪深入地下的圆弧

乌鲁伯格天文台
墙象限仪纪念邮票

图 130

光从中华来——以图证史（下）

这纯粹就是神话故事了！

象限仪的功用，不过是测定天体与地平面的夹角高度。需要建这么大一个工具，来获得如此轻量的成果？简直是大炮打蚊子。

一个天文台需要多种天文仪器综合使用，比如用圭表来测定太阳回归年的长度，用浑天仪来测定天体的球面坐标，用水运天文钟来精确计算行星的周期……北京建国门立交桥西南角的北京古观象台上，存放有 8 件天文仪器：赤道经纬仪、黄道经纬仪、地平经纬仪、地平经仪、纪限仪、天体仪、象限仪和玑衡抚辰仪，还不算运到南京紫金山天文台的浑天仪、简仪、漏壶和圭表。而马拉盖天文台和乌鲁伯格天文台，仿佛主要就是靠一个巨型墙象限仪来说事。

据称乌鲁伯格靠这台墙象限仪计算出太阳回归年的长度为 365.2570370 天，这是如何做到的？

计算太阳回归年，只有用圭表，立竿测影，工具简单但最有效。表越高，计算就越精确。从前立竿测影是 8 尺高表，郭守敬建了登封观象台，高台为表，高 40 尺（9.46 米），圭尺 31 米长，才空前精确地计算出太阳回归年是 365.2425 天，与今值误差微乎其微。

并非所有的天文仪器越大越好。西方考古学喜欢用器物的巨大体量来唬人。今天马拉盖和乌鲁伯格天文台的巨型象限仪，无疑受到西方考古学的影响。

据称马拉盖天文台与乌鲁伯格天文台，都是使用几十年后就废弃了，根本没有留下什么痕迹。乌鲁伯格天文台是1908年，一位俄国考古学家发现的。然后"修复"，地下挖一道沟，说是墙象限仪的地下圆弧……由此可以怀疑，马拉盖天文台和乌鲁伯格天文台巨型墙象限仪"遗址"都是现代伪造。

但不否认，马拉盖天文台和乌鲁伯格天文台历史上真实存在过。两个天文台可能拥有渊源于中国的小型天文仪器，比如扎马鲁丁在北京督造那样的"西域仪象"。

一幅波斯细密画，显示图西在天文台（图131-上）。图西和几位天文学家一起探讨，头上悬挂着一个星盘，可能比较符合当时情状。

对于马拉盖天文台，现行说法是这样的：1259 年，纳速剌丁·图西督造马拉盖天文台，成为当时世界上最宏大、设备最先进的天文台。同时还建成一个藏书 40 万卷的图书馆。12 年之后，1271 年，图西用这个天文台研究，完成了《伊尔汗天文表》。

这个说法有些夸大其词。旭烈兀从中国带来了精通天文历数医学等方面的学者，援助图西等波斯学者建立了马拉盖天文观象台，天文仪器体量不会大。

法文维基百科"阿拉伯天文学"词条高度评价马拉盖天文台称，"马拉盖革命"或"马拉盖学派革命"，"先导文艺复兴的科学革命"……这实际上是赞美了马拉盖天文台作为中国天文学知识往西传播的中转站作用。

国内学界多有宣扬扎马鲁丁给中国带来了波斯伊斯兰天文学。要知道，伊尔汗国只是在 1295 年合赞汗改宗，才变成伊斯兰国家。扎马鲁丁来中国时，波斯还没有信奉伊斯兰教。

历史的真相是中国天文学以昭武九姓为出发基地，不断地往西传。阿拉伯伊斯兰天文学主要关注月亮，使用阴历，其历法从来没有比中国天文学的阴阳合历更先进、更精确过。

图西和乌鲁伯格并非借助了巨大的墙象限仪，而是参照了中国的天文学，才编写出他们的天文表。还要注意到他们的著述里，西方加塞了伪托勒密天文学的内容。

图西提出了著名的"图西双轮"或"图西双圆"（图 131- 下）。一个小圆轮

图西在天文台

图西双轮

图 131

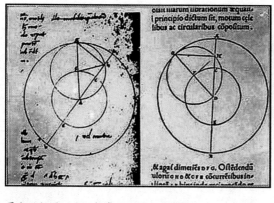

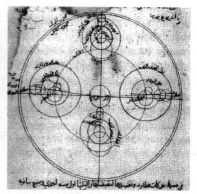

哥白尼插图（右）抄袭了图西双轮（左）　　　　　沙提尔的水星模型

图132

在一个大圆轮里面滚动，直径线上的点可以形成线性运动。

这个图西双轮，后来影响了哥白尼。西方学界发现哥白尼著作中的插图，与图西的插图惊人相似（图132- 左）。有人说抄袭，也有人说没有证据。反正图像摆在那，两者除了个别字母不一样，几乎一样。

马拉盖天文学派更往西传，就有了叙利亚天文学家沙提尔（Ibn al-Shatir，1304—1375）。他是大马士革倭马亚清真寺的司辰，专职预告祷告时间和斋月始末时间。他是一位重要的阿拉伯天文学家。但对于他的天文学成就，今天的解说都跟伪托勒密天文学紧紧捆绑在一起，称他的水星模型是增加了托勒密体系的本轮（图132- 右）。他修正了托勒密的偏心均轮理论，提出了以太阳为中心的行星模型。

西方学界也发现沙提尔的月球模型与哥白尼的月球模型完全一致。沙提尔的日地模型，影响了哥白尼的日心说。

至此，我们可以完整地看到，中国天文学从陆路，经过中亚昭武九姓撒马尔罕、西亚马拉盖学派，直到欧洲哥白尼的整个过程。

同时应当看到，西方为了掩盖中华天文学西传的真相，虚构了一个托勒密，让阿拉伯天文学接盘，再转回给欧洲。这当中，西方也不吝夸大阿拉伯天文学的成就。

16 至 17 世纪中欧海路开通后，西方传教士来到中国搬东西，中国天文学就直接对西方天文学发生影响。

黄道十二宫（星座）本是中国唐代产物

关于黄道十二宫，主流说法是来自古巴比伦的星象历法，然后传给古希腊和古埃及，古希腊又传给古印度，然后在隋唐时期，随佛教传入中国。

其实黄道十二宫根本就是中国货，与中国二十八星宿和十二星次相关联，跟古希腊和古印度没有任何关系。黄道十二宫也不是随佛教带进中国，而是原本就是中国自己的东西。

中国原来称十二宫，今天被叫做十二星座，完全是同一个东西。

中国是最早用动物形象来命名天上的星群。青龙、白虎、朱雀和玄武，把黄道分为四等分，可谓最早的黄道四宫。在四宫基础上，又每宫细分出七个星群，创造了二十八星宿。这二十八星宿，也可以称为黄道二十八宫。

中国天文学除了敬授民时之外，还有一个重要功能就是占星。

四方七宿二十八宫影响人的命运的星象解说，所谓"星命术"，中国自古有之。道教很早就把五星二十八星宿拟人化，每个星宿有一位星神或星君，掌管人们的命运。

中国很早就有五星二十八宿的星神画像。最著名的是南朝时梁朝的张僧繇画的《五星二十八宿神形图》（也有说是唐朝梁令瓒所画）。该图是绢本设色，现藏于日本大阪市立美术馆，只留存五星和十二宿星神像（图133、图134）。首先出场的是东方岁星（木星），然后是南方荧惑星（火星），中宫镇星（土星），西方太白星（金星）和北方辰星（水星）。

每个星宿都对应吉利和犯忌之事。岁星（木星）非常重要。不可以"太岁头上动土"，说的就是岁星当头时不宜动土。

唐朝大诗人韩愈曾自嘲："我生之辰，月宿南斗。牛奋其角，箕张其口。"韩愈出生的星座是箕星宿，所以这一辈子颠簸像簸箕一样……韩愈就是用二十八宿星命术说自己的命运。

中国自古就有用黄道十二宫来占星，名字叫十二"星次"。

黄道十二星次，最早见于《左传》《国语》等书，汉代定型。它是根据中国自己的二十四节气，将黄道分为十二星次：星纪、玄枵、娵訾、降娄、大梁、实沈、鹑首、鹑火、鹑尾、寿星、大火、析木。

黄道十二星次衍生出黄道十二宫，对应二十四节气（图135）。

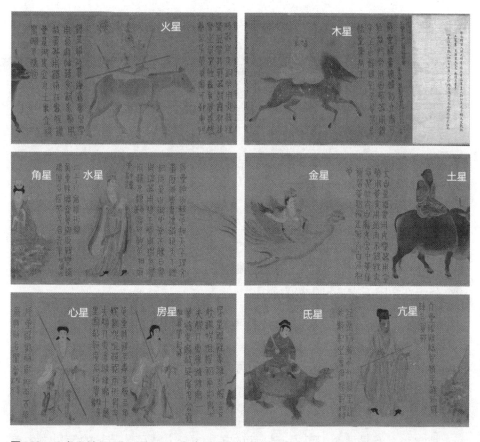

图133　画家张僧繇《五星二十八宿神形图》

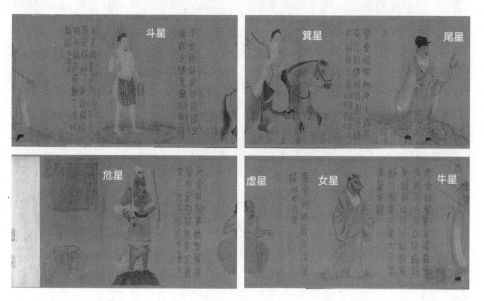

图134　画家张僧繇《五星二十八宿神形图》

白羊宫	春分	清明	天秤宫	秋分	寒露
金牛宫	谷雨	立夏	天蝎宫	霜降	立冬
双子宫	小满	芒种	人马宫	小雪	大雪
巨蟹宫	夏至	小暑	摩羯宫	冬至	小寒
狮子宫	大暑	立秋	宝瓶宫	大寒	立春
室女宫	处暑	白露	双鱼宫	雨水	惊蛰

图135　黄道十二宫对应二十四节气

黄道十二星次也对应了将黄道二十八星宿分为十二组：斗牛、女虚危、室壁、奎娄、胃昴毕、觜参、井鬼、柳星张、翼轸、角亢、氐房心、尾箕。这个分组在中国天文占星中极为通用。

黄道十二宫就是用十二星次，缩合了黄道二十八星宿。它是中国自己原生的星命术。

黄道除了十二宫和二十八宫，还可以分为十六宫。1978年，在广西贵港的一座古墓中发现了一面三国时期（3世纪）的铜镜。铜镜纹饰有十六种星象，可谓十六宫。其中有两宫图像明显就是巨蟹和宝瓶（图136-左）。

其实张僧繇星神图中手提一杆秤的亢星，一人持弓箭骑马的箕星，牛首的牛星，羊首的女星，也可以说是黄道十二宫天秤、人马（射手）、金牛和白羊四宫的原型。

今天我们所能看到的最早的中国黄道十二宫图像，是新疆吐鲁番出土的唐朝初年占星图写本的残片。残片上出现了天秤宫、天蝎宫、双女宫图文，同时配以二十八星宿（房、心、尾等）星神人物图像（图136-右）。黄道十二宫始终与二十八星宿紧密相连。

从残片可以推断，唐初黄道十二宫已经成形。

一般都说黄道十二宫的说法最早出现在隋朝的佛经《大乘大方等日藏经》。去找了这部经核实，第八卷魔王波旬"星宿品"中，一位驴唇仙人向众天神讲星座，"星辰日月法用"，首先就讲黄道二十八星宿。某星宿有利"自在"，某星宿水逆"障碍"。第一宿昴"如剃刀"，毕"如立叉"，嘴"如鹿头"，参"如妇人魇"，井"如脚迹"……

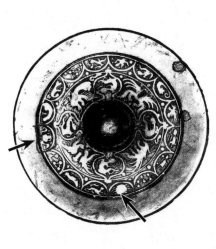
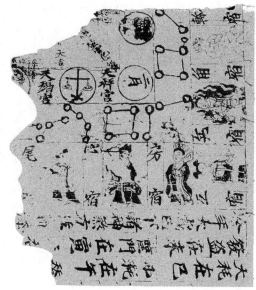

三国铜镜，十六宫：巨蟹和宝瓶　　　唐初占星图：黄道十二宫配二十八宿星神图

图 136

　　讲完后给十二月配十二神，才提及十二宫：射神（九月）、磨竭之神（十月）、水器之神（十一月）、天鱼之神（十二月）、持羊之神（正月）、持牛之神、双鸟之神、蟹神，师子之神、天女之神、秤量之神、蝎神……

　　这部佛经讲的二十八星宿，显然不是佛教的东西。分十二个月占星，也是来自中国的十二星次。

　　另一部唐朝佛教经典《宿曜经》，出现了定型的黄道十二宫（星座）名称。这部佛经也是先大谈日月五星和二十八星宿，再到十二宫：

第一　　星张翼　　太阳位焉，其神如师（狮），故名师子宫

第二　　翼轸角　　辰星位焉，其神如女，故名女宫

第三　　角亢氐　　太白位焉，其神如秤，故名秤宫

第四　　氐房心　　荧惑位焉，其神如蝎，故名蝎宫

第五　　尾箕斗　　岁星位焉，其神如弓，故名弓宫

第六　　斗女虚　　镇星位焉，其神如磨羯，故名磨羯宫

第七　　虚危室　　镇星位焉，其神如瓶，故名瓶宫

第八　　室壁奎　　岁星位焉，其神如鱼，故名鱼宫

第九　娄胃昴　荧惑位焉，其神如羊，故名羊宫

第十　昴毕觜　太白位焉，其神如牛，故名牛宫

第十一　觜参井　辰星位焉，其神如夫妻，故名婬宫

第十二　井鬼柳　太阴位焉，其神如蟹，故名蟹宫

这里把十二宫是来自七曜二十八宿，说得清清楚楚！

第十一宫夫妻，是向"阴阳"和"双子"的过渡。第五宫弓，已是射手。

具有历史意义的是，如果从第七瓶宫开始往下到蟹宫，再回头从狮子到磨羯宫，十二宫的顺序与今天十二星座完全一致！

也就是说，中国的黄道十二宫在 1300 年前的唐朝已经完全定型。

说黄道十二宫来自印度，是彻底的扯淡。印度古代根本就没有自己的天文学。天竺（印度）在中国隋唐时期科技文明远远落后于中国。"印度"只是英国人搞出来的一个地理名词。今天大部分声称是"古印度"的东西，都是英国殖民印度之后虚构出来的。

《大乘大方等日藏经》和《宿曜经》洋洋洒洒谈论五星二十八星宿，无可置疑是中国的东西。佛学经典怎么可能出现中国道家的五星二十八星宿占星说？正因为此，有人怀疑这两部佛经不是西域"印度"的东西。

的确有学者提出《宿曜经》不存在梵本"的质疑。就是说，这部佛经没有印度梵文原本，佛经内容不是不空法师从梵文翻译过来，而可能是他自己撰写。

学界还有人怀疑，诸多佛教经籍不是来自西域，而是中国高僧借翻译之名自己写的。还有学者认为佛教并非起源于印度，而是起源于尼泊尔，属于中国文化圈的汉藏文化……

唐朝李姓皇帝认老子为始祖，所以唐朝道家学说和道教星命术兴盛。

事实上，黄道十二宫的名称也出现在唐代道教典籍《灵台经》：狮子、人马、磨蝎、宝瓶、双女、巨蟹、牛、羊、鱼、阴阳（双子）。

还有别的《道藏》经籍直接将十二星次对应十二宫：

"子名玄枵，又曰宝瓶；

亥名娵訾，又曰双鱼；

戌名降娄，又曰白羊；

酉名大梁，又曰金牛；

申名实沉，又曰阴阳；

未名鹑首，又曰巨蟹；

午名鹑火，又曰狮子；

巳名鹑尾，又曰双女（室女）；

辰名寿星，又曰天秤；

卯名大火，又曰天蝎；

寅名析木，又曰人马；

丑名星纪，又曰磨蝎。"

敦煌莫高窟藏经洞发现的一幅唐朝乾宁四年（897年）的绢画《炽盛光佛并五星图》（图137）：画面中的炽盛光佛，周围环绕中国道教崇拜的五位星神：水星（北方辰星）、木星（东方岁星）、土星（中宫镇星）、金星（西方太白星）和火

图137　唐朝《炽盛光佛并五星图》

星（南方荧惑星）。非常生动地呈现出中国道教的五星崇拜与佛教的礼佛水乳交融。

佛教进入中国，只是融合了中国道教的五星二十八星宿崇拜，沿用了中国原生的黄道十二星次和十二宫。道家求神、佛门拜佛，热衷五星二十八星宿和十二宫，其实都是为了祈福禳灾。星神崇拜和祈禳是道教特色的法术，后来也为佛教所用。

所以，黄道十二宫占星术不是来自佛教，而是来自中国道教的五星二十八星宿崇拜，是中国自己的占星术。

唐朝定型的这十二宫，跟今天广为流行于年轻人口中的十二星座，已然基本无异。

宋辽金西夏时代，黄道十二宫占星术更为流行，时尚程度简直匪夷所思。

北宋文豪苏东坡，就是一个星座迷。前面提及韩愈悲叹自己箕宿是颠簸命。东坡看到后掐指一算发现韩愈是摩羯座，自己也是摩羯，于是同病相怜："仆乃以磨蝎为命，平生多得谤誉，殆是同病也！"[1]

---

① 苏轼《东坡志林·命分》。

2001 年，日本奈良县公布了一件上之坊寺院收藏的北宋开宝五年（972 年）的《炽盛光佛顶大威德销灾吉祥陀罗尼经》刻本。画面上炽盛光佛四周，围着一圈黄道十一宫（缺狮子宫）（图 138- 上）。再外圈，是一些道教星神人像。这是早期黄道十二宫围着佛像的图像，排列有点乱。

1978 年在苏州瑞光寺塔内，发现了一件北宋景德二年（1005 年）刊刻的《大随求陀罗尼经咒》（图 138- 下），大随求菩萨周围，也环绕十二宫图像。尽管排序还是乱，但图形已比较成熟。

西夏时期（1038—1227 年）绘制的敦煌莫高窟第 61 号窟甬道壁画，高水平的十二宫图像终于惊艳亮相（图 139）。

我们可以看到炽盛光佛和护法神四周，散落围绕着黄道十二宫的小圆形图像。画面上方，是二十八宿星神飘然在云端之上。黄道十二宫与二十八星宿，形影相随，同台亮相。

北宋《炽盛光佛顶大威德销灾吉祥陀罗尼经》，黄道十二宫

北宋《大随求陀罗尼经咒》黄道十二宫

图 138

实际上，甬道南北壁是画了两套十二宫，共二十四幅，各有缺毁。

可以注意的是，摩羯宫原是龙头鱼身（图 140 中），今天成了羚羊。室女（双女）今天改名叫处女，人马改名为射手。基本上，画面上的黄道十二宫与今天十二星座没有什么区别。

图 141 中的金牛、巨蟹和天蝎，完全可以拿来做今天十二星座的插图。

我这一代人只讲十二生肖。问年龄时用，你属鸡我属狗，不太相信生

西夏敦煌莫高窟第 61 窟甬道壁画

黄道十二宫，配二十八宿星神

图 139

七、中华天文学和数学西传

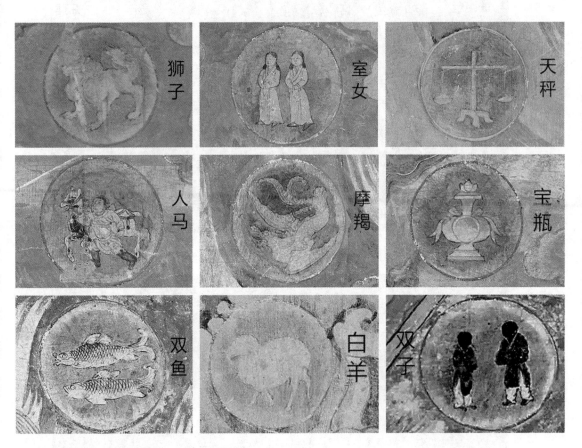

图 140　敦煌壁画黄道十二宫图像局部

　　　　　　　　　　　　　　　　光从中华来——以图证史（下）

金牛　　　　　　　　巨蟹　　　　　　　　天蝎

图141　敦煌壁画黄道十二宫图像

辽代张世卿墓，黄道十二宫，配二十八星宿 1116 年　天秤与室女（局部）

图142

肖与人的命运有关。没想到，今天中国年轻人非常时髦十二星座"外国洋玩意"。实际上，十二星座就是中国的黄道十二宫，是标准的中国货，在1000多年前的中国曾广为流行。

　　1993 年，在河北张家口宣化区发现了一座建于辽代天庆六年（1116 年）的张世卿墓。在他墓的穹顶上，画有一幅以北极为中心的天文图。在二十八星宿周围，清晰地画有黄道十二宫图像（图142）。

这幅十二星座图，从钟表 3 点钟位置的宝瓶座开始，顺时针转到摩羯座，完全是今天十二星座的排序。

再来看一幅南宋绢画《千手千眼观音菩萨像》（图 143），收藏在台湾台北故宫博物院的。这是一幅大画（177×79 厘米），画得极其精美。在千百只手掌交织成的轻波细浪中，也浮现着十二个小白圆轮画黄道十二宫，由一只纤手所托举。

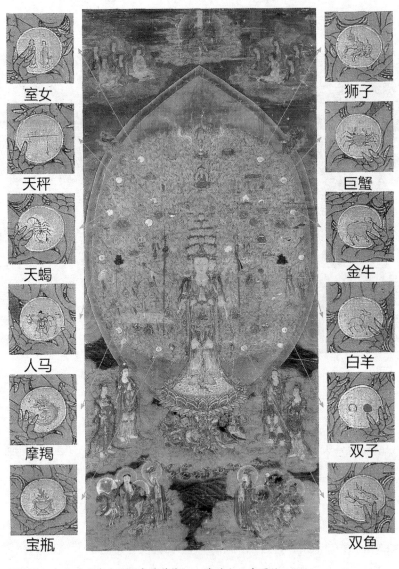

室女

天秤

天蝎

人马

摩羯

宝瓶

狮子

巨蟹

金牛

白羊

双子

双鱼

图 143　南宋《千手千眼观音菩萨像》　黄道十二宫图绘

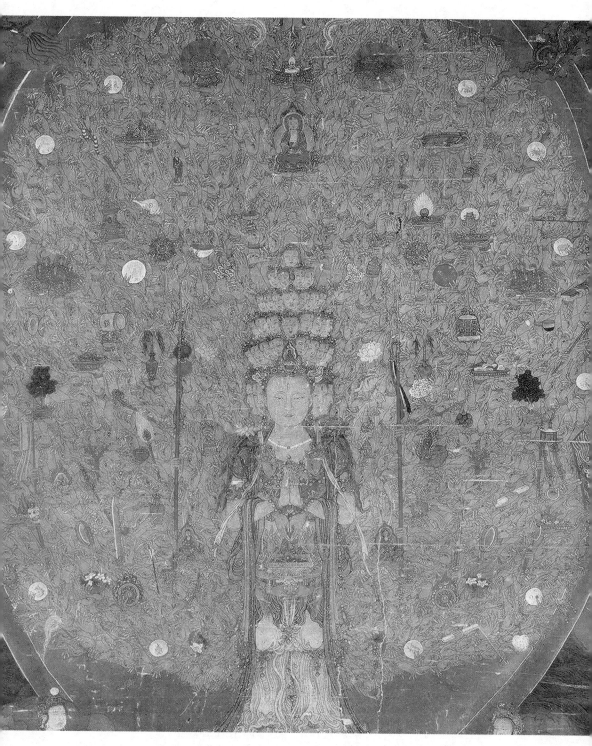

绘画极其精美（南宋《千手千眼观音菩萨像》局部）

七、中华天文学和数学西传

特别之处是，双子宫是两个圆点，称"阴阳"。

宋朝还有人将黄道十二宫与中国的州府进行对应，某星宫掌管某地。南宋陈元靓的《事林广记》里，就有这么一幅《十二宫分野所属图》（图144-左）。

宝瓶配青州（齐），磨竭配扬州（吴），人马配幽州（燕），

天蝎配豫州（宋），天秤配兖州（郑），双女配荆州（楚），

狮子配三河（周），巨蟹配雍州（秦），阴阳配益州（魏），

金牛配冀州（赵），白羊配徐州（鲁），双鱼配并州（卫）。

同一时期，金朝大定二十四年（1184年），黄道十二宫还出现在河北邢台开元寺的一口重达15吨的大铁钟上（图144-右）。十二宫图像，四个宫一组，分布在钟的上部。

十二宫以磨竭开头（图145），第二是宝瓶，顺序与今天完全一致。其中

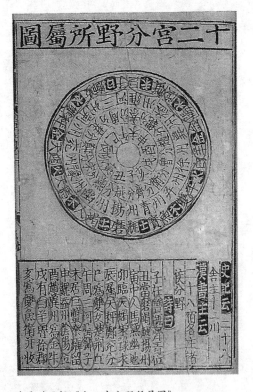

南宋陈元靓《十二宫分野所属图》

金代大铁钟上的黄道十二宫，邢台开元寺　1184年

图144

光从中华来——以图证史（下）

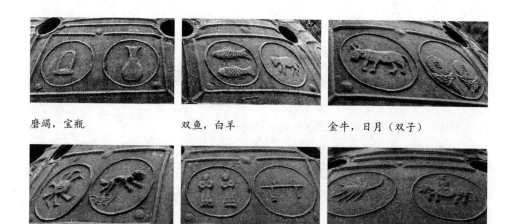

磨竭，宝瓶　　　　　双鱼，白羊　　　　　金牛，日月（双子）

巨蟹，狮子　　　　　室女，天秤　　　　　天蝎，人马

图 145　大铁钟上的黄道十二宫局部

的双子宫被表现为"日月"，是阴阳，很有意思。还有这个磨竭的图案很特别，不是动物，而是像一个套环或夹锁。

现在我们终于可以看到，1000年前，黄道十二宫在中国多么流行啊！

黄道十二宫不是佛教带入中国，而是来源于中国自己的十二星次占星术和道教五星二十八宿星神崇拜。佛教只是吸收融合了道教的星神崇拜和星命术，沿用而已。

不知什么原因，在明清时代黄道十二宫变得不那么流行。近代中国人一般只关注十二年的生肖，不关注十二个月的星宫。一般人算命都讲究"八字"：年、月、日和时辰。

而今天中国年轻人流行的十二星座，原本是中国的黄道十二宫流传到了西方，被西方改头换面，随近代西化潮又传回到了中国。在西方主流知识灌输下，大家都以为这十二星座是西方的占星术，做梦也不会想到十二星座原本是中国自己的东西！

有太多中国的东西被西方窃取，改头换面后又传回中国，说成是西方"古代"的东西。

令人难以置信的是，中国唐朝定型的黄道十二宫，西传又回流中国，竟然基本保持原样！西方没有大做改头换面，只是稍稍改了一个小地方（磨竭变羚羊），换了一个名字（室女改成处女）。就这样，十二星座几乎原封不动是中国的黄道十二宫，西方也敢于声称是他们的占星术，脸皮也太厚了。

16 世纪中华天文学数学传入欧洲，催生西方现代科学

中国天文学和数学传入欧洲，分为陆路和海路。

陆路就是从 13 世纪开始，蒙古帝国一统欧亚，所谓"蒙古治下的和平"（Pax Mongolia），撒马尔罕的中华天文学和数学知识，通过波斯和阿拉伯中转往西传。之后，是中亚、西亚的帖木儿帝国和奥斯曼帝国，中华文明的各种成果继续西传。

海路则是在 1513 年，欧洲开辟直通中国海路以后，西方各派传教士（耶稣会只是其中一派）直接从中国搬取中国天文学和数学，导致 1582 年西方有了自己的历法（格里高利历）。1660 年英国皇家学会（国家科学院）成立，1666 年法兰西科学院成立。1671 年法国巴黎国家天文台建成，1675 年英国格林威治天文台建成。

中华天文学和数学传入欧洲，海路的作用远比陆路更大。

先讲陆路。据传有一位名叫奥里亚克的格伯特（Gerbert d'Aurillac，946—1003）的法国平民，后来当上了教皇西尔维斯特（Silvester）二世，人生开挂。他在西班牙教会任职期间，从科尔多瓦这个阿拉伯文化名城，获得了阿拉伯天文和数学知识。西方说是他向欧洲传播了浑天仪（armillary sphere）、十进位阿拉伯数字和算盘。但他的事迹过于神奇，时间也早，不足为信。

中华天文学知识传入欧洲，先要提哥白尼（1473—1543）。哥白尼的名字，但凡中国有点文化的人都知道。但他的天文学成就被西方宣传严重夸大。他实际上是一个业余搞天文的，主业是僧侣。

他 18 岁（1491 年）到克拉科夫大学艺术系学习（有说学医），也学了点天文学和人文，20 岁前后构想了《天体运行论》。1495 年没有拿到大学学位就离开。1496 年去了意大利，先去博洛尼亚学了三年教会法，后去帕多瓦大学学了两年医，1503 年短暂去了费拉拉一个多月，参加考试获得了教会法博士学位（考一次试就能拿博士）。由此，在 30 岁完成了全部在波兰和意大利打酱油的学业，之后 40 年都呆在波兰。

他全部的天文学成就就是提出了"日心说"，给出了一张图，显示行星都是围着太阳转。西方形容他是"让太阳停止不动，让地球动起来"。

其实中国人早就知道地球是在转动的。东汉郑玄注《尚书纬·考灵曜》："地有四游……地常动不止。"西晋张华《博物志》引《尚书纬·考灵曜》："地常动不止……而人不觉。"

日心说，中国也有一些说法。唐朝张果《张果星宗》卷八："盖太阳者，君象也。五星者，臣下也。"明朝周述学《神道大编历宗通仪》："盖日，君也，五星，臣也，故其听命有如此。"明朝邢云路《古今律历考》卷七十二："太阳为万象之宗，居君父之位，掌发敛之权。星月借其光，辰宿宣其炁。故诸数一禀于太阳，而星月之往来，皆太阳一气之牵系也……"

哥白尼没有正规的天文观测仪器和足够的时间去观测。他的日心说并不是靠实际观测得来，而是从别人的著述中获得。他上的"大学"只是教会僧侣培训学校而已，学不到多少天文学知识。

网名"劣等乡巴"先生揭露过哥白尼剽窃阿拉伯天文学："1469 年，克拉科夫大学聘请乌克兰人乔治·德罗霍贝奇教授阿拉伯天文学，彻底摧毁西方占星学。后来，克拉科夫大学学生哥白尼剽窃阿拉伯人研究成果一跃成名……哥白尼这货还在费拉拉大学搞了个法学博士学位，费拉拉大学是当时卖文凭出名的野鸡学校。"

西方学界也抓到了哥白尼书中出现了波斯的图西双轮，他的月亮和水星模型与阿拉伯人沙提尔的完全一样。如果不是剽窃，至少是抄袭。

蒙古人西征，有西北一支金帐汗国直插入欧洲，统治俄罗斯和乌克兰250余年，1502 年才结束。别儿哥汗（成吉思汗的孙子）信奉伊斯兰教，阿拉伯文化深度浸染俄罗斯。一位乌克兰人在波兰教授阿拉伯天文学，完全可能。所以，中国天文学和数学由阿拉伯中转往西传播，除了通过北非－西班牙，还有从波斯－亚美尼亚－俄罗斯和乌克兰的陆路进入欧洲。

地球绕着太阳转，中国天文学早已把日月五星的运行搞得清清楚楚，只是没有专门出来说而已。西方为了给欧洲天文学竖牌位，蓄意渲染日心论，宣称是欧洲人发现了地球绕太阳转。

按现行说法，有一位比哥白尼更早的德国人雷格蒙塔努斯（J.Regiomontanus，1436—1476），可能更为重要。雷格蒙塔努斯出生于普鲁士哥尼斯堡

（今俄国的加里宁格勒）。他在莱比锡上学，后生活于维也纳、布达佩斯和纽伦堡。1475年，教皇西克斯图斯四世（Pope Sixtus IV）要求他去罗马，参与历法改革。结果1476年他抵达罗马几个月后就去世，年仅41岁。

天文学方面，他与他老师合著了一本《天文学大成概要》，1467年编了一本《方位星历表》(Tabulae directionum)，1476年出版《历法》(Calendarium)。数学方面，1464年完成《三角学全集》，涉及平面三角和球面三角。

据说雷格蒙塔努斯已经提及了日心说。哥白尼读过并引用了雷格蒙塔努斯的天文学著作。雷格蒙塔努斯的天文历法和数学知识来历不明。其源头应是从陆路传入欧洲的中华天文学知识。

再来说海路。

自从16世纪初葡萄牙人开辟欧洲中国航线，欧洲便开始了大规模从中国搬取文明科技知识的行动。首先是葡萄牙人和西班牙人在中国大量购买书籍。葡萄牙人门多萨所著《大中华帝国史》，就有描写欧洲人在中国福州等地大肆购买、搜集书籍的事迹。

16世纪的葡萄牙和西班牙，是欧洲引入中国文化的桥头堡，也是引进中国天文学和数学的窗口。

葡萄牙首都里斯本，有一座纪念葡萄牙人大航海的"发现者纪念碑"，雕刻有33位在大航海世界地理大发现事业中具有重大贡献的葡萄牙人。其中一位手持浑天仪和圆规的，名叫佩德罗·努内斯（Pedro Nunes，1502—1578），是一位天文学家和数学家。据称他精于球面三角学，被称为"顶级数学天才"。他在葡萄牙科英布拉大学任教时，曾教过来这里"留学"的德国人克拉维乌斯（Christophorus Clavius，1538—1612）。后者是1582年制定格里高利历的重要人物。

据称欧洲原先用的是古罗马儒略历，由儒略·凯撒大帝制定，用了1500多年。这纯粹是讲故事，因为几乎没有农业的古代欧洲根本就没有历法。实际上，这个每年365.25天的儒略历，就是中国春秋时期就运用的四分历。西方使用四分历的时间也不会太久。

现行说法是，一位名叫阿洛伊修斯·里利乌斯（Aloysius Lilius）的医生，创制了格里高利历法。但他的生平完全不明，他的手稿没有保存下来。维基百科对他的介绍只有几行字，只说他来自意大利南方，到那不勒斯学医，然后定居北方的维罗纳，简略得让人吃惊。

创造西方历史上如此重要的历法，竟然是一位完全身份不明的业余天文学家！这位医生创造格里高利历的故事，显然站不住脚。

格里高利历，精确到每年 365.2425 天，实际上是来自中国元朝郭守敬的《授时历》。

那么西方是如何得到郭守敬中国历法的？有几种可能。一种是这位医生在意大利不知何处获得了一本中国的历法书，献给了罗马教廷。另一种可能，是罗马教廷从葡萄牙人那里获得，而葡萄牙人是在中国澳门获得了《授时历》。

1551 年耶稣会在罗马设立罗马学院，汇总世界各地耶稣会士传回的文化科技情报。尤其耶稣会与独占保教权的葡萄牙关系密切。葡萄牙人从海路带回的中华科技知识，可以通过耶稣会传输到罗马教廷。耶稣会士克拉维乌斯是去葡萄牙"留学"回来后，才在罗马学院主讲数学。利玛窦当过他的学生，在中国回忆吹捧他称为"丁先生"（拉丁语"克拉维乌斯"是钉子的意思）。

1579 年，克拉维乌斯受命计算新历法，是梵蒂冈修改历法委员会的成员。奇怪的是，他没有提出历法，只是接受了医生的历法方案成为格里高利历，建议一次性减去 10 天，将 1582 年 10 月 4 日星期四的第二天，改成 10 月 15 日星期五。1603 年，他写书专门解释格里高利历……

看来还是心虚，不敢说是他创制了格里高利历。把发明权给了一个云里雾里的人物，蒙混世人。

没有史料记载西方通过长圭高表来测定冬至和夏至日，确定太阳回归年。克拉维乌斯和罗马教廷应是通过葡萄牙拥有了中国的历书，掌握了冬至夏至春分秋分的精确日期。中国历书会标明冬至是哪一天。所以教廷可以很方便地盗用《授时历》，将冬至后过一些天设定为新年元旦。再按照精确之极的《授时历》太阳年一年 365.2425 天，任意分设 12 个月（2 月只有 28 天），出台所谓的格里高利历。

教廷设置基督教的两个节日也是根据"二至二分"：复活节是在每年春分月圆后的星期日，圣诞节是每年冬至后的第三或第四天，用的都是中国太阳历二十四节气！

克拉维乌斯写过一本天文学的书《评论》（图 146- 左），封面上的图片是来自中国缩小版的浑天仪。他被认为是当时"欧洲最受尊敬的天文学家",与伽利略有交往。后来,人们将月亮上第二大环形山命名为"克拉维乌斯环形山",可见其重要。

所以,罗马教廷能够制定出格里高利历,是与中华天文历法通过海路传入欧洲有关。而克拉维乌斯是其中的关键人物。

当然这个天主教的格里高利历,也没有一下子就在全世界推广。非天主教国家多有抵制。英国要晚至1752年9月14日才开始使用。所以这期间英国人写信要用两个日期,一个是"新历"(NS: new style),一个是"老历"(OS)。还发生了这样一件怪事:英国威廉三世于1688年11月11日(新历)从荷兰启航,于1688年11月5日(老历)抵达英国的布里克斯汉姆,仿佛时光倒流。中国是1912年开始用(所谓"公历),俄国是1918年开始用,希腊1923年才用……这些都是后话。

大西洋的海路不仅到葡萄牙和西班牙,还北上荷兰、法国、英国、德国、丹麦和瑞典。

中华天文学从海路传入欧洲的标志性人物,是一位丹麦人,名叫第谷·布拉赫(Tycho Brahe,1546—1601)。

按现行说法,第谷是第一位仰望星空的欧洲人。他观测天文20余年并做记录。之前,包括哥白尼,都是从书本星图和数学几何模型讨论天体运行。西方公认,是第谷开创了欧洲实际观测星空、强调经验实证的天文学。

但仔细探究一番,他的天文学知识都是来自中国。

他提出了一个介乎地心说和日心说之间的"地球中心的日心说"(geo-heliocentric)(图146-右):地球静止不动,太阳带着五大行星绕地球转。既是geo(地心)又是helio(日心),很是怪异。实际上他可能受到了中国天文学赤道坐标系的影响。

中国的赤道坐标系是以地球为中心,观测太阳视运动,就兼有地心和日心特征。周览一遍黄道二十八星宿,实际上是地球绕太阳一圈。但这并不妨碍中国人看太阳东升西落绕着地球转。

好比中国使用阴阳合历:表面上用月亮阴历,实际上同时使用太阳历。因为中国人重视经验感受,欣赏明月,喜欢过月亮的月和月亮的年(阴历),但同时也精确计算黄道二十四节气,添加闰月过太阳年。

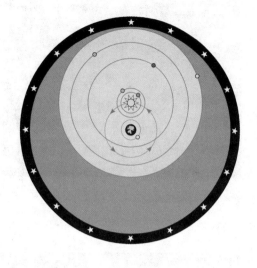

克拉维乌斯《评论》，中国式浑天仪　　　　第谷的"地球中心的日心说"示意图

图 146

　　中国天文学重视经验，以地球为观测中心（地心），仿佛太阳绕地球转。实际上早就清楚地球和五大行星都围着太阳转（日心）。第谷所谓地球中心的日心说，其实是参照了中国天文学的经验。

　　第谷还有学习中国天文学的举动，仿制中国天文仪器。据称他最初使用过一种所谓"雅各布之棍"（baton de Jacob）来观测天象（图 147- 左），实在是太简陋了。这种用三角来测算建筑高度的图像，令人想起南宋秦九韶《数书九章》的测高法（图 147- 右）。

　　后来第谷自己制作了十几件天文仪器，基本上都是对中国天文仪器的仿造。1598 年他出版了《新创天文仪器》（Astronomiae Instauratae Mechanica），插图描绘了第谷的天文仪器。有些只是绘图，并没有制造出来。

　　他制作了一件据说直径约 3 米的浑天仪（图 148- 左），完全模仿了中国的浑天仪。除了前面提及的象限仪，还有一件六分仪，也仿自北京古观象台的纪限仪（图 148- 中右）。

　　可能马上会有人跳出来说，北京古观象台的六件天文仪器：赤道经纬仪、黄道经纬仪、地平经纬仪、象限仪、纪限仪和天体仪，是传教士南怀仁"设计

用雅各布之棍观测

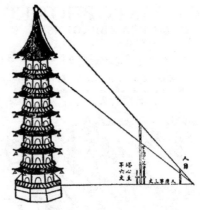

秦九韶《数书九章》测高法

图147

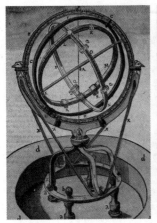

第谷的浑天仪

六分仪

北京古观象台纪限仪

图148

和监造"的。北京古观象台是至元十六年（1279年）郭守敬和王恂建立司天台的地方。1442年明朝建成观象台，是中国的国家天文台，放置着元朝郭守敬设计的简仪，明朝复制唐朝的浑天仪等一系列世界最先进天文仪器。令人悲叹的是，清初皇帝为打压汉人竟然重用洋人，让西方传教士执掌钦天监。南怀仁一个人怎么能"设计"出那么多观象台的天文仪器？把观象台的天文仪器说成是南怀仁"设计"，那就像利玛窦说《坤舆万国全图》是他画的，汤若望把《崇祯历书》说成是《西洋新法历书》，那是一群文化强盗的文化抢

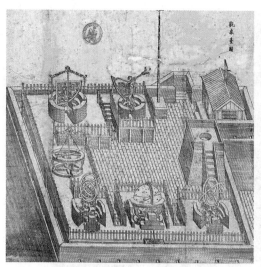
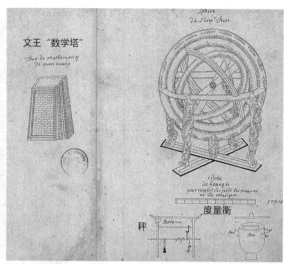

图149　南怀仁寄回欧洲的中国天文资料：北京天文台与浑天仪

郭守敬的简仪

第谷的大赤道经纬仪

图150

劫！南怀仁曾将北京观象台的仪器精细描绘下来后，寄回欧洲（图149），宣称是欧洲天文学成果。

　　2011年中国和丹麦联合发行了一套纪念邮票，将第谷的大赤道经纬仪与郭守敬的简仪并列（图150）。郭守敬的简仪是将原先的浑天仪拆分成两部分：赤道经纬仪和地平经纬仪。而第谷的那件仪器是模仿了郭守敬简仪中的一半——赤道经纬仪。

第谷是丹麦贵族，国王腓特烈二世赏给他丹麦和瑞典之间厄勒海峡的汶岛上的一块地。1576年他建了乌拉尼堡宫，附设天文台、研究中心和炼金术实验室。据称他在乌拉尼堡天文台里建过一个2米半径的墙象限仪（图151-上），看不出这台仪器的工作原理。1581年，又在附近建了一个半地下的星堡天文台（图151-下）。直到1597年，20余年间，第谷的天文观测和天文仪器的制造，都是在这里进行。

据称，第谷记录了火星的运行规律。1588年发表《新天文学导论》，1598年出版了一份1004颗恒星的星图……

1599年，第谷来到布拉格，受到神圣罗马帝国皇帝鲁道夫二世的礼遇，任皇家数学家。在布拉格工作期间，开普勒给他做助手。1601年去世。

从第谷仿造中国天文仪器来看，他一定直接

乌拉尼堡，第谷的墙象限仪

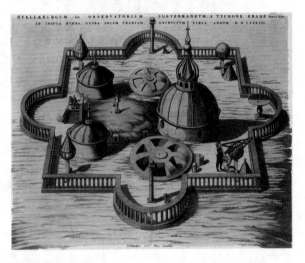

星堡天文台

图151

光从中华来——以图证史（下）

接触到了从海路流传到丹麦的中国天文书籍，包括星图和天文仪器的图画。第谷制造天文仪器，大体是依样画葫芦。中国的星图，也可以让他按图索"星"。

中华民族经过千百年积累起来的天文知识，终于直接通过海路传到了欧洲。

第谷的助手开普勒（Johannes Kepler，1571—1630）是一位德国天文学家和数学家。他最著名的天文学成就，就是发现了"行星运动三大定律"，同时为哥白尼的日心说辩护。但他的天文学发现依然是借助了中国天文学。

开普勒因为天生近视，不适合天文观测。他只是借用了第谷观察火星的资料，发现火星绕太阳的轨道是椭圆的，然后推导到所有行星绕太阳都是椭圆轨道。这就是所谓开普勒三大定律的第一定律，也是他发现的最重要定律。其他两个发现：行星至太阳的向径在轨道平面以相等时间扫过相等面积；行星公转周期的平方与它同太阳距离的立方成正比。表述复杂，其实不那么重要。

火星绕太阳大约两年一周。第谷宣称二十年天文观测，也只可以看到火星十次绕太阳，而且是肉眼观测，所以根本不可能发现火星轨道是椭圆的。有说法是，开普勒发现火星轨道是椭圆的，是他一拍脑袋"假设"出来的，然后用这个假设去验证。维基百科明确说开普勒"并没有解释如何从观测数据中得出椭圆轨道"（it did not explain how elliptical orbits could be derived from observational data）。他的第三定律也没说是怎么得出来的，声称是"顿悟"（epiphany）出来的。

开普勒的第一定律到底从哪儿来的？只有来自中国天文学。请读者回过头去看图106-下，在开普勒之前1000年，中国北齐天文学家张子信就发现地球绕太阳轨道是椭圆形的。

英文维基百科还说，开普勒发现了"月亮19年的周期"。这也不是来自开普勒的实际观测，而是来自中国天文学的常识。19年是中国古历法的一个时间单位，名字叫做"章"。

《左传·僖公五年》："朔旦冬至，故以十九年为一章，积章成部，积部成纪。治历者以此章部为法，以知气朔。"如果某月初一是冬至的话，19年之后，还会回到该月初一是冬至。

中国人早在开普勒之前 2000 年，在战国时期就知道 19 年一章。19 年要设置 7 个闰月可以合于太阳回归年。开普勒所谓 19 年月亮周期，无可置疑是来自中国天文学。事实上，德国数学家莱布尼茨在写给闵明我的第二封信里，提到开普勒与在华耶稣会士邓玉函（J. Schreck, 1576—1630）通信，讨论天文历法，证明开普勒可以直接接触到中国天文学。

事实上，开普勒早年《宇宙之谜》设想的太阳系，的确是以太阳为中心，但结构很怪异，是由一些多面体构成。太阳系六大行星之间五个隔层，由最外层土星和木星之间的立方体，再往里是四面体、十二面体、二十面体，直至最里面的八面体，包裹水星（图 152）。这种俄罗斯套娃式的多面体，纯属幻想，哪像一个科学实证的天文学家所为。

开普勒被西方喻为开启西方"科学革命"第一人。据称他研究过光学，写过一本《天文学的光学基础》，研究过平面曲面镜的反射和"暗室"小孔成像原理（pinhole cameras）等。但这两项试验有可能受到墨子著作的启发。

《墨子》卷十的《经下》和《经说下》，各有墨子"光学八条"，共十六条，阐述曲面镜反射、两面镜子的投影和暗室小孔成倒像的现象（图 153-左）。元朝道士赵友钦更是亲自做过暗室小孔成像的实验，名叫"小罅光景"（图 153- 右）。他在浙江龙游鸡鸣山筑观星台，在两间楼房下挖两口井，井内

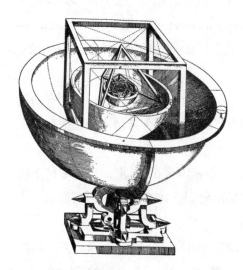

开普勒设想的太阳系最外层立方体

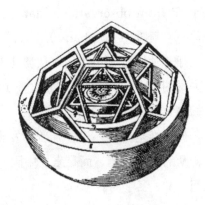

直到最里面八面体

图 152

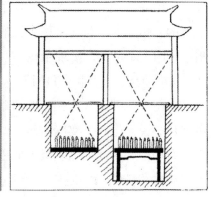

墨子阐述暗室小孔成倒像

元朝赵友钦实验暗室"小罅光景"（小孔成像）

图153

放置不同数目的蜡烛。井盖板挖一小孔，烛光透过小孔映射到楼板下，获得小孔成像的多种原理。

开普勒还写过《哥白尼天文学概要》，介绍哥白尼。但他没有像第谷那样去进行仰望星空的实践，而是基本停留在占星术。他好多次占星预测，预告了某次居民骚乱、土耳其入侵和一个严冬。他认为父母不幸和自己第一次失望的婚姻是因为出生在不祥的星座下。……

中国天文学从海路西传欧洲，经过第谷和开普勒的吸收，到了17世纪上半叶，意大利人伽利略（1564—1642）开启了欧洲自己的天文学，成为客观研究宇宙天象的科学。

从自16世纪初开始，欧洲冒险家、商人和传教士从中国直接搬回去的科技知识，经过欧洲各地学者之间频繁通信交流和探讨，终于在17世纪上半叶产生了爆炸性的效应。

伽利略用望远镜观察天象，做各种实验研究物理，也开启了西方现代科学。所以伽利略在西方被誉为"现代观测天文学之父""现代物理学之父"和"科学方法之父"。霍金说"自然科学的诞生要归功于伽利略"，爱因斯坦称他为"现代科学之父"……伽利略集各种头衔于一身，荣耀之极。

1609年，伽利略改进了荷兰人发明的望远镜，据称制造出能放大20倍的折光望远镜（图154-上）。他用自制的望远镜观察月亮，发现月亮表面坑坑洼洼，判定那是月亮上的山。

1610 年，他又用望远镜发现了木星的 4 颗卫星，并观测了金星的相位（图 154- 下），发现金星与月亮一样有月牙、半月和全月相。

1616 年，罗马教廷禁止伽利略主张日心说，但并无实际措施。伽利略有一位好朋友，巴尔贝里尼主教，后来当选为教皇乌尔班八世。这位主教甚至鼓动伽利略写一本书，中立地介绍地心说和日心说，不要偏向日心说。

1632 年伽利略出版《关于两个主要世界体系的对话》，事先获得教廷裁判所和教皇的正式授权。但是，因为这个对话嘲讽了持地心说的人物像傻瓜，结果有人以伽利略赞同日心说违反《圣经》的名义告状到罗马教廷，使得教皇很为难。

最后教廷裁判所判定伽利略被"强烈怀疑是异端"（vehemently suspect of heresy），但从未正式指控是异端。只是判处"监视居住"，从未坐过一天牢。伽利略得以回到佛罗伦萨，舒舒服服住在自己家，与朋友聚会，写书，并继续享受教皇授予他的两项教会福利。

所以"伽利略事件"是被严重夸大了。至于传说伽利略得到判决后口中喃喃说"地球仍在动"，属于编造出来的故事。

伽利略的望远镜

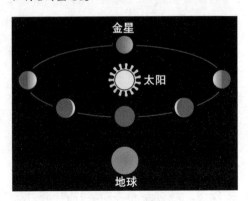

金星绕太阳，就像月亮绕地球

图 154

伽利略对西方天文学的贡献，也没有人们以为的那么大。他创制的望远镜确实提高了天文观测的技术水平，但天文学是一项人类长期积累的知识体系，要了解行星运行的规律，还是要借助中国天文学的长期历史记载。

伽利略被认为是西方现代物理学，乃至西方现代科学之父，是因为他强调做实验的"科学精神"，将科学从宗教那里分离出来。

1623 年他写了《实验者》（*Assayer*）一书，提倡实验及其数学表述，强调精确性，被称为伽利略的"科学宣言"。

伽利略开创的西方现代科学研究精神，与中国的格物致知或格物穷理精神并无本质的不同。近代中国曾把西方的科学翻译成"格致学"或"格物学"，没有问题。所区别的，是西方科学强调精确、量化。而中华文明强调天人合一，利用自然适可而止，道法中庸。

1603 年，爱好科学和博物学的意大利贵族费德里科·切西（F. Cesi）创建了一家"山猫学院"（Accademia dei Lincei）。山猫学名猞猁，因为视觉敏锐而用来象征科学。这是近代欧洲最早的科学院，成员有博物学家、数学家和解剖医生。1610 年，物理学家伽利略成为其第 6 位成员。这个科学院只存续了不到 30 年，但伽利略非常珍视这个"山猫学院"成员的身份。

值得注意的是，来华耶稣会士邓玉函也是山猫学院成员，并与伽利略相识。邓玉函也与开普勒有通信联系。伽利略从邓玉函那里到底获取了什么？这是一条值得追究的线索。如果挖出伽利略直接与中国天文学有关，这可是一个大"瓜"。

西方天文学交了一个狗屎运。中国清朝皇帝出于不信任汉人，竟然将中国国家天文台钦天监交给西方传教士掌管。从 1644 年到 1838 年，西方传教士掌控中国国家天文台长达近 200 年！

1630 年，欧洲人汤若望供职明朝钦天监，1644 年当上清朝国家天文台台长（钦天监监正），众多欧洲传教士进入国家天文台。

1668 年，比利时耶稣会士南怀仁（F. Verbiest）接替汤若望担任钦天监监正，将大量中国的天文学知识，通过手稿、绘图和书籍寄回欧洲，后于 1687 年在德国出版了《欧洲天文学》。根据比利时汉学家高华士（N. Golvers），南怀仁在该书中称 1669—1679 年为"决定性的十年"，"耶稣会士们在 14 种数学和机械学科（日晷测时学、弹道学、水文学、力学、光学、反射学、透视学、静力学、流体静力学、水力学、气动学、音乐、钟表技术、气象学）诸方面取得了成就……"人们会问，为什么是在中国，在南怀仁执掌钦天监之后的"决定性十年"完成了这些成就？只能说明，这些知识实际上都是从中国搬运过去的！

高华士写了一本《南怀仁与中国天穹：天文资料库的构成，及其在欧洲信札共和国的传播与接受》的书。他在世界各地的图书馆中找到 220 多件南怀仁有关中国天文学的文稿（手稿、中文印刷书籍和木刻）。"信札共和国"（Republic of Letters）是欧洲知识阶层用拉丁文写信的一个通讯网络。耶稣会士输回欧洲的科技信息，基本上是通过这个网络传遍欧洲。南怀仁寄回欧洲的这些中文书籍和"天文学资料库"，包括仪器图、日食图、星历图表等，被称为"来华耶稣会士呈献给西方最壮观的图书资讯之一"。

1671 年法国建成巴黎国家天文台，1675 年英国设立格林威治皇家天文台。这两家欧洲天文台的建立，与 1644 年汤若望和 1668 年南怀仁当上中国国家天文台台长，这之间有直接的关联！

西方传教士进入中国皇家内府，所谓御书房，向欧洲传回了大量中国天文学数学等科学资料。英法两国科学院一直与来华传教士保持通讯联系，接受他们源源不断传回去的中国科技知识。

明末传教士来到中国后，要求中国信徒与他们"合作"，强行把信徒的中国知识说成是西方知识。同时，他们也花一些功夫学习，学到一些皮毛。到了清朝，在一个排斥汉人的清朝宫廷，他们可以忽悠一个喜欢做科学秀、借西学慑服汉人官员的康熙皇帝。这些文化间谍，得以大肆偷盗中国皇宫内府秘藏的各科知识。

比利时传教士安多（Antoine Thomas）1686—1694 年间担任清宫钦天监监副与监正，与法国科学院保持通讯联系，写了大量通信，所谓"安多书信中的科学史资料"。他有机会"审定"中国历书，编过一本汉满文《行星运行表》，用通信将大量中国天文、历法、代数知识传回欧洲。

1687 年抵达中国的 5 位法国传教士，顶着"国王数学家"的名义，出发前就领受去中国窃取各科知识的使命，配有一份多达 34 个问题的调查提纲。第 1 第 2 条是有关中国历史和中国经纬度，第 3 条就是："中国人的科学及数学、天文学、哲学、音乐、医学的优缺点以及他们诊脉方式如何？"他们当中的洪若（Jean de Fontaney）专门收集中国天文学情报。

法国耶稣会传教士宋君荣（Antoine Gaubil，1689—1759）1722年来中国，向他的通讯员、法国科学院天文学家德利勒（J.-N. Delisle）输送了大量中国天文学的资料（情报）。宋君荣编成一系列有关中国天文学的书：《中国蚀的计算》《中国天文学史》《中国天文学》《古代中国对黄赤交角的观测》《1735年的七星表》和《前206年以前的中国王朝天文史》等。就是说，在18世纪，西方还是持续不断从中国收集天文学资料。

宋君荣也给英国提供天文学情报。1749年宋君荣成为伦敦皇家学会联络员，1751年成为巴黎法国科学院通讯员。接收宋君荣信札的法国通讯员德利勒，见过哈雷和牛顿，还受俄国彼得大帝邀请去圣彼得堡创建天文台。因为德利勒的关系，宋君荣也成为彼得堡皇家科学院院士。

这是一个典型的耶稣会士盗窃中国科技资料寄给欧洲多国科学院的案例。历史的真相是，西方现代天文学完全是在窃取中华天文学的基础上发展起来的。

1635年，法国天主教米尼姆派修士马林·梅森（Marin Mersenne，1588—1648）（图155-左），在巴黎孚日广场的修道院开设"巴黎学院"（Academia Parisiensis），人称"梅森学院"。

这个梅森学院是一个真正的科学院，而且是一个辐射整个欧洲的科学院。

梅森学院之梅森，欧洲科学院之父　　十二平均律发明人朱载堉，81档大算盘

图155

西方公认，梅森学院预示了 1660 年英国皇家学会（Royal Society）和 1666 年法兰西科学院的建立。

自从中国的造纸术传到欧洲之后，欧洲终于有了一种统一的书面文字——拉丁文。这实际上是天主教会使用的文字。有了纸张，再加天主教会的统一管理，才使得一种欧洲范围使用的拼音文字成为可能。

本来欧洲各地都使用各自方言，现在有了一种统一的拉丁语，于是欧洲的文化人，主要是教会人士，还有在教会"大学"受过教育的人，都用拉丁文写作并互相交流。他们用这种拉丁文互相写信（所谓"信札共和国"），印刷出版物，交流信息，探讨学术。于是，从中国海路流传过去的科技文化信息，触发了西欧科学知识的大爆炸。

而梅森学院，正是一个以通信为主要手段的欧洲科技信息交流中心，被称为"欧洲的邮箱"（post-box of Europe）。梅森也被誉为"欧洲学术的秘书长"（secrétaire général de l'Europe savante）。由于梅森学院与欧洲科学界、尤其是数学界有着广泛的联系，又被称为"17 世纪上半叶科学和数学界的中心"（center of the world of science and mathematics during the first half of the 1600s）。他与 140 位数学、天文、物理、医学、工程、哲学等各科学者长期通信，让他们互相交流，互相争论。也有人将名单增加到 180 人。

还有一个重要的欧洲邮箱，是居住在法国南方埃克斯 - 普罗旺斯的法国通才学者和天文学家贝雷斯克（Peiresc，1580—1637），前面谈到楔形文字时提到过他。他一生给 1500 位通信人写信，共写了 15000 多封信！简直疯了，号称"信札共和国王子"（Prince de la république des Lettres）。

梅森与贝雷斯克两人是非常好的朋友，不仅通信还见面，所以这两个欧洲邮箱是串通的。两人都与伽利略有通信联系，并为他辩护。两人都爱旅行。梅森去过荷兰和法国东部，去意大利旅行 15 次，见过罗马耶稣会总部的人，尤其见过在罗马学院任数学物理教授的基歇尔（1601—1680）。贝雷斯克游历更广，去过英国、荷兰和意大利。基歇尔也是贝雷斯克朋友圈好友。

基歇尔，这位梅森和贝雷斯克的共同朋友，也是一位写信爱好者。他与 760 多位科学家保持通信。尤其他身处耶稣会总部，可以接到全球各地耶稣会士发回来的信息，可以称得上是"世界邮箱"。大英百科全书形容他是"一人经营的情报交换所"（one-man intellectual clearing house）。

正因为他接信息广泛，一生写了 39 本广涉数学、天文、音乐、声学、考古、化学、光学和医学的书，被称为"百科知识大师"，甚至是"17 世纪学者中的巨人"。

于是乎，这三个邮箱互相串联，构成了一张欧洲、乃至世界范围的科技情报交流网。17 世纪的荷兰是欧洲接收中华文明的窗口。荷兰这个窗口，加上巴黎、法国南方和罗马这个三个邮箱，直接导致欧洲 17 世纪科学革命之火迅速爆燃。

17 世纪巴黎梅森学院（"帕斯卡三角"源自北宋贾宪三角）

现在来讲讲中华数学从海路传入欧洲。中华数学直接传入欧洲的枢纽中心，正是这个巴黎的梅森学院。

网上"石湖鱼"先生有一篇文章，题为《工业革命为什么诞生于欧洲？梅森修道院的秘密》，认为欧洲数学的突然爆发，一切都源于梅森学院：

"先列举几个足以让所有数学系学生闻风丧胆的名字：笛卡尔（解析几何之父）、韦达（代数之父）、帕斯卡（帕斯卡三角形）、费马（费马大定理）、拉格朗日（分析数学之父）、拉普拉斯（分析概率论之父）、达朗贝尔（达朗贝尔原理）、勒让德（解析数论之父）、蒙日（画法几何学之父）、彭赛列（射影几何学之父）、柯西（柯西不等式）、傅里叶（傅里叶变换）、庞加莱（庞加莱猜想）、伽罗华（群论之父）、格罗藤迪克（现代代数几何之父）……毫不夸张地说，现代数学就出自这群人。"后面一些数学家虽是 18 至 20 世纪的人，也可归于梅森学院谱系。

梅森的朋友还有"克里斯蒂安·惠更斯（动量守恒原理发明人）、埃万杰利斯塔·托里拆利（气压计发明人）、吉恩·多米尼克·卡西尼（月球转动卡西尼定律）"，还包括"近代科学开创之父伽利略"。可以说，"欧洲现代科学源头，就是这间梅森修道院"。

"石湖鱼"先生认为，之所以梅森从一个神父华丽转身成为研究出"梅森素数"的顶级数学家，是因为梅森看到过利玛窦寄回欧洲信札的内容。

1584 年，中国明朝太祖九世孙、郑王世子朱载堉（1536—1611）（图 155- 右）出版了一本音乐书《律吕精义》，提出了一个具有世界意义的重要成果——十二平均律。他用特制的 81 档双排大算盘计算，以数学方式把八度音阶平均分为十二个半音，就是"2 的 12 分之一次方，即 12 次根号 2"。

1636 年，半个世纪之后，梅森出版了一本《普遍和谐》（*Harmonie universelle*）的书，也论述了十二平均律，计算方法与朱载堉完全一样。区别是梅森只求到小数点后 6 位，而朱载堉精确到小数点后 24 位！

朱载堉的发明怎么会出现在梅森的书里？利玛窦没有可能直接写信给梅森，但确实将十二平均律的内容写信传回了欧洲，首先传到了荷兰。

汪波先生发现："利玛窦在日记中记录了朱载堉的两个著名的数字 7491 和 6674。这两组数字后来也出现在荷兰科学家斯蒂文的论文里。"[①] 而这两组数字，恰恰是朱载堉两组数字开头的 4 位数：749153538 和 667419927。朱载堉计算出，"如果黄钟的长度为 1000000000，则以 749153538 除之，便成为林钟的音，这样继续除 12 次，就回归到黄钟。"[②]

1605 年，荷兰数学家和工程师西蒙·斯蒂文（S.Stevin，1548—1620）撰写的《歌唱艺术的理论》，出现了利玛窦日记中朱载堉两组数字的前 4 位。这说明了什么？这说明斯蒂文的数字无可置疑是来自利玛窦的信件，来自中国王子朱载堉。

梅森的十二平均律，有可能来自斯蒂文，也可能直接来自罗马耶稣会总部接收到的利玛窦信件。但无论如何，梅森的十二平均律来自利玛窦信札，来自中国，是铁的实证。

19 世纪德国科学家赫姆霍兹（H. Helmholtz）所著《论音感》，承认今天全世界使用的十二平均律来自朱载堉。李约瑟同样认为十二平均律不是起源于欧洲，而是起源于中国（《中国科学技术史》第四卷）……

因此，利玛窦的信件内容传输到了梅森那里，确凿无疑。

这条信息链非常重要，也很关键。

既然梅森可以收到利玛窦信件的内容，当然他也可以收到其他来华耶稣会士和其他天主教传教士（多明我会、方济各会等）的信件内容，甚至可以接触到他们寄回欧洲的中国数学书籍。

---

① 汪波：《时间之问》清华大学出版社，2019 年，第 247 页 。
② 同上。

唐朝李淳风编定的《算经十书》，包括了《周髀算经》《九章算术》《海岛算经》《孙子算经》《张丘建算经》等，在明朝已是常用书籍，可以很轻易地从海路流传到欧洲。中国宋元时期的数学典籍，也可以被传教士们发现并寄带回欧洲。罗马教廷梵蒂冈图书馆至今藏有7000多册珍贵的中国古籍。

1575年成立的荷兰莱顿大学，是欧洲最早的汉学和东方学中心，也是当时欧洲最重要的的学术重镇。

大量来自中国和阿拉伯的天文数学历法等各类科技书籍，来自葡萄牙的各地航海图和东方国家的地图，中国的黄历，还有大量传教士们从中国发回欧洲的信件等，大量汇聚和途经荷兰。

一位朋友曾说，差不多20%的荷兰日常单词里带有闽粤方言音韵，未知确否。至少"茶""台风"（Tyfoon）在荷兰语里是闽南话发音。还有闽南话"鱼露"（ketchup），在今天荷兰语和英语里成了"番茄酱"……

正因为大量中华文明的信息被"海上马车夫"带到了荷兰，于是就可以理解，移居荷兰莱顿大学的法国人斯卡利杰，1583年可以根据中国历史编出欧洲最早的"圣经编年史"。荷兰人奥特柳斯在1570年可以出版第一幅世界地图。荷兰成了欧洲出版地图的中心。

斯蒂文作为数学家，以发明"十进制小数"著名。他在1585年用荷兰文出版了一本35页的小册子，名叫《十进位算术》（De Thiende），教大家用最简单的整数四则运算加减乘除，竟然在欧洲取得很大成功。他高调宣扬十进制，宣告十进制的度量衡不可避免，这正说明十进制在欧洲的普及非常晚。

荷兰也是西班牙之后，成为欧洲翻译阿拉伯文化的第二个据点。荷兰本来也是受西班牙统治。一部分中国科学知识是以阿拉伯文的形式进入欧洲。

1613年，荷兰学者拉夫楞吉斯（F. Raphelengius）在莱顿出版了一本500页的《阿拉伯－拉丁词典》。莱顿大学东方学和数学教授戈利乌斯（J. Golius），1653年出版了一本1500页的《阿拉伯－拉丁词典》。

戈里乌斯曾见过由华返欧的耶稣会士卫匡国。在卫氏1655年出版的《中国新图志》后面附了一篇戈里乌斯关于中国的小论文，还使用了不少汉字。最关键的，这位略懂汉字、关注中华文明的戈里乌斯，是法国哲学家笛卡尔的数学老师！

欧洲从海路接收中华文明，第一个窗口是16世纪的葡萄牙和西班牙，第二窗口是 17 世纪的荷兰，第三窗口是 18 世纪的法国。

1584 年朱载堉在中国出版十二平均律，21 年之后，1605 年就进入荷兰人斯蒂文的书稿。荷兰从海路吸收中华文明的效率实在太高。

回过头来再看巴黎的梅森学院。

与一个修道院相关联，一夜之间涌现出那么多优秀数学家，并非他们脑瓜获得了神启一下子开窍，而是梅森学院作为一个信息中转站，高效吸收了来自荷兰窗口、法国南方贝雷斯克"信札共和国"和罗马耶稣会总部基歇尔"情报交换所"接收到的中国数学信息。

中国数学直接影响梅森学院，除了梅森的书里出现朱载堉的数字，还有一个实锤证据，就是前面已说过的，中国北宋数学家贾宪的"贾宪三角"（杨辉三角），1654 年出现在梅森学院成员帕斯卡的《算术三角形》论文中，所谓"帕斯卡三角"（图 117）。

两个三角一模一样，一个在前一个在后。读者朋友，您说帕斯卡的三角是从哪里来的？

1654 年，从利玛窦 1582 年到中国算起，耶稣会士进入中国搜索中华文明信息、搬运中国书籍回欧洲已 72 年。汤若望 1630 年进入中国皇宫内府御书房也有 24 年。中国的数学典籍和数学知识，被大量地传输回欧洲，进入到梅森学院的数学信息交流网。

梅森本身就是数学家。据说在梅森"学院"，笛卡尔、费马（Fermat）、帕斯卡（B. Pascal）、罗伯瓦（Roberval）、迈多治（Mydorge）等人，经常过来或每周一次聚会，探讨数学和物理问题。他们探讨的，正是新近从海路传过来的中国数学和其他科学知识。

帕斯卡（1623—1662）出生在法国外省，小时候没有受过正规教育。8 岁移居巴黎，16 岁那年，他被父亲带去了一次梅森学院，突然数学才情爆发。他的"帕斯卡三角"无疑来自梅森学院，受了"贾宪三角"的启示。

朱载堉的十二平均律和贾宪三角出现在梅森本人和梅森学院成员的成果中，充分证明中华数学通过梅森学院传入欧洲的路径。梅森学院起到了巨大的传播作用。

欧洲数学正是在中国数学的基础上，获得了现代发展。正是梅森学院导向了英国皇家学会和法兰西科学院的建立，催生了西方的现代科学。

西方虚构古希腊数学，将中国数学改头换面。勾股定理被篡改成"毕达哥拉斯定理"。许多中国数学家的成果，几百年后欧洲数学家抄袭或得出同样结论，都以欧洲数学家命名。

中国数学界元老吴文俊院士，1987年写过一篇《对中国传统数学的再认识》，指出一些国人被西方洗脑"以西释中"蔑视中国数学，奋力为中国数学正名。他认为西方数学体系"着重抽象概念和逻辑思维，以及概念与概念之间的逻辑关系"，而中国的数学是"一个从实际问题出发，经过分析提高而提炼出一般的道理、原则与方法，最终达到解决一大类问题的体系"。一个抽象，一个实用，表达形式不同。

"中国虽然没有素数与分解因子的概念，但有最大公因子的概念及其求法"，依然创造了成就辉煌的数论。

尤其是十进位制，因为极其简单以致人们对它的重要性熟视无睹。"而法国数学家拉普拉斯则独具慧眼，提出算术应在一切有用的发明中列于首位。中华民族是这一发明当之无愧独一无二的发明者。这一发明对人类文化贡献之巨，纵然不能与火的发明相比，至少是可与文化史上我国四大发明相媲美。中华民族应以出现这一发明而引以自豪！"

欧洲的现代科学并非欧洲自己创生，是站在中华文明巨人肩膀上的进一步提升。

八、中华器物西传

中华文明向西流播，除了前面所述比较显眼的四大发明和钢铁陶瓷之外，还有数不胜数的器物西传到欧洲。

许多我们今天看来很寻常的东西，比方说马镫，其文明的意义却非同小可。再如纸钞，人类早期都是用贝壳或金银铜金属来做货币，而中国人竟然想到用纸张来做货币，把当初来中国的马可·波罗看得一惊一乍。

西语"机器"一词本义是"马秦"——伟大的中国

一般人印象中，人类第一次工业革命是在英国发生。而工业革命是以机器代替手工劳动，所以"机器"似乎是英国人最早发明了。

但是读者朋友一定会觉得奇怪，英文和法文的"机器"（machine）一词，里面都装了一个"中国"（chine）。

当初我也好奇，"machine"一词在法文里，字面意思是"我的中国"。但这个词意，无论如何是解释不通的。

直到 2021 年某天，我在阅读英国学者裕尔（H. Yule）《东域纪程录》第118 页的一条注里有："马秦（Machin）是摩诃秦那（Mahachina）的缩写，古代印度人以这个名称指中国。"

我的天！我的心豁然开朗：Machine 原来是 Mahachine 缩写！

前面已经讲过，唐朝玄奘去印度曾回答鸠摩罗国王说，大唐就是你们印度人说的"摩诃至那"（Mahachine）。"摩诃"是佛教语的"大""伟大"。"至那"就是秦，就是中国。摩诃至那就是"大秦"——伟大的中国。

一经点破，回过神来恍然大悟：是啊，西域人长期都是用"马秦"或"摩秦"来指中国。喀喇汗国就称宋朝是上秦或马秦，契丹是中秦，南疆喀什为下秦。

因此，西语里的"机器"一词，原来意思就是马秦、摩秦、大秦——伟大的中国！

因为语言力量的强大，西方和中亚、西亚一样用"秦"来指称中国。同样，西方也一直用"马秦"——"伟大的中国"来指称机器、机械。这是自古流传下来的语言，没法改变。

因为中国人心灵手巧，能制造结构复杂的机器，所以中亚、西亚以至西方人就用"马秦"来指机器机械。法语里，machine 变成动词 machiner 或动名词 machination，意思是策划复杂的事，图谋诡计。

15 至 16 世纪意大利出了一个宣扬权术的人叫马基雅维利，他的名字 Machiavelli 听上去总给我有 machination 的意味。

当初，只有中国人能做出结构复杂的器物。当西域中亚的人看到这样复杂结构的中国器物，就膜拜地用"马秦"来称呼它。这与后来 16 世纪欧洲人看到中国瓷器膜拜得不得了，就用"秦"（chine）来称呼中国瓷器，是同样道理。

"马秦"，这个用来称呼中国结构复杂机械的叫法，是从中亚慢慢往西流传，直至欧洲。所以，西方人用"马秦"（伟大的中国）来指称机器机械，不是无缘无故，而是有悠远的中华文明西传的历史原因。

那么给西域人民留下最深刻印象的中国"机器"会是什么呢？这是一个值得探究的问题。

这里先提一个假设供大家参考："马秦"可能是纺织机。

人要穿衣，编织衣料这事儿从来不简单。这种来自"马秦"的中国织机往中亚、西亚流传，可能引起惊叹：马秦，了不起的中国机器。历史上，也有中国编织工匠在西亚谋生。唐朝杜环曾在今天伊拉克南部的库法见到过"绫绢机杼"的中国织匠。一位中科院研究丝绸之路科技史的学者曾说：丝绸之路也是"织机之路"。"马秦"的称呼也有可能随着中国丝绸和中国织机向西流传，直抵欧洲……

事实上，中国就是机器机械的发明者。

说到机器，人们首先会想到齿轮。齿轮是机器传动、做功的关键构件。而齿轮就是中国人发明的。距今 4000 年前，中国在文明史开篇的夏朝，就有铸铜的齿轮形器。战国及两汉时代的青铜或铁制齿轮，在陕西、山西、河南、河北等地都有发现。

2001 年，在山西陶寺夏朝遗址，出土了中国最早的一件青铜齿轮形器（图 156—左），外径 12.5 厘米，29 个齿。

而 1976 年洛阳东周王城出土了一套战国时期的青铜棘轮构件，是真正的机械齿轮（图 156- 右）。不仅有齿轮，还有钩卡。齿轮的齿有偏向，方便铁钩勾住齿轮。齿轮中间是一个方孔，安装木轴，可以牢固地固定齿轮。

不仅有齿轮出土，还发现浇铸齿轮的陶范。1956 年发现的山西侯马东周铸铜遗址，出土铸铜用的陶范 3 万余件，可以浇铸 1000 种器形。其中有四套陶范是浇铸不同规格的齿轮。这是迄今发现最早的齿轮铸件。

据"尧文化"先生介绍，陶范浇铸出来的齿轮非常小，外径只有 4 厘米，厚 2.6 厘米，中间空孔，8 个齿（图 157），报告为车马器。看看图中这件翻制出来的齿轮，是何等精细！完全像一件现代工业零件。

到了秦汉时代，齿轮已变得很寻常，到处都有出土。

1953 年，陕西省长安县红庆村出土了一对东汉青铜人字纹齿轮（图 158-左），也非常小，24 齿，直径只有 1.5 厘米，厚 0.9 厘米。这种人字形齿纹，令人惊叹，现藏北京中国国家博物馆。还有发现螺旋纹的汉代青铜齿轮（图

距今 4000 年的夏朝青铜齿轮形器，山西陶寺遗址 　　战国青铜棘轮，洛阳博物馆

图 156

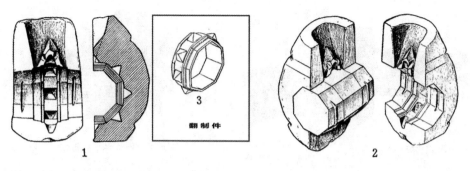

图157　山西侯马东周铸铜遗址，齿轮陶范和齿轮

陕西东汉青铜人字纹齿轮，中国国家博物馆

图158

汉朝青铜螺旋纹齿轮

158- 右)，也很精致。

　　1954 年，在山西省永济县薛家崖出土一件秦代青铜棘齿轮，直径 2.5 厘米。1956 年，考古人员在河北午汲春秋战汉古城，发现了一件战国西汉时期的方孔铁制棘齿轮，直径约 8 厘米。1984 年，陕西礼泉县出土汉代方孔铁齿轮一件。1986 年，西安东南郊千户村出土汉代方孔铁齿轮一件……

　　1976 年，在湖南衡阳西渡镇出土青铜齿轮三套件（图159- 左），共 4 个齿轮，齿径 1.7 厘米，出土时粘合在一起，中有一根铁轴。纵 6.7 厘米，横 3.7 厘米。奇特的是，齿轮的纹样有不同方向的螺旋，齿轮数也不一致，分 25、20 和 12 三种，组合非常复杂。其制作，代表了汉朝极高的精细加工水平。

　　郑州博物馆收藏有一件汉朝铁齿轮（图159- 右），直径 7 厘米，厚 1.2 厘米。标志了中国汉朝制造齿轮，铸铜或铸铁都没有问题。

　　最轰动的是 2021 年 12 月，考古人员在西安白鹿原江村，发掘出汉文帝的霸陵，出土一件青铜十字齿轮（图160- 左），有 32 齿，齿的制作非常精确

湖南汉朝青铜齿轮三套件　　　　　　　　汉朝铁齿轮，郑州博物馆

图 159

汉文帝霸陵墓青铜十字齿轮　　　十字"方向盘"

图 160

均匀，中间有一打磨精细的圆孔，被称为"汉代黑科技"。这件齿轮也不大，直径约 9 厘米，可见是一个精密机器的零部件。这个齿轮的制作工艺非常现代，给人以时空穿越感。许多专家一时都搞不清它是用在什么地方。

　　还出土了另外一件青铜十字"方向盘"（图 160- 右），直径仅 5 厘米多一点，也是某个"机器"的小零件。

　　其实，汉朝中国已经有很多机器。最重要的，就是天文学家张衡的"漏水转浑天仪"，用漏壶的水驱动浑天仪，是世界最早的天文钟，当然需要各种大小和功用的齿轮。还有汉代的记里鼓车，也需要各种齿轮。

　　这些"机器"，我们很多人都以为只是传说，不会真的存在。而实际上，这些机器完全具有历史真实性。

　　再给读者看看两件秦汉"逆天"文物，现代工业加工所必须的工具。

　　1979 年，陕西凤翔出土了一把战国（秦）时期的青铜老虎钳（图 161-

战国秦国的青铜老虎钳

西汉末年的青铜游标卡尺

图 161

上），21 厘米长，造型简洁，跟今天的老虎钳几乎没有区别。柄末端还打了孔，方便悬挂。拿去放在家里，不会被当作古董。

另一件是 1992 年，江苏扬州邗江县一座西汉末年王莽时代的汉墓中，出土了一把青铜游标卡尺（图 161- 下）。长 13.3 厘米，由固定尺和活动尺构成，可以将圆形物品置于卡槽内，测量其直径，使用方式与现代游标卡尺完全一样！

有没有搞错？西方只是在 1631 年由一位法国人发明了游标卡尺，中国人居然比他早 1600 年就发明了同样的现代工业加工测量用具，简直不可思议。

这两件工具，由多个金属零件组成，涉及到产品设计、制图、加工和组装，已经是一个很现代的"工业产品"。某种意义上，也可以看作为"机器"。

这次在汉文帝霸陵墓发掘出这件齿轮，让国人惊艳。中国在这么早的古代，就有能力制造这么精美、堪比现代工业时代的齿轮！有网友说："齿轮是工业和机械的代表物，是工业时代的标志"，"这件青铜齿轮让我们了解了当时西汉时期工业发展的真实水平"……

中国在战国秦汉时代钢铁冶炼技术已很成熟，能制造各种青铜和铁制的齿轮，还发明了极其现代的老虎钳和游标卡尺。可以说人类最早的工业革命不是发生于英国，而是发生在中国。

西方人用"伟大的中国"来指"机器"，中国当之无愧。

机械钟是中华民族又一伟大发明

中华器物往西流传，有一件器物长期遭到忽视，那就是机械时钟。

机械钟之伟大，不亚于四大发明。指南针是用于航海，机械钟则让现代人可以精确度量时间，掌控时间。

唐朝一行的水运浑天仪，发明了机械钟的核心构件擒纵器。宋朝苏颂的水运仪象台，公认是世界上最早的机械天文钟。苏颂的水运天文钟有 24 个小木人，会转到小木门前"自鸣"报时，无可置疑是现代机械时钟的始祖。

元朝郭守敬制"大明殿灯漏"：高一丈七尺，"内为机械""其机发隐于柜中，以水激之"。也有 12 小木人报时，敲击钟鼓钲铙，也是一台机械自鸣钟。

阿拉伯文献称 14 世纪在叙利亚大马士革和摩洛哥菲斯古城的清真寺中有"天文水钟"（horloges astronomiques à eau），但没有实证。今天西方历史声称 13 至 14 世纪欧洲教堂或修道院出现时钟，早期也是水力驱动的"水钟"（图 162- 左）。但这些"水钟"，大抵是听说了中国有水运机械钟，然后说自己也有水钟。

巴黎城岛最高法院墙外据称是 1585 年的老钟，底部题文是拉丁文"MACHINA"（马秦）（图 162- 右）。"马秦"指机械钟（机器），也是一种

欧洲早期"水钟"　　　　　　　　巴黎最高法院外墙老钟——MACHINA "马秦"

图 162

可能。

鉴于苏颂的天文钟是一台24小时自动报时的机械时钟，机械钟是中华民族的伟大发明，无可置疑。

现代机械钟，可以分出重锤式机械钟和发条式机械钟。

所谓重锤式机械钟，是在主轮卷绕绳索悬挂重锤，利用重力来驱动（weight-driven）（图163）。垂挂重锤的绳索转动主轮，带动棘轮转。棘轮齿拨开又卡住竖轴的两个棘爪，方向交错（一擒一纵），带动上边挂着的两个砝码左右摆动，摆到底会反摆回来，成为擒纵机构……棘轮像王冠，也被称为"冠轮擒纵机构"。

当重锤拉绳索垂到了底，就得把绳索重新绕回去提升重锤，就像钟表发条松了要上弦卷紧一样。

重锤式机械钟，一般读者朋友都没有听说过，但却是现代机械钟的早期形态。

据称14世纪欧洲出现使用重锤驱动机械钟。1336年，英国圣奥尔本斯修道院长沃灵福德的理查德（R. of Wallingford）发明了教堂用的机械钟

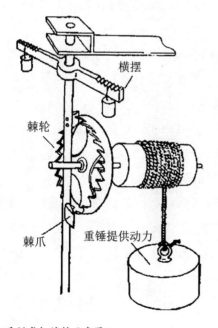

重锤式机械钟示意图1   重锤式机械钟示意图2（冠轮擒纵机构）

图163

14 世纪汉灵福德和他的教堂钟　　　　　　　据传丹迪设计制造的机械钟（复制）

图 164

（图 164- 左），声称是可以显示日月周期的天文钟。1350 年，意大利人丹迪（Dondi）在意大利帕多瓦制造出一台高 1 米、七边形的机械天文钟（图 164-右），底部的卷绳用于悬挂重锤。

　　教堂机械钟的齿轮是用铸铁制成，但 14 世纪欧洲根本不能冶炼铸铁。丹迪的钟是用黄铜制做。黄铜是锌铜的合金，欧洲 14 世纪既不产铜更不产锌。所以声称 14 世纪欧洲就有铸铁和黄铜机械钟不能成立。

　　另据称 15 世纪法国鲁昂城有了机械钟（图 165- 左），是一根指针。16 世纪瑞士伯尔尼（图 165- 右）和捷克布拉格出现了机械天文钟。欧洲这么早出现这样的天文钟，非常可疑。今天看到的都是现代修复品。

　　还有一些 15 世纪的插图，画有重锤式机械钟。比利时亨利·苏索（H. Suso）的两幅书籍插图，画有重锤式机械钟（图 166）。左边的时钟也是一根指针，中间是太阳光芒。右边那幅画可见两个重锤悬挂在大钟底下。这些插图未必那么早。

　　值得注意的是左边那幅画左下角，有一个阿拉伯星盘。据西方钟表史，有一种专门用于夜晚观测星星坐标来确定夜里时间的星盘，叫"夜星盘"（nocturlabe）。星盘能测定夜里的时间，也不太靠谱了。

15世纪法国鲁昂老钟　　　　　　16世纪初瑞士伯尔尼天文钟

图165

1480年比利时布鲁日的天文钟　　　　15世纪比利时苏索"智慧钟"插图

图166

　　1657年，惠更斯在海牙制造出了第一台摆钟，被认为是摆钟的发明者。但惠更斯的摆钟依然是重锤式（图167-左）。

　　早期重锤式机械钟非常不准，一天误差1小时以上，后来误差减小，仍然不准。正常情况下，钟的运行时间大约为12到15小时，取决于钟能挂在多高的墙上，允许重锤多大限度下落。

　　从现有实物来看，17至18世纪的欧洲曾流行重锤式挂钟。1630年英国

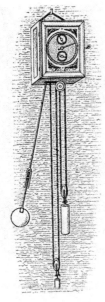

惠更斯1657年发明摆钟　　　　17世纪英国重锤式灯笼钟　　　18世纪法国重锤式灯笼钟

图167

富有人家开始流行重锤式灯笼钟（lantern clock），接着流传于法国（图167-中、右）。它长得像灯笼，顶部是一个像盖碗似的钟铃，也称"自鸣钟"。它从荷兰（弗兰德斯）传入英国后，形成了一个灯笼钟产业。英国钟表业领先全欧洲。

这种英国制造的重锤式灯笼钟，在17和18世纪非常流行，直到19世纪才过时，所以现存古董灯笼钟非常多（图168-左、中）。这些灯笼钟都挂有两个重锤，一个是负责转齿轮，另一个管打铃。也许重锤暴露不雅观，后来出现长箱重锤式落地钟，把重锤藏在竖长的箱子里（图168-右）。

早期灯笼钟大多只有一根针，指示小时。1686年，英国人才发明分针，有了两根指针。说明1686年前，欧洲的机械钟走时都不准，大致显示个时间，基本是一个摆设。

至于发条机械钟，据称1510年左右德国南部的纽伦堡工匠亨莱恩（Henlein）发明了发条，制造出了发条驱动的机械钟，但无实物留存。所谓发条驱动（spring-driven），是将长条的钢片卷起来，利用钢片逐渐松开的转动力为动力，驱动钟表主轮（图169）。把钢片发条卷起来渐渐松开，原理与

17 至 18 世纪西欧重锤式灯笼钟　　　　　　　　17 至 18 世纪重锤式长箱落地钟

图 168

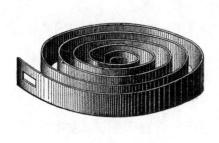

发条是靠卷紧后放松来驱动　　　　　　机械钟的钢发条

图 169

重锤卷绳一样。

发条看上去很寻常，但发条是用钢做的，是一种有弹性的钢片，手工打制非常难，还需要淬火处理。要制造出这样有弹性的钢片非常困难。如前所述，欧洲在16世纪中下叶刚刚开始能生产铸铁，18世纪真正进入钢的时代。说1510年纽伦堡就发明了用于机械钟的钢片发条，基本没有可能。

欧洲发条驱动机械钟的发明有可能晚至17世纪末，真正成熟实际上要到1760年发明现代发条盒（going barrel）。

欧洲钟表真正开始准时是在1760年。1714年英国国会悬赏10000英镑，征求发明航海时钟来确定经度。一位名叫约翰·哈里森（J.Harrison）的英国钟表匠，在设计制造了三台航海钟之后，借助1740年英国炼出了好钢材，造出好发条，终于1759年发明了精准计时的航海钟表。

重锤式机械钟和发条式机械钟到底是谁发明的？尽管欧洲现存不少重锤式机械钟，但并没有确证是欧洲人发明。

如果从手工艺技术、金属材料和科技水平上讲，中国拥有两千年制造齿轮的传统，唐代就发明擒纵器，极大可能是中国人发明重锤式机械钟，也是中国人发明发条驱动。

机械钟首先是齿轮和擒纵器。中国从战国时期就已发明齿轮。苏颂天文钟虽是水力驱动，但齿轮结构已非常成熟。擒纵结构也早已发明。只需这套齿轮构造，由水力推动改为绕绳重锤来推动，非常简单。

权锤在苏颂水运天文钟里已出现了（图170-左）。中国北方的井轳辘（图170-右），学名辘轳，早在西周时代就已出现。放水桶到井底，绳索就会转动辘轳。用绳索垂一个重物来转动轴轮，原理很寻常。所以，从水力驱动过渡到轳辘式重物驱动，非常自然。

中国的重锤式机械钟，应该在明朝14世纪末或15世纪初，发明于中国民间。

中国城镇的公共报时系统充分有效，晨钟暮鼓，晚上还有巡城打更的。敲三更，是半夜，所谓半夜三更。今天广州博物馆还收藏一套元朝时为全城报时的四件铜漏壶。所以中国家庭不那么需要时钟。时钟不是一个生活必须品。

中国民间制作的自鸣钟早期主要功能不是报时，而是"自鸣"。时辰到了会转出来小木人，自动去摇铃扣钟敲鼓击钲……这多好玩呀！

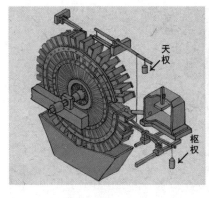

天权

枢权

苏颂天文钟里的"重锤"

中国北方农村的井轱辘

图 170

清朝徐光启的后人，钟表师徐朝俊在《自鸣钟表图法》（1809 年）序言中，也描写了中国自鸣钟制作"矜奇竞巧"，偏重好玩，弄一些"指日、捧牌、奏乐、翻水、走人、拳戏、浴鸳、行船以及现太阴（月亮）盈虚、变名葩开谢诸巧法"，有"奇技淫巧之嫌"。

葡萄牙人白乐嘉甚至发现，18 世纪中国商人与外商打交道，是用英语 sing-songs（唱歌）来指称自鸣钟。因为许多自鸣钟报时会奏乐"唱歌"，与八音盒混在一起。

明太祖曾砸毁了会自鸣的水晶刻漏，把自鸣钟看作"奇技淫巧"，这也在相当程度上，导致了在明朝大部分时期，自鸣钟是一个上不了台面的物件。宫廷和官方不认可，只有民间的能工巧匠去制作，作为玩物和卖钱的商品，成了民间的一个玩意儿。中国文人不重视，所以自鸣钟罕有官方记载。

林明先生曾跟我说：自鸣钟在明朝早期就有记载。最早的发源地是在苏州，叫"苏造"钟。

重要的是，北宋水运天文钟的发明人苏颂，中年迁居江苏镇江，并在镇江终老。他的水运机械钟技术，尤其他那本插图介绍机械钟构造的《新仪象法要》，遗留在镇江和苏州一带传播，理所当然。

苏州府在明朝中后期是南直隶应天巡抚衙门驻地，到了清朝更是江苏巡抚衙门驻地，是区域政治文化中心，经济富裕，文化繁荣。苏州在明朝实际上是江南乃至全国的文化中心。中国自鸣钟在苏州发明，符合历史可能性。

如前所说，自鸣钟最初可能是民间玩意儿，准不准时不那么重要。做一些小木人、小铜人，到了点儿敲敲打打，好玩啊。

发条驱动也可能是在苏州地区发明，最早也应该用于玩具。明朝初期画家戴进（1389—1462）《太平乐事》册页中就画过一个木马玩具（图171-上）（网友"芋头微波"提供）：小孩在玩一架自己会跑的木马。这个小木马应该是发条驱动。苏浙钟表匠把发条叫做"钢肠"，很形象。八音盒也是发条驱动。

中国人早在春秋战国时代，就会制作弹簧一类的器物。河南信阳黄季陀父墓出土110件春秋时期铅锡合金的弹簧器。战国曾侯乙墓出土了462段金弹簧器，成串缠绕在20个圆木陀上（图171-下）。尽管没有弹性，但这种把金属卷起来，与后来将发条卷起来，还是有一种关联。所以中国人发明发条，最有可能。

西方人称最早的时钟是水钟和夜星盘，说明欧洲的时钟概念最早与阿拉伯世界有关。阿拉伯水钟的说法是来自中国的水运天文钟。但阿拉伯世界基本不可能制造出水运天文钟。阿拉伯世界能传给欧洲的应该是沙漏（图172）。中国的机械

明朝戴进画《木马图》局部

战国曾侯乙墓金弹簧器

图171

光从中华来——以图证史（下）

14世纪洛伦采蒂画的沙漏　　　　欧洲插画沙漏计时

图172

钟经过阿拉伯北非传到西方，可能性不大。

中国机械钟西传有两种可能性。一种是早期14至15世纪通过陆路，经过波斯，从黑海进入欧洲抵达德国南部。另一种是于16世纪初，通过海路直接传入荷兰（弗兰德斯）。

陆路机械时钟的名称是拉丁文 horologium，走海路的机械时钟名称是荷兰语 klok。

走陆路，从中亚到黑海地区，沿多瑙河西进，抵达德国南部纽伦堡和奥格斯堡。多瑙河东西流向，横贯东西欧，是一条重要的文化和技术传播通道。纽伦堡当时技术工艺较为发达，也是现代德国玩具制造业中心，是欧洲的"玩具之都"。中国明朝发条驱动的小玩具等手工艺技术，有可能通过这条陆路传播到德国。离纽伦堡不远有一个小镇名叫迪特福特（Dietfurt），小镇的人自称"中国人的城市"。

历史上，中国的能工巧匠满世界跑。看看今天满世界谋生的潮汕人、福建人和温州人。事实上至少从唐朝起，中国各种行业的工匠，除了去南洋马六甲和印度果阿等地，还络绎不绝地前往西亚、甚至更往西去谋生。

唐朝旅行家杜环曾在大食国亚俱罗（今伊拉克南部库法）见到了不少中国工匠，靠手艺吃饭。有打制金银器的金银匠，织绫绢的织匠，给人画画的画匠等。他留下了其中 4 人的姓名：长安画匠樊淑和刘泚，山西"织络者"乐環和吕礼……元朝《长春真人西游记》记叙丘处机到过"邪米思干"（撒马尔罕），发现城中"汉人工匠杂处"。

除了工匠，还有移民。陈春晓先生写过《蒙古西征与伊利汗国的汉人移民》一文，介绍大量汉人迁徙到波斯的生活状况。尤其伊朗西北部曾经存在过一个豁夷城（Khūy），"居民是皮肤白皙、相貌美丽的汉人人种"。台北故宫博物院藏的明中叶彩绘本《西域土地人物图》，和明朝 1542 年木刻本《西域土地人物图》（收入《陕西通志》），展现了中国移民一路向西，沿途中亚和西亚城市都有中国移民，"俱汉儿人"。彩绘本（图 173- 上）中的文谷鲁城，在今约旦安曼西南。木刻本（图 173- 下）中的鲁迷城就是奥斯曼帝国首都伊斯坦布尔。

通过中亚、西亚，中国工匠把齿轮构造的机械钟从陆路传播到欧洲的可能性不能排除。

但综合起来看，中国机械钟 16 世纪初从海路传播到欧洲的可能性更大。

前面已说，中国最早的重锤式自鸣钟，有可能在明朝早期在苏州地区出现，与玩具类产品相关联。重锤式机械钟走时非常不准，只是会"自鸣"的玩具。

清朝苏州的制钟和玩具业非常发达，大量生产自鸣钟，以及木马、八音盒、自走洋人等玩具。铸铜、加工齿轮和制作发条的产业非常完备，形成产业链。许多零部件，"附近乡人为之"。制钟工匠人数众多，以致 1816 年苏州制钟业创设行业公墓（义塚），"专葬同业"。

苏造自鸣钟可能流传到福建漳州海澄。明朝成化及弘治年间（1465—1505），海澄是明朝对外通商的第一大港（泉州已衰败），有"小苏杭"之称。有记载海澄人在万历年间已能制造自鸣钟。

自鸣钟再传到广东（两广总督驻地），于是就有了"广造"钟。广东在清朝是中国最大的珠宝业产地。林明先生指出，珠宝加工与钟表加工联系密切。的确，17 世纪的法国和瑞士，很多钟表匠同时也是金银珠宝匠。广造钟后来与苏造钟、宫廷内府御造钟，成为清朝中国最重要的三大自鸣钟产地之一，就是因为其发达的珠宝加工业。

在清宫，"自鸣钟和更钟都以坠铊为动力"。这个"坠铊"就是重锤，只

彩绘本《西域土地
人物图》 西亚城
市"俱汉儿人"

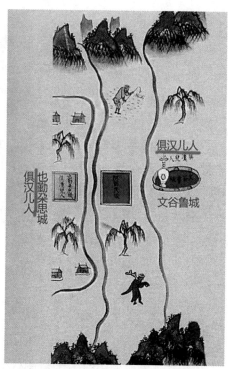

木刻本《西域土地人物图》：
伊斯坦布尔"俱汉儿人"

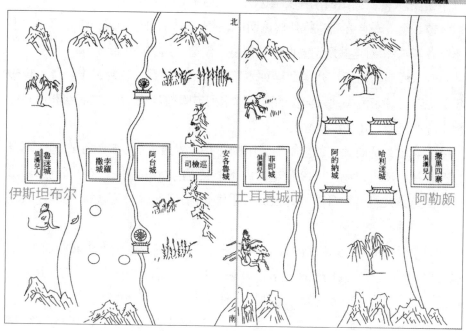

图 173

是藏在钟箱里面看不见。

中国重锤式自鸣钟很可能在 16 世纪初开始从福建海澄传到菲律宾、西班牙和荷兰，也可能从广东传到南洋、印度到欧洲。

更有可能的是，中国重锤式机械钟 16 世纪中直接从海路传到荷兰，然后传入英国。

荷兰是欧洲制钟业的滥觞之地。有一重要原因，是海路开通后，中国向欧洲出口制造黄铜所必须的锌锭。在广州曾发现一块刻有"明万历十三年乙酉"（1584 年）年运往欧洲的锌锭[1]。有了锌就有黄铜，有了黄铜才有钟表齿轮。

荷兰制钟业也传往法国和瑞士。瑞士钟表业兴起，是法国 1685 年驱逐新教徒工匠之后的事。终于在 1730 年，瑞士钟表业赶超英国。

从清朝初到乾隆朝中后期之前，中国自鸣钟产业相当发达，一直是自产自销。

酷爱自鸣钟的清朝康熙和乾隆皇帝所采购的所谓"西洋"自鸣钟，基本上都是广东本地制作。1708 年江西巡抚进贡的一件"西洋大日表"，康熙朱批道："近来大内做的比西洋钟表强远了，以后不必进。"

1749 年，乾隆皇帝也抱怨传谕两广总督："从前进过钟表，洋漆器皿，也非洋做。"皇帝对这些所谓的西洋钟都是广州造，其实心知肚明。

叶农《明清时期广州与西洋钟表贸易》一文披露：乾隆二十四年（1759 年）之前，广东海关列入洋货的商品"未列自鸣钟"。说明这之前欧洲自鸣钟根本没有量产，几乎没有输入中国。

实际上，从康熙到乾隆中期，中国才是世界最大的自鸣钟生产国，不仅自产自销，还出口海外。19 世纪初广州十三行的外销画中，有中国制造出口外销的重锤式机械钟身影（图 174）。重锤是葫芦形，很有意思。中国一直在出口自鸣钟。

只是从 1760 年起，欧洲有了好钢好发条，并制成了精准走时的航海表，以英国和瑞士为代表的欧洲钟表业才后来居上，赶超中国，并向中国出口。正因为此，乾隆后期清宫大内造钟处一蹶不振。

而 1760 年之前，中国的钟表尽管昂贵，但在贵族人家已很普及。《红楼

---

[1] 潘吉星，第 652 页。

图 174　19 世纪初广州外销画：中国制造出口的重锤式自鸣钟

梦》中有大量钟表描写：宝玉有"核桃大小的一个金表"，王熙凤指挥的仆人也人手一个随身携带的小钟。这些应当都是中国制造的发条式钟表。

今天主流知识都说是利玛窦将自鸣钟引进中国，实际上并非如此。

历史的可能是：自 1513 年中欧海路开通以后，重锤式自鸣钟作为一种中国发明的稀罕玩意儿，流传到南洋、印度果阿直到欧洲葡、西、荷。南洋和果阿也多有中国匠人。耶稣会士罗明坚和利玛窦可能在印度果阿和南洋发现了这种报时不准、但可以自动敲钟的玩意儿，带到中国，说成是从西洋带来。

利玛窦 1601 年向万历皇帝进献西洋自鸣钟一事，《明史》根本没有记载。现在说法都是引自利玛窦的奏疏和艾儒略的记载。这两人的话怎么能信？

据称 1584 年利玛窦在肇庆制造出"中国第一台机械自鸣钟"。钟表制造是专业性很强的技术活。利玛窦来自意大利北部一个小地方，来华前也没有专门学过钟表制造。他并非超人，怎么能一到中国就知道自鸣钟各个齿轮结构，自己做出自鸣钟？

利玛窦忽悠中国官员说从西洋带来自鸣钟，重要原因是自鸣钟是一个不受重视的民间玩意儿，中国官员也不在意，就认了他的说法，以讹传讹。

尤其要戳破一个神话：人们通常以为利玛窦带进中国的自鸣钟，是走时准确、发条驱动的座钟。而实际上利玛窦所谓的自鸣钟，只是重锤式挂钟，属于报时不准，但可以自动打鸣的玩意儿。

两个见过利玛窦的明末官员，描写利玛窦的自鸣钟都是重锤式。

万历十四年（1589 年）任广东韶州同知的刘承范，写过数千字《利玛传》，其中有："（利玛窦）所携铜人刻漏二，别为密室藏之，其机发一，悬之梁上。日有十二时，每时至，则铜人之司时者，起而一击于某时上，其声巨。时有八刻，每刻至，则铜人……其声细。"

自鸣钟"悬之梁上"，显然是重锤式。铜人报时，十二时报时和八刻报时，绝对是中国式"自鸣"，是中国玩意儿。

明末官员顾起元在南京见过利玛窦，也对利玛窦的自鸣钟有描写："以铁为之，丝绳交络，悬于簾，轮转上下，戛戛不停，应时击钟有声。"（《客座赘语》）。这里的"丝绳交络，悬于簾"，也表明利玛窦的自鸣钟是重锤式挂钟。

明朝官员王临亨1601年去澳门视察海防，见到一个铜制的"自然漏"，会打鸣十二时。

刘承范把时钟称为"铜人刻漏"，王临亨称为"自然漏"，这一点非常重要。说明当时中国人是把自鸣钟叫做刻漏。

我向一位福建朋友求证，闽南话"刻漏"怎么发音，他说发"ke lao"（克劳）。我忍不住在电话里大喊："这就对了！"

可以确定，英语的clock和荷兰语的klok，就是来自中国闽南话的"刻漏"。就像英语的tea和荷兰语的thee，来自闽南话的dea（茶）。

郑重声明：前面所说中国苏州发明重锤（坠铊）式机械钟，然后从陆路和海路传入欧洲，都是谈可能性。暂无实证，姑妄听之，仅供参考。

有心者可以去求证，好事者也无须来找茬。

但从英语clock的词源去追溯，倒是一个铁证：机械时钟是中国发明。

中国元朝《农书》器械插图影响达·芬奇

达·芬奇（1452—1519）是意大利文艺复兴三杰之一。他的画作《蒙娜丽莎》尽人皆知。他不仅是画家，还是雕刻家、建筑师、音乐家、数学家、工程师、发明家、解剖学家、地质学家、制图师、植物学家和作家，简直是全才巨人。

他还留下了13000页左右的笔记和素描手稿。其中一份手稿（共1119页），1966年才在马德里被发现。在这些手稿中，除了物理数学、人体解剖等素描，还有大量机械工程器物的草图。

问题是，人的知识不可能从天上掉下来。他学画有老师委罗基奥，那么他的机械工程方面的知识是来自哪里？

2002 年，英国退役海军潜艇指挥官孟席斯（G.Menzies）出版《1421：中国发现世界》，认为是郑和发现了美洲。2008 年又出版了一本《1434：一支庞大的中舰队抵达意大利并点燃文艺复兴之火》，认为中国船队曾到过意大利，带去了大量中国书籍，直接影响了意大利文艺复兴早期的学者。

中国舰队曾到过意大利这一条可以存疑，但中国书籍确实随蒙古人西征大量流入意大利，无可置疑。

孟席斯披露了一个重要研究成果：中国元朝王祯的《农书》中的许多农器机械插图，直接出现在锡耶纳一个绰号叫"乌鸦"——塔科拉（Taccola，1382 年—1453 年）的书里。这些插图稍加改动又出现在另一个锡耶纳画家迪·乔尔乔（Francesco di Giorgio Martini，1439—1501）的书里，最后又出现在达·芬奇的手稿里。连续三级传递。

孟席斯认为，达·芬奇的许多机械设计图，与中国古代文献中的机械设计图"惊人相似"，显然"抄袭"了中国古人的发明。达·芬奇只是将中国《农书》等古籍的插图用三维立体方式重画了一遍，做了一些改变。

就是说，达·芬奇那些惊为天人的机械设计，并非他脑子里凭空涌现，而是来自他的两个前辈：塔科拉和迪·乔尔乔。最关键的是塔科拉，他显然看到过来自中国元朝的《农书》等书籍。

塔科拉本来只是一位在锡耶纳居住的公证人、学校秘书。一个山区小城的小职员后来突然成了工程师，就是因为他看到了传入意大利的中国书籍。塔科拉写的一本书《论机器》（De machinis），用的就是"马秦"。这也是用"马秦"来指称机器、机械的重要案例。

塔科拉还有另一本书《论发动机》（De ingeneis），共 4 册，有描绘鼓风炉风箱、水利工程、以牛为动力的磨粉机、起重机、绞车、风车、水车、航海船、折叠桥，以及一些军事机器的图片等。

塔科拉抄袭中国农书是可以抓现行的（比如图 175），中国农书中牛转翻车的插图，与他画的马拉转轴提升物品，几乎一模一样，都是将水平运动转换成上下运动。只是把牛换成了马。

孟席斯书中举了许多塔科拉抄袭中国农书的例证，两相对照。有利用水力的立式大水轮（图 176- 左），有模仿中国的折叠桥（图 176- 右上）。塔科拉成了意大利工程师传统的开创者，甚至被誉为"锡耶纳的阿基米德"。

迪·乔尔乔后来得到了塔科拉的手稿，也成了著名工程师。孟席斯称他是一个"彻头彻尾的剽窃者"。他的许多图片与塔科拉手稿中的几乎一模一样，只是稍加变换。

迪·乔尔乔不仅拥有塔科拉的手稿，也看到过中国的农书，同时两处抄袭。比如他设计的大水轮驱动的碾磨机，将垂直动力转化为水平动力，就是来自塔科拉和中国农书（图176-右下）。

他写过一本《论民用和军用建筑》（*Trattato di architettura civile e militare*），这本东西后来又传到了达·芬奇手里。中国农书的机械插图，通过塔科拉和迪·乔尔乔的接力传递，最后传给了达·芬奇。达·芬奇手稿中大量的民用和军用工程器械插图，并非他自己"发明"，而是来自中国农书。

中国水磨立式水轮驱动的齿轮咬合，通过迪·乔尔乔，传到了达·芬奇那里（图177）。达·芬奇画的齿轮咬合与前两者有所不同，但他画中那个大齿轮与中国农书里的大齿轮没有什么区别。

还有一个不容置疑的证据。中国农书中的高转筒车（图178-左），塔

中国农书中的牛转翻车

塔科拉画的马拉转轴

图175

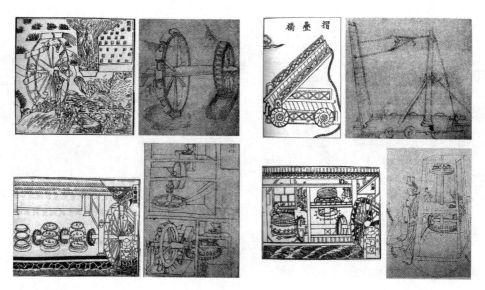

图176　塔科拉抄搬中国农书（孟席斯书中插图）

中国农书水磨

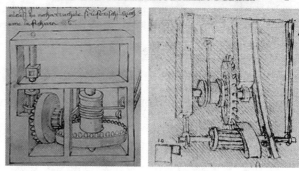

图177　　　　　　迪·乔尔乔插图　　　达芬奇手稿

八、中华器物西传　　　　　　　　　　　　　　　　　　235

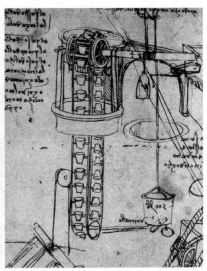

中国高转筒车　　　迪·乔尔乔筒车装置　　　达芬奇筒车装置

图 178

科拉据此画过一张从井里提水的筒车，迪·乔尔乔改进了一下筒车装置（图 178- 中），终于达·芬奇"发明"了几乎一样的筒车（链泵）装置（图 178- 右）。只是达·芬奇的装置画得比较轻灵，很有现代机械感，但它确确实实源于中国的高转筒车。

孟席斯明确表示，达·芬奇不是一个天上掉下来的天才或"沙漠中的先知"，而是那个时代几代人集体发展的结果："列奥纳多的著作是建立在前人所作大量研究的基础之上。他的磨粉机和辊式碾粉机、水力研磨机和锯木机、打桩机、运输机……都是对弗朗西斯科·迪·乔尔乔的《论民用和军用建筑》的发展和改进。"①

他认为："佛罗伦萨的数学家抄袭了中国人的著作——塔科拉、迪·乔尔乔和阿尔贝蒂（L. B. Alberti，1404—1472）从（秦九韶）的《数书九章》中抄袭了数学、测量、透视法和密码学知识；雷格蒙塔努斯从郭守敬的著作中抄袭了球面三角形的内容。"②

事实上，他也找到了一个阿尔贝蒂抄袭秦九韶《数书九章》的证据：阿

---

① 孟席斯：《1434》，人民文学出版社，2012 年，第 245 页。

② 同上，第 206 页。

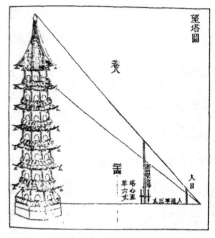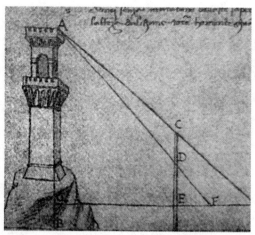

图 179　阿尔贝蒂抄袭秦九韶的测高图

尔贝蒂的测高图与秦九韶的图几乎一样（图 179）。这条证据非常重要，说明中国宋代的数学著作已经在 15 世纪传到了意大利。而阿尔贝蒂是意大利早期文艺复兴鼎鼎大名的人物，写过《论绘画》（透视几何）、《论雕像》和《论建筑》。

雷格蒙塔努斯是西方天文学的重要人物，居然被孟席斯发现他是从郭守敬那里抄袭天文学。难怪他成了"一位知识巨擘"。他那部 800 多页的星历表空前精确，当时"海员根本不需要使用仪表就能准确计算在海上的纬度和经度"。

孟席斯提出，正是由于大量中国书籍流传到意大利，才使得那个时代的意大利人仿佛犹如神助，一个个突然变成了无师自通的天才。

蒙古人西征打通欧亚通道，中国的书籍有可能在 14 世纪开始传入意大利。这些书籍不仅仅是农书，也包括天文、地理、数学等科技文化知识，甚至还包括绘画（后文论述 13 至 14 世纪中国绘画影响意大利）。

中国纺织机、活塞风箱和铁铧犁引发欧洲工业革命和农业革命

西方的工业革命发生在纺织行业，其标志是蒸汽机应用于纺织业。历史上，西方的纺织技术来自中国，蒸汽机的发明又是基于中国活塞风箱的原理。

中国铁铧犁引入欧洲，引发了欧洲农业革命，大大增加了欧洲粮食产量。

人的生活，离不开衣食住行，衣排位在前。衣服也是文明的重要标志。华夏文明之"华"字，有服饰华美"服章之美"的意思。中华民族正是以华美的衣裳惊艳人类古代文明史。

中华民族至少在 5000 年前就开始养蚕缫丝穿丝绸衣裳。浙江吴兴出土有距今 4700 年前的绢片和丝带。到了秦汉，丝绸纺织已到了令人惊叹的精致地步。

我曾在长沙湖南省博物馆看到马王堆出土的素纱襌衣（图 180-左），由精缫的蚕丝织造，薄如蝉翼，整件丝衣只有 49 克重！当场让我绝倒，留下难以忘怀的印象。还曾在北京国家博物馆看到过新疆和田出土的东汉织锦护膊"五星出东方利中国"（图 180-右）。首先惊讶于"五星出东方利中国"，仿佛是一句 1800 年前就发出的对今日中国的祝福。这件蜀锦织物经线密度极大，纹样复杂，展现了汉代织锦技术极其精湛的水平。

2012 年，成都老官山汉墓出土了 4 架蜀锦提花织机模型，有一架相当完整（图 181-左），结构零件非常复杂，可以织出华美花纹的蜀锦。所以，中国的纺织技术、尤其丝绸纺织，一出场就处于巅峰，一骑绝尘。

中国的养蚕业后来也传播到世界各地："6 世纪或 7 世纪则循着丝绸之路经波斯传到阿拉伯和埃及。8 世纪时传到西班牙，以后传遍地中海各国。15 世纪传到法国……"（百度）16 和 17 世纪，意大利的卢卡和法国的里昂成为欧洲丝绸纺织中心。

除了蚕丝，中国古人早在商朝就能用麻纤维织麻布。孟浩然诗曰："开轩

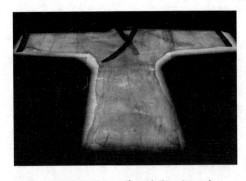

马王堆西汉素纱襌衣，薄如蝉翼，重 49 克　　东汉"五星出东方利中国"蜀锦护膊

图 180

成都老官山汉墓，蜀锦提花织机　　　汉代踏板斜织机

图181

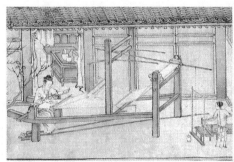

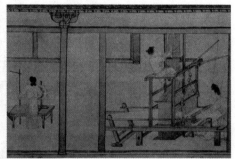

南宋佚名《蚕织图》，丝绸织机　　　南宋《蚕织图》提花织锦机，黑龙江省博物馆

图182

面场圃，把酒话桑麻。"桑麻织布，男耕女织，是中国农业社会的典型画面。

　　秦汉时期，丝、麻、毛的纺织技术已很成熟。缫车、纺车、脚踏斜织机和提花织机都已出现。脚踏斜织机还经常出现在汉画像石上（图181-右）。

　　中国的纺织机械到了唐宋时就更加成熟，可以织出布、绢、纱、绫、罗、锦、绮等各种布帛。我们可以在两幅南宋佚名的《蚕织图》中，看到宋代丝绸织机的样貌（图182），右边那幅图中的提花织锦机结构很复杂。

　　到了明朝，织云锦的提花织机就更为复杂。明末大学者宋应星（1587—1666）编著的《天工开物》里画过一台织绫绢的"花机"（图183），各种构件组合复杂之极，可以说是一台真正的"马秦"（机器）。

　　西方为了标榜自己的古代文明，称古希腊也有很高级的纺织业。不仅雅

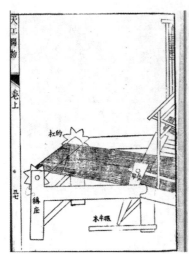
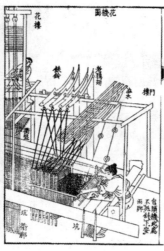

图 183 《天工开物》
插图：明朝织绫绢的
提花织机

典巴特农神庙浮雕有表现纺织女，还在古希腊花瓶上表现纺织场景（图 184-左）。卢浮宫胜利女神雕像披着薄透的轻纱（图 184- 右），飞扬的裙裾，用的是什么织料？古希腊没有丝绸，也没有棉布，绝无可能纺织出如此轻薄飘逸的织料。仅凭纺织服饰这一条，就可以证明这件古希腊雕像是现代伪造。

中国的纺织材料，早期是丝、麻、毛，从宋代开始用棉花。织丝绸的织机比较复杂。中国织机往西流传，主要是编织麻、毛、棉线的织机。中国传统织布机，基本样式大致长这个样（图 185）。

古希腊花瓶：纺线、纺织图

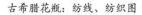

图 184

卢浮宫胜利女神雕像穿的是
什么织物？

中国传统织布机基本样式　　　　　　　　实物模型

图 185

波兰老织机　　　　　　　　奥地利老织机，蒂罗尔博物馆

图 186

　　正是这种"马秦"中国织机，北路通过敦煌西域，南路沿蜀身毒道（四川至印度），传遍了西亚和南亚，最后流传到欧洲。前面已提到，早在唐朝，杜环就曾在伊拉克南部见过两位中国纺织工匠。中国纺织工匠的西行，也伴随着中国织机的往西传播。

　　事实上，中国式织布机可以在欧洲各地看到。东欧波兰的织布机和西欧奥地利的织布机（图186），与中国织机大同小异。许多欧洲版画所画的欧洲17至19世纪的织布机，也明显可以看出中国织布机的渊源（图187）。

　　今天中国读书人无人不晓的荷兰画家梵高，也画过好多幅荷兰织布机

欧洲 1600 年的织机　　　　欧洲 1873 年的织机

欧洲老织机　　　　　　　　欧洲 19 世纪的织机

图 187

（图 188），与中国织布机没有什么两样。

　　中国用棉花织布，是从宋朝开始。宋元之际，棉花超越丝麻，成为使用最广泛的纺织物。棉布衣成为中国人的日常服装。

　　宋元之际，江苏松江出了一位中国棉纺业始祖黄道婆，改革了棉纱加工和织布工艺技术，使松江府以及整个长三角地区一跃而为中国的棉花种植基地和棉布纺织中心。后来，中国的棉纺技术传往亚洲其他地区，以及欧洲、非洲、南北美洲和澳大利亚。

图188　梵高画的两幅荷兰织布机　1884年

元朝《农书》　水转大纺车　　　　　　　　　　脚踏纺缕车

图189

　　中国宋朝，已经出现了30多个锭子的水力驱动的大纺车，用皮带带动。王祯的《农书》有图示（图189-左）。这几乎是一种工业用的纺纱机。

　　明末1637年，宋应星的《天工开物》问世，是一部插图版的工艺百科全书。这部书不仅对农业生产的过程做了具体介绍，还对手工业，诸如纺织、机械、冶金、陶瓷、砖瓦、硫磺、造纸、兵器、火药、染色、制盐、采煤、榨油等工艺技术，也做了配图文字介绍。介绍纺织工艺的插图有不少。有一幅脚踏转轮"纺缕图"（图189-右），接近黄道婆发明的脚踏三锭纺（棉纱）车。

王祯和宋应星，中国人用自己的知识造福广大百姓的天下情怀，与西方现代知识产权的观念，相去何止天壤！中华民族在传播工农业生产技术上，从不讲知识产权。

事实上，17世纪欧洲的农业和手工业非常落后，《天工开物》流传到荷兰、英国和法国等欧洲国家后，书中介绍的许多中国产业技术都是被直接搬用，填补空白。所以《天工开物》在欧洲得到高度评价，被法国学者儒莲称为"科技百科全书"。

17世纪，是"海上马车夫"荷兰人将中国的诸多工艺搬运回欧洲。荷兰成了中国百科工艺转运欧洲各国的中转站。

中国的纺织技术传到英国后，18世纪英国人开始加以改进。1764年，英国人哈格里夫斯（Hargreaves），制成了一次可纺8根纱的手摇纺纱机，以他女儿的名字命名为"珍妮纺纱机"（图190）。同时，英国纺织业大力推广使用中国的水力驱动技术。到1788年，英国共有143个水力棉纺厂……纺织业推动了英国工业革命的发生。

图190　英国发明珍妮手摇纺纱机　1764年

1782年英国人瓦特发明了双向蒸汽机（图191），1785年首次用于纺织工业，1794年开始规模化生产。纺织业大规模使用蒸汽机驱动，标志了英国工业革命的来临……

我们都知道，蒸汽机是西方人的伟大发明，是西方现代工业革命的象征。但实际上，蒸汽机的两个根本原理是来自中国人的发明。

第一，双向式蒸汽机，与中国双动活塞风箱原理一模一样（图192）。

所谓双动活塞风箱，就是推风箱拉杆，风箱送风。拉风箱拉杆，风箱也送风。双向都做功。这种双动活塞风箱在中国很寻常，北方农村用来做饭。小时候，老家老房子住过打铁的铁匠，要使用风箱。一推一拉，风箱两个进气口一开一关，会发出踢踏舞般悦耳的声音。

关于中国双动活塞风箱直接启发英国蒸汽机的发明，潘吉星先生做过非常详细的考证（《中国双动活塞风箱的发明、西传及其历史意义》）。潘先生指

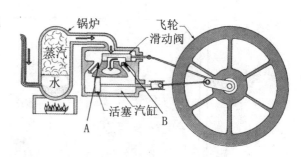

图191 瓦特发明的双向式蒸汽机 1782 年

锅炉
飞轮
滑动阀
蒸汽
水
活塞汽缸
A
B

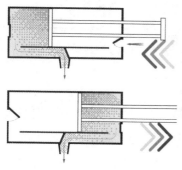

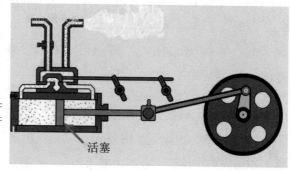

活塞

双动活塞风箱（双向做功）　　　蒸汽机活塞也是双向做功

图192

出，从 16 世纪起，中国风箱反复被介绍到欧洲。《天工开物》画有大量风箱的图片（图 193- 左）。

尤其一个很关键的事实是：1757 年，英国宫廷建筑师钱伯斯（W. Chambers）在伦敦出版专著《中国房屋图样，附家具、服饰、机器及用具……》，其中也绘有中国双动风箱。因为拉和推双向都送风，被称为"永动风箱"（perpetual bellow）。

瓦特非常了解中国风箱双动活塞的原理。他之前的蒸汽机是单向（单动）的，用于抽水。后来才把单向改进为双向（双动）。风箱是用活塞把空气往外推，蒸汽机是将蒸汽往气缸里推，推动活塞……原理一样。

第二，蒸汽机活塞的直线运动转为圆周运动，是反向运用中国水排将圆周运动转为直线运动（图 193- 右）。是同一个原理。

中国的水排不仅给英国棉纺厂提供了水力驱动的技术，还给蒸汽机输出动力（直线运动转为圆周运动）提供了技术原理。

潘先生指出："中国活塞风箱所体现的双动原理和水排中使用的直线运动

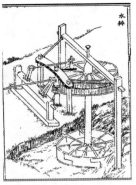

《天工开物》插图：双动活塞风箱　　　《农书》水排：圆周运动转直线运动

图 193

与旋转运动相互转换的传动系统，无疑在促使蒸汽机组的成功研制过程中起了关键作用。""中国人为 18 世纪双动蒸汽机的诞生作出了起决定性作用的先驱工作，人们在享受工业革命成果时，应当饮水思源。"①

英国历史学家霍布森也指出了"英国工业化的中国起源"，揭示蒸汽机源自中国双动风箱和水排，并申明："在诸如达·芬奇等欧洲人还在梦想发明这种装置之前，中国人已经在蒸汽机的许多基本原理上领先了几个世纪。事实上，英国的蒸汽机并非奇迹般地凭空而来。"②

欧洲的农业革命，竟然是由一件在中国很不起眼的铁铧犁引起的！

西欧长期没有什么像样的农业，主要靠畜牧业。曾在欧洲博物馆看到一件"中世纪"木犁（图 194- 左），我都不知道这样的木犁是怎么使用的，太原始了。正因为欧洲农业长期很落后，所以人口也不多。17 世纪时，欧洲超过 10 万人口的城市没几个。

困住欧洲农业的主要原因，就是没有好的农业技术和好的农具。而中国在战国两汉，铁制农具已经普及。汉唐定型的牛拉铁铧犁（图 194- 右），代表了古代世界最先进的农耕工具。这种铁铧犁，在犁开泥土的同时，利用曲面犁壁，将泥土翻过来，一直使用到今天。

17 世纪，荷兰人把中国铁铧犁引入欧洲。很快又引到了英国，适合

---

① 潘吉星，第 744、745 页。

② 霍布森，第 188 页。

欧洲 13 世纪木犁　　　　　　　　中国汉唐定型的铁铧犁

图 194

英国罗瑟勒姆犁　　　　　　　　现代拖拉机用铁铧犁

图 195

翻耕英吉利东部的沼泽地。1720 年英国仿制出罗瑟勒姆犁（Rotherham plough）（图 195- 左），也叫做"荷兰杂牌犁"。

　　这种犁虽然将中国的单把犁柄改为双把，但铁铧和犁壁的形状，完全是中国铁铧犁的样式。英国引进了中国铁铧犁后，农业生产大获发展。中国铁铧犁后来也从荷兰传到法国和美国，成为 18 世纪欧洲使用最广泛的犁具。

　　中国的铁铧犁确实非常先进。今天拖拉机用的现代铁铧犁，铁铧和犁壁形制也是沿用老样式，没有发生重大变化（图 195- 右）。

　　霍布森高度评价了中国铁铧犁对英国的贡献——"英国农业革命的中国起源"。他引用学者莱塞（P. Leser）的观点："现代欧洲的犁起源于中国。如果没有引进中国的犁，欧洲就可能不会有农业革命。"再引用坦普尔（R. Temple）的观点："在欧洲的农业革命中，没有能比采用中国犁这样更重要的因素了。"①

所以说，中国一些很不起眼的器物，其实包含了卓越的科技原理和文明贡献，造福了全人类却默默无闻。

中国水排和风箱引发了欧洲工业革命，铁铧犁引发了欧洲的农业革命，就是这样一些中国平凡器物，引发了欧洲工农业革命却鲜为人知。

眼镜、算盘、马镫、纸钞、烧酒（白兰地）等也是中国发明

中国发明的器物流传到欧洲实在太多，不胜枚举。

美国学者坦普尔在《中国：发明与发现的国度》一书中，例举了100项中国的发明。有许多是我们觉得太普通的东西，比如雨伞、火柴、纸牌、象棋、风筝、定音钟、钓鱼竿的绕线轮、纺车、独轮车、马挽具、旋转风扇车、曲柄摇把、弓形拱桥、吊桥、深井钻探、弩、枪炮……等等。

这里只介绍5项，都是小东西，但具有巨大的文明价值。

眼镜是现代人几乎人人都会用到的东西。即使年轻时不近视，年纪大了不免要配一付老花镜。

现在都说玻璃是古埃及人发明的。其实玻璃是中国的发明。早在商朝，中国在烧瓷器和炼铸铁的同时，就烧制出了玻璃。战国曾侯乙墓出土了170多颗蜻蜓眼玻璃珠。1956年长沙出土了一柄西汉18厘米长的玻璃矛，翠绿色，通体透明。一般人们以为烧制玻璃不需要很高的温度，500℃左右就可以让玻璃软化。实际上要将石英砂原料烧制成玻璃，需要1200℃以上至1500℃的高温，跟烧制陶瓷、炼铸铁的温度一样。在古代，中国以外的国家很难获得如此高温。

眼镜通常说法也是外国的发明。实际上，到了宋代，中国就有了单片眼镜，名叫"叆叇"。

同道"舞天玄姬"（顾婷婷）写过一篇《眼镜是中国发明的》，文章讲得很清楚。下面稍作引用。

南宋赵希鹄《洞天清录》记："叆叇，老人不辨细书，以此掩目则明。"

---

① 霍布森，第181、182页。

说明南宋时期的中国就已经有了老年人看书用的单片水晶老花眼镜。宋朝的一些笔记也记载，当时已能磨制十几种单片水晶镜片。

明嘉靖的郎瑛在《七修类稿》中有："闻贵人有眼镜，老年观书，小字毕见，诚世宝也。"明万历的田艺蘅的《留青日札》卷二，专门讲了叆叇，是一种双片无腿眼镜，"用绫绢联之，缚于脑后"。

明朝中晚期的《南都繁会图》中，有一位老者戴着眼镜（图196），坐在街边，形态可掬。画中物品的诞生可以比画本身早。所以这幅画可以证明，中国在明朝1500年左右，就已经出现了眼镜。

无独有偶，还有一幅明末清初的《苏州市景商业图册》里，也有一位戴眼镜老者在街头的形象（图197）。尤其还画了一家眼镜店"益美斋精制水晶眼镜铺"！好像是一位顾客在试眼镜。眼镜的黑框很酷。这恐怕是世界图像史上第一家眼镜铺。

算盘也是一项中国人的伟大发明。可以说是在计算机发明之前，是世界上最古老的计算机。

图196　明朝中晚期《南都繁会图》老者戴眼镜

明末清初《苏州市景商业图册》街头老者戴眼镜　眼镜铺

图 197

五珠算盘

北宋《清明上河图》柜台上有一把五珠算盘

图 198

　　算盘携带方便，操作简单。中国算盘是典型的十进位制的产物，采用十进位计数，满十进一，档位表示个十百千万。可以进行加减乘除运算，甚至可以开方，是真正的计算神器。

　　中国早期是用筹算，东汉出现珠算雏形。东汉数学家徐岳的《数术记遗》中有："珠算控带四时，经纬三才。"北周数学家甄鸾注释曰："刻板为三分。位各五珠，上一珠与下四珠色别，其上别色之珠当五，其下四珠各当一。"甄鸾说的是一种五珠算盘（图 198- 左）：上边一珠当五，下边四珠各当一，已经很实用。

现在标准算盘是七珠，上边两珠下边五珠。小时候在农村上小学，老师让我们练习珠算加法：1 + 2 + 3……100，比赛谁加得快。还记得小伙伴们比巧技：手抓算盘一甩，上边两排珠子滑向上框沿，下边五排珠子依然靠住底框……

北宋著名的《清明上河图》，有中国算盘最早的图像（图198- 右）。那家"赵太丞家"的店铺柜台上，依稀可辨有一把十五档的五珠算盘。

因此，至少从1400 年前开始，中国就用上了算盘这种很先进的计算工具。

算盘不仅可供千家万户普通百姓的日常计算，也可供数学家进行复杂数学运算。朱载堉就是用一把81 档双排超大算盘，计算出十二平均律，将8 度音阶平均分为12 等分。他假设黄钟正律为1，黄钟倍律为2，全长一尺。先求全长1/2 处的蕤宾倍律，即2 的平方根，竟然能计算精确到小数点之后24位，得出"一尺四寸一分四厘二毫一丝三忽五微六纤二三七三零九五零四八八零一六八九"（1.414213562373095048801689）！太牛了。

算盘的计算能力非常强大，所以中国制造原子弹，制造第一颗人造卫星，都曾使用了算盘，有算盘的功劳。

中国算盘传入欧洲的具体时间，应该在16 世纪。欧洲真正推广应用珠算，是在19 世纪。1800 年前后法国和英国开始推行普及教育，给算盘在欧洲的推广使用提供了条件。用算盘来做加减运算的便捷显而易见，所以算盘尤其受到欧洲会计业的欢迎。

1972 年，第10 届国际会计大会在澳大利亚悉尼举办，在专门发行的纪念邮票和首日封上，赫然印有五珠算盘图案（图199- 左），说明世界各国的会计们没有忘记算盘的历史功绩。1988 年爱尔兰特许会计师研究院成立100 周年，纪念邮票上也印有算盘（图199- 右），表达了爱尔兰会计在个人电脑时代依然对算盘有深深的怀念。

2007 年11 月，英国最有影响力的报纸之一《独立报》评选出101 件改变世界的小发明，大到电脑、电视、照相机，小到火柴、纽扣、橡皮筋，排在第一位的竟然是中国的算盘！可见，算盘在英国人的心目中的重要位置。

2013 年，珠算又被联合国教科文组织列入人类非物质文化遗产，也证明

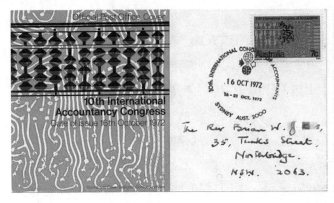

1972 年第 10 届国际会计大会澳大利亚纪念邮票和首日封（算盘）

1988 年爱尔兰特许会计师研究院 成立 100 周年纪念邮票（算盘）

图 199

中国算盘曾经对现代西方产生的重大影响。

甚至今天，算盘也没有完全被废弃。许多国家仍然有算盘的教学。

但今天西方的百科知识，完全抹煞了中国人发明算盘的历史事实。西方人不仅在古文明的大问题上搅浑水，在发明算盘这样的小问题上也搅混水：宣称算盘的起源不清楚，然后称古两河、古埃及、古希腊和古罗马等地都有算盘。到处都有算盘，中国算盘只是其中一种，所以算盘不是中国的发明。

西方给出的那些古代算盘的解释和图示，简直荒诞无稽。说有三种古算盘。

第一种 "灰尘算盘"（dust abacus）：在一块木板或石板上铺上灰尘或细沙，在上面用小木棍划数字来计算。说古波斯就是这么干的。第二种叫 "算板算盘"，在板上划上一些线，再在上面放一些小石子来计算。或者在算板上弄一些凹槽，在槽里放一些小圆珠来计算。第三种才是中国式串珠算盘……

所谓古两河流域的巴比伦算盘（图 200- 左），据称是前 2000 多年时出现的。这种巴比伦算盘，显然是模仿中国的五珠算盘。

古希腊有一块大名鼎鼎的算板（图 200- 右），说是 1899 年在希腊萨拉米斯岛挖到的。这是一块一米多长的大理石石板，上面划了线道道。古希腊人没有十进位制，甚至没有数字（用字母来代替），这样的算板能计算吗？

英国伦敦科学博物馆藏有两块古罗马算盘，这是其中之一（图 201- 左），

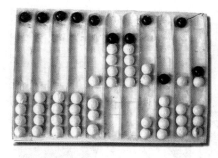

巴比伦算盘

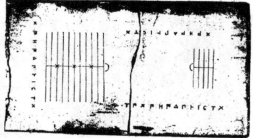

古希腊大理石算板

图 200

古罗马算盘

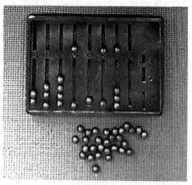

往算盘上摆小圆珠

图 201

簇新簇新，一点也不做旧。那些圆珠，感觉是卡在槽里不能动。运算时要把这些圆珠都取出来，再往算盘上放（右）。很显然，巴比伦和古罗马古算盘都是虚构的，是对中国五珠算盘的拙劣模仿。

还有一些德国算盘的图像。有一幅 1479 年德国奥格斯堡的生活场景。还有一幅据称是 1514 年德国出版的珠算法插图（图 202），看上去像是在烤羊肉串。

这里有灰尘算盘，那里有算板算盘，中国串珠算盘，就不算啥了……这是西方对中华文明成果搅混水的典型套路。

马镫也是小物件，但极其重要。

马镫让骑士双腿有了支撑，解放了双手，让人和马融为一体，大大提升了骑兵的作战能力。中国北方草原的匈奴、突厥和蒙古骑兵，一波一波往西

1479 年德国算盘，奥格斯堡的市民生活　　　　　1514 年德国出版的珠算插图

图 202

横扫亚欧大陆，其中就有马镫的作用。

马镫传入西方后，造就了西方骑士阶层，形成封建社会。西方人称马镫叫"中国靴子"。人们意想不到，小小马镫竟然改变了世界历史进程。

因此有学者称马镫是人类历史上一项具有划时代意义的发明，甚至称其为中国第五大发明……

中国发明马镫的时间，中国学界多认定是在西晋。根据是长沙出土的西晋青瓷骑马俑。但沈从文先生根据多项物证，认为马镫的发明至少在西汉末年。马镫的发明时间定在西汉，有许多物证，也符合历史逻辑。

山西博物馆，曾展出过一件汉朝铁制马镫（图 203- 左）。

2004 年，西安南郊出土西汉大型宫廷壁画，有贵族女子骑马郊游和猎人骑射图。专家辨认，骑马人脚掌下画有马镫。

最实证的是，2021 年西安西郊咸阳机场附近的洪渎原，发掘出一处东汉家族墓地，出土了一些铅制冥器马具，其中一件是马镫（图 203- 右）。因为是冥器，尺寸比实物小。马镫成为冥器，可以透出一条重要信息：东汉时期马镫已经非常普及，日常到可以做冥器。

2019 年南京考古人员发现三国东吴名将丁奉家族墓，出土了 16 件骑马鼓吹陶俑。其中一件陶俑左侧有一个三角形，经专家确认为单侧马镫（图 204-上），年代为三国吴建衡三年（271 年）。

引用最多的是 1958 年在长沙金盆岭西晋墓出土的青瓷骑马俑（图 204-

汉朝铁制马镫

铅制冥器马具

图203

南京三国陶俑单侧马镫

长沙西晋青瓷骑马俑单侧马镫

图204

下），骑士左侧有一只三角形单侧马镫。年代为西晋永宁二年（302年），这个年份被中国学界长期认定是中国出现马镫的时间。

再介绍四例中国古代马镫。

南京象山东晋琅琊王氏族墓群，曾出土了一件陶马，装有双侧马镫（图205-左），墓葬年代为东晋永昌元年（322年）。

吉林集安4至6世纪高句丽墓葬壁画，有一幅骑行图（图205-右），骑士持弓背箭，神情悠闲，马的表情也很可爱。脚上的马镫清晰可辨。

1965年，辽宁北票市北燕汉人贵族冯素弗墓中，出土了一对铜鎏金木芯双马镫（图206-左），马镫的木芯为桑木条揉成，外面包钉一层鎏金铜片，非常精美，现藏于辽宁省博物馆。

到了唐朝，中国马镫已是现代样式。1978年洛阳出土的唐朝彩绘驯马陶俑（图206-右），具有极高的艺术表现力，是中国古代雕塑艺术的精品。

八、中华器物西传

南京象山东晋陶马双镫　　　　　　　　吉林集安高句丽壁画马镫　4世纪

图 205

辽宁北燕铜鎏金木芯双马镫　6世纪　　　洛阳唐朝彩绘驯马陶俑马镫

图 206

　　维基百科词条对马镫的发明依然搅混水，称前 2 世纪晚期，印度出现了一种脚趾环，可塞入大脚趾，是马镫的原始形式。再扯上朝鲜（高句丽）和日本很早有马镫，然后把中国出现马镫的时间定在 4 世纪西晋时期。

　　不过，西方艺术伪史有一点还算尊重历史：古代欧洲根本没有马镫。所以古希腊和古罗马雕刻中，骑士都没有马鞍和马镫。比如雅典巴特农神庙的古希腊骑士浮雕（图 207- 上），没有马镫，光脚。罗马市政广场的古罗马皇帝马可·奥勒留铜像，还有希腊萨塞洛尼基街头亚历山大大帝雕像，也没有马镫，穿凉鞋（图 207- 下）。

古希腊巴特农神庙
浮雕骑士
没有马镫，光脚

古罗马皇帝马可·奥勒留像
没有马镫，穿凉鞋

亚历山大大帝骑马像
也没有马镫，穿凉鞋

图207

八、中华器物西传

没有马镫，骑兵怎么打仗？仅从这一个小细节就可以判定，所有古希腊和古罗马历史描述骑兵打仗的战争，比如希腊与波斯战争中的骑兵，迦太基与罗马打仗的汉尼拔骑兵，还有亚历山大大帝率兵横扫欧亚……都是瞎编。

西方伪史的破绽漏洞太多了，马镫就是一个西方伪史无法自圆其说的大破绽。

中国的铁制马镫在唐宋之际传入波斯，被称为"中国鞋"，传到欧洲叫"中国靴子"。

马镫是中国的一项伟大发明，对于人类的重大贡献。正如美国科技史家林恩·怀特（Lynn White Jr）所指出："很少有发明像马镫那样简单，也很少有发明对历史产生如此重大的推动作用。"

纸币也很平常。日常生活中，人们拿纸币（本质上是纸）在商店换取你想要的物品，天经地义。人们不会意识到，把纸等同于贵金属的做法并不寻常，而是一项中国人的发明。

事实上，人类最早是以货易货。发现不方便，便有了交易的中介物所谓货币。中介物必须珍贵，稀罕。比如金子和银子，大家都接受，至今依然具有货币属性。

中国最早的货币并非金银，而是大海里的小贝壳。天然海贝小巧精致，从夏朝末、殷商和西周，一直是中华大地流通的货币，被称为"贝币"。为了便于拎串，就在贝壳上打个洞或磨去壳背（图208）。5个贝壳拎一串，两串

中国最古老的货币——天然海贝

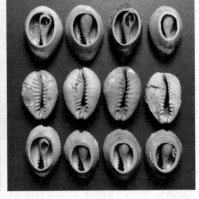
磨掉壳背或打洞，便于拎串

图208

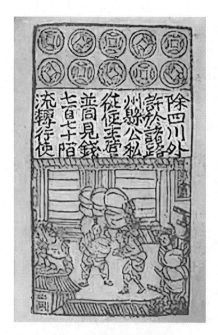

北宋交子——世界最早的纸币

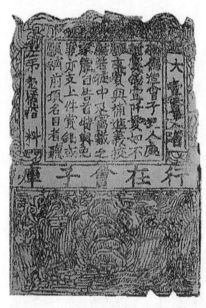

南宋会子——杭州（行在）

图209

十个贝，叫一"朋"（朋友的朋字原来是两串贝壳）。

我们说"宝贝"，贝就是宝。贝还大规模进入了中国的汉字，成为汉字的一个重要偏旁。所有跟钱财有关的，都是贝字旁。首先"宝"的繁体字"寶"里就有贝。财、赠、赔、赚、赌、贿、贼……通通都用贝壳来组成。

贝币不仅在中国古代流通，甚至也一度成为通用于亚非欧的全球货币。海贝曾推动过欧洲人的大西洋黑奴贸易。马尔代夫的海贝供不应求……

到了春秋战国，海贝显然不能满足日益增长的商品交易要求，于是有了青铜货币。先有模仿海贝形状的铜贝，后来有模仿铲子的布币和模仿刀的刀币。到了秦汉就有了更小的方孔圆边的铜钱。从此，铜钱成为中国的日常货币，直至近代。

铜钱要进行大额交易，毕竟还是不方便。海昏侯墓出土铜钱10余吨，太重了。尤其到了北宋，四川铸钱缺铜，便用铁来铸钱。铁比铜贱，十枚铁钱抵一枚铜钱，买一匹绢要上百斤铁钱。终于，成都的一些富商创造性地发行一种纸币，叫交子（图209-上），规定面额与铜钱等值，进入市面流通。

交子开始是在民间发行，后来官府认可了这一民间创造。北宋天圣元年（1023年），政府在四川设立官方发行交子的机构，正式发行"官交子"。

北宋交子是世界上最早使用的纸币。

南宋继续使用纸币，名字叫"会子"（图209－下）。

南宋会子是在绍兴三十年（1160年）由官方户部正式发行。票面上印有"行在会子库"，这个"行在"就是南宋首都杭州，非常接近今天杭州话发音的"杭州"。

南宋会子发行量极大，很长时间管控很好，币值稳定，信誉极佳，竟出现"商旅往来，贸易竞用会子"的情况。

元朝纸币又有了新名字，叫交钞或宝钞。我们今天说的钞票，名字就来自元朝的纸钞。不同于两宋时期纸币和铜钱并用，元朝时期基本上只发行纸钞，较少铸造铜钱。纸币成为主要货币，可以说是一个真正使用纸币的朝代。

忽必烈时代发行过"中统交钞"和"至元宝钞"（图210－左、中）。元朝纸币建立了较为完善的管理制度，管控很严，票面上印有"伪造者斩""伪造者处死"。中统钞流通20多年，币值稳定，在整个蒙古帝国的广阔疆域都通用。

马可·波罗来到中国，深深被元朝的纸币所震惊。在他的游记里，专门有一章介绍中国纸币：蒙古大汗让树皮一样的纸当作货币，在整个大汗的领地流通，用这些纸如同金币一样进行商品买卖……欧洲人是通过马可·波罗

  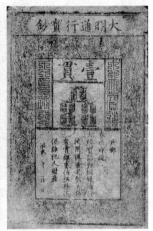

元朝中统交钞　　　　　元朝至元宝钞　　　　　　明朝洪武大明宝钞

图210

第一次听说了纸币。

另外，忽必烈胞弟、波斯伊尔汗国王旭烈兀，也仿照元朝中原的交钞，于1294年在大不里士印制纸钞，有多种币额，票面印蒙古文和阿拉伯文，也警告"伪造者处死"，还特别印上汉字"钞"及其音译cao。结果发行纸钞没有成功，但"cao"的发音却被借入波斯语指"钞票"。

明朝只是在明初洪武朝发行纸币，名叫"大明宝钞"（图210-右），也铸铜钱。纸币滥发导致贬值，后来隆庆元年（1567年）改用白银作为法定货币。

西方历来只认贵金属，不认纸币。欧洲最早的纸币是1661年瑞典斯德哥尔摩银行发行的纸币（图211-左），需要银行行长等股东亲笔签名。1694年，为了筹集对法战争的资金，英国皇室特许苏格兰人威廉·彼得森（W. Paterson）等人成立英格兰银行（图211-右），获得货币发行权，1695年发行纸币。

要注意的是，欧洲国家的纸币通常由私人银行发行。英格兰银行成立之初就是一家私人银行。它发行的英镑货币其实是"银行券"（banknote），而非英国政府发行的国家货币。该行1946年才收归国有。

1913年，由摩根和洛克菲勒等金融富豪倡议成立的美联储，也是一家私有的中央银行。美联储发行的美元，也是"银行券"，而不是美国政府发行的国家货币。

尽管纸币问世之后遭遇各种问题（伪造、滥发等），但终究比金属货币使用

1661年瑞典斯德哥尔摩银行
发行欧洲第一种纸币

1694年签署成立英格兰银行

图211

方便，而被现代世界各国所采用。中国人最早发明纸币，是一项了不起的创造。

作为好酒之徒，一直赞叹酒是人类最伟大的发明之一。

酒给人带来快乐，带来健康和年轻的心态，让生活变得美好，实在是个好东西！

永远怀念母亲在世时每年过年前都要准备一小缸家酿米酒，清冽劲足口感好。我也在农村老家见过蒸馏烧酒，老家话叫"吊（diāo）酒"。把洗干净的番薯用机器打碎，用纱布裹住放到水缸里揉洗出番薯粉浆（淀粉），沉淀晒干可以做粉丝。番薯渣则拌上酒曲，装到坛里发酵一段时日，就可以请吊酒师傅到家里，倒到锅里水煮，蒸馏烧酒。我当"知青"时喝的就是这种"番薯烧"，40多度，味苦，但也是青春记忆的美好时光。

那么是谁发明了酒，包括蒸馏酒？

这次维基百科词条总算很痛快：酒是中国人发明的。西方承认前7000年，河南贾湖遗址的一些陶罐内壁发现了酒渍残留物。这是用稻米、野果和蜂蜜人工酿造的米酒。

中国历史记载商纣王"酒池肉林""长夜之饮"，不是假的。

蒸馏酒的发明，西方也很大方地给了中国："中国人可能在公元最初的几个世纪，即东汉时期，独立地发展了蒸馏法。"

倒是中国的一些人，拼命地把蒸馏酒说成是阿拉伯人发明，元代传入中国。还一口咬定中国出土的汉朝青铜蒸馏器不是用于蒸馏酒，而是炼丹炼汞或炼取花露水（香水）……

中国学界有些人，遇到有文字记载而没有挖出相应实物，他们会说没有考古实物不能算数。而当中国挖出了一些实物而没有相应文字记载，他们又会说，没有文字记载实物也不算数。

事实是：中国西汉就有蒸馏器具，极有可能用来蒸馏酒。

我们不能用现代高度白酒的指标去要求中国汉朝的青铜蒸馏器。蒸馏酒也未必都是高度。

2015年出土的海昏侯西汉青铜蒸馏器，体量大（甑桶高60厘米），釜、甑和盖三件结构完整（图212-左中），惊艳世界。

这是一件无可置疑的蒸馏器。两层桶壁构成汇露槽。含有酒精或蒸料成分的蒸汽上升，遇到穿盖冷却形成"露液"，然后沿着穿盖四周流下来，进入

导流出口　　导流出口

两层桶壁，构成汇露槽

海昏侯墓葬蒸馏器底视图

西汉青铜蒸馏器，海昏侯墓　　　　　　　　　出土时与酒具放在一起

图 212

夹层桶壁底槽，顺着两个导流管流出蒸馏液。

　　由于这件蒸馏器出土时是与一些酒具放置在一起（图 212- 右），所以有理由推断这个蒸馏器极有可能用来蒸馏酒。

　　西方之所以承认中国东汉就有蒸馏酒，是因为上海博物馆藏的一件东汉青铜蒸馏器（图 213），曾做过几次试验，蒸馏出了 26 度以上的蒸馏酒。上博这件蒸馏器高 45 厘米，没有海昏侯墓蒸馏器那样的夹层环壁，而是在甑腹内壁底部做了一个集液槽。含酒精的蒸汽上升后，甑盖和甑桶外壳构成一个冷凝室，蒸汽露液也是沿桶壁流下来，进入集液槽从导流口流出。

　　这个蒸馏器的甑桶小，蒸不了多少固体醅料，但可以用釜来煮液体醅料，获得蒸馏酒。马承源馆长曾用发酵的糯米酒醅为原料，蒸馏得 26.6 度的酒。用 15.5 度的酒为醅料，蒸馏获得 42.5 度的"烧酒"。

　　要知道，西方白兰地就是以葡萄酒液体为醅料，蒸馏而成。所以事实证明，这件东汉的青铜蒸馏器，已经可以蒸馏液态醅料获得高度烧酒。

　　中国还有一件西安张家堡出土的西汉末期的青铜蒸馏器（图 214），比前面两件蒸馏器多了一个冷水冷却的天锅。这非常了不起，因为天锅水冷却的方法蒸馏烧酒，在中国一直延续到今天（图 215）。在天锅底下接一个横漏斗，将冷凝的酒液导出桶外，方法极其巧妙。

图 213　上海博物馆藏东汉青铜蒸馏器

冷凝室
酒醅
集液槽
箅
加料口
甑
导流出口
釜

图 214　西安新莽青铜蒸馏器，天锅式水冷却

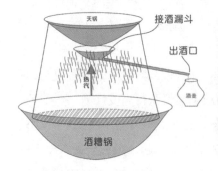

天锅
接酒漏斗
出酒口
热气
酒糟锅
酒盏

天锅式冷却蒸馏酒示意图

图 215

至今中国农村仍用天锅蒸馏酒

我们可以看到，中国从西汉起就已经有极其成熟的蒸馏技术和蒸馏器具。蒸馏烧酒器具三大件：烧锅、蒸馏桶和天锅水冷却，都已完备。

今天的白酒就是用这样的蒸馏器蒸馏出来。我们只是缺少汉唐之间蒸馏酒的历史记载。

李时珍《本草纲目》记载，唐朝葡萄酒有两种："酿成者"和"烧酒法"。前者就是今天用葡萄汁发酵酿制的葡萄酒，后者就是蒸馏酒："烧者，取葡萄数十斤，同大曲酿酢，取入甑蒸之，以器承其滴露，红色可爱。"这段话清楚说明，中国唐朝已经有葡萄作醇料蒸馏酒。的确，唐朝已经出现"烧酒""烧春"等说法。白居易诗中就有："荔枝新熟鸡冠色，烧酒初开琥珀香。"

到了宋朝，已经出现高度烧酒（白酒）的明确记载。宋代法医宋慈《洗冤录》中记载："虺蝮伤人……令人口含米醋或烧酒，吮伤以吸拔其毒。"这里的烧酒，显然是高度白酒，才能消毒。

1975 年河北青龙出土的一件金朝铜制蒸馏烧锅（图 216- 左、中），通高42 厘米。经过试验证明，可以用水煮固态醅料，蒸馏出烧酒，印证文献记载的宋代高度烧酒。

所谓固态醅料，今天中国的白酒都是用高粱、荞麦、玉米、大米、小麦等固态发酵醅料蒸馏出来的。所以，这件蒸馏烧锅意义重大，是中国宋代有高度烧酒的物证。

 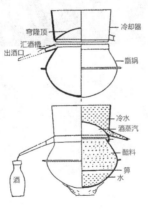 

河北青龙金朝蒸馏器　穹隆式天锅　　　　希腊蒸馏齐普罗白酒

图 216

中国蒸馏酒技术西传，天锅冷却演变了另置水箱冷却。让酒蒸汽从蒸锅顶部引导出去，进入另置的水箱冷却，是西亚和欧洲蒸馏高度酒的方式。

土耳其有一种叫"拉基"（raki）的茴香味白酒，希腊的"齐普罗"白酒，都是用这种方式蒸馏（图216-右）。

法国的白兰地——干邑（cognac，是地名），也是用这种方式蒸馏（图217）。中间容器是装作为醅料的葡萄酒：中间通一根蒸汽管来预热。这种干邑要蒸馏两次，口味才醇美。

白兰地这个名字，是来自荷兰语"brandwijn"。brand是"火烧"，wijn是"酒"，就是"烧过的酒""烧酒"的意思。而荷兰语的"烧酒"就是来自中国话"烧酒"。

事实上，中亚、西亚和欧洲国家的蒸馏酒技术，都是中国蒸馏技术西传的结果。那些说蒸馏酒是阿拉伯人发明的人不要忘了，大部分伊斯兰教国家是禁酒的。我曾在伊朗饱受无酒喝的痛苦。

考古实物和历史记载都证明："烧酒"蒸馏酒是中国的发明。

图 217　法国白兰地（干邑）蒸馏过程

九、中华艺术西传

中华文明西传欧洲，也伴随着中华艺术西传。

前面已提到，在漫长的历史时空里，有大量中国的能工巧匠往西谋生，浪迹天涯，其中包括画匠。在伊尔汗国的波斯，"中国画家"这个词本身就是能工巧匠的意思。

当蒙古人西征打通从中国到欧洲的直通道，中国的书籍和卷轴画得以输入欧洲，影响了当时的意大利。不仅塔科拉看到了中国元朝《农书》，意大利锡耶纳画家也看到了中国画卷，形成了写实技巧大大提升的锡耶纳画派。

待到 16 世纪中欧海路开通之后，中华文明更直接地影响了 17 至 18 世纪欧洲的绘画、园林、景观（宝塔）、器具（瓷器）和生活习惯（饮茶）。"中国风"拂遍欧洲大地，深刻改变了欧洲人的日常生活和艺术品味。

中国绘画直接影响 13 至 14 世纪意大利绘画

中国绘画直接影响意大利绘画，听上去有些天方夜谭，不可思议。但这事是真的，千真万确。

1985 年我在浙江美术学院读西方美术史研究生时，在校图书馆借到一本讲述中国艺术对意大利文艺复兴产生影响的法文书，该书观点：中国宋元绘画直接影响意大利绘画，尤其是锡耶纳画派……印象深刻。

看过那本书后忘了作者的名字。近年得知，此书作者是俄裔法国历史学家伊凡·布齐纳（Ivan V.Pouzyna），书名叫《中国、意大利与初期文艺复兴（13 至 14 世纪）》[*La Chine, l'Italie et les débuts de la renaissance(XIIIe-XIVe siècles*）]，1935 年出版。书名就直白：中国影响了 13 至 14 世纪意大利文艺复兴初期的绘画。

他认为中国艺术是"14 世纪意大利画派新艺术表现的主要渊源"，实际上是说中国绘画催生了欧洲近代绘画。

他给出一个直接证据是：意大利绘画新出现的纤长兰花指，是来自中国宋元绘画。

来看三幅佛罗伦萨画派的开山宗师契马布埃（G. Cimabue，1240—1302）的画。三位画中人物，都是兰花指式的纤长手指（图 218）。布齐纳将这样的兰花指与几幅中国元朝的绘画去对照，还真是有根有据。这样的兰花指在之前的西方绘画里前所未有，而在中国宋元绘画里随处可见（图 219）。宋徽宗《听琴图》、宋代李公麟《维摩演教图》和元代王振鹏《伯牙鼓琴图》，里面的兰花指几乎可以与契马布埃的三幅画——对应。现在的艺术史家不得不承认，契马布埃画的这些手指确实来自中国。

布齐纳还有一个惊人观点：佛罗伦萨画家马索利诺（Masolino）的一幅《圣母升天》，圣母周围一圈带翅膀的天使形象，有可能是受到中国宋代佛教雕刻飞天环绕释迦牟尼的构图影响（图 220）。佛教艺术对基督教艺术产生影响让人觉得不可思议，但这种视觉上的同构性显而易见，无法否认，值得人们去作进一步的探索。安田朴在《中国文化西传欧洲史》上册第 10 章，也专

图 218　契马布埃画中的兰花指　圣母、基督与圣方济各

宋徽宗《听琴图》局部　　　宋李公麟《维摩演教图》局部　　　元王振鹏《伯牙鼓琴图》局部

图219

马索利诺《圣母升天》局部　　　　　中国宋朝佛教造像

图220　西方天使和中国飞天

九、中华艺术西传

门论述中国佛教影响西方基督教的魔鬼和地狱形象，"佛教的魔鬼与基督教的鬼神学之间存在古老相似性"……

其实在布齐纳之前，法国艺术史家古斯塔夫·苏里耶（Gustave Soulier），1924 年已出版了一本《托斯卡纳绘画中的东方影响》（*Les influences orientales dans la peinture toscane*），指出意大利中部托斯卡纳地区（包括佛罗伦萨和锡耶纳）的绘画，受到了东方绘画的影响。说明意大利绘画受到东方中国的影响，是学术界的共识。

再后来，1986 年日本艺术史家田中英道出版了《来自东方的光——中国、日本对西洋美术的影响》一著，也在布齐纳的方向上，进一步论证 13 至 14 世纪中国绘画对意大利绘画的影响。

事实上，13 世纪蒙古人打通亚欧通道之后，意大利就开始领受中华文明的影响。意大利的一些城邦共和国，在黑海北岸设有贸易站，从那里走北方草原之路与中国直接贸易。也有通过小亚细亚与波斯伊尔汗国贸易交往，间接受中华文明的影响。

锡耶纳虽然地处托斯坎纳腹地，也通过黑海北岸的贸易站，直接与蒙古帝国打交道。最著名的贸易站名叫塔纳（Tana），就是今天的亚速，可以直通元大都汗八里（北京）。当时意大利一份《通商指南》说："据去过契丹（中国）的商人讲，从塔纳到契丹的路途，不论白天黑夜，都十分安全。"

意大利人与中国交往有南北两条路。北路是蒙古帝国之拔都的钦察汗国，南路是蒙古帝国之旭烈兀的伊尔汗国。南北两路都通向元大都（北京）。

1245 年意大利方济各会士柏朗嘉宾（Jean De Plan Carpin），还有 1253 年法国方济各会士鲁布鲁克（Rubrouc），都是走黑海北边北纬 50 度的草原之路来到中国。两人都写了行记。而 1271 年马可·波罗来中国走的是南路。

南路的波斯伊尔汗国，当时盛行"中国热"。大批中国的学者和工匠，包括中国画家来到波斯，自然对西边小亚细亚和意大利有所影响。

14 世纪的意大利北部的一些城邦与横跨亚欧的蒙古帝国贸易交往相当密切。锡耶纳城里外国商人云集，成为意大利最重要的城市之一。正是在这样的背景下，中国绘画直接影响锡耶纳和佛罗伦萨画派，就变得可以理解。

中国绘画影响锡耶纳绘画，尤其表现在锡耶纳画家安布罗乔·洛伦采蒂（Ambrogio Lorenzetti，1290—1348）的作品里。他在锡耶纳市政厅画过三

图 221 安布罗乔·洛伦采蒂《好政府的结果》（局部）城外郊野部分，打谷和耕地

幅壁画，其中一幅《好政府的结果》（图 221），展现了锡耶纳城里和平繁荣，城外郊野也是土地平旷，商队络绎于途，农人往来种作，怡然自乐。

而洛伦采蒂画中一些农村打谷、耕地的场面，竟然直接仿自中国宋朝官员画家楼璹的《耕织图》。

楼璹曾当过县令，感念农夫、蚕妇劳作辛苦，也为了普及耕种养蚕知识，绘制了 45 幅配诗的绢画《耕织图》。21 幅画农，24 幅画桑，"农桑之务，曲尽其状"，可以说是绘画版的农书。《耕织图》因为得到皇家重视，影响很大。后世出现了很多石刻、木刻和绢画的仿本。我的老朋友，中央美术学院人文学院院长李军先生，是这个话题的专家。

最早是田中英道发现，洛伦采蒂画中打谷的场景（图 222- 中），非常类似中国故宫博物院收藏的佚名南宋扇面《耕稼图》的打谷场景（图 222- 上），都是四个农民两两相对，用连枷二节棍打谷。李军先生看到没怎么在意。后来有一天他看到元朝蒙古人忽哥赤仿楼璹画的《耕织图》也有四个农民用连枷打谷的场景（图 222- 下），终于灵光乍现，不再"无问西东"，发一声喊：吷！此景东来也！

李军先生发现，洛伦采蒂的打谷图与楼璹与忽哥赤的打谷图，已达到"镜像般的相似"！洛伦采蒂不仅模仿了中国画中打谷的主题，还抄袭了细节：草垛，还有两只鸡。

故宫《耕稼图》

洛伦采蒂打谷图

两只鸡

宋朝楼璹《耕织图》

两只鸡

图222

楼璹耕地图

水罐

洛伦采蒂耕地图

水罐

图 223

除了打谷，洛伦采蒂画农夫耕地也与楼璹的耕地图极其相似（图223）。都是一人一牛，从右往左。还不忘画上田边的水罐，只是中国画中水罐是在右下，洛伦采蒂的画中被放到了左上边。

洛伦采蒂模仿中国绘画都到这个程度，抄作业抄得连细节都对得上，可谓抓了现行，还有什么可说的？

令人不可思议的是，洛伦采蒂的画面上还直接出现了蒙古人的形象（图224）。两位蒙古人头戴圆锥形翻檐尖帽，一种典型的蒙古帽，留着八字胡，在士兵中间非常醒目。

蒙古人出现在意大利画家的笔下，未必表示蒙古人实际来到意大利，但可以证明当时意大利与蒙古帝国有直接交流。也有可能，当初拔都率蒙古大军从匈牙利南下，掠过威尼斯东北，给意大利人留下传说的印象。

蒙古人

蒙古人

图224 洛伦采蒂
《殉道的方济各会
士》（局部）画中
的蒙古人

光从中华来——以图证史（下）

波斯 14 世纪细密画中的凤凰　　　　皮埃特罗《圣母加冕》中的凤凰图案

图 225

一些具体的物证也可以证明，波斯的伊尔汗国，将中国的卷轴画、织金锦等传到了意大利。

中国凤凰形象，先是西飞到了昭武九姓。然后继续西翔，出现在波斯细密画中（图 225- 左），再往西到意大利成为织金锦的图案，出现在 15 世纪初锡耶纳画家萨诺·皮埃特罗的画面上（图 225- 右）。

欧洲绘画之父——乔托画中的蒙古人和元朝符号

无独有偶，"欧洲绘画之父"——乔托（Giotto di Bondone，1266—1337）的画面上，也有蒙古人的形象（图 226- 左）。在乔托《圣彼得被钉十字架》一画的左侧，那个戴蒙古帽的骑马人，显然是一位蒙古人。

罗马附近小城苏比亚科（Subiaco）修道院，有一幅 14 世纪的壁画基督受难图，十字架前一些人在争抢基督的衣服，中间也赫然坐着一位头戴圆锥尖帽的蒙古人（图 226- 右）。

乔托画的巴尔迪礼拜堂《圣方济各之死》，两侧也出现许多东方人的面孔（图 227）。他们没有戴蒙古帽，没有八字胡，但细长的眼睛不像欧洲人，而是东方人的特征。

乔托《圣彼得被钉十字架》画中骑马蒙古人　　苏比亚科修道院《基督受难》画中蒙古人

图 226

乔托《圣方济各之死》局部　　　　　　细长眼睛的东方人

图 227

乔托的画中不仅有蒙古人，还有中国元朝的蒙古八思巴文。乔托最著名的杰作——帕多瓦市的斯克罗维尼小教堂壁画，其中《基督诞生》圣母胸前的装饰图案，就是中国的八思巴文图案（图228- 上）！

八思巴文是元朝忽必烈的国师八思巴创制的蒙古文字，使用时间很短。这是一种方形拼音字母，很适合用作装饰图案。乔托壁画里发现了八思巴文，是元朝中国影响意大利的重要实证。

乔托另一幅《基督受难》图，一位士兵戴的蒙古头盔边缘图案，也是一种"仿蒙古文字"的符号（图228- 下）。

乔托之后画家皮萨奈罗（Pisanello，1380—1450），画中也有蒙古人形象（图229- 左）。尤其独特的是，他画的禽鸟高度类似中国工笔禽鸟画（图229- 中、右）。

在乔托之前，西方绘画都很僵硬刻板。乔托开创了一种自然主义画风，欧洲绘画变得写实起来。

那么，这种写实绘画风格是欧洲本土产生的吗？非也。乔托为代表的14世纪意大利写实绘画，是受到了中国写实绘画的影响。尤其是皮萨奈罗的禽鸟画，明显受到中国宋代绘画的影响。

中国宋朝绘画是中国写实绘画的巅峰。宋画既高度写实，又精微自然。1988年我从法国去美国一些博物馆考察一个月，在华盛顿弗里尔美术馆看到一幅无名氏的宋代山水画。以前没看到过这幅宋画，此宋代山水画让我叹服得五体投地。宋代的花卉、禽鸟、猿猴画，可谓达到了照相般精准的写实。从北宋起，山水画取代人物画占据中国绘画首要地位。但人物画一直存在，有一些极其精工写实。南京博物院藏的"明人十二肖像"（图230），写实之精准完全不亚于西方写实油画。

中国的宋元绘画传入意大利，导致了意大利13至14世纪画家走向写实的自然主义绘画风格。

乔托《基督诞生》
圣母胸前的蒙古八思巴文

乔托《基督受难》局部
蒙古头盔上的仿蒙古文字符号

图 228

皮萨奈罗画中的蒙古人像　　皮萨奈罗画的禽鸟高度类似中国工笔画　15世纪初

图229

何斌像　　　　　　　　　　　刘宪宠像

图230　明人十二肖像

九、中华艺术西传

达·芬奇《蒙娜丽莎》背景的中国山水

达·芬奇的《蒙娜丽莎》作为卢浮宫的镇馆之宝，世人皆知。

我读研究生时得知，《蒙娜丽莎》背景的风景是西方风景画的起源。就是说，西方绘画原先基本是人物画，自从《蒙娜丽莎》的背景有了风景，西方才开始画风景画。

但是，如果仔细端详《蒙娜丽莎》背景的风景（图231），尤其是西班牙马德里普拉多博物馆所藏的那幅《蒙娜丽莎》，我们会看到，背景奇峰巉岩，怪石嶙峋，层峦叠嶂……意大利没有这样的群山，欧洲没有这样的自然风景。实际上，这是一种中国式山水。

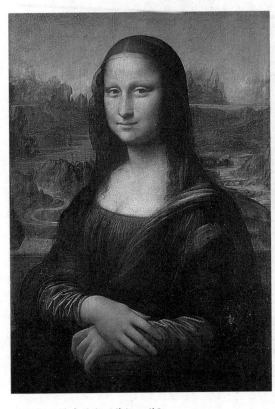 

巴黎卢浮宫《蒙娜丽莎》　　　　　　　马德里普拉多博物馆《蒙娜丽莎》

图 231

光从中华来——以图证史（下）

西方风景画与中国山水画有本质的不同。西方风景画一般都是焦点透视，看到什么就画什么，是对自然景物的忠实描摹。而中国山水画是一种自由的风景，画的图象未必对应真实景象。中国山水画是饱游饫看自然山水之后加以概括凝炼，画出"胸中丘壑"。中国画家可以将自己的视野升到半空中俯瞰大地，一览众山，包罗万象。遥山远水，苍茫大地，尽显眼底……所以中国的山水画不拘泥于某山某水，而是一种自由的空间，自由的山水意象，一种理想的风景。

回过头来看，《蒙娜丽莎》背景的风景不是西方意义的风景画，而是非常接近中国山水画。

英国艺术史家迈克尔·苏立文（M.Sullivan）是一位典型的欧洲中心主义者。他的《东西方艺术的交会》，多处妄称西方艺术影响中国，还夸大日本艺术在东方艺术中的地位。

苏立文看到"不少研究者注意到"，"达·芬奇作品《岩间圣母》和《蒙娜丽莎》背景中的云雾朦胧的悬崖，与某些北宋山水画，特别是郭熙的山水画，具有相似的韵味甚至形式"。这是显见的事实，但他坚称："达·芬奇并未受东方艺术影响，但他们经历了同样的创作心理过程，便创作出类似的山水风景"[①] 苏立文认为只是殊途同归。

弗洛伊德（S. Freud）也认为《蒙娜丽莎》的背景是中国风景，甚至认为蒙娜丽莎的脸看起来也很像中国人。

事实上，蒙娜丽莎头部左侧的危岩与郭熙《早春图》（图232-左）上部的险峰"韵味相似"。蒙娜丽莎左侧通往远方的江流，与《早春图》左侧通往远方的幽谷，也有异曲同工之感。

其实说蒙娜丽莎的背景是中国山水，最根本的是：那不是一个真实风景的描摹，而是一种想象的风景，与中国山水画相通。

蒙娜丽莎背景的巉岩危崖，在中国宋元山水画里很常见。我最喜欢的一幅中国山水画——北宋范宽的《雪景寒林图》（图232-右），群峰肃立，天地冥合，万籁俱寂……与普拉多《蒙娜丽莎》背景的远山气氛很契合。

还有《蒙娜丽莎》背景的险峰峭壁，也可以在中国北宋画家许道宁的

---

① 苏立文：《东西方艺术的交会》，上海人民出版社，2014年，第102—103页。

北宋郭熙《早春图》　　　　　　北宋范宽《雪景寒林图》

图 232

图 233　北宋许道宁《渔父图》局部，美国堪萨斯纳尔逊美术馆

《渔父图》（图 233）中见到。许道宁画中的峰崖壁立也非真实的风景。

　　苏立文的书还提到 16 世纪弗兰德斯画家帕蒂尼尔和另两位意大利画家作品中，有一些像中国山水画的奇异风景。

　　西方风景画从人物画的陪衬背景走向独立画种，是受到中国山水画的影响。可以说，是中国山水画开启了欧洲风景画。

17 至 18 世纪荷兰和法国绘画的"中国风"（欧洲古典绘画借助透镜投影）

17 世纪的荷兰成为欧洲引进中华文明的窗口，18 世纪法国接替荷兰，在欧洲掀起"中国热"。当时欧洲绘画等艺术领域也刮起一股"中国风"。

今天的中国，对意大利"文艺复兴"，人人皆知。而对 17 世纪荷兰"黄金时代"在世界历史上曾经演绎的辉煌，不甚了了。

荷兰这块大西洋海岸的"低地"（包括比利时），16 世纪初是西班牙的属地。1568 年爆发反抗西班牙统治的战争，1581 年宣布独立，成立荷兰联合共和国，开始了一个世纪的"荷兰黄金时代"（Dutch Golden Age）。

历史的偶然，16 世纪末荷兰出了一位西方历史上最大的商业间谍——林斯霍滕（J. H. van Linschoten）。1583 年他去了印度果阿，这是葡萄牙在亚洲的基地，在此潜伏 3 年，偷窃到了葡萄牙人前往远东以及东南亚地区的航海图等各种葡萄牙人的顶级机密，1592 年回到荷兰。林斯霍滕独狼式商业窃密，一举开辟了荷兰人前往远东的海路。

1595 年，荷兰人借助林斯霍滕提供的航海图等情报，立即启航抵达印度和爪哇。1601 年荷兰商船到广州。1602 年，荷兰成立欧洲第一家前往远东的商贸集团企业——荷兰东印度公司。1605 年荷兰击败葡葡牙舰队，1609 年抵达日本平户建立商馆，1619 年占领印尼雅加达，1624 年占台湾……

大西洋方向，1626 年荷兰人占领曼哈顿，将其命名为"新阿姆斯特丹"（图 234）。后来英国人占领后改名为"新约克"（New York），所谓"纽约"，原来是荷兰人的城市。

到 17 世纪中，荷兰替代葡萄牙和西班牙，成为欧洲最强大的海洋贸易殖民强国。欧洲各国大约有 2 万艘商船，荷兰就占了 1.6 万艘。荷兰人完全垄断了中欧海上航线，成为 17 世纪欧洲最繁荣的国家。

16 世纪意大利"文艺复兴"被西方历史学捧得很高，但贡献了什么？达·芬奇、拉斐尔和米开朗琪罗"三杰"等几个画家能撑起了一个文化运动？况且画家当时属于"机械之艺"的工匠，社会地位卑微。说是意大利有"人文主义者"，但除了一位写《君主论》的马基雅维利，能拎上台面的思想家还有谁？

西方真正的"现代"思想家出现于 17 世纪的荷兰。相邻国家英法德的思

图234　纽约原来名叫"新阿姆斯特丹"是荷兰人的城市

想家都爱到荷兰游历、生活或在荷兰出版著作。大量在其他国家受压制的书在荷兰得到出版，荷兰成了"欧洲的出版社"，是当时欧洲的文化中心。

13世纪蒙古帝国传输中华文明到欧洲，14至15世纪意大利绘画初现"中国味"。15至16世纪是葡萄牙和西班牙通过海路发现中国，开始憧憬"中国梦"。17世纪荷兰刮起"中国风"。

荷兰首先在生活和艺术上兴起"中国风"，然后导向18世纪法国乃至整个欧洲文化上的"中国热"。

17世纪的荷兰，也是绘画大繁荣的时代，因为新兴的荷兰市民阶级热衷购买绘画。宗教题材急剧下降，取而代之出现了大量世俗性的静物画、风景画、肖像画、世俗画等。

荷兰早期也有一些中国式"想象的"风景，比如苏立文提到过16世纪的帕蒂尼尔（J. Patenir）。他的《圣热罗姆的忏悔》（图235-左），俯视的视角，广阔的视野，还有远处的山岩，令人想到中国山水。

17世纪荷兰大画家伦勃朗（Rembrandt）画过许多墨水素描，点划勾勒，颇似中国的水墨画。他的《床上的萨佳》（图235-右），墨线飘逸，很像中

帕蒂尼尔《圣热罗姆的忏悔》 1515 年　　　伦勃朗《床上的萨佳》

图 235

伦勃朗《风景》
瑞典国家博物馆

《冬天的风景》
很像中国画

图 236

国画的人物造型。他的两幅墨水风景（图 236），墨线挥洒，犹如中国毛笔的
笔触。画面不求细节的写实，处理自由洒脱，可以说具有中国画的自由精神。
伦勃朗的墨笔速写神似中国绘画是公认的。

　　但那位苏立文坚决否认："伦勃朗可能拥有或看到过中国或日本绘画，但
没有证据来证明这一点……（伦勃朗）这些绘画特点与中国画的技法和感觉
相近，在 20 世纪以前的欧洲绘画里很难找到……我们只能把这种现象归结

为伦勃朗高超的绘画天赋与中国绘
画产生的偶然巧合。"在评价伦勃朗
《冬天的风景》（图236-下）时，苏
立文仍然说："这张优美的速写，画
法简练，线条富有表现力，是伦勃
朗最具中国情趣的风景素描，不过
它与中国画的相似纯属偶然。"显然
这是抬高西方艺术、贬低中华文明
的欧洲中心主义的强词夺理。

苏立文倒是承认："荷兰人分别
于1600年和1602年在海上截获了
两艘满载瓷器的葡萄牙商船，随后
将货物运回阿姆斯特丹出售。这一
事件标志着'中国热'在欧洲的真
正兴起。"①

17世纪荷兰绘画的"中国风"，
首先表现为荷兰静物画中出现了许
多中国瓷器的形象。中国瓷器在当
时欧洲非常珍贵，自然进入了一
些表现奢华的静物画。比如卡尔
夫（W. Kalf）的《中国糖碗、鹦鹉
螺杯和水果》（1662年）和布赖尔
（C. de Bryer）的《万历瓷碗中的水
果》（1658年）（图237）。描绘丰盛
水果、奶酪和鲜花的静物画非常多，
据说除了炫耀富贵，也有暗示生命
短暂、美好年华转瞬即逝的意思。

卡尔夫《中国糖碗、鹦鹉螺杯和水果》

布赖尔《万历瓷碗中的水果》

图237

---

① 苏立文：《东西方艺术的交会》，上海人民出版社，2014年，第102页。

维米尔《拿笛子的女孩》 1666 年

佚名《万物皆空》

图 238

另一位 17 世纪荷兰大画家维米尔（J. Vermeer），画过一幅《拿笛子的女孩》（图 238- 上），画中女孩戴着一顶"中国风"斗笠。

荷兰还有特别以"虚空"（vanitas）为标题的一类静物画，画中画一个骷髅头骨（图 238- 下）。意思是：万物皆虚，万物皆空。这样的骷髅头骨，与佛教的四大皆空非常相通。出现这类画相当程度是因为当时欧洲经常发生瘟疫和战乱，生命无常。人生一场空，要珍惜年华及时行乐。这不符合基督教说的人死后上天堂或下地狱的观点，而是一种世俗化、非基督教的人生观。

17 世纪荷兰兴起"中国风"，有四本荷兰出版的介绍中国的图书，起到了巨大的激发作用。

早先，马可·波罗游记介绍遥远的契丹（中国）黄金遍地，城市繁华，令欧洲人神往。欧中海路开通后，1585 年西班牙人门多萨的《大中华帝国志》在罗马出版。之后 10 余年间，在欧洲用 7 种文字出了 46 版，成为全欧洲的畅销书，掀起第一波中国热。但这两本书都是文字书，传播有局限。

第一本图片介绍中国的书，是林斯霍滕在 1596 年出版的《旅行纪》（Itinerario），里面有 36 幅版画，介绍了从印度果阿到中国的风情。里面有一些中国人和中国场景的插图（图239），是想象与真实的掺和。

第二本是1665年，荷兰人纽霍夫（J. Nieuhof，1618—1672）出版了《荷兰东印度公司使团觐见中国皇帝记》。他曾跟随荷兰使团出访中国，在中国待过两年。书中有150幅描绘中国的插图。该书封面（图240-左），中国皇帝坐在中心位置的宝座上，手搭在一个地球仪上，威风凛凛。脚下是脖子上戴着枷锁、被征服的臣民，一副大国君主的威仪。

1655—1657年，纽霍夫跟随荷兰使团到中国。从广州出发，一路舟楫，途经江西、安徽、江苏、山东、河北，1656年到北京。纽霍夫既是使团的后勤管家，也是随团绘图员，负责绘制沿途所见，把在中国看到的城市、建筑、风土人情画出来。在广州，他画了广州的四面牌楼"凯旋门"（图240-右）。这是欧洲人到中国来的第一手绘图资料，牌楼画得夸张变形。

图像的效力远比文字强大。纽霍夫的铜版插图书，是马可·波罗之后第一次向欧洲人直观展现中国，立即引起巨大轰动。该书被译成法文、英文、德文等语种，风靡欧洲，长期一再再版，影响一直延续到19世纪。

纽霍夫展现的中国是清初的中国。他的图像有朝廷官员（图241-左），也画沿途见到的中国老百姓，甚至戏装演员。他还画过好多中国城市，比如江西（图241-右）、安庆、南京、天津、北京等城市，也画过北京紫禁城皇宫的宏大场面（图242）。这些都是欧洲人前所未见的中国图景，极大地激发了欧洲的"中国风"。

中国服装   中国场景

图239 林希霍腾《旅行记》插图

纽霍夫《荷兰东印度公司使团觐见中国
皇帝记》封面

广州凯旋门（四面牌楼）

图240

纽霍夫插图：中国人

江西

图241

纽霍夫插图：北京城　　　　　　　　　紫禁城皇宫内景

图242

　　第三本关于中国极其重要的图像书，是1667年基歇尔在阿姆斯特丹出版的《中国图说》。基歇尔没有来过中国，但他拥有来华耶稣会士传回欧洲的文字和绘图资料。《中国图说》的资料主要来自卜弥格，以及卫匡国1654年安特卫普出版的《鞑靼战纪》和1665年阿姆斯特丹出版的《中国新图志》。

　　基歇尔的《中国图说》介绍了中国的政治制度、城市建筑和风土人情，中国的自然与人文奇观，中国的桥梁及其他机械技艺。书中插图展示中国的女子、桥梁（图243）、庙宇和城墙，以及鸟类、动物和植物，还有对中国百科全书式的文字介绍，让当时的欧洲人身临其境地看到了遥远的中国。

　　该书很快就出了英文版和法文版，影响巨大，成了欧洲"中国风"图像的重要灵感来源，甚至200年后依然是欧洲人了解中国的图文资料。

　　第四本书是1670年荷兰人达佩尔（O. Dapper）出版的"荷兰东印度公司遇见中华帝国"的插图书，英文版书名叫《中国图志》（*Atlas Chinensis*），有94幅插图。封面显然模仿纽霍夫的书（图244-上）。达佩尔的书展现的是康熙时代的中国，实际上是描述纽霍夫之后，荷兰东印度公司又派了两个使团去中国的情景：1662—1663年去福建，1666—1667年去北京。所以，插图有关于福建妈祖庙的景象（图244-下）。但因为达佩尔没有去过中国，所以书中关于中国的图像相当程度上是出于想象。

　　荷兰出版的这4本插图书，给了欧洲17至18世纪"中国风"一个重大推动。

　　18世纪初，荷兰衰落：海上败于英国，陆上败于法国。法英接替荷兰，称雄欧洲。

拱桥

美人

图 243 基歇尔《中国图说》

九、中华艺术西传

法国"太阳王"路易十四（1638—1715），1678年打败荷兰，一生东征西讨，到处兼并扩大领土。1688—1697年，法国几乎与全欧洲为敌，跟奥格斯堡同盟打了九年仗，最终平手获得了阿尔萨斯，将斯特拉斯堡归入法国。1701—1714年，法国又一次与几乎全欧洲为敌，打了西班牙王位继承战，没占到便宜。两个终战条约都是用法文撰写，标志了法文成为全欧洲通行的外交语言。18世纪在文化上，法国取代荷兰成为欧洲的文化中心。

18世纪的欧洲，经过上一个世纪的海外殖民和从中国搬回文明成果，初步享受了物质的富足，开始追求生活"品位"。暴发户需要文雅高贵，而中国就是他们梦寐以求的文雅高贵的典范。对于18世纪的欧洲王公贵族，中国是一个梦幻般富饶的国度。他们完全没有19世纪那种欧洲种族优越感，而是无限向往中国。对中国除了憧憬还是憧憬，整个欧洲风靡"中国风"，心悦诚服地"崇华媚夏"。

中国风是法语单词"Chinoiserie"的翻译，其实就是崇华之风。"中国风"首先从17世纪荷兰人开始饮中国茶发端。是荷兰人最早把中国茶引进欧洲。喝茶代表有品位，

达佩尔《中国纪事》封面

达佩尔《妈祖》（Matzu）

图244

是上流社会。

17世纪下半叶，中国风从荷兰传到法国，法国宫廷大力追捧。18世纪的法国，更是将中国风扩散到整个欧洲。不仅艺术风格，而且在日常生活，服饰家具、室内装饰、园林建筑，乃至文化思想，一派崇华之风。法国启蒙大思想家伏尔泰甚至主张"全盘华化论"。

林语堂先生曾嘲讽民国崇洋现象，"说必洋话，住必洋楼，穿必洋服，行必洋车"。当时的欧洲人刚好是把洋换成华字，大有"饮必华茶，用必华瓷，穿必华绸，居必华楼，游必华园"的劲头。饮中国茶，穿中国丝绸，用中国瓷器，赏中国图像，住中国宫室，游中国花园……那才叫荣华富贵，那才叫有身份，高级有品位。

17世纪法国作家斯卡龙（P. Scarron）曾写诗赞美中国："带我到葡萄牙人的家里去吧！……华美的漆器，精美的瓷器，来自那个神圣的国度，或更确切地说是来自天堂。"中国就是天堂！

法王路易十四是个中国迷，尤其迷中国的瓷器。据统计他收藏有3000余件瓷器，72件漆器，还有中国丝绸服装等中国物品。

1670年，路易十四听说在遥远的中国有一座辉煌的"瓷塔"（南京大报恩寺琉璃塔），心血来潮在凡尔赛为他的宠姬孟特斯潘（Montespan）夫人，建了一座"瓷宫"——特里亚农宫，外墙和屋顶放满了各式大小青花瓷瓶（图245-左）。见过土豪炫富，没见过这么炫富的土豪。这些青花瓷是荷兰和法国本地的软瓷，经不住风雨日晒，这座瓷宫在17年后被拆了。

1700年1月7日，为了庆祝新世纪，路易十四在离凡尔赛不远的马尔利（Marly）别宫（现已毁埋），举办了"中国皇帝化妆舞会"。国王扮成中国皇帝，坐着轿子出场，周围簇拥了30位装扮成中国人的乐手，一边奏乐，一边载歌载舞（图245-右）……

路易十四还将他羡慕的中国皇帝的生活，展现在画面上。国王让博韦（Beauvais）皇家壁毯工场，制作了一个系列共9件"中国皇帝"故事的壁毯。其中两幅是《天文学家》和《便宴》（图246）。《天文学家》表现的是北京天文台，中间赫然坐着当时占据中国国家天文台台长（钦天监监正）位置的白胡子传教士汤若望。中国的天文仪器与法国宫廷的完全一样。远处的北京城，依稀有一座七层宝塔。《便宴》表现的是皇帝郊游，随意在野外摆上一桌。画

凡尔赛特里亚农"瓷宫" 1670—1687 年　　马尔利宫"中国皇帝化装舞会" 1700 年

图 245

法国博韦壁毯《天文学家》　　　　　　《便宴》 1697—1705 年

图 246

中场景奢华，人物的服装和背景的华盖非常精美……

上有所好，上行下效。巴黎周边那些王公贵族的城堡里，也弥漫起崇尚中国之风。外省贵族纷纷竞相追慕中国人的生活方式。画家们推波助澜，在画布或贵族客厅的墙面上，渲染描绘他们想象的中国和中国人的生活场景。纽霍夫和基歇尔的中国插图，从中国远东进口的瓷器、漆器和墙纸图案，成了他们发挥想象的灵感源泉。中国被想象为一个理想化的世外桃源，那里的人们享受着平和、富庶、安逸、细腻的生活。

18世纪法国绘画的"中国风"由此展开。绘画或装饰艺术中的所谓洛可可风格，其实基调就是"中国风"。

第一个"中国风"画家是法国王家画院画家华多（J.A.Watteau）。他那幅表现青年男女郊游的《发舟西苔岛》是西方美术史名作。他的作品开启了法国"中国风"人物和图案的典型样式。

华多为巴黎东郊王室行宫缪埃特城堡（Muette）绘制了一个《中国系列》油画。但他画的中国人形象都是想象出来的（图247-左、中）。乐手戴的斗笠，中国似乎没有这样的干草斗笠。乐手演奏的乐器也不是中国乐器。那位红衣女子，更像一位欧洲少女的模样。背景风景空旷渺远，倒有些中国山水画的意味……

18世纪法国最著名的"中国风"画家布歇（F. Boucher，1703—1770），出版过一本《国王画家华多所画的一些中国人像》，把华多画的中国人形象刻

华多"中国风"绘画：乐手和女孩

布歇版画，根据华多的乐手制做

图247

制成一个系列版画。他的版画乐手（图247- 右），来自华多的油画。有意思的是，每个中国人形象下面都加一个中文拼音。这件"viosseu 或中国音乐家"，显然是乐手的意思。

另外三个中国人（图248），也都是理想化想象。吹唢呐的牧童（mov thon）不像牧童，而像一位留着八字胡的成年人。中间这位仆奴（poi nou）也没有仆人的低贱，而像一位正在路边休憩的富家少女。尼姑形象也很可爱。

布歇是法国国王路易十五的首席画家，作品很受当时法国宫廷和贵族阶层的欢迎。他画了太多桃红的脸，肉感、雪白粉嫩的女子形象，俗不可耐。但这就是当时洛可可时代的风尚，享乐、轻佻、色情、温柔乡。

他一生画过大量的"中国风"题材，展现了他梦幻中的中国，一个理想化的中国，反映了当时法国社会对遥远中国的想象。尤其布歇为博韦皇家壁毯工场画过10幅一个系列的"中国风"油画，用作壁毯设计图，题材有"中国皇帝觐见""中国皇帝御膳""中国婚礼""中国集市"等。

布歇画的中国人物，服饰样貌似中国又非中国。如这幅《垂钓》（图249- 左），中间垂钓的老人，眼睛不看钓竿，与身旁女子和小孩构成一个金字塔形，场景极其闲散、安逸。还有一幅《中国花园》（图249- 右），展示一位中国贵妇人在花园闲坐，也是一片安详幸福的场景。一把中国伞和一座中国亭是不可缺的，还点缀一小一大两个中国瓷瓶。右边两个男子光头，留几个小发髻，有些怪异。这种留小发髻的光头，也出现在布歇《中国皇帝的御

图248　布歇版画，根据华多"中国风"绘画制做：牧童、仆奴和尼姑

光从中华来——以图证史（下）

布歇《垂钓》 　　　　　　　　　　　　《中国花园》 1742 年

图 249

图 250 布歇《中国皇帝的御膳》 1742 年

膳》（图 250）画面中。这是布歇梦想的中国美妙极乐园氛围。中国皇帝戴着一顶布袋帽，在等待御餐。标配的阳伞，还有棕榈树……

　　布歇自己也收藏了不少中国器物，有中国瓷器、广东外销画，还有中国屏风。布歇有一幅非常著名的油画《妆扮》（图 251- 左）。两位粉红脸腮的美人后边，是一架中国屏风。金底色上绘有珍禽树枝，画得非常真实。

　　布歇也画过一些单蓝色"中国风"绘画，用来装饰沙龙。这种蓝色，其实是中国青花瓷的颜色，被当时欧洲人喜爱。这幅单蓝色画《献殷勤的中国人》（图 251- 右），是想象的中国恋人表白场景。中间一尊佛像（经常出现），微笑着俯看人间。青花瓷竖花瓶、阳伞和中国亭，参以斜柳和棕榈树，典型

布歇《妆扮》（中国屏风） 1742 年　　　　　布歇《献殷勤的中国人》（单色画） 1742 年

图 251

的中国场景。但男子亲吻女子的手，却是欧洲风俗。尤其这个光头小发髻的中国男子，在我们今天看来总显得很怪异。

总之，布歇是 18 世纪法国绘画"中国风"的总教头，影响巨大。另两位重要画家，当推于埃和皮耶芒。

1748 年，于埃（C. Huet，1700—1759）为蓬帕杜夫人曾居住过的香苏马恩城堡（Chateau de Champs sur Marne），装饰过一个中国厅，画了一套中国风情的单色蓝油画（图 252）。这可以说是一种蓝白色的青花绘，可见当时欧洲人对中国青花瓷喜爱到了什么程度。

画面上的中国男女陶醉于田园欢愉。主题据说是中国人的抽烟艺术，饮茶艺术，插花艺术和打渔艺术等。反正是人间乐园才看得到的景象。

图 252　于埃为香苏马恩城堡客厅画的单蓝色"中国风" 1748 年

光从中华来——以图证史（下）

之前的 1735 年，于埃还为巴黎北边的尚蒂伊城堡画过一个系列的中国风绘画。这原来是一座公爵城堡，相当豪华，现在也是法国重要旅游景点。他画了 6 幅壁板装饰的猴戏图：一些沐猴而冠的猴子，为主人奏乐或干别的事（图 253）。主题表现视、听、嗅、味、触五种感官，科学和艺术等。画面上的中国景象，依然是奇花异草，藤蔓涡卷。女子撑阳伞，男子荡吊床，显得无比快乐……

皮耶芒（J.-B. Pillement，1728—1808）的中国风绘画，除了理想化的中国人物和场景，还画很多藤蔓花草（图 254- 左）。他的《玩鸟者》（图 254-右），也是画一圈藤草花叶，在一种迷离虚幻的雾气中，女子手抚小孩，男子闲坐手中举着一只鸟……气氛安详之极。

另有一幅皮耶芒的中国景象装饰画（图 255- 左），也是一片世外桃源的平和安逸气氛。

还有一位法国洛可可画家、华多的学生巴特（J.-B. Pater），也画过一幅《中国狩猎图》（图 255- 右）。画中的猎狮场景是想象的，不过远方的一座中国宝塔是中国风标志。

法国国王路易十五的王后玛丽·莱辛斯卡（Marie Leszczynska），也是一个中国迷。1761 年，她在凡尔赛宫里专门布置了一个中国厅，里面画有 4 幅表现中国景象的油画（图 256）。画中人物都显得非常悠闲，抽烟、弹琴、钓鱼、闲聊、访友、下象棋等。楼阁的形状有些怪异，但人物服饰和样貌，比布歇画的中国人准确多了。整个系列都是中国乡村安居乐业的景象。

图 253　于埃为尚蒂伊城堡画的中国风装饰画"猴戏图"　1735 年

皮耶芒《中国场景》 　　　　　　　　　皮耶芒《玩鸟者》

图 254

皮耶芒中国风装饰画 　　　　　　　巴特《中国狩猎图》

图 255

图256　玛丽王后的中国厅油画，凡尔赛宫　1761年

　　欧洲贵族宫殿里也有这样的中国厅。捷克布拉格北边25千米，有一座王公贵族的维尔特鲁西宫（Veltrusy），里面的中国厅也有中国风装饰画（图257）。这些画是中国工笔画风格，简直是中国画工的作品。

　　还有法国王宫和贵族城堡花园的"中国风"建筑，在当时一些法国绘画中可以看到。夏特莱（C.-L. Châtelet）画过一幅凡尔赛的小特里亚农宫旁，建有一个像旋转木马那样的中国风游戏馆（jeu de bague）（图258-左），建筑是中国亭子风格。尚蒂伊城堡的花园中，也出现过一座中国亭子（图258-右），亭子外边写满了中国字……这两个建筑今天都已不存。

　　可以这么说，18世纪的法国绘画"中国风"，忠实地反映了当时法国，乃至整个欧洲的崇华之风。整个欧洲都在梦想神奇富饶的中国。这也反映了当时中华帝国的世界影响力。

　　这里，有必要对欧洲写实油画为什么画得这么逼真，做一点插叙说明。

　　相信所有的中国人（包括我自己）来到西方博物馆，看到那些画得像照

图257　捷克维尔特鲁西宫中国风绘画　1716年

夏特莱　凡尔赛的中国风游戏馆　　　尚蒂伊宫花园的中国亭子

图258

片一样的油画，都会赞叹不已。西方油画的逼真，令世界人民叹服，也是西方文明的神话之一。荷兰静物画中那些玻璃和金属器皿、水果和织物的质感，酷似真物，不可想象画家是怎么画出来的。

15世纪弗兰德斯画家凡·艾克（Van Eyck，1385—1441），画过一幅著名的《阿尔芬诺尼的婚礼》（1434年），画中造型复杂的枝形吊灯（图259），还有衣物织料等，都画得极其精准，简直像彩色照片。尤其那个枝形铜吊灯，造型复杂，竟然可以画得明暗反差极其微妙，黄铜高光熠熠生辉，令人不可思议。他也被西方美术史称为"油画的发明者"。

在凡·艾克之前，西方绘画都画得不那么准。但随着凡·艾克的出现，西方绘画突然产生了一个飞越。画人画物极其逼真，仿佛是西方绘画水平突然提高了。

是西方画家们画技高超，还是别有秘密武器？

终于，2001年英国画家大卫·霍克尼（David Hockney）出版了一本《隐密的知识：重新发现西方绘画大师的失传技艺》，揭露了一个西方绘画史保存了400多年的秘密：凡·艾克能画出如此精准的画面细节，并非靠其画工技艺，而是借助了透镜，光学投影成像！

凡·艾克《阿尔芬诺尼的婚礼》 1434年　画得极其逼真的枝形铜吊灯

图259

2009 年，中央电视台第 10 频道《人物》栏目，连续播出《颠覆 400 年西方绘画史的人——大卫·霍克尼》上下两集，介绍了霍克尼的发现。

霍克尼是 1999 年看到法国新古典绘画大师安格尔的一幅小幅素描时，发现了破绽。霍克尼百思不得其解为什么安格尔的素描很小，却如此精准，而且没有修改。他联想到安迪·沃霍尔是用幻灯机投影来画画……终于发现安格尔、凡·艾克和荷兰绘画大师维米尔，以及另一些西方绘画史著名画家都是借用"暗室"透镜光学投影，才画出如此精准的油画。

暗室小孔成像，墨子就已发现。就是说，暗室墙中间凿一个小孔，室外模特儿的形象，会透过小孔映照到暗室的墙上成倒影。如果在小孔装一个凸透镜，暗室成像就更清晰（图 260）。画家只需按"影"涂颜料，就能画出极其逼真的油画。

为了说明自己的发现，霍克尼专门拍电视，搭了一间暗室，亲自演示在暗室使用透镜投影，把倒置的人像画出来，画出丝绸反光的效果……

霍克尼认为西方绘画的突变发生于 1430 年左右，代表人物就是凡·艾克。他认为，最初欧洲画家借用光学手段是使用凹面镜，45 度角反射投影到画布上来画画。但凹面镜投影画画不能画大幅，最佳尺寸是 30 厘米见方。正是凹面镜的原因。凡·艾克的名作《包着红头巾的男子》，以及大量 16 世纪意大利人头肖像画都是这种小尺幅，却画得极其精准……

后来多用透镜投影来画画。17 世纪的基歇尔曾在一本书的插图中介绍了暗室小孔成像的原理。另一幅 18 世纪使用透镜的暗室成像图（图 261），也做了

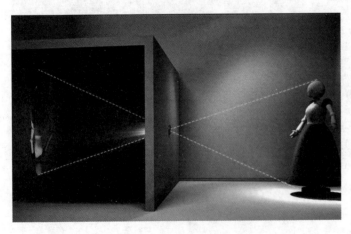

图 260　暗室透镜成像示意图

17世纪基歇尔插图：暗室透镜成像　　　　　　18世纪暗室成像示意图

图 261

卡拉瓦乔《酒神》（左撇子）　1595年　　　哈尔斯《放肆的女仆》（三个左撇子）　1666年

图 262

展示。

　　透镜投影作画，画面可大可小。但透镜投影有一个缺陷是，画出来的影像是上下颠倒，左右反转。上下颠倒，画完倒过来就可以。左右反转就成了左撇子，没法还原。所以一些西方绘画大师就很怪异地画了许多左撇子。比如 16 世纪意大利大画家卡拉瓦乔（Caravaggio，1571—1610）的《酒神》（图 262- 左），就是左手拿酒杯，姿态不自然。还有 17 世纪荷兰大画家哈尔斯（F. Hals，1581—1666）《放肆的女仆》（图 262- 右），不仅女仆是左撇子，另两位人物也都是左撇子。

使用透镜还有一个问题是要聚焦。而画一幅大画要多次聚焦，焦点移动，不知不觉就把人体拉长了。所以许多画家都出现了人体比例过度拉长的情况。弗兰德斯画家凡·代克（van Dyck，1599—1641）画过一幅《热那亚贵妇与儿子》（图263-左），贵妇身子与脑袋明显比例失调，站起来就像巨人。法国画家夏尔丹（Chardin，1699—1779）的名画《市场归来》（图263-右），画中主妇的手臂显然过长，几乎像残废似地耷拉下来，就是因为焦点移动的原因。

霍克尼发现要解决左撇子问题，只需加一面平面镜子将透镜投影再反射一次，影像就正了。西方画家后来也的确在透镜之外加用了镜子。霍克尼的结论是：维米尔和许多伟大画家都秘密地使用"透镜和镜子的奇妙装置"（lens-and-mirror contraptions），画出逼真的效果。

事实上，西方画家后来是用一种简便的"暗箱"（camera obscura）来画画：影像透过镜头（透镜），再用镜子反射（图264-左）。18世纪英国著名画家雷诺兹使用的暗箱，为了伪装，可以像手风琴风箱那样折叠起来像一本

凡·代克《热那亚贵妇与儿子》 1626年　　夏尔丹《市场归来》（手臂太长） 1739年

图263

18世纪的暗箱成像（透镜＋镜子）　　　　　1858年物理书插图：帐篷式"暗箱"画风景

图264

书，现保存在伦敦科学博物馆。暗箱也可以做成帐篷，方便画家野外画风景（图264-右）。

霍克尼例举了许多西方绘画史上著名大师使用透镜投影作画，"哈尔斯从来没有画过一张素描，都是直接画画布，笔触随意但精确度惊人"。西班牙大画家委拉斯贵兹（Velazquez，1599—1660），也没有留下什么素描，却能迅速而精确地画出丝绸的质感和反光，也是使用了透镜投影。法国画家拉杜尔（G. de La Tour，1593—1652）也是如此。我曾在巴黎大宫痴迷赞叹他画的蜡烛，把烛光和周围的暗影画得极其隐约微妙，幽暗又很清晰，原来是使用了透镜！英国教授菲利普·斯泰德曼（P.Steadman）也指证维米尔使用光学仪器，写过《维米尔的镜头》（Vermeer's Camera）一书。

有意思的是，一位名叫蒂姆·詹尼森（Tim Jenison）的美国人，2002年读到了霍克尼的《隐秘的知识》，深受震撼。他从来没有学过画画，但有钱任性，忽发奇想，要借助透镜成像，复制一幅维米尔的《钢琴课》（原作藏英国白金汉王宫）。实际上他是想模仿维米尔，用"秘密武器"画出这件著名杰作。

2008年，他在自己的仓库搭建了一间维米尔《钢琴课》画面中的房间。房间里的木梁、钢琴、大提琴、波斯毯、拼花地砖等，完全按照画中陈设来布置，还请了他女儿做模特……他使用了一面长柄小镜子，将透镜投影再45度角折射向画布，这样就可以轻松按"影"描图了。

大约半年后，他居然成功画出了一张"蒂姆的维米尔"，与维米尔的原作

门外汉蒂姆描画的"维米尔"

维米尔《钢琴课》 1662 年

图 265

《钢琴课》几乎没有什么差异（图265）！对比两张画，蒂姆的仿作完美呈现了微妙的室内光影，一点也不输于维米尔的原作。

他将整个作画过程，拍成一个纪录片《蒂姆的维米尔》（Tim's Vermeer），2014年在美国获了一个电影奖，读者可以在网上搜到这部纪录片来看。

一位对绘画一窍不通的门外汉，借助透镜和镜子，竟然能画出跟西方绘画史最顶级的绘画大师一样超级写真的画作，说明那些让我们顶礼膜拜的西方绘画大师原来没那么牛，普通人也可以成为维米尔。

西方博物馆里那些画得像照片的绘画名作，原来相当一部分是暗中使用了"机关"。

西方现代绘画史上有两位不幸者——梵高和塞尚。梵高痛苦得割了自己一块耳朵被送进了精神病院，塞尚则用尽自己的洪荒之力，也没能画出他追慕的法国新古典主义画家普桑和洛兰。可能是他们不知道使用暗箱透镜。

霍克尼的认真和蒂姆的任性，抖露出西方大师画画是借助暗箱透镜光学仪器，可谓颠覆了400年西方绘画史！

西方艺术史家长期宣讲西方绘画作品如何辉煌。而霍克尼和蒂姆简单粗暴，哗啦一声撕下了西方绘画史的辉煌表象，砸了他们的饭碗，"深深伤害了艺术史家的感情，艺术史家很沮丧，极度痛苦"。

西方绘画史还存在提前作品创作年代、伪造作品的现象。凡·艾克在15世纪30年代绘出《阿尔芬诺尼的婚礼》，时间是被提前了。

欧洲历史上，画匠和雕刻匠长期社会地位低贱。画家与剃头匠属于同一个行会。17世纪荷兰绘画作为商品泛滥后，画匠们陷入穷困，须要干第二份活才能活命。

两位荷兰风景画大师霍贝玛（M. Hobebema）和鲁伊斯达尔（J. van Ruisdael），在西方美术史上极其著名（图266）。但霍贝玛迫于生计去收税，鲁伊斯达尔竟然兼职"外科医生－剃头匠"（chirurgien-barbier）。

风景画家凡·戈因（J. van Goyen）打杂管理房产，风俗画家扬·斯丁（Jan Steen）开了一个小客栈。著名画家哈尔斯一贫如洗，死的时候"他的全部财产总共只有三张床垫，一个碗橱和一张桌子……"[1]法国画匠也是同

---

① 房龙：《伦勃朗的最后岁月》，海南国际新闻出版中心，1998年，第485页。

霍贝玛《树间小道》 1689 年　　　鲁伊斯达尔《杜斯泰德的风车》1670 年

图 266

样卑贱的命运。宫廷首席画家的荣誉称号也不过是国王的"房佣"（valet de chambre）。

另外，画家的名字也胡乱签。一个画家可以有很多乃至几十个名字。欧洲人本来只有名没有姓，许多人只有绰号，有的转写成拉丁名字，混乱不堪。很少能够准确地留名于历史。

前面例举的画炼铁炉风景的弗兰德斯画家德·布莱斯（Herri met de Bles），一共有 75 个名字！常用签名 12 个（Herri de bles/Hendrik Bles/Herri Blesio/Herri Blesius/henry met de bles/herry met de bles/Henricus Blesius/Henrico da Dinant/Herri de Patenir/Henri de Bouvignes/Civetta）：亨利、海利、亨爵利克、亨利科、亨利库斯（拉丁名）等，还有绰号"猫头鹰"（Civetta），随便叫。其他名字还有 63 个。

凡·艾克常用签名"ALS ICH KAN"，意为"as I can（我能）"。就是说"艾克"不是真名，而是一个绰号。如此强调"我能"，不亦太现代乎？

另外，西方在 1582 年实行格里高利历之前，历法完全混乱。天主教和新教，地域政教归属多变，可以说西方长期没有统一的时间，很难确定一位 1582 年之前画家的确切生卒年代。

正因为画家身份低贱，签名多杂，历法时间混乱，西方艺术史把凡·艾克的生平精确定位在 1385—1441 年，就非常可疑。

另外，凡·艾克《阿尔芬诺尼的婚礼》画面正中墙上挂着一面圆凸镜，镜子上方精确标有"1434"四个数字（图 267）。当时欧洲已经用上了阿拉伯

图 267 凡·艾克《阿尔芬诺尼婚礼》墙上圆凸镜 1434 年

数字？是一个问号。

　　这件凸镜十分清晰地映照出新婚人的背影和室内景象，是一件非常现代的镀银凸镜。而 1434 年的荷兰，不要说镀银凸镜，平面镀银镜子也不可能有。据称欧洲最早的玻璃镀银镜子，是 1508 年一对威尼斯工匠兄弟发明。通常说法是欧洲 17 世纪发明了镀银的镜子，但也是非常稀罕。法国太阳王为炫耀奢华，在凡尔赛宫搞了一个"镜廊"。直到 1835 年，德国化学家发明化学镀银法，镜子才开始普及，变得寻常。

　　还有，当时荷兰也不可能有画中那样的黄铜吊灯（前文已说欧洲日常用上黄铜应在 16 世纪）。

　　所以，1434 年欧洲尚没有发明镀银镜子，也不可能有黄铜吊灯，构成两个致命的破绽：证明这幅画是提前了时代。甚至凡·艾克这个人也可以存疑。至少这个"凡·艾克"不是 15 世纪的人。

　　再提供一个铁证：西方绘画史上非常著名的英国画家小霍尔拜因（H. Holbein the Younger，1497—1543）1533 年画的名作《大使》（图 268），是

图 268　小霍尔拜因《大使》（1533 年）　19 世纪伪作

19 世纪伪造。

　　该画有一个魔鬼的细节破绽：画中有一个地球仪，地球仪上标注了一个 19 世纪希腊独立以后才命名的地名——"克里特岛"（CRETA）（图 269）。

　　历史上，希腊南边地中海中的这个岛，长期都叫"干迪亚"（法文为 Candie，英文为 Candy）。1570 年奥特柳斯的《世界地图》上这个岛就叫 "Candia"（图 270- 上）。1608 年中国的《坤舆万国全图》也标注为"甘的亚"（图 270- 下）。

　　把干迪亚岛改名叫克里特岛，是 19 世纪希腊独立后干的事。如果小霍尔拜因真是 1533 年画的这幅画，这个岛绝无可能叫"克里特"。

架子上有一个地球仪

19世纪才有的名字——
CRETA（克里特）

图 269

1570 年世界地图，
克里特岛标注为
Candia

1608 年《坤舆万
国全图》标注为
"甘的亚"

图 270

希腊独立后将一大批希腊神话和古希腊历史的地名，强加到希腊各地。比如今天的伯罗奔尼撒半岛，实际上原先一直叫"莫雷亚"。《坤舆万国全图》标示为"莫勒亚"（见图）。1828—1833 年法国搞了一次去这个半岛的科考活动，叫"莫雷亚远征"（Morea Expedition）。可见直到 1833 年，这个半岛还没有叫"伯罗奔尼撒"。

《大使》这幅画显然也使用了透镜投影，画中人物肖像、丝绸的反光、挂毯图案和大理石地板，都画得极其精细入微，酷似照片。尤其逆天的是，画的前景是一块斜放的绘有骷髅头的画板，视角刁钻，可以说是一种公然的炫技。也只有透镜投影才能画出来。

其实这幅画最阴险的设计，就是这个地球仪。按西方说法，世界第一个地球仪是 1492 年德国人贝海姆发明的。那么 1533 年英国的一幅绘画里，就已经有一个精致的地球仪，那是给西方文明史多么重大的支撑！

将一幅 19 世纪伪造的画提前 300 年，推到 16 世纪，以证明那时西方天文学和地理学已达到很高水平，这是一种处心积虑的艺术造假，或者说是通过艺术手段来实施历史造假。

所以，我们不必迷惑欧洲古典油画画得如此逼真（透镜投影），也不必膜拜欧洲这么早就画出这么逼真的油画。西方把作品时间提前或伪造作品，远不止前举两件。应该有大量 19 世纪伪造的画提前至 16、17 世纪，构成了西方艺术伪史。

简要提一下，欧洲古代也没有什么文学。16 至 17 世纪以后开始有文学，主要是借鉴波斯阿拉伯文学。古代文学靠伪造。

我曾在伊朗设拉子参观过波斯诗人哈菲兹（1315—1390）的陵墓。他的抒情诗歌咏爱情、玫瑰、春天和美酒，充满了浪漫真情和自由精神，且富于哲理。哈菲兹不仅在伊朗，而且在巴基斯坦、阿富汗、伊拉克、土耳其和整个阿拉伯世界享有崇高的声誉，也对欧洲的诗歌和文学产生了很大影响。

1771 年哈菲兹的抒情诗被翻译成英文，之后翻译成法文、德文、俄文等，影响了德国文豪歌德，爱尔兰诗人叶芝，俄罗斯诗人普希金、莱蒙托夫和叶赛宁，美国作家爱默生和梭罗等人。尤其歌德对哈菲兹推崇备至，创作了《西东诗集》，专门作诗献给哈菲兹，赞美哈菲兹："你是一艘鼓满风帆劈波斩浪的大船，我只是一叶在海浪中颠簸的小舟。"欧洲人把玫瑰花与爱情相连，很可能来自波斯哈菲兹的诗歌。

　　但丁《神曲》关于天堂与地狱的描写，明显得益于阿拉伯诗人麦阿里（al Maarri）的《宽恕书》和西班牙阿拉伯哲人伊本·阿拉比（Ibn Arabi）的《登霄记》。

　　阿拉伯文学对欧洲文学产生了无可置疑的影响，主要是通过西班牙、法国南部普罗旺斯。

　　波斯阿拉伯民间故事集《一千零一夜》对欧洲文学产生了极大影响。薄伽丘的《十日谈》和乔叟的《坎特伯雷故事集》都使用了《一千零一夜》的素材。1704年《一千零一夜》被译成法文，传遍整个欧洲，成为欧洲文学的资源宝库。

　　阿拉伯文学影响西班牙和欧洲的骑士文学，被学界公认。欧洲的十四行诗也是源自波斯阿拉伯的抒情诗"嘎扎勒"（ghazal）。杨宪益先生认为甚至可以追溯到中国。李白《月下独酌》四首，有三首是"十四行诗"。

　　18世纪伏尔泰改编的中国戏剧《中国孤儿》以及其他"中国风"文学作品对欧洲也发生过影响。

　　西方伪造古代文学的案例很多。徐晓东的《伊卡洛斯之翼——英国18世纪文学伪作研究》，揭露英国18世纪作家麦克弗森（J. Macpherson）伪造古代苏格兰诗人奥西恩的史诗。奥西恩史诗可以伪造，荷马史诗呢？

　　而且，18世纪英国伪造古代作品和文件不是个案，而是一个社会现象，造假成风："一些著名寺院或大学出于宗教需要或为了取得学术声誉和权利，会不惜一切伪造文件、宗教作品（特别是大量的伪经）、宗教诗歌，甚至还有国王的特许状。"[1]

　　还有人认为莎士比亚的作品实际上是弗朗西斯·培根所作："培根杜撰了莎士比亚这个姓名。"[2] 的确，莎士比亚很可疑。莎士比亚没上过几年学，文化水平不高，曾经当过剧场的马夫杂役。尤其莎士比亚时代英语还没有成熟（只有几千单词），不可能写出使用1万多词汇的剧本和诗歌。

　　诸玄识先生认为莎士比亚是虚构的："虚构莎士比亚是大英帝国出于'文

---

[1]　徐晓东：《伊卡洛斯之翼——英国18世纪文学伪作研究》，第26页。
[2]　同上，第27页。

化建设'的需要。"莎士比亚没有留下一部剧本,六个签名每个拼写字母都不一样,字形狼藉。莎士比亚的戏剧诗歌是伪托 16 至 17 世纪莎士比亚之名,在 18 世纪加工、增量、精致化后形成的。

18 世纪版的莎士比亚已"囊括了英语的精华"。莎士比亚戏剧实际上是英国在七年战争中打败法国之后所打造的"文化建设工程"。大英帝国的炮舰开到哪里,莎士比亚也宣传到哪里……

17 至 18 世纪中国园林影响英国式花园并风靡欧洲

说起欧洲的王宫或贵族城堡的花园,马上会想到法国凡尔赛王宫的花园。中轴线两边对称,布局呈几何图案,花木剪裁整齐划一,被称为意大利 – 法国式花园。这种花园风格看上去很具有欧洲特色,但其使用中轴线对称布局,究其源头是来自中国皇城和皇宫的中轴对称布局。这个渊源比较隐秘,一般看不出来。

与意大利 – 法国式花园相对,欧洲还有一种"英国式花园"。英式花园采用自然形态,非对称,不规则布局。这种花园西方学界倒是明确而公开承认受到中国园林的影响,将这种花园叫做"英中花园"(anglo-chinese garden)。

英国出现这种"英中花园",也是欧洲崇华中国风的产物,本质上是中式花园。借用"中国式英语"chinglish 的说法,可以很神韵地称其为"钦格里希花园"(chinglish garden)。

最初,这种"钦格里希"花园是从荷兰传到英国,在英国发扬光大,最后又影响整个欧洲。

中国园林的知识首先是从海路来到荷兰。有一位英国驻荷兰海牙的大使,威廉·坦普尔爵士(William Temple,1628—1699),在荷兰了解到了中国花园的知识。

他在荷兰读到一些欧洲人写中国和日本的游记,特别是与一位在远东待过很长时间的荷兰商人有交往。这位商人去过中国,向坦普尔描述了中国花园(园林)自然疏落,美妙无比。正是坦普尔把中国园林的知识引入英国。

中国园林数江南,江南园林数苏州。苏州园林在春秋时期就已出现,吴王在太湖山水间建宫苑，有长洲苑、华林园等。两宋时期，苏州园林得到很大的发展，明清时期达到高峰，并影响到岭南广东。

广东宋朝就有私家园林。惠州的李氏山园潜珍阁，苏东坡曾到访。潮州有彭园，布局负山面水，占地万余平方米。广州有西园，"怪石乔木，萧然出生"。明朝后期，岭南造园模仿苏州园林，出现了一批颇有苏州园林韵味的私家庭园。广州城东有东皋别业，湖水楼阁，环以芙蓉杨柳……城北有芳春园，城西有花坞、华林园、西园，城南有望春园、芳华苑、南园。佛山有明末礼部尚书黄士俊建的清晖园，里面有假山洞窟……

这位向坦普尔介绍中国园林的荷兰商人可能到过广州，亲自领略了中国园林的妙处。坦普尔从他那里获知了中国园林的主要特征和精神旨趣。

第一，中国园林模仿自然。中国园林的亭台楼阁，池塘小桥，假山曲径，水石花木，虽是人工设计，但都是不露人工痕迹，自然地组合在一起，宛然天成。明代造园家继承的造园理念"虽由人作，宛自天开"，正表明了这一点。

第二，中国园林与绘画（山水画）密切相关，园林是基于山水画的审美理念。就是说，园林要像山水画那样——"如画"。园林之理与画理相通，造园者需要懂画。反过来，懂画之人才能营造一个好园林。所谓"善画者善园，善园者善画"，是中国园艺界信奉的古训。著名园林艺术学家陈从周也强调"不知中国画理，无以言中国园林"。

中国园林与山水画相通，在园林布局上，要自然错落，移步换景，虚实相应，疏密有致。北宋画家郭熙，讲求山水画要"可行，可望，可游，可居"。造园也要表现"可行，可望，可游，可居"的山水画意境。

游园观景，如在画中，这也是中国园林的最高理想。

第三，中国园林的目的是陶冶性情，修身养性。山水画家画自然山水，在家里"卧游"，澄怀观道达于"畅神"。文人士大夫造园，是把自然山水引入自己家里，宅园合一，在自家园林里时行时望，亦游亦居，心旷神怡。

观画是精神性获得山水之怡，游园是身体享受林泉之趣。中国园林如诗如画，目的是陶冶心性，畅神怡情。在这个意义上，中国园林也具有中国山水画内涵的道家回归自然的隐逸精神。

1685年，坦普尔发表论文《论伊壁鸠鲁的花园》（或《论园林》），高度赞美了中国园林模仿自然的形态。他意识到当时欧洲流行的直线、规则和对称形式固然美，但一些非对称、不规则的形式显得更美。沿直线等距离种树，小孩子都会。而中国园林避免对称，采取宛延弯曲的形式，局部无序但整体和谐，是更高级的美。这种自然而不规则的园林布局，坦普尔称之为"Sharawadgi"。

"Sharawadgi"表达了一种"无序美"（beauty without order）。坦普尔对其欣赏备至，认为中国园林是"最好的园林形态"。这个词到底对应哪4个中国字，历来众说纷纭。有人认为这个词来自日语，但日语里也没有明确对应的词。还是钱钟书先生的解释最为确当：Sharawadgi是"疏落位置"的意思。

坦普尔也抓到了中国园林陶冶精神的特征。他把中国园林修身养性的功效，投射到古希腊享乐主义哲人伊壁鸠鲁身上。伊壁鸠鲁其实是一位模仿中国道家思想而虚构出来的人物，主张退隐静修，认为遵从自然才能获得最大的快乐，一生大部分时间是在花园中度过。坦普尔后来也退出公共事务，回归他的摩尔庄园……

坦普尔在英国外交和政治生活中扮演重要角色，曾促成荷兰奥兰治亲王与英国玛丽公主结婚，后来成为英国国王威廉三世。所以坦普尔赞美中国自然主义园林，在英国影响很大。

同时，法国风景画家克罗德·洛兰（Claude Lorrain，1604—1680）画的罗马乡野景色，还有17世纪荷兰风景画，深受英国人喜欢，导致英国兴起"如画"（Picturesque）审美概念，追求如画之美（picturesque beauty）。所谓如画，就是"如风景画"。美好的风景如画，美好的花园也要如画。

坦普尔宣扬中国园林的"疏落位置"铺垫了如画审美，终于18世纪初英国时兴"英国风景花园"（English landscape garden）。这里的landscape也可以是风景画的意思。所以英式花园也有称"如画花园"（picturesque garden）。

前述中国园林的三个特征——自然天成、如画和陶冶身心，在"英国风景花园"中得到不折不扣的再现。就是说，英式花园完全受到了中国园林的影响。

坦普尔是17至18世纪英国兴起英式花园的最重要功臣。他之后，18

世纪的英国又出现一位中国园林的重要宣传者和推动者——威廉·钱伯斯（William Chambers，1723—1796）。

钱伯斯的身份是建筑师，也是一位牛人，当过国王的建筑师。他曾受雇于瑞典东印度公司，1740 至 1749 年间三次航行到中国，在中国"学习建筑和装饰"。他亲眼看到过中国的建筑和园林，对中国建筑（尤其宝塔）和中国园林赞佩不已。

1757 年，钱伯斯出版了一本《中国建筑、家具、服装、机器和器具的设计，并附对庙宇、房屋、花园等的描述》（*Designs of Chinese Buildings, Furniture, Dresses, Machines, and Utensils. To which is annexed, a Description of their Temples, Houses, Gardens*），对中国的建筑和花园以及日常器具做了非常详尽的描绘。这是关于中国建筑和园林的第一手资料，对当时欧洲的中国风热潮产生极大的影响。1772 年，他又专门出版了一本《论东方园艺》（*Dissertation on Oriental Gardening*），进一步推动了中国自然主义英式花园在欧洲的传播。

尤其 1759—1763 年间，他为英国国王乔治三世的母亲设计私人植物园——伦敦邱园（Kew Gardens），就是英国流行的中国式风景花园，还追加建了一座真正的中国宝塔，一座孔子阁（House of Confucius，今已不存），一座中国木桥和亭子（也不存）……钱伯斯在伦敦邱园建起中国高塔和其他中国小建筑，推动了欧洲君王贵族跟风兴建中国的亭塔楼阁。

18 世纪初出现的英式风景花园，通常是有一座乡村宅邸，筑一个小湖，岸边是起伏的草坪与树林相映成趣，点缀一二古希腊罗马小庙、废墟和小桥，旨在营造自然田园风光。而钱伯斯则在英式花园中加入中国建筑，具有更浓郁的中国风。

英式花园参照中国园林，一定有一个池塘小湖和弯曲的小路。中国园林的确都有水面。大的如明清北京的皇城花园——太液池，被称为海，就是今天的北海、中海和南海（图 271- 左）。小的如江南苏州园林，就是一个池塘。江南四大名园之一的留园，水面就很小（图 271- 右），周围是曲径通幽……所以小湖和曲径是早期英式花园的标配。

建于 1715—1727 年的克莱蒙特花园（Claremont）（图 272- 左），是早期英式风景花园的代表。不规则的湖面，起伏的草坪和弯曲的小路，体现了

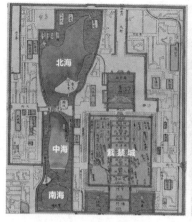

明清北京皇城的花园——太液池　　苏州留园：池塘，曲径，亭阁
（北中南海）

图 271

英国克莱蒙特花园　1715—1727 年　　奇斯威克宅第花园的洞窟瀑水　1736 年

图 272

坦普尔宣讲的"疏落位置"。这个花园当时被描绘为"欧洲最高贵的花园"。

　　奇斯威克（Chiswick）花园是一位伯爵的宅邸花园，原先是法国式的。1733—1736 年，设计师重新布局，增加了斜坡草坪，引入溪水筑了一个狭长的水面，还模拟中国假山建了洞窟小瀑水（图 272- 右）。设计师肯特（W. Kent）认为花园不应以建筑为中心，而应呈现一个理想化的自然景观。

　　斯托（Stowe）宅邸花园，是最早受中国园林影响的英式风景花园之一。这是一处贵族乡村庄园，宅邸是古典主义样式，花园则是中国式的不规则形式（图 273- 左），蜿蜒弯曲的小路，展现如画的风景。还建一些古希腊罗马的小庙，哥特式小教堂等。这座典范的"钦格里希"英式花园声名远播，成

斯托宅邸花园（平面图）

图273

斯托花园：小湖和哥特教堂　1738年

斯托海德花园（帕拉迪奥石桥）　1761年

图274

斯托海德花园（阿波罗小神殿）

为欧洲大陆仿建英式花园的样板，也吸引了英国和欧洲大陆的游客前来参观。法国的卢梭也曾到此一游。

　　斯托海德（Stourhead）花园也非常著名，建于1745—1761年，是英国最早的如画花园之一。主人是一位银行家，喜欢克罗德·洛兰的风景画，于是想要建一座如洛兰风景画的"如画式花园"。银行家筑坝拦溪，建了一个形状不规则周长约3千米的小湖，湖中有小岛。湖上建了一座"帕拉迪奥式"小桥（图274-左）。

　　帕拉迪奥（A. Palladio，1508—1580）是16世纪意大利古典主义建筑师，据称他"复兴"了古希腊、古罗马建筑。此人事迹可疑。这座所谓帕拉迪奥小桥，颇具中国风格。湖岸边建了一座小型罗马神殿，一个阿波罗小神殿（图 274- 右），类似于中国园林点缀的亭台楼阁。

普赖尔（Prior）风景花园（图 275- 左）建于 1734—1764 年间，处于英国萨默塞特郡的一处小山谷里。诗人亚历山大·蒲柏（A. Pope）参与了设计。这位被称为"18 世纪英国最伟大的诗人"写过《隐居颂》和《田园诗集》，也是一位"如画式花园"的激情赞美者。他认为"所有的园林都应该是一幅优美的风景画"。诗人来督造花园，有类中国文人造园，挺有意思。

潘西尔（Painshill）花园（建于 1738—1773 年）也被认为是英国最重要的风景花园之一。花园里有一个 5.7 公顷的蛇形小湖，有几个小岛，也有一座神似中国石桥的帕拉迪奥桥（图 275- 右）。花园风景秀丽，自然山丘缓坡，点缀有一座哥特式教堂"废墟"，一个水晶岩"洞窟"等。

许多著名人物来参观过，包括倡导如画审美的威廉·吉尔平（W. Gilpin）、两任美国总统约翰·亚当斯和托马斯·杰斐逊，以及德国安哈特 - 德绍的弗朗茨亲王（后来的利奥波德三世公爵）。

钱伯斯 1759—1763 年间在伦敦设计建造的邱园，尽管主要功能是植物园，也是按照风景花园来营造。里面挖了一个狭长的人工湖，湖中有几个小岛，岸边是树林，景色自然而荒野（图 276- 左）。1762 年建造的中国塔，花园水道上的中国木桥等，给花园平添了直接的中国风景（图 276- 右）。

英国在 18 世纪 60 年代工业革命之前，是一个乡村经济国家。英国人对乡野风景特别有情感。从 1730 年起，英国的城镇乡村到处出现中国式风景花园。设计师"能人布朗"（Capability Brown）设计了 170 多个风景花园。钱

普赖尔花园　1734—1764 年

潘西尔花园　1738—1773 年

图 275

伦敦邱园人工湖景色　　　　　　　　绘画中的伦敦邱园（中国塔和木桥）　1762 年

图 276

埃默农维尔花园湖中小岛上的卢梭纪念冢　　卢梭花园

图 277

伯斯设计建造邱园，进一步推动了中国风英式花园的时髦，将英式花园的风尚传向欧洲大陆。

　　欧洲大陆最早一座英式花园，是巴黎东北郊的埃默农维尔（Ermenonville）花园。花园主人是卢梭最后一位学生吉拉尔丹（Girardin）侯爵。卢梭自从参观英国斯托花园后一直对这种自然主义的花园心心念念，于是侯爵在1763—1776 年间，按照卢梭的理想建造了这个花园。卢梭生命的最后 6 周就是在这个花园度过，1778 年逝世后被安葬在花园湖中的一个小岛上（图 277-左）。1794 年卢梭遗骸移入巴黎先贤祠，现在岛上是纪念冢。

　　卢梭思想的重要一点是反对科技文明，向往人类的自然状态，赞美回归自然（纯然中国道家思想）。这个花园也寄托着他的哲学理想（图 277- 右），如今这个花园被命名为"卢梭花园"。

侯爵认同如画审美，还有中国园林的"移步换景"意识，一些景观要设计成不同角度去看。他雇请了100多英国匠人来建花园。引入一条小河的河水筑了一个湖，布置了一个自然神灵的洞窟和一个野趣的小瀑布（图278-左），还模仿英国风尚在山坡上建了一个哲学神殿的废墟……

侯爵非常崇拜卢梭，在花园附近的树林里，建了一间依傍岩石的林中小茅屋（图278-右），据说卢梭就是在这间小茅屋中去世的。

这个花园后来成为卢梭崇拜者的朝圣之地。著名人物包括奥地利国王约瑟夫二世、瑞典国王古斯塔夫三世、俄罗斯沙皇保罗一世、美国总统富兰克林和杰斐逊，还有法国大革命领袖丹东和罗伯斯庇尔，法国浪漫主义作家夏多布里昂，王后玛丽·安托瓦内特，还有拿破仑……

另一座欧洲大陆营建的英式花园是德国德绍附近的沃利茨（Worlitz）花园（图279-左），据称是欧洲大陆最具代表性的英式风景花园，建于1769—1773年。花园营造者就是前面提到过的安哈特-德绍的利奥波德三世公爵。他曾游历荷英法意，参观过英国潘西尔、斯托海德花园和法国埃默农维尔英式花园。公爵也崇拜卢梭，崇尚自然哲学。他模仿埃默农维尔花园，也在花园的湖中筑了一个以卢梭命名的小岛。

沃利茨花园占地110公顷，是易北河边的河谷式花园，中心是长条形的湖，串联起几个景区。景区里有中国木桥和假山洞窟（图279-右），点缀一些古罗马小神殿和哥特式小建筑，还有一座人造小火山……

英式风景花园之风继续往东传到波兰。1772年，波兰国王波尼亚托夫斯基（Poniatowski），在华沙市东靠近维斯瓦河的地方营造瓦津基（Łazienki）

埃默农维尔花园洞窟和瀑布

卢梭的林中小屋

图278

德国德绍沃利茨英式花园　1773 年　　　　　沃利茨花园假山石洞窟

图 279

波兰华沙瓦津基英式花园　1772—1778 年　　　俄罗斯沙皇村英式花园　1774—1780 年

图 280

英式风景花园（图 280- 左）。花园里有一个狭长的小湖，岸上树林扶疏，临水的国王夏宫融合在自然风景中。

　　国王是一个中国迷，热衷中国风。花园里有一条"中国大道"，一个"中国园"，园里有中国亭子和中国石桥……

　　再往东，1774 年，俄罗斯女沙皇叶卡捷琳娜二世在圣彼得堡沙皇村自己的宫殿侧旁，也将原先几何形布局的花园改造成一个英式风景花园。里面有一个不小的人工湖（图 280- 右），湖心岛有屋。原先直线的林荫道改成弯曲的路径，风景旖旎……

　　时间到了法国大革命前夕的 1783—1786 年，法国王后玛丽·安托瓦内特也受英国风尚和卢梭自然哲学的影响，在凡尔赛的小特里亚农宫旁，建一个乡村小庄园（Hameau de la Reine）（图 281- 左）。十几间小屋，芦苇茅草屋顶，身处王宫也要回归田园。同时也建了一个英式花园（右），有蜿蜒的小

凡尔赛王后的小庄园　1786 年　　　　　　　凡尔赛特里亚农宫英式花园

图 281

慕尼黑"英国花园"　1792 年　　　　　　卡塞尔威廉山地英式花园　1793 年

图 282

径，弯曲的运河，一个池塘。

英式花园在欧洲大陆的风靡并未被法国大革命所中断。1789 年，一位美国出生的英国爵士，在德国慕尼黑市中心设计建造一个长条形的"英国花园"（Englischer Garten）（图 282- 左），1792 年建成，是欧洲大陆最大的英式花园之一。里面有人工溪流，一个阿波罗圆亭，还有一个著名的中国木塔。我曾多次去过慕尼黑，都去啤酒屋喝一大杯啤酒，却不知道慕尼黑有这么一个英式花园。

德国卡塞尔有一座欧洲最大的威廉山地公园（Bergpark Wilhelmshöhe），也是英式风景花园，建于 1786—1798 年。山顶有一座大力神建筑，有人工瀑布逐级而下，山脚是威廉宫。山林中有废墟，一座中国式桥，有瀑布涧水流到山脚池塘，配一个罗马式小圆殿（图 282- 右）……

1796 年，波兰贵族波托基（Potocki）伯爵在今天乌克兰基辅南边的乌曼，建了一个索菲伊乌卡（Sofiyivka）英式风景花园（图283-左），作为礼物送给自己的妻子索菲。花园也有一个狭长的人工湖，有瀑布、洞窟、亭子、小木桥……被誉为欧洲最美花园之一。

英式风景花园的风尚并未止于18世纪，而是一直延续到19世纪。尤其不止是私宅花园，多有显现为公共花园——公园。

据称西方第一个市民出资营建的公共花园，是1843—1847年建造的英国利物浦伯肯海德（Birkenhead）公园，就是一个英式风景花园，完全是中国园林布局（图283-右）。

1826—1827年，伦敦白金汉宫对面的圣詹姆斯公园，从原先的运河改为更自然的长条形小湖，配以蜿蜒小路，也是一个中国风公园。

1864—1867年，巴黎19区（市区东北）建了一个比特修蒙（Buttes Chaumont）公园。挖了一个人工湖，湖中高耸一座孤山，有高桥与陆地相连。有草坪曲径，人工溪流，还有洞窟瀑布（图284）……2002年我在巴黎拍摄十集纪录片《重回巴黎》，其中一集《作家苏珊娜》就是在这个公园拍摄采访她的。当时就感叹，在巴黎竟然有这样小桥流水的中国式花园。

乌克兰索菲伊乌卡英式花园　1796年　　　英国利物浦伯肯海德公园　1847年

图283

图 284　法国巴黎"中国风"比特修蒙公园（人造瀑布）　1867 年

纽约中央公园（中国风英式花园）　1873 年　　中央公园内景

图 285

　　1857 年—1873 年兴建的纽约中央公园（Central Park）（图 285），也是一个英式如画风景花园。长 4 千米、宽 0.8 千米的长条形的花园里，布置了好几处大小水面，可以泛舟。树木掩映，小径蜿蜒，一派中国园林之风。

　　1921 年，美国建筑师墨菲（H. K. Murphy）在中国设计燕京大学（北京大学）的校园建筑和园林布局，也采用他崇尚的中国建筑和园林的样式。其中露出英式风景花园的痕迹：校园里一座中国石桥令人想起斯托海德花园的帕拉迪奥石桥。未名湖畔的博雅塔，则有 18 世纪欧洲狂热追捧中国宝塔的余绪……

　　中国园林传到欧洲，披了一件"英式"名头，在欧美绕一圈又回到中国。历史经常会有令人不可思议的回旋。

　　英式风景花园是 17 世纪中华文明从海路传到英国、然后传遍欧洲的一朵文明之花。表面是"英式花园"，其理念完全是中国园林。

18 世纪，正当法国向欧洲传播中国文化热，很"乡下"的英国则向欧洲贡献自然野趣的中国风花园……

17 至 18 世纪欧洲人迷醉中国宝塔、楼阁和室内装饰

17 至 18 世纪的欧洲人除了迷恋中国园林，还迷恋中国的宝塔和亭台楼阁，崇尚中国的室内装饰和家具，全方位无死角地追逐中国人的生活时尚。就像今天一些富贵国人爱盖洋楼，爱用西方奢侈品。当时的欧洲王公贵族爱在自家花园里建中国风的塔亭楼阁，收藏中国瓷器，在宅邸布置一个中国厅……

1665 年荷兰人纽霍夫出版《荷兰东印度公司使团觐见中国皇帝记》，书中用赞叹膜拜的文字描写南京大报恩寺琉璃宝塔的辉煌壮丽，并配有插图（图 286- 左）。大报恩寺塔九层八面体，整体都用琉璃烧制，挂有 146 盏长明灯。很可惜，这座塔毁于 1856 年太平天国的战乱，今天已看不到。

塔高 78 米，相当于 20 多层楼高，无疑是当时中国，也是当时世界最高的建筑。欧洲人把这座塔称为"世界第八大奇迹"。

纽霍夫的书在荷兰出版后，很快就有了法文、英文和德文版。中国宝塔的形象迅速传遍欧洲。首先这塔的高度让欧洲人惊叹，犹如近代中国人赞叹纽约帝国大厦。另外这座塔被描述成是"瓷塔"，那就更不得了。你想想，一般欧洲人连一件瓷器都不一定搞得到，人家中国人拿瓷器来建这么高的塔，简直是豪横逆天了啊！

纽霍夫的书中有许多中国城市的插图，比如赣州、安庆、临清等城，几乎每一座城市都有一座宝塔。宝塔形象不断重复出现，渐渐成为中国的标志性符号。尤其南京"瓷塔"形象，就像埃菲尔铁塔之于法国，成了中国的象征。所以中国宝塔的形象进入荷兰代尔夫特青花瓷，织入挂毯，画入壁画和壁纸……甚至前边提到的 1700 年法王路易十四举办的"中国皇帝化妆舞会"，也有一个宝塔（Pagode）表演造型……

终于 1762 年，英国王家建筑师钱伯斯，在伦敦邱园建起了一座真正的中国"大塔"（图 286- 右），也是八面体，但有十层。邱园塔高 49 米，塔的檐角上装饰有 80 条木质镀金的龙。应该说对中国宝塔模仿得相当到位。从外形

看，这座塔非常像广州六榕寺的花塔（57.6 米）。曾到过广州的钱伯斯见过此塔，对塔的结构做过测绘记录。邱园大塔的屋檐、门洞、栏杆的形式，以及塔顶的结构，都与广州花塔类似。但钱伯斯的内心追求，恐怕是想再现纽霍夫书中的南京瓷塔。因纽霍夫不懂中国"九"之数，把南京宝塔错画成了十层，所以钱伯斯的邱园塔也是十层。可见纽霍夫的南京塔影响之大。

基歇尔《中国图说》（1667 年出版）中，也有一幅中国宝塔插图（图287- 左）。但这种石砌尖塔与中国砖木宝塔的形制不相符，是出自想象。但基歇尔的书影响也不小。1775—1778 年，在法国中部卢瓦尔河城堡群附近的昂布瓦斯（Amboise）城郊，在一个贵族城堡的花园中建起了一座中国风宝塔——尚特卢塔（Chanteloup）。这座塔有 7 层，37 米高，造型奇特（图287- 右），可以说是当时欧洲浪漫想象中国的一件珍贵证物。

1789 年，正当法国爆发大革命时，德国慕尼黑的"英国花园"里，开始建造一座中国塔，1790 年建成（图288- 左）。这是一座 5 层木塔，12 边形，高 25 米。虽说其样板是钱伯斯邱园里的中国塔，但这座塔的形状与一般中国塔的形制相差甚远。近年，这座慕尼黑的中国塔越来越被中国游客熟知，被称为"德国唯一的中国塔"。

其实，德国还有第二座中国塔。它深藏在德国德绍的沃利茨风景花园里（图288- 右）。德绍公爵利奥波德三世从 1780 年开始，按照钱伯斯

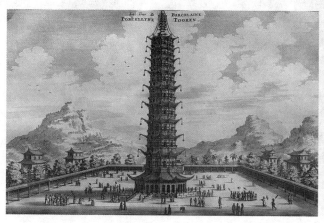

纽霍夫：南京大报恩寺瓷塔（琉璃塔） 1665 年

图 286

伦敦邱园宝塔 1762 年

基歇尔《中国图说》中的中国塔　法国中部卢瓦尔河地区尚特卢塔

图 287

慕尼黑"英国花园"里的中国塔　　德国德绍奥拉宁恩鲍姆的中国塔

图 288

的理论，建了一个"奥拉宁恩鲍姆中国花园"（Chinesischer Garten von Oranienbaum），里面有中国茶室、中国桥和中国塔。

奥拉宁恩鲍姆是"橘子树""橘园"的意思。如果网上搜，会搜到两个"奥拉宁恩鲍姆"。更有名的是俄国圣彼得堡的奥拉宁恩鲍姆（橘园宫），里面有一个中国馆，馆里的中国厅于近年重新修完开放。

实际上，橘子原产于中国。屈原写《橘颂》歌颂橘子："后皇嘉树，橘徕服兮。受命不迁，生南国兮……"据相关考证，1471年柑橘才从中国引进到欧洲的葡萄牙。今天寻常得不能再寻常的橘子、橙子，在当时欧洲非常珍贵稀罕，只有王宫贵族才能享用。17世纪中叶开始，欧洲各地的国王贵族都争相建造橘园暖房或橘园宫，成为富贵的象征。

德绍橘园的这座中国塔，建于1795—1797年，只有5层，但形制还是比较忠实于邱园钱伯斯的中国塔，看上去像一座中国塔。

英国王室在邱园建了大塔之后，对中国塔的热爱还没有尽兴。1814年，英国王室为了庆祝打败了拿破仑，在白金汉宫前面的圣詹姆斯花园水道的一座桥上，搭建了一座中国木塔（图289-上）。塔高七层，玲珑剔透。桥两侧有四座中式小亭。这是在伦敦市中心建起中国宝塔，成为市民关注的焦点。不幸的是，盛大的焰火庆典引燃烧毁了中国塔。最后这座桥也拆了。今天在中国塔的旧址留有一块说明牌子，告诉游人当年此地有一座中国塔……

1826—1832年，英国伯明翰北边的斯塔福德郡建一个主题公园时，建了一个中国喷水宝塔（图289-下）。这座塔是铸铁结构，建在一个临水的小平台上。塔为三层八角形，悬挂铜铃。当宝塔开始喷水，蔚为奇观。

由于纽霍尔在介绍中国时，晕乎乎把中国亭子也叫做"塔"（pagaode）（图290-左），于是欧洲那些仰慕中国宝塔的王宫贵族们也纷纷在自家花园建这样的中国"塔"，实际上是亭。为兼顾中西词意，暂把这些所谓的塔称为"塔亭"。

邱园不仅有中国塔，还有一座中国亭（图290-右）。这座亭是建在养雉鸡水禽馆区池塘中的一个小岛上。亭子是两层，以后成为风行欧洲的塔亭样板，今天也已不存。

紧跟邱园，瑞典王室开始重建卓宁霍姆宫（Drottningholm），1763年也建了一座中国宫和中国塔亭（图291-左）。

伦敦白金汉宫门前圣詹姆斯花园曾经建造的中国木塔

英国斯塔福郡主题公园喷水中国塔

图 289

　　　　　　　　　　　光从中华来——以图证史（下）

纽霍夫：Sinki 县附近的塔　　　　　钱伯斯：邱园中国亭

图 290

瑞典卓宁霍姆宫的中国亭　　　　　德国波茨坦无忧宫的龙塔

图 291

　　德国普鲁士国王腓特烈二世对战争感到厌倦，曾与伏尔泰通信，向往中国平安幸福的理想生活，在波茨坦建造了无忧宫（Sanssouci）。1770—1772年，无忧宫园区建起一座塔亭（图 291-右）。因为塔的檐角装饰有龙，也称为"龙塔"。

　　卡塞尔的弗里德里希二世伯爵也是一位中国迷。伯爵崇拜中国的重农政策，1781 年在威廉山地花园的东南坡，建起了一座名叫"木兰"（Moulang）的中国村。名字来自中国承德的皇家猎苑"木兰围场"。他将村旁一条小溪命名为"江"（Kiang），还有"河"，流入山脚的"湖"。中国村里有农舍和畜牧场，农工在节庆时要打扮成中国人模样。木兰村原有 21 座村舍，现仍有 13 座还在。其有一座建于 1776—1782 年的中国塔亭，是木兰村的标志。该塔亭在 20 世纪 70 年代新修过（图 292- 左），2013 年被列为世界文化遗产。

19 世纪的英国，依然风行中国亭。剑桥西边的贝德福德郡，有一座乌邦修道院（Woburn Abbey）花园，建有两个中国塔亭（图 292- 中、右）。两座都是红色。一座轻盈简洁，另一座厚重，颇有中国味。

1847 年英国伦敦海德公园举办了一个中国工艺品展览，专门建了一个中国塔亭（图 293- 左）。展览结束后，这座塔亭被移到伦敦东部的维多利亚公园的一个小岛上。2012 年翻修过后，风貌很中国。

德国卡塞尔"木兰村"的　英国乌邦修道院花园的两座中国亭
中国亭　1781 年

图 292

英国伦敦维多利亚公园中国亭　　德国多瑙斯陶夫的中国亭

图 293

19世纪30年代，德国雷根斯堡以东5千米的多瑙斯陶夫（Donaustauf），在一处临多瑙河的公爵宅邸，也建起一座风格很特别的两层中国塔亭（Tower）（图293-右），1999年翻新。尽管看上去不那么中国，但它就是叫做"中国塔"。

中国亭的风尚也刮到了意大利。1840—1846年间，意大利热那亚郊区的杜拉佐-帕拉维奇尼（Durazzo-Pallavicini）别墅英式花园里，建起了一座中国亭（图294-左）。亭子是建在一座中国木桥上，黄色的柱子，翻翘的檐角，颇有富贵之气。花园有两个池塘，以及其他异国情调的建筑，曾被誉为意大利最美花园。

法国对中国亭的热情也不小。1867年巴黎举办世界博览会，专门建了一座中国塔亭（22年后的巴黎世博会建的是埃菲尔铁塔）。当然这座塔依然是一个亭子，后来移到巴黎西郊布洛涅森林的巴加泰尔（Bagatelle）花园（图294-右）。1900年原作被一位英国勋爵买走，安置在白金汉郡克莱夫登（Cliveden）庄园的水花园。今天留在巴加泰尔公园的中国亭是复制品。

这种亭有时还建在桥上。钱伯斯在邱园建的"孔子阁"就建在一座桥上

意大利热那亚郊区的中国亭　　　　巴黎巴加泰尔公园的中国亭

图294

（House of Confucius）（图 295- 上）。可见，钱伯斯不仅崇拜中国的建筑，还崇拜中国的文化圣人。可惜这个木结构孔子阁今天已经不存。

在法国巴黎北边亚当岛镇（Isle-Adam）的卡桑（Cassan）公园，有一座 18 世纪的中国亭，建在一个类似三孔桥的平台上（图 295- 下）。原先附近有城堡，已毁不存。只留下这个亭子，近年修复后焕然一新。这个六角形的亭子，檐角挂着风铃，显得比前面所举的中国亭更敦厚，雍容大气。

伦敦邱园孔子阁

法国巴黎北边卡桑公园中国亭

图 295

1780 年前后，俄罗斯叶卡捷琳娜二世在沙皇村的英式花园里建了一个中国村，一座中国桥，和一个十字桥上的中国亭（图 296）。这个桥上中国亭看起来不像中国风格，其实是参照邱园钱伯斯的"孔子阁"。中国桥两端配了两座中国亭，以一种花里胡哨的风格追慕中国。

除了中国塔和中国亭，18 世纪的欧洲人还痴迷中国风的楼阁建筑，室内装饰和家具。

先来看英国。1794 年，乌邦修道院花园里，建起了一座中国式水榭。红色的柱子，临水悬挂着红灯笼，与睡莲池塘相映照，满满的中国情调（图 297- 左）。英国斯塔福德郡的比达夫农庄（Biddulph Grange），1841 年建的中国风花园里筑有池塘和水道，不仅有中国木桥和中国亭榭（图 297- 右），还堆叠类似太湖石的石块，种了各种植物，极具中国江南园林的风味。

圣彼得堡沙皇村英式花园里的中国桥　　　　　十字桥上的亭子

图 296

英国乌邦花园的中国廊榭　　　　　比达夫庄花园的中国桥和亭榭

图 297

一些宫廷建筑，也多被赋予中国面貌，尽管这些中国面貌并不那么中国，而是出于欧洲人的奇思异想。

1721—1724年间，德国德累斯顿以东15千米的易北河畔，萨克森选帝侯、波兰国王奥古斯都二世（Augustus II the Strong）建起了皮尔尼茨宫（Pillnitz）作为夏宫。临水的水宫和靠山的山宫，格局一样，带有模仿中国建筑的大屋顶，尤其水宫正门檐下装饰有中国场景（图298-左），有仙鹤、凤凰、宝塔和穿着官服的中国人形象。

这位奥古斯都国王对中国是迷入膏肓，尤好收藏中国瓷器，自称得了"瓷器病"："我陷入了对荷兰橘子树和中国瓷器的狂热追求。"（荷兰也是引进中国橘子树的重要窗口。今天荷兰人狂热喜爱橙色恐怕有历史原因。）传说他最疯狂的一次举动是，1715年他以整整一个团的龙骑兵，与普鲁士国王交换了48件中国瓷器！他一生共收藏了24000多件中国和日本瓷器。大约还有8000件留存到今天。德累斯顿的茨温格宫有不少展示。正是他的督促，欧洲烧出最早的迈森白瓷。

1755—1764年，普鲁士国王腓特烈二世在波茨坦无忧宫，建造了一座"中国茶屋"（Chinesisches Haus）（图298-右）。这个圆亭建筑装饰华美，内部壁画受到法国洛可可中国风的影响。那些镀金的人物雕像，尤其是屋顶上坐着一手撑阳伞、一手拿乐器的老人，明显可以看到华多绘画的影子。

1763—1769年，瑞典国王弗雷德里克斯（A. Frederick）重建了卓宁霍姆宫园区的"中国楼"（Chinese pavilion）（图299-左）。之前的中国楼是木结构的，后被烧毁。新建的中国楼，主楼两侧连着像扶手式的辅楼。主楼红墙

德国皮尔尼茨宫中国风装饰

德国波茨坦无忧宫的中国茶屋

图298

瑞典卓宁霍姆宫的"中国楼"　　　俄罗斯圣彼得堡沙皇村里的中国村

图299

碧屋顶，雕饰镀金，可谓金碧辉煌。宫里收藏着瑞典东印度公司从中国带回的瓷器、丝绸和漆器等奢侈品。因为这座中国楼，1991年卓宁霍姆宫被列入世界文化遗产。

1782年，俄国叶卡捷琳娜二世在圣彼得堡沙皇村花园的树林里，建了一个中国村（图299-右）：一组建筑围成圈。女沙皇要求俄罗斯驻英国大使了解伦敦邱园的建筑，想模仿邱园。笨笨的檐角，粉红粉绿的屋顶，还有淡紫色墙面，宛如一个儿童城堡乐园。

再来看欧洲时尚中国风的室内装饰。

对于中国瓷器的迷恋远不止那位患有"瓷器病"的奥古斯都二世，普鲁士国王弗里德里希一世的王后夏洛特（S. Charlotte），也是一位中国瓷器的发烧友，收藏大量中国瓷器。1705年夏洛特王后去世，国王为纪念她，将柏林的行宫改名为夏洛腾堡宫（Charlottenburg）。

夏洛腾堡宫里有一间中国瓷器厅（图300），60平米左右的房间收藏有1500多件瓷器，镶嵌到墙上，展示于橱柜，青花粉彩，大大小小，琳琅满目。在当时欧洲，中国瓷器象征着财富、权威和奢华。将这么多瓷器集中布满一个房间，满目晶莹闪亮，相当土豪。

不过，二战时夏洛腾堡宫遭到严重破坏，几乎被轰炸没了，20世纪50年代才开始新建。整个夏洛腾堡宫的外观和内景天顶画都是新的，这间瓷器厅也是新布置的。今天我们在德国看到的许多历史建筑，一副古旧模样，其实只有几十年。不仅在柏林，德国其他城市如慕尼黑、法兰克福，尤其德累斯顿（二战遭到盟军毁灭性轰炸），那些炸毁的历史建筑都修复得非常好，仿佛

图 300 柏林夏洛滕堡宫里的中国瓷器厅

历史原貌。曾在慕尼黑一座教堂看到原先被炸毁的老照片，很惊叹欧洲新造旧宫殿的能力。

　　葡萄牙里斯本的桑托斯宫（Santos Palace），也收藏大量中国瓷器。这地方原是葡葡萄牙国王曼努埃尔一世（Manuel I，1469—1521）的寝宫。国王收藏了 200 多件中国瓷器，多为景德镇外销精品。桑托斯宫后来转给了葡萄牙一位贵族。大约在 17 世纪末，该贵族将国王收藏的 261 件青花瓷，镶嵌到正方金字塔形的天顶上（图 301- 上）！蓝白色的青花瓷盘，镶嵌在雕花鎏金的底板上……真是抬头望见"青花云"啊，何等震撼的视觉效果！

　　当然，也需在这里重提一下收藏 3000 多件中国瓷器的法王路易十四。1670—1687 年他在凡尔赛建了一座青花"瓷宫"，也是"瓷器病"患者。

　　俄罗斯彼得大帝（1672—1725）对中国瓷器的收藏显然没法跟前面几位土豪比，但也掩藏不住对中国瓷器的热爱。在圣彼得堡的夏宫里，有好几处青花蓝瓷砖装饰（图 301- 下）。这不是高温烧制的中国青花瓷，但也有青花瓷的视觉效果。

　　德国巴伐利亚选帝侯马克西米利安二世（1662—1726）也是中国迷。1701 年他扩建慕尼黑市郊的宁芬堡宫（Nymphenburg）。宁芙（Nymphe）

葡萄牙桑托斯宫的青花瓷天顶

圣彼得堡夏宫里中国青花瓷装饰

图301

是山林仙女的意思，宁芬堡宫就是仙女宫了。1716—1719 年间，选帝侯在仙女宫园区建了一幢二层的"宝塔屋"（pagodenburg）。整座小楼里都是中国情调。底层装饰成青花瓷色调（图 302）。天顶是青花图案，墙上是荷兰青花瓷砖。二楼是中国花鸟画壁纸，还有中国式漆柜……

英国剑桥郡的弥尔顿伯爵庄园，其宅邸（Milton Hall）是当地最大的私宅。1773 年钱伯斯为庄园的第四代伯爵完成了大厅的设计。宅邸卧室墙上是中国场景壁纸（图 303- 左），散发一种温柔乡的气氛。

丹麦王室也是中国风的崇尚者。哥本哈根的玫瑰堡宫（Rosenborg Slot），里面有一间中国漆厅（图 303- 右），大约完工于 18 世纪 40 年代。整个墙面的壁板，都是中国浅浮雕的漆画，表明当时欧洲也迷恋中国的漆器。

一般我们只知道 18 世纪欧洲人对中国瓷器的狂热，其实中国漆器在欧洲的风靡一点不亚于中国瓷器，主要表现在漆器家具。

中国福建的漆器首先在荷兰登陆。最早流行中国风漆器家具的是荷兰。英国紧跟荷兰，17 世

德国宁芬堡宫"宝塔屋"底层青花瓷色调

二层中国花鸟画壁纸

图 302

英国弥尔顿宅邸的中国风卧室　　　　　　哥本哈根玫瑰堡中国漆厅

图 303

纪后期英国出现中国风漆器家具。

中国风漆器、家具的风靡，在法国和德国更多是宫廷王室喜爱，在荷兰和英国则是市民阶层喜爱，传播更广。

18 世纪英国出了一位杰出的家具设计师托马斯·契本达尔（T. Chippendale，1718—1779），就是一位中国风橱柜的设计大师。1754 年，他出版了一本《绅士与橱柜制造者指南》，影响巨大。18 世纪的英国家具设计无可争议是契本达尔时代。

这件"中国式契本达尔写字台"（Chinese Chippendale desk）（图 304-左），顶部有一点所谓新古典元素，整体的中国红和中国式装饰图案，表明是一件真正的中国风家具。还有一件中国红漆柜（图 304- 右），也是属于契本达尔一类的中国风漆器。柜门浅浮雕表现的是中国仕女楼阁，满满中国情调。

契本达尔漆柜也有绿色的（图 305- 左）。这件契本达尔绿衣柜，陈列在西约克郡哈伍德庄园（Harewood House）的卧室里，与柜子上的瓷碗和墙上壁纸的中国图案融洽无间。还有这把契本达尔中国风椅子（图 305- 右），看上去很像一件欧式家具，看不出其中的中国元素，但实际上有暗仿福建漆

英国 18 世纪"中国风契本达尔写字台"　　　　　英国 18 世纪中国风红漆柜

图 304

契本达尔绿漆衣柜　　　　　　契本达尔中国风椅子

图 305

檀木椅和竹节家具的中国风。

　　直至 19 到 20 世纪，欧洲一些有身份的人士依然喜欢中国风的室内装饰。比如 19 世纪法国作家雨果，在巴黎孚日广场他的故居客厅里，墙上挂满中国瓷盘，还有中国漆器的壁饰，天顶挂中国灯笼，地上摆中国式家具（图 306- 左）。20 世纪法国时装设计师伊夫·圣罗朗（YSL），家中装饰也是中国风（图 306- 右）。墨绿色中国花鸟壁纸，透露出的是一种平和的高贵。另一位 20 世纪法国时装和奢侈品设计师夏奈儿（G. Chanel），她的寓所墙上，也镶满红底金色的中国刻漆屏风……

　　可见，17 至 18 世纪的欧洲，室外中国园林和宝塔楼阁，室内中国瓷器和漆器家具，华夏之风渗透到欧洲人生活的每一个角落……

法国作家雨果家的中国风客厅

法国时装设计师伊夫·圣罗朗家里的中国风装饰

图306

"古罗马圆拱"源自中国（中国砖穹顶建筑技术西传）

中华建筑也影响了西方，同样在波斯阿拉伯建筑那里拐了一道弯，间接发生影响。

中华建筑多为砖木建筑，西方建筑多为石砌建筑。看起来，中国建筑与西方建筑风马牛不相及，但由东向西的影响依然存在。

中华建筑影响西方是一个大话题。这里无暇系统地证明，只能是蜻蜓点水，简要提示一些关键节点，挑明大关系，重要建筑无法一一例举。

首先是中国在东汉最早发明了石砌圆拱和砖砌圆拱。在宋金时期，砖砌圆穹顶技术达于成熟。

圆拱是所有石砌和砖砌建筑的基本要素，就像计算机语言的0和1。有了最基本的圆拱，就可以衍生出各种样式的拱：尖拱（pointed arch）、洋葱拱（ogee arch）、三叶草拱（trefoil arch），马蹄拱（horseshoe arch）等。

再将圆拱空间化，又有了各种穹顶：圆穹顶、长廊穹等……

中国圆穹顶技术首先在14世纪波斯伊尔汗国的完者都汗陵墓大放异彩，接着在15世纪帖木儿帝国首都撒马尔罕继承发扬，16世纪奥斯曼帝国再创辉煌，在伊斯坦布尔建起了大清真寺（所谓圣索菲亚大教堂）。奥斯曼伊斯兰建筑成果被西方盗用，称为"拜占庭式建筑"，属于东罗马帝国。

伊斯兰建筑往西影响威尼斯等地，南路通过叙利亚、突尼斯，直至西班牙的科尔多瓦大清真寺和塞维利亚哥特式大教堂，影响西方建筑。

哥特式建筑不是西方艺术史声称的源于12世纪的法国，而是源自伊斯兰建筑。所谓古希腊和古罗马建筑也是源自伊斯兰建筑。而中国的圆拱和砖穹顶技术为伊斯兰建筑奠定了基础。

中国人很早就发明了石砌圆拱，也很早就发明了砖砌圆拱和穹顶。但中国人大都将砖石圆拱用来建墓室。地面上完全砖拱的建筑很少，只有南京灵谷寺完全砖砌的无梁殿（建于明朝洪武十四年即1381年）最为著名。

西方艺术史宣称，石砌圆拱是古罗马人发明的，是古罗马人最早"系统性地使用"圆拱技术，广泛应用于建筑结构，比如古罗马凯旋门、引水渠等。所以圆拱在西方被称为"罗马圆拱"（roman arch）。

其实古罗马没有钢铁工具，石砌圆拱完全子虚乌有。正因为西方没有，来华耶稣会士才对中国石拱桥非常感兴趣，进行仔细绘图，比如基歇尔《中国图说》插图专门画一座中国石拱桥（图243）。

随着钢铁工具的广泛应用，中国石拱技术可能在战国西汉就有发明。但中国最早的石砌圆拱，地面上已不可考。今天能见到的是埋在地底下的工程——安徽亳州东汉曹腾之墓。

曹腾是东汉著名宦官，曹操的爷爷，被追封为"魏高皇帝"，是一个重要历史人物。他的墓室是由千余块长达两米的青石块砌成。墓室的石砌圆拱（图307-上），石块打磨非常平整，石块之间接缝相当细密，圆拱技术达到相当完美的水平。

砖砌圆拱较早的例证，有洛阳发现的三国曹休的砖砌墓室。曹休是曹操的族子，三国名将，据称曾打败过张飞。特别的是，墓道圆拱不是普通板砖砌成，而是用事先设计特制的扇形砖，模仿大石块拼砌而成（图307-下）。这样的圆拱是标准的建筑石圆拱，与西方教科书里的"罗马圆拱"一模一样。

建于1400多年前中国隋朝的赵州石拱桥，证明中国不仅可以建小型圆拱，还可以建大跨度的扁弧形圆拱（图308）。翻修过的赵州桥全长64米，主桥孔跨度为37米，拱高仅7米。这种几乎是平的弧度，砌拱难度极高。稍有差错，石拱就会坍塌。所以赵州桥是中国人创造的大跨度石砌圆拱的奇迹。

亳州东汉曹腾墓石砌圆拱

洛阳三国曹休墓砖砌圆拱

图307

　　　　　　　　　　　　　　　光从中华来——以图证史（下）

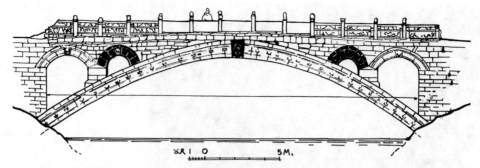

河北趙縣 永通橋
俗呼小石橋 金明昌間
其鐵而建

YUNG-T'UNG CH'IAO OR LITTLE STONE BRIDGE
CHAO HSIEN. HOPEI. MING-CH'ANG PERIOD, 1190-95, CHIN DYN.

图 308　隋朝赵州桥（梁思成绘）

中国的砖砌圆穹顶技术，北魏就已出现（参见图 108 北魏元乂墓拱顶），到宋金辽时代已经非常成熟（参见图 142 辽代张世卿墓）。这里再举四例。

洛阳古墓博物馆搬迁复原了 25 座从西汉到宋金的代表性墓葬。其中一座北宋（1126 年）的宋四郎墓，墓室平面呈八角（八边）形，砖雕绘彩的仿木斗拱，托举一个八角形底边的砖砌圆穹顶（图 309- 上）。另一座宋金时期的八角形墓室圆穹顶，也在八个角砌方柱子，柱上顶仿木砖斗拱，托举一个非常特别的砖砌圆穹顶（图 309- 下）。突出悬空的砖垛，形态很特别。

西安陕西考古博物馆复原的一座蒲城元朝砖墓穹顶（图 310- 左），是一个不规则八角形的砖拱穹顶。穹顶的壁画极其精美。2021 年济南东发现元朝郭氏家族墓葬，也有一座砖砌圆穹顶（图 310- 右）。穹顶砌得规整，图绘也非常赏心悦目。

两座曹家墓证明，中国在东汉三国时期就已具有极其完善的石砌圆拱技术。大量北魏至宋元的砖砌墓室，也证明中国在宋辽金时代，砖砌圆穹顶技术已达炉火纯青。

中国发明的石砌圆拱和砖砌穹顶在中国没有得到很好的施展，但在中亚、西亚沙漠干旱地区，却正好大派用场。中国砖石圆拱和砖砌穹顶技术是何时、如何传到中亚和西亚，我们只提示一个关键性建筑。

13 世纪旭烈兀率领的蒙古军队西征波斯，是带着大批中国工匠和技师随行。这些工匠后来在波斯伊尔汗国定居下来，其中有建筑工匠"营造中式建

洛阳北宋宋四郎墓砖穹顶，
八角底边　1126 年

宋金时期砖穹顶，八角底边

图 309

陕西蒲城元朝八角砖穹顶　1269 年　　　　济南元朝郭氏家族墓砖砌圆穹顶

图 310

筑"。伊尔汗国首都先是马拉盖，后来是大不里士（桃里寺），在伊朗西北紧靠土耳其。还有相当多的中国天文学家、学者和医生来到了大不里士。所以，大不里士构成了中华文明继续向西传播的一个重要节点。

1302 到 1312 年间，伊尔汗国的第八任君主完者都汗（Oljaitü，1280—1316）在离大不里士不远的苏丹尼耶，给自己建造了一个巨大的砖砌圆穹顶陵墓（图 311- 上），显然用了中国的砖砌圆穹顶技术。尤其圆穹顶建在一个八边形基座上，与北宋和宋金时期的八边形基座托举圆穹顶，完全是同一个类型。

完者都陵穹顶高 48.5 米，直径 25.5 米，体量巨大。这是一个空前的建筑史杰作，也是波斯文明的伟大成就。这座穹顶还创新地设置了双层穹顶（中间的空间可以隔热）。这也是建筑史上第一次出现双层壳结构，影响了之后帖木儿王朝的中亚、西亚，以及欧洲的建筑。

据称它是世界上第三大、第三高的砖砌圆穹顶。第一是伊斯坦布尔圣索菲亚大教堂（被列为最早），第二是佛罗伦萨圣母百花大教堂。但实际上，完者都陵的圆穹顶是最早，后两者都受到它的影响。

西方学界承认，完者都陵的穹顶与佛罗伦萨大教堂穹顶（图 311- 下）"有许多相似之处"。两个穹顶形状都是下圆上尖，结构都是双层穹顶。完者都陵完成于 1316 年，佛罗伦萨大教堂完成于 1436 年。

完者都陵穹顶在一个八边形基座上，内部有 8 根肋拱支撑。佛罗伦萨大教堂圆拱也是八边形，在八个角上砌了 8 根外露的肋拱。而这两个穹顶底部

上：
伊朗苏丹尼耶的完者都陵墓
砖穹顶底座八边形　1316年

下：
佛罗伦萨圣母百花大教堂砖
穹顶底部八边形　1436年

图311

的八边形都是来自中国。如果把图 309- 下的 8 根柱子往上延伸到穹顶，就和佛罗伦萨大教堂穹顶的 8 根肋拱完全一致。这是中国建筑影响西亚和欧洲建筑的典型案例。

中国人讲四面八方，八面来风，是把四个基本方向一分为二就成了"八方"。或者说把两个正方形交错叠放，就成了八角。前面提到的南京大报恩寺是八面体八角形，可以说八边八角形是中国建筑的典型形制之一。中国游客会对佛罗伦萨大教堂的八边形穹顶心生赞叹，而不知这种底座八边形的穹顶原型是在中国。

完者都陵穹顶采用绿松石蓝色装饰穹顶外部，基座八个角上建有八个小塔，也对之后的伊斯兰建筑发生了影响。

完者都陵不仅仅是陵墓，还具有多种功能。比如可以在里面祈祷，阅读古兰经，宗教教学，乃至给信徒医疗救助等，成为一个多功能综合体。

伊尔汗国之后，帖木儿帝国一统中亚、西亚甚至南亚印度一部分。首都撒马尔罕，是帝国的政治文化中心。砖砌圆穹顶建筑得到普及。

撒马尔罕的比比·哈内姆（Bibi-Khanym）大清真寺（图 312），建于1399—1405 年。主穹顶"优雅的甜瓜形"，高 40 米，也是双层壳结构。没有完者都陵高，但穹顶更圆了。

清真寺是一个长 109 米、宽 167 米的长方形庭院。原先是一个"百柱殿"：有 400 根大理石柱子支撑排成廊的小穹顶，地面铺大理石。清真寺的大门楼

撒马尔罕比比·哈内姆大清真寺　1405 年　　　　　　　主穹顶

图 312

（pishtak）高 38 米，相当壮观（巴黎凯旋门高 50 米）。这个清真寺曾经是伊斯兰世界最大的清真寺之一。

撒马尔罕的列基斯坦神学院、帖木儿陵和沙赫静达陵墓，还有布哈拉的卡扬清真寺等，都有高大成熟的砖砌圆穹顶。

同一时期，大不里士作为波斯王朝的旧都，砖砌圆穹顶技术也进一步成熟。穹顶跨度更大，圆弧度更扁。

1465 年，大不里士建起一座宏伟高大的"蓝色清真寺"（Blue Mosque），因为内外铺蓝色瓷砖，绚烂非凡。可惜 1780 年的地震严重损毁了清真寺。

这座大不里士蓝色清真寺，建造工程用了 30 年。当时就以其规模巨大、装饰华丽而著称，在历史上非常有名。许多历史记载都描述了清真寺的宏伟壮丽。一些绘画和摄影也展现了清真寺废墟的状貌。

今天的蓝色清真寺是 1966 年新修复（图 313）的，比原先规模小很多。不过，尽管现穹顶小于原作，但大致保留了原清真寺扁平穹顶的形制。

再往西，是土耳其伊斯坦布尔"圣索菲亚大教堂"（图 314）。这是一个宏伟的建筑，巨大的圆穹顶离地面 55 米（相当于 20 层楼高），直径 33 米（图 315）。中央大厅占地 5400 平方米，可以容纳 1 万多人。即使在今天来看，依然是一个非常巨大的空间。这是一个了不起的建筑杰作，也是世界建筑史上划时代的标志性建筑。

根据我的研究，这个建筑不是像西方艺术史宣称的那样建于 537 年，是东罗马拜占庭帝国的教堂，而是奥斯曼帝国最伟大的苏丹苏莱曼一世（1494—1566）的清真寺。他是帝国第十任苏丹，在位时间长达 46 年，被尊为"大帝"。这座清真寺是大不里士蓝色清真寺的延续，大约建于 1520 到 1560 年间。论证从略。

只提示一点。"圣索菲亚大教堂"侧旁至今保留着苏莱曼一世的儿子、孙子和曾孙的陵墓（图 316 中的 2、3、4 号墓）。而贴近主建筑那个最大的 1 号墓却安葬着第十五任和第十八任两位无足轻重的苏丹。这符合逻辑吗？

今天宣称的苏莱曼一世清真寺，比他儿子、孙子、曾孙的清真寺要小，比他玄孙的蓝色清真寺也要小。大帝不跟自己子孙在一起，却与第二十任和第二十一任苏丹安葬在一起，这符合常理么？

西方传教士可以公然把中国的东西（《坤舆万国全图》和崇祯历法等）说

伊朗大不里士蓝
色清真寺　原建
于 1465 年

蓝色清真寺内景

图 313

九、中华艺术西传

图314　伊斯坦布尔"圣索菲亚大教堂"砖穹顶

　　　　　　　　　　　　　　　　　　　　　光从中华来——以图证史（下）

"圣索菲亚大教堂"内景，穹顶离地面高55米

巨大的穹顶，直径33米

图315

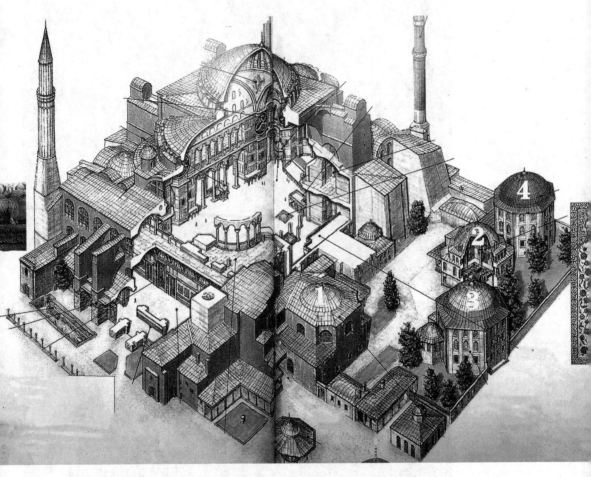

图316 "圣索菲亚大教堂"结构图，大帝子孙的陵墓2、3、4

光从中华来——以图证史（下）

成是西方的，那么把贬称"西亚病夫"的清真寺说成是西方的大教堂，人们也不必惊奇。

为了方便读者，本书都用加引号的"圣索菲亚大教堂"来指这座清真寺。

奥斯曼人的"圣索菲亚大教堂"对于整个西欧以巨大的心理震撼。当时西欧没有如此巨大的砖石建筑，其建筑风格直接影响意大利。

西方近代"建筑之父"帕拉迪奥，据称复兴了古罗马建筑。他写过一本《建筑四书》。西方近代"复兴"的古希腊和古罗马建筑，都来源于帕拉迪奥。实际上，帕拉迪奥是深受伊斯兰建筑影响。他设计的威尼斯救赎主教堂，两侧的两个小尖塔与"圣索菲亚大教堂"的宣礼尖塔，形制几乎完全一样（图317）。

帕拉迪奥设计的威尼斯郊外的佛斯卡里别墅（Villa Foscari）完成于1560年，也在房顶上建了四个小塔（图318-左），直接模仿了"大教堂"的四个宣礼塔。这位西方近代"建筑之父"受伊斯兰建筑影响，其实非常明显。

威尼斯圣马可教堂（图318-右）五个圆穹顶十字平面构成，也是来自"圣索菲亚大教堂"。正面耸立的6个小尖塔，形制也类似伊斯兰宣礼尖塔。西方把该教堂说成是"拜占庭建筑"风格，其实是奥斯曼清真寺式风格。

"圣索菲亚大教堂"的宏伟对西欧人的震撼，到18世纪依然刻骨铭心。

1762年钱伯斯在伦敦邱园建成中国大塔同时，也建了山寨版的奥斯曼清

"圣索菲亚大教堂"外尖塔　　　　　　威尼斯救赎主教堂两侧尖塔　1576年

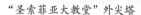

图317

帕拉迪奥：佛斯卡里别墅的伊斯兰风格小塔　威尼斯圣马可教堂正面的小尖塔

图318

真寺，可惜今已堙灭不见。受钱伯斯的邱园影响，1776—1781 年建的德国卡塞尔"木兰"中国村，在设计建一座中国宝塔同时，也要建一座奥斯曼清真寺（图 319- 上）。（逻辑推理：在 1762 年，意大利罗马尚没有圣彼得大教堂。如果已建成，欧洲人不至于去崇拜奥斯曼清真寺。）

伦敦威斯敏斯特教堂北门上的尖塔，也有伊斯兰清真寺宣礼尖塔的影子（图 319- 下）。

叙利亚大马士革的倭马亚（Umayyad）清真寺，是一个古老的清真寺。1300 年伊尔汗国的蒙古人攻占大马士革，已经有清真寺。1400 年被烧毁，1516 年奥斯曼帝国占领后重建。圆穹顶不是奥斯曼式扁平穹顶，而是来自波斯八边形底边穹顶的风格。正面镶嵌有镀金大理石马赛克图案。

最值得注意的是，清真寺正面的三角形山花（图 320- 上），不正是"古希腊建筑"的三角形山花吗？三角形山花在伊斯兰建筑中的确不太常见，但不可能来自虚构的"古希腊"建筑。相反，它可能是"古希腊"山花的原型。

帕拉迪奥曾多处使用了这种山花，并在之后的西方建筑中以古希腊、古罗马建筑之名去"复兴"，普及这种三角形山花。

从北非沿海再往西，突尼斯也有一座古老的凯鲁万（Kairouan）清真寺（图 320- 下）。建于 13 世纪，1618 年有过修葺。这个清真寺拥有一个据说建于 8 至 9 世纪穆斯林世界最古老的的方形宣礼塔，高 31.5 米。奥地利诗人里尔克曾赞叹过宣礼塔的美。清真寺还有一个柱子林立的大殿。法国 19 世纪作

德国卡塞尔"木兰"中国村构想的奥斯曼清真寺

伦敦威斯敏斯特教堂北门尖塔有清真寺尖塔的影子

图 319

九、中华艺术西传

大马士革倭马亚清真
寺三角形山花

突尼斯凯鲁万清真寺

图 320

光从中华来——以图证史（下）

家莫泊桑曾经到访，描述过清真寺的宏伟和优雅……

伊斯兰建筑影响西方建筑，西班牙是一个关键节点。阿拉伯伊斯兰建筑在西班牙的南方大放异彩，主要体现在三个城市——科尔多瓦、塞维利亚和格拉纳达。

科尔多瓦大清真寺和塞维利亚大教堂，显现了从伊斯兰清真寺蜕变而出一个天主教堂的过程。

科尔多瓦大清真寺是一个古老的清真寺（图321-上），长180米，宽130米。清真寺有一个橘园，开启了前面提到18世纪欧洲各国王公贵族建橘园的风尚。橘子作为珍贵水果引入欧洲，清真寺也起相当作用。

清真寺中部有一个隆突起的建筑，是1523年天主教徒在清真寺中间加盖了一个天主教堂。1617年又改建了一个钟楼。

不过，科尔多瓦大清真寺被改造，还是较多保留原先清真寺的格局。天主教堂中殿的八边形穹顶，是沿用了下方的清真寺八边形穹顶（我们已知这种八边形穹顶来自哪里）。教堂外墙加固作用的扶壁，令人想到中亚伊斯兰建筑的扶壁。一排一排长廊屋顶下的柱子大厅也得到保留。总体格局依然是一个清真寺，天主教堂只是在清真寺中间抬升出来，规模有限。

塞维利亚天主教大教堂（图321-下）建于1520年，也是从原先的清真寺改造而来。大教堂只是沿用了清真寺的外框格局，保留了右侧的橘园和一座宣礼塔（被改成教堂钟楼）。可以说是在清真寺原址上重建了一个天主教十字形交叉长殿，几乎看不出原先清真寺的模样，显得脱胎换骨。

塞维利亚大教堂据称是取代了"圣索菲亚大教堂"，成为当时"世界上最大的基督教教堂"，至今依然是世界上最大的教堂之一。据称它也是世界上"最大的哥特式教堂"。塞维利亚大教堂实际上是当时西欧最大的天主教教堂。

可见这个教堂足够大，也足够重要。但它是从伊斯兰清真寺中蜕变而来。

教堂十字长殿顶部十几个小穹顶，依然透着清真寺穹顶的风味。长殿头部的半圆穹，令人想起奥斯曼建筑的半圆穹。教堂顶部竖满了各式哥特式小尖顶，实际上源自伊斯兰尖塔……教堂东头高105米的钟楼，原先是老清真寺的方形宣礼塔（图322-左）。

这座宣礼塔原先是模仿摩洛哥马拉喀什市库图比亚（Kutubiyya）清真寺的宣礼塔（图322-右），后者高77米，据介绍建于1195年。

西班牙科尔多瓦大清真寺（中间是教堂）

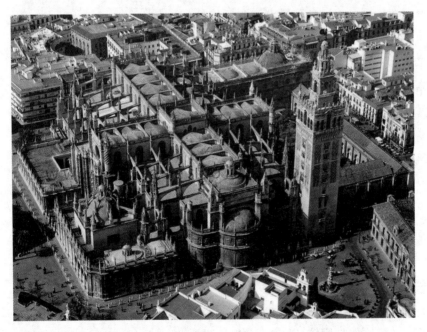

西班牙塞维利亚大教堂

图 321

西班牙塞维利亚大教堂钟楼（原先是宣礼塔）　　摩洛哥马拉喀什库图比亚宣礼塔

图322

　　我们可以看到，两座宣礼塔的形制完全一致。塞维利亚大教堂将其改为钟楼后，塔身依然保留原先的伊斯兰装饰。这是从伊斯兰宣礼塔向基督教钟楼的过渡，尚未完全成为一座基督教钟楼。

　　塞维利亚大教堂清晰展示了，一个哥特式天主教大教堂由伊斯兰清真寺蜕变出来的过程。

　　基督教教堂的穹顶肋拱，也是来自伊斯兰建筑。大不里士作为丝绸之路文化历史重镇，有一个源于13至14世纪的古老大巴扎（集市）区，各种穹顶覆盖巨大的室内空间。这些穹顶是由各种花式肋拱支撑起来（图323-上）。这样的花式肋拱与基督教堂穹顶的花式肋拱有前后渊源的关系。科尔多瓦大教堂中殿的花式肋拱（图323-下），令人想到大不里士大巴扎穹顶的花式肋拱。

　　这个巴扎的三个圆穹顶都是镂空的。以前觉得罗马万神殿穹顶露天圆孔很神奇。后来去伊朗，发现这样镂空的圆穹顶比比皆是。历史上并不存在"古希腊""古罗马"建筑。万神殿的镂空圆孔来自哪里就很清楚了。

　　尖拱是西方哥特式建筑的标志性特征之一。而实际上，尖拱在伊朗的清真寺很常见。这是伊斯法罕聚礼清真寺里的尖拱，与巴黎圣母院中殿两侧的尖拱没有什么区别（图324）。

　　还有"古希腊"三柱式，明显源自"圣索菲亚大教堂"的伊斯兰柱式

伊朗大不里士大巴扎穹顶的花式肋拱

西班牙科尔多瓦大教堂中殿花式肋拱

图 323

伊朗伊斯法罕聚礼清真寺尖拱　　巴黎圣母院两侧尖拱

图 324

（图 325）。伊奥尼亚柱式只是将其中两个涡卷单独抽出而已，抽掉涡卷之后就
成了科林斯式。科林斯式来自伊斯兰柱式的例证更多。倭马亚清真寺柱式和
凯鲁万清真寺柱式，都是蓟叶装饰，与科林斯式几乎完全一样（图 326）！可
见，所谓"古希腊建筑三柱式"都是来自伊斯兰建筑。

土耳其"圣索菲亚大教堂"伊斯兰柱式　　"古希腊"三柱式：多立克、伊奥尼亚和科林斯

图 325

九、中华艺术西传　　　　　　　　　　　　　　　　　　　369

倭马亚清真寺柱式　　　　　　　凯鲁万清真寺柱式　　科林斯柱式

图 326

　　把伊斯兰柱式说成是"古希腊"的，是明火执仗的文化抢掠。

　　科尔多瓦大清真寺里的柱子大厅（图 327- 左），林立的柱子和红白相间的马蹄拱，非常壮观。凯鲁万清真寺也有柱子大厅，也许可以追溯到撒马尔罕比比·哈内姆清真寺的 400 柱子大厅。正是伊斯兰的柱子大厅，启发了西方伪史虚构雅典哈德良宫（今宙斯神庙）的百柱殿，和波斯波利斯的百柱殿⋯⋯

　　格拉纳达的阿尔罕布拉宫，是一座辉煌的阿拉伯建筑。事实上，西班牙南部的阿拉伯建筑深刻影响了西方建筑。

　　另外，意大利西西里岛也是伊斯兰建筑影响西方建筑的一个通道。西西里岛首府巴勒莫留有不少伊斯兰风格的建筑。另一个老城拉古萨（Ragusa），也可以看到伊斯兰建筑向西方建筑演变的痕迹。比如这座蓝瓷砖的八边形穹顶（图 327- 右），颜色是伊斯兰穹顶的蓝⋯⋯

　　其实，有不少西方学者出来指证，欧洲哥特式建筑是源自伊斯兰建筑。2020 年 9 月 12 日英国《卫报》发表了罗恩·摩尔（Rowan Moore）的文章《哥特风格原属阿拉伯世界？建筑文化战争的历史秘密》，公开批评西方将哥特式建筑据为己有，是一种建筑史的"文化战争"！他批评西方艺术史很少提及科尔多瓦大清真寺和西班牙格拉纳达的阿尔罕布拉宫，这两件阿拉伯建

科尔多瓦大清真寺的柱子　　　　　　意大利西西里岛拉古萨城的蓝色小穹顶

图 327

筑的辉煌杰作。

摩尔引用戴安娜·达克（Diana Darke）的新作《剽窃自萨拉逊》（*Stealing from the Saracens*）："数个北欧国家宣称所谓'哥特风格'是本国的标志性建筑风格……而事实上，这种风格最早来自阿拉伯世界。"（"撒拉逊"是欧洲对阿拉伯穆斯林带有贬义的称谓。）

摩尔还指出："尖拱门、肋架拱顶、锥形顶、钟楼、玫瑰花窗、特定样式的穹顶、五花八门的彩色玻璃、城堡上的堞口、双塔教堂，可能还包括回廊，都可以在中东和西班牙南部的古建筑上找到原型。"这几乎把所有西方哥特式建筑所能包含的特征，都在伊斯兰建筑中找到了源头。所以，西方艺术史告诉我们，西方哥特式建筑"12 世纪起源于法国，13 至 15 世纪流行于欧洲"，都是骗人的鬼话。

上面极其疏略的举证，至少可以让大家看到：中国发明的圆拱和砖穹顶影响了波斯阿拉伯建筑，然后波斯阿拉伯建筑又影响了西方建筑。西方建筑不是无源之水，而是源自阿拉伯伊斯兰建筑，最远可以追溯到中国。

中国十二平均律是欧洲发明十二音阶钢琴的前提

中华音乐影响欧洲，也是一个大题目，必须说几句，但也只能蜻蜓点水，简要提示。

中华民族有一个极其早熟而辉煌的音乐文明。甚至中华文明就是伴随音乐而诞生，音乐同中华文明与生俱来。

因为中华古代先哲发现，音乐具有巨大的文明教化作用。音乐可以与社会的法律互补，达成文明，所以中华文明从一开始就"礼乐"并举。

西汉《礼记》里专门有一篇《乐记》，论说音乐关乎社会伦理："乐者，通伦理者也。"音乐还与社会政治相通："是故治世之音安以乐，其政和。乱世之音怨以怒，其政乖。亡国之音哀以思，其民困。声音之道，与政通矣。"

音乐的感染力最直接，可以感化人心，达到一种道德和谐状态。所以《乐记》说："乐由中出，礼自外作。"礼是社会法律，在外部规约人的行为。乐作为一种道德伦理的和谐，出自人的内心。

《乐记》还有："乐者，天地之和也；礼者，天地之序也""大乐与天地同和，大礼与天地同节""仁近于乐，义近于礼"。一个社会衰败了，古人会悲叹：礼崩乐坏，礼崩乐坏啊！

中华文明从一开始就非常重视音乐，重视音乐的教化作用，将音乐教化与社会礼制紧密地结合在一起。

中华文明非常重视音乐的品质。好的音乐，"德音""雅颂"，可以愉悦人心，使社会和谐。比如孔子在齐国听闻《韶》乐，三个月不知肉味，太好听了，那是好的音乐。坏的音乐，"溺音""淫乐"则可乱世亡国。比如"郑卫之音，乱世之音也"。商纣王喜欢听的"靡靡之音"，亡国之音也。

中华历史开端就是"礼乐"文明——音乐占据极其重要的地位。

首先，中华民族从远古时代就发明了大量乐器，种类繁多，音律齐全。20世纪80年代，在河南舞阳县的贾湖遗址，出土了27支距今8000到9000年的骨笛（图328）！

这些骨笛是用丹顶鹤的翅骨制成，制作很精细。骨笛有5孔、6孔、7孔和8孔。令人惊叹的是，这些9000年前的骨笛竟然还可以吹奏。骨笛具有两个八度的音域，可以演奏五声和七声音调的乐曲。有专家成功吹出河北民歌《小白菜》的曲调，说明这些千年古笛依然具有演奏功能。

这不仅是中国，也是全世界最古老的乐器。近代以来，因为西方贬低和中国学者自卑，一直认为中国古代音乐只有五声音阶，七声音阶是西方音乐的专利。而这些骨笛证明七声音阶中国古已有之。

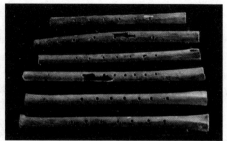

图328　9000 年前的河南贾湖骨笛

　　贾湖遗址了不起，在那里不仅发现了最早的骨笛乐器，还发现了最早的酒。有酒有乐必有歌。中华文明在音乐美酒诗歌中诞生。

　　河南鹿邑县出土的西周初年的骨制排箫（图329- 左），是 3000 年前的乐器，也是世界上最早的排箫。这架排箫是由 13 根由短到长的骨管组成。湖北随州曾侯乙墓出土的两架竹制排箫，也是 13 根管子，用三道竹片绑缚而成（图329- 右）。这架排箫已是很成熟的乐器了，看上去与现代排箫已没有多少区别。

　　1978 年 2 月，曾侯乙墓被发现，出土青铜礼器、乐器、漆器、竹简等各类文物 15000 多件。这个 2400 年前的战国墓葬，不仅是中国古代文物的重要发现，更是一个中国古代乐器的大宝库！墓葬共有 9 种乐器（125 件）：编钟、

河南鹿邑西周骨制排箫

湖北随州曾侯乙墓战国竹制排箫

图329

编磬、鼓、琴、瑟、筑、篪、笙和排箫。

一套 65 件总重达 2.5 吨的青铜编钟出土时，竟然整整齐齐在铜木架子上悬挂了 2400 多年（图 330- 左），令人震撼。侧旁是一套编磬，对面是一个建鼓，中间是 7 张古瑟……整个墓室俨然是多种乐器交响共鸣的场景（图 330- 右）。

尤其这组 64 件套的青铜编钟（图 331），在中国考古发现的 40 多套青铜编钟里，这套编钟数量最多，保存最好，音质最纯正，音域最宽广，是中国古代青铜乐器的旷世杰作，国之瑰宝！

曾侯乙墓青铜编钟出土时悬挂完整　　编钟、编磬、建鼓、七张古瑟出土时摆放位置

图 330

图 331　中华民族伟大的音乐瑰宝——曾侯乙墓青铜编钟

编钟的每一枚钟都能敲出两个乐音。45件甬钟的乐音音域涵盖五个半八度，中心音域十二个半音齐备（极其重要），只比现代钢琴少了两个八度音程，可以演奏五声和七声等各种调式的乐曲！

尤其是，64枚钟体上还有2800余字的篆体铭文，标明该钟的音名，还记载该钟十二音律的律名和变化音名等，标志了早在战国时期，中国十二音律已非常完备。

神奇的是，经历2400年之后，编钟乐音依然清澈悦耳。1970年，我国第一颗人造卫星东方红一号向宇宙播放《东方红》乐曲，那清亮悠扬的音乐就是用这套编钟演奏出来的。

中国音乐体系称"五音十二律"。所谓五音，即宫商角徵羽。实际上是加上"变宫"和"变徵"，使用七音。

十二律也称十二音律，是将一个八度音阶分成十二个不完全相等的半音。完全相等的十二个半音，叫"十二平均律"，是伟大的明朝王子朱载堉在1584年计算出来。

当初看西方音乐史，读到勋伯格搞"十二音体系"，将十二个半音任意组合，觉得很牛。完全不知道十二个半音，是我们中国的东西。

相传是黄帝命令他的乐官伶伦，远赴昆仑山下，取了嶰溪之谷的竹子，用"三分损益法"，截成长短不同的十二根竹律管，发明了十二律。在春秋时代的史书《国语》里，有了完整的十二律律名：黄钟、大吕、太簇、夹钟、姑洗、仲吕、蕤宾、林钟、夷则、南吕、无射、应钟。

中国能在远古就制定十二律，辨识十二个半音，是一项何其伟大的音乐成就！

中国古乐器的音质也很丰富。中国古代讲"八音"，用八种材料制作乐器：金石土革丝竹匏木。曾侯乙墓除了缺土（埙）和木（柷），其他六音齐备。

曾侯乙墓的编钟是"金"，还有一套编磬（图332-左）为"石"。32块磬大小不一，用石灰石或大理石磨成，音域跨三个八度，也具备十二个半音，音色清越。与编钟合奏，而有金石之声。

除了金石，还有丝竹乐器，就是用丝弦和竹管为材料。曾侯乙墓有一张琴（图332-右上），是中国现存最早的古琴，十根弦，形制与今天的古琴不同。当年伯牙弹奏，钟子期知音高山流水的古琴可能是十弦琴。

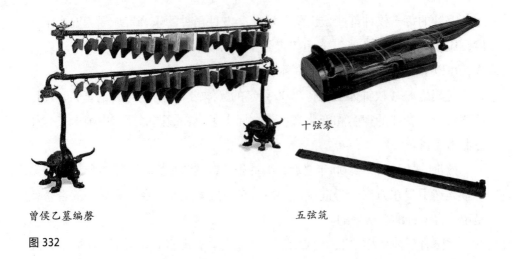

十弦琴

曾侯乙墓编磬　　　　　　　五弦筑

图332

最珍贵的是，曾侯乙墓还出土了一件今天失传的乐器——筑（图332-右下），五根弦。琴把很长，共鸣箱也狭长，看上去不像一件乐器。但筑作为乐器，在中国历史上非常重要，后面再说。

琴瑟和鸣，曾侯乙墓也有瑟（图333-上），一共出土了12张彩绘古瑟，25根弦，头部雕刻非常精美。但最早的瑟是50根弦。唐朝李商隐曾有诗曰："锦瑟无端五十弦，一弦一柱思华年"，后来才变成25弦。墓葬出土那么多件瑟，可见当时瑟是一种主要乐器。

中国古代有大量关于琴瑟的记载。《诗经》里有"窈窕淑女，琴瑟友之""妻子好合，如鼓琴瑟""我有嘉宾，鼓瑟鼓琴""鼓钟钦钦，鼓瑟鼓琴""琴瑟在御，莫不静好"等诗句。

可惜瑟在今天也已失传，演变成了古筝（图333-下）。筝在秦朝已非常出名。到唐朝，已是中国最常用的乐器之一，流传至今。古筝21弦，音域广，表现力强，是今天非常流行的中国民族乐器。

曾侯乙墓的竹管乐器还有篪和笙（图334），都是黑漆彩绘。篪是一种类似笛子横吹的竹管乐器，声音比笛子更浑厚庄重。

笙有5件，有12管、14管和18管三种。笙斗是用葫芦（匏）壳，管内有竹片做的簧片。

不要小看这个簧片，正是因为"自由簧"，笙成为西方管风琴、风琴、手风琴和口琴等簧片乐器的祖宗。这又是一项中国古人伟大的乐器发明。

　　　　　　　　　　　　　　　　　　光从中华来——以图证史（下）

曾侯乙墓古瑟
（二十五弦）

今天的古筝
（二十一弦）

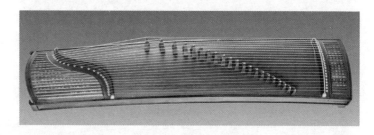

图 333

曾侯乙墓篪

笙（欧洲管风琴、口琴和手风琴的祖宗）

图 334

　　1777 年，法国来华耶稣会士钱德明（Joseph Amiot，1718—1793）将一把中国笙寄回法国。1810 年，法国乐器制造家格勒尼耶（G. J. Grenié）用笙的簧片发音原理，发明了风琴。1821 年，德国人布施曼（F. Buschmann）用簧片发明了口琴，之后又发明了手风琴。钱德明带回欧洲的笙启迪了欧洲人发明了风琴、口琴和手风琴，这是西方学界公认的。

　　管风琴起源于中国的笙，也日益成为中国和欧洲学者的共识。

　　在欧洲参观教堂，人们经常会赞叹教堂管风琴的巨大，结构的复杂。人们不会想到，管风琴最关键的构件——簧片是源于中国。管风琴并非像有人宣称的那样只是"气鸣乐器"（用哨管），而是大量使用了簧片（簧管），根本上是一种簧片乐器。管风琴众多竖立的管子，与笙参差的竖笙管，形制上也非常相似。

在如此早的年代（2400年前），曾侯乙墓汇集了如此众多、如此精制的乐器，真是令人惊叹。同时也反映出，中国早在战国时代，音乐文明已极其发达。

特别要谈谈琴与筑。

中国古琴之音高贵、典雅、清越、悠游，独步全世界。弹琴也是中国文人的风雅之事。曾侯乙墓的十弦古琴后来演变为七弦。竹林七贤之一的嵇康，南朝画像砖显示他的琴已是七弦琴。到了唐代，定型为我们今天看到的古琴（图335-上）。

筑在今天已经失传，但在战国、秦汉相当流行。大家都知道荆轲刺秦王，"风萧萧兮易水寒，壮士一去兮不复还"。荆轲出发现场的情景是"高渐离击筑，荆轲和而歌"。高渐离击筑开始以悲伤"变徵"之声，后以慷慨"羽声"，"士皆瞋目，发尽上指冠"……汉高祖刘邦也会击筑。《汉书》说他得胜归故乡，"酒酣，上击筑，自歌曰：大风起兮云飞扬，威加海内兮归故乡"……

所谓击筑，筑是用竹尺来"击"的，是一种击弦乐器。击的同时，也有摩擦，后来演变成"轧筝"——用马尾弓擦弦，走向拉弦乐器。

《史记》提及"筑似琴，有弦，用竹击之"。隋唐颜师古说"筑形如小瑟而细颈"。筑既像琴，又像瑟，有一个"细颈"（琴把手），有五弦也有十三或更多的弦，也有说像"带把的筝"。

很幸运，1993年湖南长沙发现的西汉渔阳墓，出土了三把五弦古筑。其中一把长1.17米（黑漆），另一把长93.5厘米，绘饰朱红色飞龙（图335-下），都是整木刳制，音箱不大。击筑时有点像演奏大提琴，音箱一端着地，歌者一手扶把控弦，一手持竹条敲击、按擦。

长沙马王堆西汉墓漆棺上绘有一幅"神兽击筑图"（图336-上），筑和竹尺都比较小。另一幅连云港西汉侍其繇墓漆奁上描绘的击筑图（图336-下），一人拖着筑而击，一人起舞，场景豪迈有动感，颇有击筑而歌的气氛。还有电视剧中高渐离演奏筑，有点像"带把的筝"。

到了唐代，筑演变为"轧筝"，用竹片轧弦。《旧唐书》记载"以竹片润其端而轧之"，后来走向马尾弓拉弦。唐诗人皎然写过《观李中丞洪二美人唱

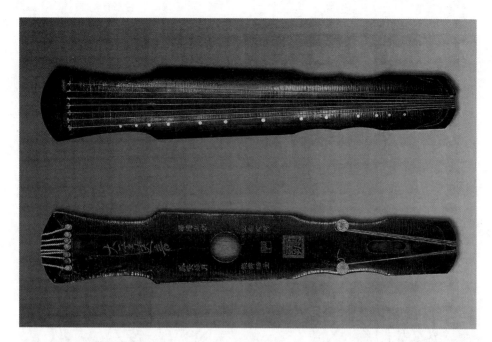

唐代七弦古琴"大圣遗音"

长沙西汉渔阳墓两件五弦筑

图 335

九、中华艺术西传

马王堆西汉墓漆棺画"神兽击筑图"

连云港西汉漆奁上描绘的击筑图

图 336

轧筝歌》。学界公认轧筝是筑的后代，是中国最早出现的拉弓弦乐器。

　　这种拉弓的筝在中国北方流传至今。河南舞钢有郭氏轧筝（图337-左）。东北和朝鲜半岛有牙筝。从一幅韩国牙筝的照片看（图337-右），基本就是古筝拨弦改为拉弓。

　　如果把图335长沙的五弦筑竖起来，配上轧筝的拉弓，就与今天西方的大小提琴很接近了。

　　西方声称欧洲早期有一种名叫"洋号"（marine trumpet）的单弦琴（图338-左），细长的造型非常像中国的筑。单弦琴由三块板构成，底部三角形喇叭开口。琴体比人身高还高，却只有一根弦。演奏者戴着波斯阿拉伯人的

中国民间流传至今的"轧筝"

图 337

韩国牙筝

独弦琴"洋号"

图 338

《音乐集成》 1620 年

缠头，似乎此琴来自东方。据称这种琴在 15 世纪的英国流行，16 至 17 世纪在德国流行，18 世纪就不用了。

17 世纪德国作曲家和音乐理论家普雷托里乌斯（M. Praetorius），1620 年写成《音乐集成》，里面有一幅插图，把洋号和大小提琴放到同一个家族（图 338- 右）。图中 1 号和 2 号乐器，可以说是中国筑—轧筝的演变体，最后演变成提琴。提琴只是把轧筝的共鸣箱放大，更精致化而已。

再来看另一路中国的筝与西域波斯阿拉伯地区的卡龙琴（Qanun）（图 339）。古筝右侧的音阶由高到低是固定的，与卡龙琴的音阶布置很类似。两者都是弹拨乐器，演奏时需要拨片。中国筝在秦汉就已很成熟，向西域流传，可能是卡龙琴的祖先。

而从阿拉伯卡龙琴到欧洲的羽管键琴，只是加了一个键盘（图 340）。卡龙琴和羽管键琴都呈现斜角，琴弦高低音排列也一样。

羽管键琴是钢琴的前身。钢琴是 1709 年由一位意大利人克里斯多佛利（B. Christofori）在羽管键琴的基础上发明。只是将羽管拨弦，改为琴槌敲击，变成一种击弦乐器。

古筝右侧固定音阶

卡龙琴

图 339

从卡龙琴到羽管键琴只是一个键盘的距离

弗兰德斯羽管键琴

图 340

钢琴琴键严格采用了中国十二平均律的十二半音。德国音乐家巴赫（J. S. Bach）1740年完成了《平均律钢琴曲集》48首前奏曲和赋格曲，据说是巴赫键盘音乐中最伟大的作品，是音乐中的圣经。他用十二平均律，把24个大小调全部用遍。从此，西方十二个半音键盘的音乐日益完善。

没有中国的十二平均律，就没有欧洲十二半音的钢琴。

十二平均律是中国对于欧洲音乐无比珍贵的贡献！

中国乐器对欧洲乐器的影响，还可以举几例。中国汉朝就已有的箜篌，是西方竖琴的前身。中国的琵琶在秦汉时称为"批把"，直柄圆共鸣箱，类似中阮。到了唐朝，演变为梨形共鸣箱。台北故宫的《唐人宫乐图》，可见唐朝的琵琶的模样（图341-左）。中国唐朝琵琶向西传到阿拉伯地区，成了长相很接近的乌德琴（Oud）。乌德琴又往西，在欧洲被称为鲁特琴（Lute）。荷兰画家哈尔斯画过一幅《鲁特琴手》（图341-右），画中鲁特琴相当类似1000年前中国唐朝的琵琶。而鲁特琴正是西方现代乐器吉他的前身。

《唐人宫乐图》中还有一宫女在吹奏筚篥，它是一种双簧管乐器，与唢呐同一类，是欧洲双簧管的始祖。筚篥大约汉朝起源于中国新疆龟兹，在唐朝已是宫廷乐器。

有说琵琶、唢呐等乐器都是从西域、西亚传入中国。狭义的西域——新疆，汉武帝时就并入华夏。广义的西域包括中亚，在唐朝也属于中华版图。

唐朝琵琶（鲁特琴和吉他的祖宗）和筚篥   哈尔斯《鲁特琴手》 1625年

图341

所以像琵琶、唢呐等乐器，虽然有"胡人"的贡献，但仍然属于中华文明圈的乐器。事实上，制作琵琶弦、加工乐器，需要相当的物产、材料和工具文明的基础。今天中国甚嚣各种"西来说"，什么东西都来自中亚西亚，也不去看看中亚西亚大部分地区都是干旱的沙漠。

还有，奥斯曼帝国对欧洲音乐的影响值得一说。尤其奥斯曼军乐——梅赫特尔（Mehter），对欧洲音乐发生了不小影响。

奥斯曼人属于突厥语民族，源于唐朝西突厥人西迁。所以奥斯曼军乐有中国渊源。

奥斯曼军乐队两件重要乐器是鼓和唢呐（图342-左）。1986年，我读研考察去新疆喀什，曾见到两位维族青年坐在房顶，一人吹唢呐，一人敲鼓，音乐很欢乐非常好听。感觉鼓和唢呐是绝配。

击鼓来激励士兵作战，中国古已有之。成语"一鼓作气"就是这个意思。骑兵作战也需要击鼓。中国的"鞬"字，就是骑兵用的小鼓，骑鼓。《长恨歌》

土耳其奥斯曼军乐队

图342

奥斯曼马队军乐队，细密画　1720年

里"渔阳鼙鼓动地来",就指安禄山的叛军击鼙鼓而来。马可·波罗曾描述钦察汗国的蒙古军乐鼓声震天。奥斯曼军乐队的马队军鼓(图342-右)源于中国鼙鼓。

奥斯曼军乐队一般拥有五大件乐器:大鼓(小鼓)、钹、小号、唢呐和铃杖(图343)。土耳其语里的大鼓为Kos,应是源自中文"鼓"。唢呐叫Zurna,与中文发音一样。铜钹来自中国,没有可说的。铜管小号,发明者未明。当我们看到图中土耳其军乐队的乐器时,都会觉得这些很眼熟的西方乐器,怎么土耳其军乐队也有?实际上,今天欧洲各国军乐队的小号、大鼓和铜钹(镲)等,都来自奥斯曼军乐队。

17世纪下半叶到18世纪,奥斯曼军事实力衰落,但文明水平还在多方面领先欧洲。欧洲不仅刮"中国风",也刮"土耳其风"(Turquerie)。不仅伦敦邱园和卡塞尔"木兰"村仿建奥斯曼清真寺,许多土耳其风俗也流行欧洲,比如引进土耳其音乐,抽土耳其烟,喝土耳其咖啡,穿土耳其长袍……

有意思的是,奥斯曼军队曾两次围攻维也纳,奥斯曼军乐也主要通过奥地利影响欧洲。欧洲的进行曲,就是来自奥斯曼军乐。这种新的音乐风格被称为"土耳其风格"(Alla turca)。同时土耳其军乐的打击乐器,大鼓和铜镲进入欧洲交响乐。

欧洲"交响乐之父"、奥地利音乐家海顿(1732—1809),是最早将土耳其风格音乐引入欧洲,特别是将奥斯曼军乐引入交响乐。他的《军队交响曲》创造性地引入大鼓、铜镲和三角铁的打击乐,配以嘹亮的小号,充满土耳其军乐的气势。

奥地利音乐家莫扎特(1756—1791)也在自己音乐中引入土耳其奥斯曼军乐。莫扎特的《A大调钢琴奏鸣曲》第三乐章就是土耳其风格的回旋曲,被称为《土耳其进行曲》。他的歌剧《后宫诱逃》有浓郁的土耳其风。他的第五小提琴协奏曲也被称为"土耳其协奏曲"。

贝多芬(1770—1827)也采用许多土耳其军乐。他曾为歌剧《雅典的废墟》配过一首《土耳其进行曲》。他的《战争交响曲》也有土耳其风格。他最著名的《第九交响乐》,大量使用了土耳其军乐的定音鼓和小号。最后第四乐章有一段欢乐的进行曲 alla marcia,伴以男高音独唱和合唱"快乐吧,像太阳般飞翔",也是土耳其军乐风格。

军乐队乐器：大鼓、钹（镲）、小号、唢呐和铃杖

18世纪奥斯曼军乐队

图 343

奥地利作曲家老约翰·施特劳斯于 1848 年创作的《拉德斯基进行曲》，是每年维也纳新年音乐会最后的结束曲，也属于土耳其奥斯曼军乐风格。

德国音乐家瓦格纳曾大赞土耳其军乐："这才是我们所说的真正的音乐。"可以说，欧洲古典交响乐正是在奥斯曼军乐的直接影响下成长发展起来。土耳其军乐给欧洲古典音乐注入了雄壮、豪迈、热烈的因素。

1826 年，崇尚西化的苏丹马哈茂德二世解散了梅赫特尔军乐队，重建了一支西方器乐的军乐队，改用西方的进行曲（本是源自梅赫特尔）。于是，《回响了几个世纪的梅赫泰尔音乐》一文悲叹："东方土耳其进入西方的音乐元素又以西方音乐元素的身份重新回到东方的土耳其。"明明是自己的东西，被西方改头换面说成是西方的东西又引进回来……这样的出口转内销事例在中国也大量发生（比如十二星座）。

法国华裔学者陈艳霞著的《华乐西传法兰西》，介绍法国驻华耶稣会士钱德明（1718 年—1793 年），一生致力研究中华文化，致力将中国音乐介绍给欧洲。他于 1750 年来到中国澳门，第二年到北京觐见乾隆皇帝，深得皇帝赏识，在中国生活了 43 年。

钱德明是法国科学院的通讯员，曾将《孙子兵法》译成法文，还编过一本《满文—法文》词典。他越研究中国文化，越对中国的音乐文化着迷。

1754 年，他把当朝文渊阁大学士李光地的《古乐经传》翻译成法文，寄回给法国科学院的金石与美文学科。1776 年至 1779 年，他用法文撰写了《中国古今音乐篇》，寄回给法国国务大臣贝尔坦，1780 年在巴黎出版（共 254 页，附 30 幅插图）。同时寄了许多中国乐器，其中有古琴、磬和笙（前已提及）。1779 年他还编了一本《中国乐曲集》，共 54 首乐曲（其中 41 首通俗乐曲，13 首天主教祈祷乐曲），寄回法国。

钱德明是真心热爱中华文明和中国音乐，心悦诚服。钱德明认为中华文明是人类真正古老的文明，中国音乐是人类最古老的音乐，而没有把古希腊、古埃及文明当回事。

陈艳霞指出："在中华文明于 18 世纪传入法国的历史中，有一种至今仍被忽略、并未引起普遍注意的内容，这就是中国的音乐……音乐是中国最古老的发明之一。它不仅在美学中，而且在中华民族的礼仪中都扮演过重要角色。传教士钱德明神父勇于蔑视所有困难，从而向其祖国提供了一种有关中国音乐实质内容的论著。"①

钱德明在《中国古今音乐篇》的绪论中感叹："我曾独自想过，鲁西埃修道院长未能……在中国人的古代文献中发掘资料，这是多么令人遗憾的事啊！如果这位学者能一直上溯到一种音乐体系最古老的起源（它在中国近千年之前就出现了）……那么这位学者就可能一直深入到人性的深处，从中发现这种普遍的、使一切都能服从其不变法则的和声。"②

钱德明明确承认是中国人最早把八度音分为 12 个半音："他也可能会发现，甚至在毕达哥拉斯和墨丘利之前，中国人就已经懂得把八度音分为 12 个半音了，他们称之为十二律。"③

他明确否认了所谓古埃及和古希腊音乐的古老："他通过自我考察也可能会坚信，埃及人所指出的在音乐的音响和星辰之间，在同样的声音与黄道十二宫之间，在每天 24 小时与一周的 7 日之间以及在其他事物之间的关系上，都是不完善地抄袭了中国人的做法，中国人早于埃及人许多个世纪就已经把黄道分成十二宫了"。"他还可能得出结论认为，古代希腊人的七弦琴、毕达哥拉斯的里拉竖琴、自然四音音阶的转化及其音乐大系的形成，都是从最早期中国人那里剽窃来的。我们无法否认中国人是他们两种古老乐器琴和瑟的发明人，这两种乐器同时将可以想象到的一切音乐演奏法都集于一身了。"④

钱德明指控古埃及和古希腊"抄袭""剽窃"中国，难能可贵。

钱德明认为中国音乐是最古老的："中国人的音乐，或更确切地说是中国人的音乐体系要比现在我们已知的任何一个其他民族的音乐体系都更为古老。""我由此而得出结论，而且我希望我们的学者们也与我一样对此作出总结……即认为中国人就是这个古老的民族。不仅仅是希腊人，而且还有埃及民族本身也都从中华民族的科学和技术中吸取精华，这些科学和技术后来都传入西夷民族中了。"⑤

钱德明详细向欧洲读者介绍中国的乐器，认为鼓是中国人发明的，"中国

---

① 陈艳霞，第 4 页。
② 同上，第 101 页。
③ 同上，第 101 页。
④ 同上，第 102 页。
⑤ 同上，第 104 页。

人从未向其他任何民族借鉴过其科学和技术"①。谈到磬，他认为"将石头用于音乐是中国人一种特有的艺术"。他高度评价瑟："我更倾向于称它是中国乐器中第一种和最完美的一种，因为唯有它才代表他们音乐体系全部的音域，其起源也与琴一样古老。"他在书中也给磬和瑟做了插图（图344）。

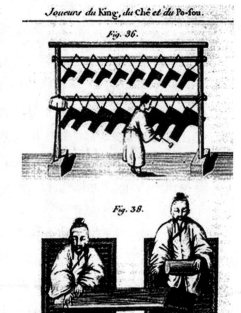

图344　演奏磬、瑟和搏拊

他介绍了伶伦用竹管发明十二律，高度评价朱载堉发明十二平均律，"这是上天本身向人类启示的"。

他还认为中国人很早就懂得欧洲所谓"对位法"的"和声"，一种范畴更宽的和声："如果大家简单地问我中国人现在是否懂得或很早以前曾经懂得和声，我将给予肯定的回答，并补充说明中国人可能是世界上最懂得和声的民族。""为了使音乐优雅，就必须与它所表达的情感相统一，这就是最重要的谐和"……

钱德明作为一位来华搬运中国音乐文化的法国科学院通讯员，出色地完成了他的使命。尤其是他寄回法国的笙，让西方发明了风琴、口琴和手风琴，这一功绩是西方公认的。

---

① 陈艳霞，第112页。

十、17至18世纪中国文化启蒙欧洲（从"神"走向"人"）

拙著《现代与后现代——西方艺术文化小史》曾用"人取代上帝"这句话，来概括西方现代性。原先西方是基督教神权统治。后来16世纪西方出现了"人的主义"（humanism），"人"向上帝造反夺权，杀死了上帝，最终尼采大喊"上帝死了"……"人"摆脱了基督教神权，是西方"现代性"的根本标志。

现代"人"取代上帝，运用自己的理性，走向人类中心主义和个人中心主义。人类是天地主宰，个人为社会中心。

18世纪欧洲启蒙运动，用理性构建了一个上不着天、下不着地的理性王国：上不着天——否定上帝神权，下不着地——批判君主专制。终于今天的基督教退缩到不再主导社会事务的角落，君主制要么被共和制取代，要么被限制成为君主立宪，国王成为象征性的存在。

人类文明常常始于宗教。原始先民为了生存互相厮杀，风俗野蛮，于是出现了宗教，教化人民要守住一些规矩（不杀、不偷、不淫、不妄语等），如此人类社会才能和谐群居。

按照西方社会进化论，宗教是人类文明的初级形式。孔德的社会进化三阶段：宗教—玄学—科学实证。黑格尔的三段论：艺术—宗教—哲学。宗教需要往更高级的哲学（理性）进步。西方18世纪发生启蒙运动，正是西方从宗教走向哲学理性的时期。

那么，是什么因素让西方从"神"走向"人"，或者说从宗教（黑暗）走向理性（光明）？

西方"文艺复兴"概念始作俑者之一布克哈特（J.C. Burckhardt）说，

是 15 至 16 世纪，意大利莫名其妙出现了个人主义，于是有了人文主义。西方古代"古典文明"由此"重生"（复兴），走出了基督教神权的"中世纪"。还有说西方启蒙运动是借助了古希腊的理性精神，借助了基督教经院哲学阿奎那的理性思想，欧洲人自己给自己启了蒙……

历史的真相是中国文化启蒙了欧洲。中国文化西传欧洲，才导致西方从上帝神权走向世俗人治，从宗教走向理性。

为什么这么说？因为中华文明在原始之初就没有西方意义的一神论宗教，没有西方那样的长期宗教神权的统治。

"中国人没有宗教"的说法流传甚广，甚至还造成一些人的文化自卑：人家有宗教，有"罪感文化"，咱没有……不如人家啊。每逢听人这样说我都要回应："没有宗教才对啊，正说明中国人理性，不迷信啊！"

中国人没有信奉一个人格化、至高无上、无所不能的神，但是敬天，敬奉一个无形的最高存在。西方人喊"噢，我的上帝！"是一个人格化的上帝。中国人喊"我的天哪！"这个"天"是无形的，是空空渺渺的苍天。中国人敬天，只是表达对超越人类的宇宙玄秘力量的一种敬畏。

中国人不迷信某一个排他性的最高主神。而世界上那些一神教都有排他性。只有自己信的是真神，别人信的都是异端，导致宗教不宽容。中国人对信仰很自由，什么都可以信，互相兼容。1986 年，我在重庆大足石窟看到过一个殿堂里同时供奉老子、孔子和释迦牟尼三尊雕像，这种供奉形式在中国并不奇怪，所谓"三教堂"。三教合一，宗教宽容，是中国文化的一个重要特征。

梁漱溟先生说得好，中华文明是一个早熟的文明，从一开始就"理性至上主义"[1]。就是说，中国人从历史一开始就很理性。

孔子在 2500 多年前就教导中国人"己所不欲，勿施于人"。由己及人，谁都懂，谁都觉得应该这样做。这是一种最普世的自然理性。"孔子深爱理性，深信理性。他要启发众人的理性，他要实现一个'生活完全理性化的社会'"，儒家是"理性的胜利"。[2]

---

[1]　梁漱溟：《中国文化要义》，上海世纪出版集团，2005 年，第 118 页。

[2]　同上，第 98 页、第 117 页。

孔子儒学关键词"仁"，是"二人"之意。两个人互相尊重，尊重对方，尊重他人。自己活，他人也活，二人共存。这是一种多么高的道德伦理境界啊！可以说，中华文明从一开始就达到最高级的道德伦理水平。野蛮社会是我活你死，我胜你败。西方世界到今天还停留在统治他人、奴役他人的水平，没法梦见中华"仁"文化——与他者共存的智慧。

《尚书》曰"民惟邦本，本固邦宁"：人民是一个国家的根本，根本牢固了国家就安宁。中国的皇帝很早就懂得"民"的重要。君王必须"为民"，国家才能长治久安。拙著《民主的乌托邦》①总结出中国有一个"为民"的政治传统。孟子主张民贵君轻，荀子也有名句："天之生民，非为君也。天之立君，以为民也。"做君王，就得为民，要"为人民服务"。荀子还设妙喻："君者舟也，庶人者水也。水则载舟，水则覆舟。"君民犹如船和水。君王不为民，水就可以把船颠翻。

在孟荀时代，中国的政治智慧已非常成熟，已经总结出历史经验：为民的君王留美名，残暴的君王被推翻，所谓"殷鉴不远，在夏后之世"。尤其，中国政治是家国同构。国家就是一个大家，君王如父，君王视民如子，尽可能对百姓施仁政。

中华文明很早就采用科举制选拔官员，消灭了门阀贵族。社会底层百姓可以通过科举考试，通达社会上层。朝为田舍郎，暮登天子堂。这是一种西方世袭贵族制不能想象的社会平等。正当西方长期处于基督教神权统治，封建领主割据一方处于农奴制之时，中国早早进入世俗化的平民社会。

所以，中国不存在从神权走向人的理性的问题。中华文明从一开始，就已经是"理性至上"的理性社会（孔子为代表）。

当 1513 年第一个葡萄牙人来到中国、开辟欧中直通海路之后，形形色色的葡萄牙和西班牙航海冒险家、商人、传教士纷纷来到中国。最初来东方的传教士是多明我会、方济各会和奥古斯丁会修士，稍晚才是 1534 年成立的耶稣会会士。

这些人发现了一个超乎他们想象富裕的中国，物产丰饶，人口众多，人民安居乐业，与当时贫穷落后战乱的欧洲形成巨大反差。所以，他们从心底

---

① 香港明报出版社，1994 年初版于香港。中国社会科学出版社，2004 年。

里艳羡中国，赞美中国。

这个国家没有宗教（基督教），没有基督教的神启，人民又生活得很好。这给了这些来远东的葡萄牙和西班牙先行者以巨大的震撼。

中国这种理性、"非宗教"的生活模式和国家样板，先在16世纪的葡萄牙和西班牙播下了星星之火，17世纪在荷兰点亮了一盏明灯，终于在18世纪的法国引爆了一场轰轰烈烈的启蒙运动，导致18世纪末的1789年暴发法国大革命，彻底埋葬了旧制度……

中国文化直接影响欧洲启蒙运动，实际上是中外学界的一个常识。但人们一般只关注到18世纪的法国。其实中国文化启蒙欧洲，早在16世纪的葡萄牙和西班牙就已经开始。

16世纪中国思想星星之火点燃西班牙萨拉曼卡学派（自然法，理性）

如果说在16世纪初西方有一点个人主义，或个人自由意志的萌芽，与其说是发生在意大利所谓的"文艺复兴"，不如说发生在德国引发的"宗教改革"。

中国造纸术和印刷术传入欧洲，1450年古登堡开创欧洲印刷术，首先印的就是《圣经》。《圣经》作为读本开始扩散。原先是罗马教廷和基督教会代表了基督教的最高权威。现在有了印刷的《圣经》，信徒个人就可以阅读。1517年，德国教士马丁·路德（M. Luther），在维登堡大教堂门上贴出《九十五条论纲》，公开抗议教皇出售"赎罪券"敛财，与罗马教会决裂。他声称基督教的最高权威是《圣经》而不是教皇，信徒自己可以读《圣经》获得神启，无需神父做中介。由此路德首创了基督教的"抗议派"（protestantism），即所谓"新教"。

既然每个人可以自己读《圣经》，对《圣经》的解读就可以多种多样，就有了各种各样的新教。德国有路德教，瑞士有加尔文教，法国有胡格诺派，英国有清教……宗教改革创生的各种新教，给欧洲带来了前所未有的宗教的个人主义。

这种新教个人主义既代表了欧洲个人意识的初步觉醒，也给西方带来了前所未有的宗教分裂，宗教不宽容乃至宗教战争。基督教分裂成天主教和新教。不仅天主教和新教之间爆发宗教战争，新教内部各派之间也互不相容。

而真正给西方带来世俗的个人主义，带来真正的人文主义，是16世纪从海路传入葡萄牙和西班牙的中国思想文化。

16世纪初欧中海路开通后，葡萄牙和西班牙成为欧洲接收中华文明的窗口。

从16世纪中开始，大量关于中国的信息，通过口述、通信和书籍，传回葡萄牙和西班牙。葡萄牙多明我会士克鲁兹（G.D. Cruz）1556年来到中国广州居住了几个月，1569年在葡萄牙出版《中国志》，赞叹中国的文明，地大物博和富庶强大超过想象。书中详细描述了明代中国社会的方方面面：皇帝勤恳，官员尽职，司法公正，物产丰饶。他发现中国人信仰自然神论或泛神论，信奉"天"。

葡萄牙冒险家平托（F.M. Pinto），来过中国舟山双屿港等其他远东地区。1558年回葡萄牙，撰写了一部长篇《游记》，也描述了中国地大物博。

西班牙人不能走葡萄牙人垄断的印度远东航线，1565年开辟了从西班牙到墨西哥，再从墨西哥横跨太平洋到菲律宾的"马尼拉帆船"远东航线（图345）。菲律宾已成为西班牙的殖民地，从菲律宾可以很方便地来中国。

西班牙奥古斯丁会士拉达（M. de Rada）曾到马尼拉传教。1575年来中国福建，从厦门、泉州到福州游历两个多月，买走了百余种中国书籍。这些书的内容有关中国地理、税收、造船、法律（司法）、医药、天文、数学、音乐、建筑等。回去后，出版了一本详细报道中国的《出使福建记》，其中一章《记大明的中国事情》分12节，介绍了中国的各种信息，包括中国的习俗和

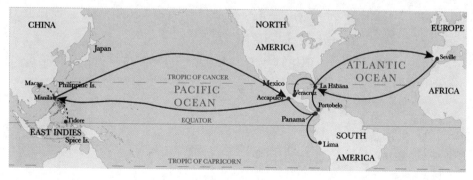

图345　西班牙人来远东的航线：从塞维利亚到墨西哥，再跨太平洋到马尼拉

司法行政。

1585年，西班牙奥古斯丁会士门多萨（J. G. de Mendoza，1545—1618）根据多位到过中国的葡萄牙和西班牙人的资料，用西班牙文在罗马出版了《中华大帝国史》。1588年翻译成英文版，紧接着有荷、法、德、意、拉丁7种文字版本出版，十几年间重印了46次。

这是欧洲第一部大规模发行的介绍中国的畅销书。该书第一部三卷44章，全面介绍了中国社会的方方面面，气候、版图（15个省）、百姓体貌、宗教信仰、婚丧习俗、国王治国、税收、军队、文字、科举考试、火炮和印刷术（早于欧洲）、日常礼节（非常礼貌）……可谓细致入微。

该书对明朝中国充满了颂扬：历史悠久、版图辽阔、皇帝贤明、行政有效、司法公正、教育普及、经济繁荣、风俗温良、国力强大……称赞中国人是"具有大智的人民，特别在自然事物方面"。

书中对皇帝如何管理这个辽阔的帝国做了详细介绍。中国皇帝完全是一位开明君主的形象。他不独断专行，他的统治依赖朝廷内阁，治理全国15个省。

皇帝和内阁向各省派遣总督巡抚等官员，根据品德和才能来任命。每年还派巡阅使（御史）前往各省查访下级官员。他们"在职权上得到皇帝授予的绝对权力"，秘密调查当地官员是"善政"还是"为恶"，给以赏罚。"这使得这个大帝国成为当今全世界已知管理最佳的一个国家。"[1]

中国非常重视人的生命，对处死犯人非常慎重，"没有一个总督、长官或法官能把任何人处死"[2]，死刑必须得到皇帝和朝廷的批准。即使判了死刑，也要按法律程序反复会审，"看看可否找到免死的理由"[3]。法官办案不得饮酒，执法公允，"对任何人均一视同仁"[4]。中国官员"没有私人审判权"，没有世袭特权。官员所享受的一切"随他之死而了结"[5]。

中国人不信基督教，但崇拜"天"——"可见和不可见万物的创造者"。

---

① 门多萨，第99页。
② 同上，第87页。
③ 同上，第101页。
④ 同上，第95页。
⑤ 同上，第71页。

天上"有一个统治者治理天上所有的万物"，但这个统治者是无形的，"没有（人形）身子"……

门多萨描写的中国是一个国泰民安、高度文明的国家。国王"受到他臣民的尊敬"[①]，行政井井有条，司法公正严明，官员没有世袭特权……这对于到处是君王苛政、贵族特权、战乱频仍的欧洲来说，形成巨大反差。

门多萨这部《中国大帝国史》给当时的欧洲人打开了另一个世界的大门，让他们看到了一个遥远的与欧洲完全不同的中国，比欧洲更富裕，国家法律更公正……法国著名文人蒙田（Montaigne，1533—1592）读了这本书，深受震撼。他在《随笔集》中提到"当时谈论中国就已经意味指一个更为公正的社会，一个最佳社会，且不是乌托邦，而是一个真实的社会"。[②]

西班牙多明我会士萨拉查（D. de Salazar）也于1581年跨太平洋来到菲律宾马尼拉，接触当地华人了解中国，称中国是"世界上最伟大、最优秀的国家"。

另一位西班牙多明我会士高母羡（Juan Cobo，1546—1592）1588年来到马尼拉，也与当地华人接触。为了传教，他刻苦学习汉语，1590年就开始把《明心宝鉴》翻译成西班牙文（Beng Sim Po Cam），1593年在马尼拉出版（图346）。这部《明心宝鉴》被认为是中国儒家书籍翻译成西方文字的第一本书。这本书虽然在马尼拉出版，但当时来马尼拉的西班牙传教士、商人、冒险家不少，将其带回西班牙流传开来，历史价值非常大。

《明心宝鉴》是一本类似《三字经》和《千字文》的童蒙读物，元末明初范立本所编，在明朝非常流行，也在朝鲜、日本以

图346 高母羡翻译的西班牙文《明心宝鉴》1593年

---

① 门多萨，第68页。

② 布罗斯，第83页。

及东南亚广为流传。该书汇集了中国古代先贤孔孟老庄还有朱熹等人的箴言名句，劝人为善。尤其强调了天的概念，作恶者必将遭到天罚。这个天实际上是某种"自然神"，有意志，但却无形，不是西方人格化的上帝。

全书共 20 篇，其中前三篇为"继善""天理"和"顺命"。

第一篇开篇就是荀子的"为善者，天报之以福；为不善者，天报之以祸""善有善报，恶有恶报。若还不报，时辰未到""天地无私，神明暗察"等，介绍了中国的伦理道德。

第二篇"天理"，开篇就是孟子"顺天者存，逆天者亡"。还有北宋理学家邵雍的"天听寂无音，苍苍何处寻？非高亦非远，都只在人心"。这首绝句明确表明：天听与人心无异。《尚书·泰誓》有"天视自我民视，天听自我民听"，上天的"视听"来自人民的视听，人民的心声就是上天的心声。邵雍说的是同样意思：天听就是人心，天理只在人心！

第三篇"顺命"第一句是子夏的"死生有命，富贵在天"。

1580 年，西班牙兼并了葡萄牙，国王菲利普二世兼任葡萄牙国王。原先由葡萄牙国王派往中国的耶稣会士，现在返回欧洲时要向西班牙国王复命。

意大利耶稣会士罗明坚（Michele Ruggieri，1543—1607），1579 年比利玛窦早三年进入中国。是他最早明白传教士要在中国传教必须先了解儒家经典，所以他把中国儒家经典"四书"——《大学》《中庸》《论语》《孟子》翻译成拉丁文（应该是选译）。他是一个语言天才，刻苦钻研汉语。先编了一本《葡汉词典》（第一本欧洲语言和汉语的词典），又用中文写了一本《天主圣教实录》（第一本欧洲人用汉语写作的中文书）。

1588 年罗明坚返回欧洲。据高源《儒家典籍在欧洲首次译介考辨》一文，1590 年他在欧洲先把"四书"翻译成西班牙文，献给西班牙国王菲利普二世。之后，他将"四书"翻译成拉丁文。1593 年他用拉丁文翻译《大学》的第一章在罗马出版。

罗明坚用拉丁文翻译的《大学》，首创用自然神论来解释中国思想。他把"大学之道在明明德"翻译成"人类制度理性（humanae institutions ratio）在于认识和遵循自然之光（lumine naturae）"。他还使用了"自然所规定的原理"和"自然固有的先天光明"等语句。

明朝永乐年间出版了一本宋代理学大汇编——《性理大全书》。罗明坚最早翻译了中国宋代理学的两个核心概念——性理："理"翻译成"理性"（拉丁文为 ratio，"性"翻译成"自然"，即"本性"（拉丁文为 natura）。

罗明坚翻译新创的"理性"和"自然"概念，后来被西班牙萨拉曼卡学派采用，传入欧洲。

门多萨的《中华大帝国史》，高母羡翻译的西班牙文《明心宝鉴》，罗明坚节选翻译的拉丁文和西班牙文"四书"，尤其是《明心宝鉴》的"天""天理"和"天理在人心"，《大学》的"人类理性"和"自然（本性）之光"，为之后的萨拉曼卡学派提出"理性"和"自然法"奠定了基础。

什么是西班牙萨拉曼卡学派（School of Salamanca）？这个学派很少听闻，西方教科书中也罕有提及，很多朋友可能从来没听说过。

首先，它是以西班牙的萨拉曼卡大学得名，位置在西班牙西部，首都马德里以西 213 千米。萨拉曼卡大学再往西，与葡萄牙中北部的科英布拉（Coinmbra）大学相距不远，直线距离约 250 千米。

据称萨拉曼卡大学建于 1218 年，科英布拉大学建于 1290 年，分别是西班牙和葡萄牙最古老的大学，也属于欧洲最古老的大学。萨拉曼卡大学和科英布拉大学，是 15 至 16 世纪伊比利亚半岛上两个最重要的文化中心。前面提过 1582 年制定格里高利历的重要人物克拉维乌斯，就曾去科英布拉大学学习数学。

萨拉曼卡学派包含了这两所大学的学者，分为萨拉曼卡派（Salmanticenses）和科英布拉派（Conimbricenses）。学派前期以萨拉曼卡派为主，基本是多明我会士。后期以科英布拉派为主，都是耶稣会士。

学派前半期主要代表是萨拉曼卡大学的维多利亚（F. De Vitoria，1483—1546），后半期主要代表是科英布拉大学的苏亚雷斯（Francisco Suárez，1548—1617）。

萨拉曼卡学派的主要论点和特征是什么？

该学派都是一些自然法论者和道德论者。研究主题是"人"和"人的实际问题"（道德、经济和法律等）。

维基百科法文版：该学派提出"正义、法律和道德的源泉，不应在圣书或传统中寻找，而应凭理性之光在观照自然中寻找。"

英文版：该学派提出一种当时欧洲不习惯的自由要求。"人的自然权利成为关注中心，包括作为个体存在的权利（生命权、经济权如拥有财产权）和精神权利（思想自由和人的尊严的权利）"。自然法"是源于自然的法律"，"既然所有人都具有相同的自然（天性），他们也享有相同的生命和自由的权利。这种观点在欧洲人的思想中构成一种新鲜事物"。"人民是神圣主权的载体"，"人天生是自由的，不能做别人的奴隶，可以违抗甚至于推翻一个不公正的政府"……

看看这些定义，这个萨拉曼卡学派简直提出了所有 17 至 18 世纪欧洲启蒙运动反神权和反专制的观点！

而萨拉曼卡学派最核心、最关键的要点是"自然法"。那么，什么是自然法？

法文"自然法"（droit naturel）定义：研究"人的自然（nature de l'Homme）及目的的理论。"嚯！所谓"自然法"原来是研究人的"自然"！而人的"自然"，不就是人的本性或天性吗？

英语的"人的自然"（human nature），也是人本性或人性的意思。英文"自然法"定义："一种基于对人（本）性（human nature）密切观察、并基于人（本）性固有的（intrinsic to human nature）价值观的法律体系。"

我原先真不知道自然法的"自然"是人的"自然"，是研究人本性或人天性的理论。搞了半天，自然法就是人的"天性法""本性法"或"人性法"！

自然法与道德密切相关。自然法诉诸于人本性的良知和理性，从人的天然本性出发去判断善恶是非，认定正义或非正义。

就是说，自然法相信人具有理性。人的天性（本性）是善的，而不是像基督教设定的那样是恶的，有原罪。

原先只有上帝有理性，只有上帝能判定善恶是非。现在自然法相信人自己的本性，人天性就秉有理性："正义、法律和道德的源泉……应凭理性之光在观照自然（本性）中寻找。"人无需上帝的神启，凭人自己的自然理性就可以判断道德和正义。

另外，法文的"法"（droit）一词，就像我在《民主的乌托邦》里说过，既有"法"的意思，还有"权利"的意思。法文的"人权"就是"droits de l'homme"。所以法文的"自然法"（droit naturel），也有"自然（天赋）权利"的意思。自然法和自然权利是同一个词！由此，萨拉曼卡学派的"自然法"也具有"天赋权利"的意思。

"天赋权利"自然导向"天赋自由"。萨拉曼卡学派"划时代地以自由作为理论根基……主张人的自然权利"（百度）。

由个人的自然权利还可以推延到人民的自然权利。人民有自然（天赋）权利，免受国王的苛政，要求正义的法律……

科英布拉派的莫里纳（Luis de Molina，1535—1600），提出一个国家就像一家公司，国家领导是经理，管理需要契约（法律），首创"社会契约论"。

西方的"理性""天赋人权""生而自由""人民主权"和"社会契约"等，这些西方启蒙运动和西方现代自由主义的观念，竟然早在萨拉曼卡学派那里就已创生。

萨拉曼卡学派最重要的代表无可争议是苏亚雷斯。他在萨拉曼卡大学完成学业后，去了一些地方教授哲学和神学。1580 年至 1585 年，他去罗马耶稣会总部的罗马学院讲学。教皇格里高利十三世听过他哲学课的第一讲。他晚年长期生活在葡萄牙科英布拉大学，教学近 20 年。他被认为是当时最伟大的哲学家和神学家。

苏亚雷斯的写作非常勤奋和多产，讨论主题非常广泛，拉丁文著作全集有 26 卷。他的学术声誉，来自他有一种"全新的眼光""非同常规的方法"，来提出论点讨论问题。就是说，他的学说在西方传统中前所未有。

苏亚雷斯的学术主要有两块：形而上学和法律哲学。形而上学提出了"理性"，法律哲学提出了"自然法"，质疑君主神权，提出人民主权。

苏亚雷斯的《形而上学辩论》（1597 年）是一部巨著，显示出"无所畏惧的独创性和创新的思想"。除了讨论一些抽象概念，比如本质、存在、个性、普遍性等，尤其讨论了理性的存在。强调"理性"，要"理性推理"（rationis ratiocinatae），是苏亚雷斯学说的重要创举。

这部《形而上学辩论》对荷兰和德国的哲学思想产生重大影响，对格劳秀斯、笛卡尔和莱布尼茨三人的影响更为直接。笛卡尔的《第一哲学沉思录》，就直接借用了苏亚雷斯形而上学理论中的许多内容。

苏亚雷斯 1612 年出版《立法论》（De legibus），阐述了他的自然法理论。他认为自然法"是存在于人类头脑中以区分善恶的法律"（law which sits within the human mind in order to distinguish the fine from the wicked）。

自然法是基于人性。人的天性就可以确定道德，判别善恶是非，无需上帝行使意志。这是对人类理性的空前肯定。

苏亚雷斯认为法律与正义要基于自然法。自然法是所有人都可以应用的法律，无论他们是什么社会身份。尤其他认为拉丁文"jus"这个词有双重含义：既指"法"也可以指"权利"，直接把自然法等同于自然权利，或者说把自然权利等同为法律。

1613年，苏亚雷斯出版一本著名的小书《捍卫天主教信仰》（*Defensio Fidei Catholicae*）（图 347），批驳英国国王詹姆士一世的"神授君权"说。据称这

图 347　苏亚雷斯《捍卫天主教信仰》

位英王颇为博学，写过一篇《自由君主制的真正法律》（*The Trew Law of Free Monarchies*），宣称国王是上帝直接任命的，国王意志就是法律。臣民应该效忠于国王，否则便是违逆了神的旨意。

苏亚雷斯从自然法推出人民最高主权，公开否定君权神授，"强烈地替人民主权辩护"（百度）。苏亚雷斯认为最高主权不在国王，人民才是神授主权的载体。

苏亚雷斯认为："人天生是自由的，不受任何人的支配。"（men are by nature free and subject to no one），几乎是西方现代自由主义的最早宣言。

人具有上帝赋予的社会本性，具有制定法律的潜力。社会政治力量的起源是契约。人民可以把天赋的立法权交给统治者，但他和人民之间是一种"双边"关系。统治者必须遵守"自然正义"。如果统治者不公正地压迫人民，人民就有权收回交给统治者的权力，就可以违抗甚至推翻一个不正义的政府。

尤其苏亚雷斯提出，如果一个君主施行暴政残害臣民，人民可以合法地杀死暴君！这就是苏亚雷斯石破天惊的"诛杀暴君"（tyrannicide）论。

苏亚雷斯简直是在号召英国乃至欧洲人民起来造神授君主制的反。历史还真作了回应：36年之后的1649年，詹姆士一世的儿子查理一世就被砍了脑

袋，成为欧洲历史上第一个被公开处死的君主。

我们可以问：苏亚雷斯的"理性"和"自然法"观点是从哪里来的？西方的说法是继承了古希腊，尤其是 13 世纪欧洲经院哲学家托马斯·阿奎那（T. Aquinas，1225—1274）的遗产，称萨拉曼卡学派是"重新阐述"了阿奎那的思想。

据董并生先生考证，阿奎那的著作非常可疑。他只活了 49 岁，却写出了 1500 多万字的著作。尤其他从 1266 年到 1273 年短短 7 年时间，就写出《神学大全》（19 册，8000 多页，650 多万字），绝无可能。更何况 13 世纪的意大利还没有造纸术，纸张匮乏。[①] 所以，苏亚雷斯传承阿奎那，站不住脚。

欧洲受基督教教化以来，都是"神"的统治，神权至上。人被认为有原罪，没有理性。人的"自然"（天性）是被否定的。人需要神的启示才能获得灵魂拯救。突然有一天，萨拉曼卡学派的苏亚雷斯开始大谈人的"自然（天性）"，大谈人天性就有理性，人天性就可以明辨道德、正义和美德……这种横空出世的"人性善"论，欧洲绝无可能自生。

事实上，苏亚雷斯的"理性"和"自然法"思想是来自中国，来自耶稣会士传回欧洲的中国思想。

谈人的理性，尤其谈人的天性，世界上难道还有比中华民族更深谙彻悟的吗？

前面已经谈过，16 世纪中叶开始，葡萄牙和西班牙传教士直接传回大量有关中国社会和文化的信息，让苏亚雷斯知道中国不信基督教，是一个世俗社会，依靠道德就得到很好的治理。尤其 1580 年至 1585 年，苏亚雷斯在罗马耶稣会总部待过 5 年，可以直接获悉赴华耶稣会士寄回罗马总部的各种信息。

1590 年罗明坚翻译成西班牙语的中国"四书"，献给菲利普二世。同一位菲利普二世，1597 年派苏亚雷斯去科英布拉大学。有这位国王为中介，苏亚雷斯一定看到过罗明坚翻译的"四书"，看过《孟子》。苏亚雷斯的"杀死暴君"论，可以说是他看过《孟子》的铁证。

罗明坚翻译了宋代理学两个核心概念，把"理"翻译成"理性"（ratio），

---

① 董并生：《虚构的古希腊文明》，第 249 页。

把"性"翻译成"自然"（天性 natura）。正是这两个词，构成了苏亚雷斯"理性"和"自然法"概念的来源。

性和理在程朱理学中是同义词。程颐说："性即理也。所谓理，性是也。"朱熹也说："性即理也。性者，人生所秉之天理也。"（《四书集注·孟子集注》卷十一）

人的"自然（天性）"（natura）就是人的"理性"（ratio）。从人的自然天性中得出的"理"就是"天理"。

什么叫自然法？前面说，自然法是"人性法"。这里换言之，自然法就是"天理"！

天理，或自然法的道理，就像日月经天、江河行地那样天经地义。天理是无需证明的。天理就在人心。人性就是天理。

中国人相信，只要是个人都会懂这个理。所谓"人同此心，心同此理"。

中国人是全世界最讲"天理"的，最讲"自然法"。中国人的智慧处处都闪耀着天理自然法的光辉。

孔子说"己所不欲，勿施于人"，是人类最伟大的天理（自然法）格言。荀子比喻君民如水舟，孟子说"君视臣如手足，臣视君如腹心……君视臣如土芥，臣视君如仇寇"等，也都充满了天理（自然法）。

苏亚雷斯的"自然法"完全就是中国的"人性即天理"。他定义自然法"是存在于人类头脑中以区分善恶的法律"，可谓"人性天理"的直白解说。

另外，苏亚雷斯形而上学的本体论概念，也有中国玄学的渊源。玄学本来就是"形而上"之学。中国玄学探究世界的本体是"有"还是"无"。苏亚雷斯讨论"存在"和"空"（void），与中国玄学的这两个概念很近似。

萨拉曼卡学派还质疑西班牙征服美洲的合法性，认为美洲原住民也享有人的权利。从自然法的人性出发去同情美洲原住民，欧洲罕见，却很符合中国儒家的"仁爱"和孟子的"恻隐之心"。中华文明的精髓"仁"，就是把人当人，不把人当奴隶（梁漱溟先生认为中华历史几乎没有"奴隶社会"）。

诸玄识先生指出，17世纪欧洲引进了汉字的表意功能来改造欧洲语言，增加表意性，因此欧洲现代语言包藏有"汉字密码"。近代中国翻译欧洲概念要创造新词（"宗教""经济"等），16世纪的欧洲人要翻译中国概念也需制造新词。罗明坚把中国理学的"性"和"理"翻译成"自然"和"理性"，实际上是给欧洲创造了新的语言概念。

总之，苏亚雷斯以及萨拉曼卡学派的自然法和理性概念是 16 世纪欧洲的一朵新奇葩。

朱谦之先生认为耶稣会"不是正宗基督教徒"：耶稣会没有特殊服装，没有特殊会址，没有特殊宗教责任，不苦修，与别的天主教会派的修士很不相同。新教是"一切根据《圣经》"，而耶稣会的创始人罗耀拉"却是根据内心的一种默悟"[①]。耶稣会简直是天主教的"心学"！

另外，耶稣会比其他天主教会派更强调学习知识，强调教育，到处办学校。它比其他会派更尊重理性，不那么教条，变通灵活。正是耶稣会这种"不正宗"的灵活性，导致其 1773 年被罗马教会作为异端彻底禁止。

也正因为耶稣会灵活变通，不固守教条，耶稣会士苏亚雷斯从罗明坚翻译的中国性理之学中，体悟并首创了西方"人性即天理"的自然法。

苏亚雷斯和萨拉曼卡学派依据人本性（天性）的自然法，把人的天性和理性抬升到空前的高度，首创了欧洲的人文主义，是欧洲领受中华文明教化的成果。

现代欧洲的人文主义不是产生于意大利，而是产生于 16 世纪末的西班牙。意大利"文艺复兴"是虚，西班牙才是欧洲"文艺新兴"的真正发源地。

从 1513 年葡萄牙人阿尔瓦雷斯踏上中国土地，到 1613 年西班牙人苏亚雷斯首创中国式"天理"自然法，刚好 100 年。这 100 年，见证了中国"天理"思想的星星之火，在 16 世纪的葡萄牙和西班牙蓦地燃起。其光芒，穿透之后两个世纪的欧洲历史夜空……

17 世纪荷兰——中华文明之光启明欧洲的一盏明灯

我在本书指称的荷兰（Netherlands），是指整个尼德兰，包含"南尼德兰"的弗兰德斯（比利时）。南、北尼德兰 16 世纪初都属西班牙统治。把弗兰德斯（比利时）也算在荷兰头上，是为了强调原先南北是一家。

刚提过的西班牙国王菲利普二世（1527—1598）也是荷兰的君主，西班

---

① 朱谦之，第 138 页。

牙和荷兰的关系非常紧密。所以在 16 世纪下半叶，荷兰也很方便收到从葡萄牙和西班牙传过来的中华文明信息。

中国人绘制的各种古代地图和海图，从葡萄牙和西班牙传到了荷兰。弗兰德斯出了两位著名制图师：1568 年墨卡托发明了"墨卡托投影"画出了平面性的世界航海地图，1570 年奥特柳斯画出了第一张世界地图。荷兰成了当时欧洲绘制地图的中心。

中国传入的印刷术在荷兰也非常发达。荷兰的书籍和图片印刷长期领先欧洲。

中国冶铁术 16 世纪中传入弗兰德斯地区，使当地呈现一派大炼钢铁的景象。1575 年成立的荷兰莱顿大学，收藏有相当数量的中国书籍。1583 年，"西方编年史之父"，法国人斯卡利杰在莱顿大学，根据中国历史编出了欧洲最早的圣经编年史——《时间校正篇》，所谓基督纪年。1585 年荷兰数学家斯蒂文用荷兰文出版了《十进位算术》，普及中国十进位制于欧洲。

荷兰接收到了大量中国世俗化社会的信息，给荷兰新教市民提供了一个世俗社会的参照。1568 年，荷兰爆发了反抗西班牙统治的独立战争。1581 年北方 7 个州宣告脱离西班牙而独立，成立了欧洲历史上第一个共和国，第一个不是上帝授权的政权——荷兰联邦共和国。

这是一个没有国王，也不服从罗马天主教教会的市民国家。荷兰成为欧洲最早由"资产阶级"（bourgeoisie 本义为市民阶级）当政的国家。

进入 17 世纪，荷兰迎来"黄金时代"。1603 年至 1605 年，荷兰海军相继击败西班牙和葡萄牙舰队，垄断了欧洲到中国的海上航线，直接与中国和日本贸易。荷兰取代西、葡，成为欧洲通过海路接收中华文明的主要窗口。

荷兰（尼德兰）的地理位置处于英法德三面合围之中，简直是西欧的心脏位置。今天欧盟的首都选在比利时，良有以也。

荷兰地处莱茵河入海口，也是远东货物输入欧洲的集散地。荷兰鹿特丹港一直是世界第一大港（近年才让位给中国舟山港）。当时从东方输往法国的货物，也大多经过荷兰转运。荷兰土地肥沃，人口密度高。城市出现富裕的中产阶级，商业极其发达。17 世纪荷兰成为欧洲最繁荣的国家。

甚至 18 世纪的亚当·斯密还认为"所有欧洲国家除了荷兰以外，世界上所有其他国家除了中国以外，都是不发达国家"。^①就是说，欧洲荷兰最发达，全世界中国最发达。

莱顿大学设立了欧洲最早的"东方学"，变成当时欧洲最重要的文化科技中心。尤其这所大学在欧洲最早主张信仰自由，学术宽容，具有现代世俗化气氛。

前文已述，17世纪荷兰刮起"中国风"，形成欧洲最早的"中国热"。

许多中华文明的风物先传入荷兰，然后向全欧洲扩散。

比如茶叶。17世纪初由荷兰东印度公司从中国运到荷兰，然后传到法国，17世纪中叶传到英国。荷兰是欧洲最早饮茶的国家。茶的发音Tee，也是荷兰人沿用了福建闽南话发音。

还有瓷器，尽管是葡萄牙人最早把中国瓷器运到欧洲，但要等到"海上马车夫"荷兰大规模地进口中国瓷器，瓷器风尚才在欧洲流行开来。

中国园林知识，先传到荷兰，然后传入英国，再传遍欧洲。

中国十二平均律，也先传到荷兰人斯蒂文那里。

弗兰德斯人南怀仁1668年接替汤若望担任"中国国家天文台台长"，将大量中国天文学资料搬回欧洲。

中国铁铧犁，荷兰人引进，传到英国，引起了欧洲农业革命。

中国的"烧酒"传到荷兰，荷兰人称"白兰地"（brandwijn），意思是"火烧的酒"。

中国的科技知识通过荷兰（信息集散地），转往英国和法国等地，导致1662年英国皇家学会和1666年法国王家科学院的成立，法国和英国国家天文台也紧跟着建立……

17世纪荷兰是欧洲的文化中心，更是欧洲宣传中国的中心。在荷兰喊一嗓子，全欧洲都听得到。

前面已述，17世纪荷兰出版过四本插图介绍中国的书——林斯霍滕《旅行纪》、纽霍夫的《荷兰东印度公司使团觐见中国皇帝记》、基歇尔的《中国图说》和达佩尔的《中国图志》，风靡整个欧洲，让欧洲人睁大了眼睛看中国，对欧洲刮起"中国风"起了巨大的推动作用。

---

① 谈敏，第4页。

文字宣传中国，荷兰和荷兰人也处于中心地位。

弗兰德斯耶稣会士金尼阁，根据利玛窦在中国的笔记撰成《基督教远征中国史》（拉丁文），1615 年在德国奥格斯堡初版，1639 年在荷兰莱顿大学再版。这是一本百科全书式介绍中国的书，涉及晚明中国政府、宗教、法律、哲学、人民习俗等方面。尤其书的内容提供者利玛窦，是一位懂中文、并在中国生活 27 年的欧洲人，格外吸引读者。这本书出版后大受欢迎，数年内被译成多种文字在荷兰、法国、西班牙等地出版，几十年间印了 16 个版本，影响巨大。

这本书除了一些偏见，对中国也多正面赞美。比如中国是由"哲学家"当政："全国都是由知识阶层，即一般叫做哲学家的人来治理的。井然有序地管理整个国家的责任完全交付给他们来掌管。"孔子是"中国的哲学之王"，孔子的神圣程度"超过了在道德方面最优秀的所有常人"[1] 这可以说是最早向欧洲宣传孔子。

该书也介绍了中国的教育制度和选拔官员的科举制。这一条对欧洲人来说很新奇。因为当时欧洲大众基本都是文盲，甚至好多国王都是文盲。该书还介绍了中国的五德："中国这个古老的帝国以普遍讲究温文有礼而知名于世，这是他们最为重视的五大美德（仁、义、礼、智、信）之一。"尤其该书首次向教皇表明，中国人尊孔不妨碍信仰基督教，因为孔子的教义本质上属于道德，不是宗教，与基督教完全可以兼容。

金尼阁、利玛窦和他们的先行者罗明坚一样，都认为基督教与孔子道德并不冲突。要在中国传教，必须要了解中国文化。所以三人都尝试翻译中国的经典。利玛窦在韶州期间也用拉丁文翻译过"四书"，金尼阁在杭州则用拉丁文翻译过"五经"。

这三位"基督教远征中国"的急先锋，无意间也为中华文化远征欧洲，为西方的"非基督教化"做了先锋。

另一个在荷兰发生重大影响的人，是两度赴华的意大利耶稣会士卫匡国（M. Martini，1614—1661），被学界称为"17 世纪撰写中国史的最佳撰稿人"。他于 1642 年抵达中国，在浙江和福建传教，1653 年返回欧洲抵达荷兰。

---

① 安田朴，第 299 页。

他先是在安特卫普出版了讲述明清换代的《鞑靼战纪》，1655年在阿姆斯特丹出版了轰动欧洲的《中国新地图志》（图348）。一篇80页的长序，用亲身见闻介绍中国的文化历史和社会风俗。17幅源于中国资料的中国全图和分省地图是当时最精准的中国地理资料，所以卫匡国被称为"中国地理之父"。

同一年，卫匡国来到了罗马教廷。之前，来华传教的多明我会士不认同耶稣会士允许中国人祭孔拜祖，认为这违反了基督教有关偶像崇拜的戒律，向罗马教廷告状，挑起了延绵100年（1645—1742年）的"礼仪之争"。卫匡国去罗马为耶稣会士辩护，获得成功。

1658年卫匡国又一重磅力作《中国上古史》（拉丁文）在慕尼黑出版，第二年在阿姆斯特丹再版。该书首次向欧洲介绍了从远古到西汉的中国编年史，认为中国第一位皇帝伏羲在前2952年即位，中国历史编年真实可靠，无可置疑。卫匡国把人类真实历史推到前2952年，在欧洲平静的历史天空，炸响了一记惊心动魄的雷鸣。

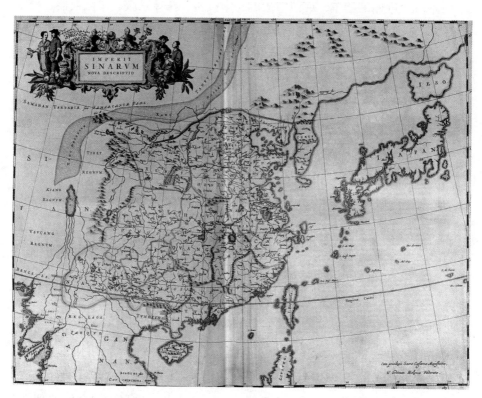

图348　卫匡国《中国新地图志》　1655年

十、17至18世纪中国文化启蒙欧洲（从"神"走向"人"）

根据拉丁文《圣经》，诺亚洪水发生在前 2365 年。诺亚方舟之后人类才重新开始繁衍。而卫匡国说的中国第一个皇帝比诺亚洪水早了约 600 年。这意味着诺亚洪水方舟之前，中国人就已存在至今。这严重威胁了《圣经》的权威性和可信性，颠覆了欧洲人的历史观。这本书迫使欧洲人开始怀疑，人类历史并非开始于《圣经》的诺亚，而是中华文明的始祖伏羲皇帝。

卫匡国首次给欧洲人提供了中国具体的空间和时间坐标：地域辽阔，历史悠久。

还有一个弗兰德斯的耶稣会士柏应理（P. Couplet，1623—1693），也对中国文化在欧洲的传播做出了重大贡献。他深受卫匡国在荷兰逗留期间一次演讲的感召，于 1659 年来到中国，在华 20 余年。1682 年回到欧洲。

1684 年柏应理来到法国凡尔赛，见了法王路易十四。他向国王力陈向中国派遣传教士的必要，终于说服路易十四 1685 年派遣 6 位以"国王数学家"为名的耶稣会士去中国。行前授予法国科学院成员资格，并领受一份调查有关中国 35 个问题的清单，广涉中国的科学技术、法律宗教、军队武器、植物动物等。他们乘船从法国西部的布雷斯特港出发，其中 5 人于 1687 年到达中国，终于有了法国耶稣会士来到中国。法国耶稣会士是最晚来到中国的，但在 18 世纪唱起了主角。柏应理促成了法国耶稣会士来华，是他第一大功劳。

1687 年，柏应理在巴黎出版了拉丁文《中国哲学家孔子》（*Confucius Sinarum Philosophus*）（图 349- 上）。这是一本划时代的介绍中国文化的经典著作，影响深远。作者除了柏应理，还有另外三位传教士署名。该书共 412 页，有一个长序和一个孔子小传。孔子肖像（图 349- 下）是一个图书馆的背景，底部墙上写有"仲尼"和"天下先师"。该书比较完整地翻译、注释了儒家经典四书中的三本（缺《孟子》）。

柏应理的序言高度赞美了孔子："人们也许会说，这位哲学家的道德体系无限崇高，但同时却又是简单、可感的，汲取于自然理性（natural reason）最纯粹的源泉……人类理性从未在没有神启的情况下发展得如此之好，显示如此大的力量。"

翻译部分的总标题为《中国之智慧》。《中庸》被译为《中国的政治道德哲学》。《大学》第一章参照了罗明坚的翻译："伟人们做学问的目的，在于精炼或改进人的理性自然（rationale naturam）"，也译为"自然的理性"

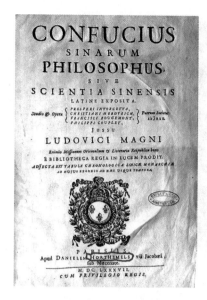

柏应理《中国哲学家孔子》封面
1687 年

孔子肖像

图 349

（naturale rationalis）和"从上天汲取而来
的理性"。这两个词，已足够启迪欧洲思想
者去宣扬"理性"和"自然法"。

该书附有一个《中国君主年表》，从伏
羲开始一直编到 1683 年，再次确认中华文
明始于前 2952 年。

有意思的是，这本书虽在巴黎出版，
但出版商是一位荷兰人霍瑟梅尔斯（D.
Horthemels）。第二年 1688 年，他在巴黎
出版了柏应理《中国哲学家孔子》的法文
节译本，书名为《中国哲学家孔子的道德
之信札》（*Lettre sur la morale de Confucius,
philosophe de la Chine*）。同年，他的荷兰合
作伙伴萨弗莱（P. Savouret）在阿姆斯特
丹也出版了法文节译本《中国哲学家孔子
的道德》（图 350- 左），认为孔子的道德教
义"以理性的方式协调家庭、社会和政治
生活，没有宗教因素"，儒家道德是人类理
性的终极成就。

柏应理的拉丁文版本，读者是欧洲的
富裕阶层，比如"信札共和国"（Republic
of Letters）的成员。页面空白留得较多，
成本高卖得贵。而法文版，空白少价格便
宜。尤其 1678 年法国击败荷兰，法国成为
欧洲霸主，法语成为欧洲通用语言，18 世
纪成为欧洲外交语言。所以，两个法文节
译本在巴黎和阿姆斯特丹出版后非常畅销，
大大传播了孔子和中国的名声。

1691 年，根据法文版转译的英文版
《中国哲学家孔子的道德》也在伦敦出版

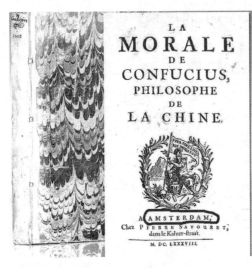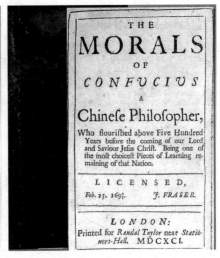

1688 年阿姆斯特丹出版《中国哲学家孔子的道德》　1691 年伦敦出版《中国哲学家孔子的道德》

图 350

（图 350- 右）。当时欧洲出版书，扉页就是封面。一般情况下，扉页都是尽可能多地提供信息。而阿姆斯特丹的法译本和伦敦的英译本，封面很简洁，故意隐去耶稣会士的背景，是出版商希望吸引更广泛世俗倾向的读者。

　　荷兰学者迪克斯特拉（T. Dijkstra）所著《荷兰共和国印刷和出版的中国宗教和哲学》（1595—1700 年）（*Printing and Publishing Chinese Religion and Philosophy in the Dutch Republic, 1595—1700* 年），非常详细讲述了荷兰作为"欧洲主要书籍生产中心"对于推广孔子学说的重要作用：

　　"金尼阁和卫匡国这样的耶稣会士提供了许多亲历报道，被荷兰作者、翻译者和出版商采用。他们构建了关于中国的叙事，塑造和传播了中国宗教和哲学的形象。荷兰人通过生产质量卓越的印刷品和广泛的分销网络来实现。"

　　"尽管出版《中国哲学家孔子》是耶稣会的事，但有许多荷兰和南尼德兰的人士参与，清楚表明'制造孔子'是一个广泛的欧洲项目。各种非耶稣会成员参与了翻译、编辑、出版、印刷、解释和评论耶稣会介绍孔子的工作……荷兰共和国在这个网络中占有重要地位，因为耶稣会士需要荷兰中介（商人、作家、翻译、插图画家、雕刻师、出版商和印刷商）的支持才能出版这种史无前例的出版物。到 17 世纪末，孔子已成为欧洲与中国交往的核心人物。"

"荷兰共和国是无可争议的欧洲印刷和出版之都"。"在整个 17 世纪，荷兰共和国是欧洲关于中国印刷书籍的主要转运集散地"。"17 世纪末礼仪之争变成更加公开的争论，一定程度是由荷兰印刷机推动的……"。

"17 世纪下半叶，图书出版商开始越来越关注国际读者，将法语作为其通用语。"所以，第一批赴华的法国耶稣会士李明（L. Le Comte）的《中国现势新志》和白晋（J. Bouvet）的《中国皇帝故事》1697 年在法国出版后，很快于 1698 年和 1699 年就在荷兰出版法文版（图 351）。李明热烈赞美孔子为远东第一圣贤，赞颂中国政治具有民主性，认为中国在欧洲处于蒙昧之时就信奉真神上帝……白晋也赞美中国康熙皇帝是哲人政治的理想君主。

迪克斯特拉还披露，是荷兰人皮特·范霍恩（Pieter van Hoorn）在 1675 年最早把孔子的《论语》翻译成荷兰文，在荷兰的东亚根据地雅加达出版。有中国人辅助他翻译，因为雅加达有许多中国人。他翻译解释了中国的五德——仁义礼智信。他把仁译为 pietas（虔诚），义译为 justitia（正义），礼译为 urbanitas（城市），智译为 prudentia（谨慎），信译为 fidelitas（忠诚）。

柏应理的《中国哲学家孔子》对欧洲知识界的影响是空前的，向欧洲宣传了孔子及其道德哲学。孔子被称为道德与政治哲学上最伟大的学者与预言家，是人类最伟大的人物之一。所有欧洲启蒙思想家都读过这本书。

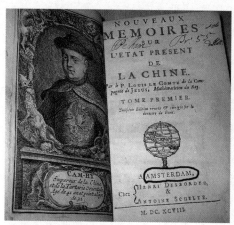

1698 年阿姆斯特丹出版
李明《中国现势新志》法文版

1699 年海牙出版
白晋《中国皇帝故事》法文版

图 351

十、17 至 18 世纪中国文化启蒙欧洲（从"神"走向"人"）

英国推崇中国园林的坦普尔爵士读了此书，对孔子赞叹不绝，称赞中国政府是哲人统治的政府，是柏拉图"理想国"的实现。德国的莱布尼茨读后也成为孔子的崇拜者："这位哲学家超越了我们所知道的几乎全部希腊哲学家的时代，他总有着熠熠闪光的思想和格言。"

柏应理被认为是历史上第一位用欧洲语言把孔子儒家学说引进欧洲的人，是欧洲汉学的奠基人。柏应理出版《中国哲学家孔子》，是他的第二大功绩。

把中国的"四书"全部翻译完，也是一位弗兰德斯赴华耶稣会士——卫方济（François Noël，1651—1729）。他用拉丁文翻译了《孟子》，补全了"四书"，还翻译了《孝经》和《小学》，1711 年以《中华帝国六书》在布拉格出版。

正是 17 世纪荷兰作为平台大力宣传中国，让欧洲真正发现了中国。"17世纪发现中国，与 16 世纪发现新大陆一样重要"。[①]

17 世纪的荷兰也受到了西班牙萨拉曼卡学派"自然法"和"理性"（中国"天理"）思想的影响，产生了现代欧洲最早的思想家——格劳秀斯、笛卡尔和斯宾诺莎等人。

这些荷兰思想家又将中国的"天理"思想，像一盏明灯或篝火，辐射到周边诸国：法国的培尔和马勒布朗什，英国的赫伯特和洛克，德国的莱布尼茨和沃尔夫等人，最终引燃 18 世纪法国启蒙运动的熊熊大火……

中国的"天理"导向格劳秀斯的"自然法"和笛卡尔的"理性"

17 世纪，萨拉曼卡学派的苏亚雷斯秉受中国的"天理"之说，创生了"自然法"和"理性"思想，北上传播到荷兰，直接影响了荷兰哲学家格劳秀斯（H. Grotius）和在荷兰生活的法国哲学家笛卡尔（R. Descartes），以及斯宾诺莎和沃修斯等人。

苏亚雷斯像一棵大树的主干，分长出两支树杈。一枝格劳秀斯承接了苏亚雷斯的自然法，成为西方自然法奠基人。另一枝笛卡尔承接了苏亚雷斯的理性和形而上学，成为"西方现代哲学之父"。从根上说，苏亚雷斯才是现代

---

① 布罗斯，第 81 页。

西方思想之父。只是他的重要性被严重低估。

据西方某哲学辞典的词条，苏亚雷斯名气不大的原因是西方早期思想家引用了苏亚雷斯都不明说，很少标示引用来源。只有笛卡尔引用他，明确说引用了。"霍布斯、笛卡尔、马勒布朗什、莱布尼茨和贝克莱都至少明确提到过一次苏亚雷斯，并且说许多东西是受苏亚雷斯的启发。沃尔夫也引用了苏亚雷斯并高度评价他，以至沃尔夫被描述为苏亚雷斯的继承者。从沃尔夫到康德有一条路径，那么也可以合理地认为有一条路径从苏亚雷斯（经过沃尔夫）到康德。"

从苏亚雷斯一路通到康德，这是一条何其昭然的中国思想影响轨迹啊！它纵穿了整个西方现代哲学蕴生的过程。

苏亚雷斯的中国"天理"思想首先滋养了荷兰的格劳秀斯和笛卡尔，然后分作两支，开枝散叶，形成西方现代哲学的大树。

格劳秀斯（1583年—1645年）有两顶桂冠。最知名的是西方"国际法之父"，但同时也是西方"自然法之父"。他是用自然法原理建构了他的国际法理论。

格劳秀斯被认为是西方第一个比较系统论述了自然法问题。而实际上，他的自然法和国际法是来自西班牙的萨拉曼卡学派。苏亚雷斯已经提出国际法的义务应建立在自然法的基础上。萨拉曼卡学派先驱维多利亚更是以首创国际法而知名。格劳秀斯高度赞扬苏亚雷斯，表明他读过苏亚雷斯的书。

格劳秀斯曾就学于莱顿大学。1625年，他用拉丁文写作《战争与和平法》，出版后立即成为畅销书，影响经久不衰。

这本书不仅是国际法的名著，创立了西方最初较完整的国际法学说，也是自然法的开创性著作，包含了自然权利（人权）学说。

与自然法相对，是君主制的"实在法"（positive law）和教会的"神圣法"（divine law）。而这个自然法是从人的"自然（天性）"，即"人性"出发的法律。

百度"格劳秀斯"词条："自然法来源于'自然'和人的'理性'……人性是自然法的源泉，神是法的第二源泉。"可以说，自然法就是"人性法"，对"神圣法"的教会神权具有颠覆意义。

格劳秀斯的贡献是比较系统地论述了人性法，从法律中剔除掉神学，或者说让上帝靠边站，使法学摆脱神学而独立。他认为：自然法是正当理性（right reason）的命令。人类天性就秉有理性，可以辨别正义与非正义，去处理人与人之间，乃至国与国之间的争端。所以他有一句名言："即使上帝不存在，自然法仍将存在。"

格劳秀斯的"人性"自然法原理其实很简单。他认为人类本性（人性）有两个原则：保存自己，在群体中平安地生活。保存自己，就是保护自己的生命、财产和家庭。群体中平安生活，则要求这些权利得到保障，社会暴力受到法律的限制。这些自然法也是人的"自然（天赋）权利"。我们今天熟悉的诸如天赋人权——生命、自由（受法律保障即自由）、财产、安全和追求幸福的权利等，在格劳秀斯这里已得到表述。

这些自然法的要求，其实自然得不能再自然。对于中国人来说简直是废话，本来就是大埋，天经地义。但对于当时的欧洲却需要专门揭出来，要求成为法律，可见当时欧洲社会是处于何等"无法"的状态。

宗教不宽容（宗教裁判所），王权专制，瘟疫，还有无尽的战争。在格劳秀斯出书的 1625 年，不仅有荷兰为了独立与西班牙打"八十年战争"（1568—1648 年），还有整个欧洲都卷入其中的"三十年战争"（1618—1648 年）。这场新教与天主教国家之间的宗教战争极其残酷，毁灭性地破坏了欧洲大部分地区，德意志诸邦国将近一半男性死亡……

格劳秀斯深感痛心："国家之间要有共同的法律，对开战和已交战都同样有效……我观察到基督教世界对战争缺乏克制，即使是野蛮种族也应该感到羞耻。我观察到人们会为轻微原因甚至没有原因而冲向拿起武器。一旦拿起武器，就不再尊重法律，无论是神圣法还是人类法。好像根据一种通行法令，公然发疯地犯下所有罪行。"

人本质上是一种社会性群居动物。格劳秀斯从深藏于人天性中的社会本能出发，提出他的社会契约和国际法理论。人要保全自己，必须要有互相遵守的规则和契约。不遵守共同的规则就不能保存自己，只能导致共同毁灭。既然人的本性是趋利避害，不愿意灭亡，那么有必要制定一些人与人、国与国之间的正义法律，大家来遵守。人与人之间需要社会契约来形成国家，国与国之间则需要国际法。这就是格劳秀斯基于自然法的国际法原理。

中国的荀子在 2000 多年前就揭示人的社会性："人之生，不能无群。群而无分则争，争则乱，乱则穷矣。故无分者，人之大害也。有分者，天下之本利也。"（《荀子·富国》）人是"群"的社会动物，必须要有"礼"去区分各自的本分和规则。大家守礼，天下大利。

只是中国的天理（自然法）停留在伦理和道德的形态——礼，而西方则将其明确化，固定为法律，所谓"自然法"。

格劳秀斯用人本性的"正当理性"，实际上是用中国的"天理"，向欧洲各国讲道理。靠打打杀杀，你死我活解决不了问题。大家要有个规矩，有个公平正义的办法，才能保障大家的共同利益。格劳秀斯提出主权国家之间的一些规矩后来得到大家认可，于是成了国际法之父。他写过《海洋自由论》（1609 年），认为公海不属于任何国家可以自由航行，又成了海洋法鼻祖。

格劳秀斯最大的贡献就是继承了苏亚雷斯的中国式"天理"，表述了自然法理论。天理（自然法）是永恒、普遍和绝对的，独立于神权和王权。

一些哲学家，诸如法国的培尔、德国的莱布尼茨、英国的斯密和休谟等人，对他表示很高敬意。尤其格劳秀斯的思想对英国的洛克产生直接影响，并"成为英国光荣革命和美国革命文化背景的一部分"。

中国的"天理"学说，在格劳秀斯"自然法"和"自然权利"（天赋人权）的方向，形成一个很大流派，通向美国《独立宣言》。

中国"天理"走笛卡尔"理性"另一路，则形成一个更庞大的哲学体系，所谓"大陆理性主义"，形成"理性崇拜"和无神论，最终导向法国大革命。

从苏亚雷斯走出的格劳秀斯和笛卡尔两个分支，都枝繁叶茂，可叹只有苏亚雷斯籍籍无名。

笛卡尔（1596—1650）是一位西方思想史的大佬，地位崇高。他影响的许多后人也是牛人，比如牛顿。斯宾诺莎和莱布尼茨，也都属于"笛卡尔派"。笛卡尔虽然是法国人，但是在荷兰生活了 20 多年。他的主要思想成果，比如《方法论》（1637 年）都是在荷兰完成，几乎可以看成是荷兰人。

笛卡尔在西方是被看作划时代的人物。头上也有两顶高帽：现代哲学之父和近代科学始祖。他被认为是 17 世纪欧洲哲学和科学界最有影响的巨匠。他在科学方面直接开启了牛顿的脑袋，被称为"缔造牛顿的伟人"。这里不论，只谈他的哲学。

笛卡尔之所以划时代，是因为他终结了他之前的基督教经院哲学，把哲学思想从经院哲学的束缚中解放出来，开启了西方现代哲学体系。其根本标志是他提出了"理性"概念，以理性的权威来取代上帝的权威，以人性取代了神性。所以笛卡尔也被同时代的人看作是无神论信徒。

笛卡尔开启了西方"理性时代"（Age of Reason），理性王国来临了。

就是说，西方从"神"走向"人"——所谓"现代性"，是从笛卡尔开始。

一个流传甚广的说法："人类一思考上帝就发笑"，意思是只有上帝才拥有真理和智慧，人类没有。而笛卡尔破天荒提出人类拥有理性，能够通过理性推理认识真理，的确具有开创性。

笛卡尔有一句名言："我思，故我在。"（Cogito ergo sum）。这个"我思"非同小可。本来只有上帝才能思考，现在人类也能思考了，拥有了思考的主体性，去认识世界，认识真理。帕斯卡的名言："人是一支会思考的芦苇。"同样强调人能思考。

另外，笛卡尔的"我思"表现为一种怀疑论。一切理论，一切知识都可以被怀疑。只有通过有步骤的怀疑，通过数学理性去实证，才能得出正确的结论，获得真理。这也是现代科学的根本精神。

维基百科高度评价笛卡尔：笛卡尔代表了一场人类中心主义的革命，人类被提升为一个主体，一个被解放、拥有自主理性的行为人。这是建立现代性的革命性一步：将人类从基督教的启示真理和教会教义中解放出来。人类制定自己的法律并采取自己的立场。在现代，真理的保证不再是上帝，而是人类自己。每个人都变成了一个有理性推理能力的成年人，而不是一个顺从上帝的孩子。这种变化是基督教中世纪向现代时期转变的特征……

拙著《现代与后现代——西方艺术文化小史》，在论述"现代性"特征之一"人类中心主义"这一章时，也这样论述笛卡尔："17世纪的笛卡尔是欧洲思想史上向上帝最强力的挑战者之一。因为在他那里，理性的权威得到当时最系统地建立。笛卡尔在某种普遍怀疑的精神指导下，认为一切都要经过'理性尺度'的衡量，一切都要经过'我思'的意向性认可，才获得其存在的资格。笛卡尔的名言'我思故我在'，前所未有地高扬了人的主体性。在笛卡尔那里，'我思'就是理性。他把理性的意志，理性的智慧，这些从前是上帝专有神圣属性都加到人的'我思'。人成为世界唯一的主体，宇宙万物都成为相对于这个主体的客体存在。我思故我在，即我思故以我为中心的世界存在……"①

有意思的是，笛卡尔扬起"理性"大旗，在欧洲是横空出世，没有来历。朱谦之引用利维—布留尔的观点："（笛卡尔）不是传承的，是突起的，因为他与传统的学说太无关系，所以有人称他的哲学'是不用母亲生产的儿子'。"②

笛卡尔怎么可能是没有母亲的儿子？朱谦之认为笛卡尔受到了中国文化的影响。他注意到笛卡尔少年时在一个耶稣会学校上过学，"一生总对耶稣会派特别关心"。还注意到笛卡尔居住的荷兰与中国关系密切，称笛卡尔是"较先接触到东方世界的第一人"。

事实上，笛卡尔的确是从耶稣会士那里得到了中国文化的信息。笛卡尔的"理性"概念，就是来自耶稣会士罗明坚翻译，苏亚雷斯转述的中国"天理"，来自朱熹的"理"（ratio）。

法文维基百科明确说笛卡尔的《形而上学沉思录》（1641 年），直接"借取了苏亚雷斯形而上学著作中的一些内容"（empruntent quelques éléments aux travaux de métaphysique de Francisco Suarez）。所以，笛卡尔的"理性"概念来自苏亚雷斯，来自中国的"理"，毋庸置疑。

笛卡尔之所以年纪轻轻就天才惊人，西方的说法是 1619 年冬天，他作为荷兰雇佣兵驻扎在多瑙河畔，有一个晚上做了三个奇怪的梦，"神灵向他揭示了一种新的哲学"，数学方面也突然开窍……这种神异托梦的说法，显得很不靠谱，很不笛卡尔。

事实上，笛卡尔除了读苏亚雷斯的书，还有很多机会接触中国知识。笛卡尔在莱顿大学的数学老师戈利乌斯，收藏有 25 部中国手稿和书籍，"成为荷兰第一位汉学家（sinologist）"。笛卡尔有这样一位汉学家当老师，还与大量接受中国数学信息的巴黎"梅森学院"小圈子过从甚密……可以说，笛卡尔在哲学和科学上的开创性，其借鉴中国知识的背景不容否认。

荷兰作为 17 世界欧洲思想界的摇篮，还可以举两位思想家：斯宾诺莎和沃秀斯。他们也受到中国思想的濡染。

①　河清：《现代与后现代——西方艺术文化小史》，第 44 页。
②　朱谦之，第 206 页。

斯宾诺莎（B. Spinoza，1632—1677）名气很大，但实际上他属于笛卡尔派。他的理性主义完全来自笛卡尔。他的早期著作《笛卡尔哲学原理》（1663），改写阐述了笛卡尔的思想。斯宾诺莎只是把笛卡尔的理性主义推向无神论。

笛卡尔还停留在心灵和身体，"实体"与"虚无"的二元论。斯宾诺莎则把笛卡尔的二元论归结为一元：整个宇宙可以归结为唯一的"实体"（substance）。这个实体被他交替称为"神"或"自然"。

斯宾诺莎有一句名言："神（上帝）即自然"（Deus sive Natura）。他说的神（上帝）不是基督教具有人格意识的上帝。它没有智慧也没有感觉，是一个"冷静、冷漠的上帝"（cool，indifferent God），因为这个上帝就是自然。斯宾诺莎的"上帝"，只是指自然本身。自然是一种单一、永恒和无限的实体，在理论上属于泛神论，但实际上是一种真正的无神论。泛神论不过是无神论的一种"逊词"（章太炎语），一种缓和说法。

虽然斯宾诺莎不承认自己是无神论者，但还是被时人认为或咒骂为无神论者，后世学者也认为"尽管表面上是泛神论，斯宾诺莎的哲学在内容上却是深刻的无神论"，"斯宾诺莎的实体是一种被掩饰的无神论"……

那么，斯宾诺莎的无神论来自何处？斯宾诺莎的神或"自然"，其实就是中国的天或道。

事实上，斯宾诺莎受到了中国道家思想的影响。安田朴指出："如果我们假设马弗利克有理由判定斯宾诺莎熟悉中国哲学家们的思想（《斯宾诺莎的理论可能源于中国》），那也不算滑稽可笑……斯宾诺莎可能通过金尼阁神父那样的人受到了中国思想的启发。金尼阁的书在1639年在莱顿重版……马弗利克最后提醒大家，斯宾诺莎的启蒙拉丁文教师是一位前耶稣会士，后来转向无神论、非常关心礼仪之争和中国思想的范·登·恩登。"[①]

黑格尔敏锐发现，斯宾诺莎的哲学不属于欧洲传统，而是来自东方的流风余韵："斯宾诺莎作为一个犹太人，完全抛弃了笛卡尔体系的二元论。他的哲学在欧洲说出了这种深刻的统一性。这种统一性……乃是东方的流风余韵。东方的绝对同一观被他采取和纳入到了……欧洲的哲学，尤其是直接纳入了

---

① 安田朴，第405页。

笛卡尔的哲学。"①

　　法国历史学家毕诺在《中国对法国哲学思想形成的影响》一书中也指出："马勒布朗士认为中国玄学是一种无神论，与斯宾诺莎的无神论具有明显的联系……不信教者斯宾诺莎的不信教论和我们这位中国哲学家的无神论之间，具有许多联系。"②

　　所以，斯宾诺莎的无神论来自中国，是学界公认。

　　斯宾诺莎除了宣扬无神论，还直接质疑《旧约》圣经，批评宗教迷信。他认为人有自然（天赋）权利，自由就是遵循自己的自然法，"在一个自由的国家，每人都可以自由思想，自由发表意见"，"心不受政权的支配"（《神学政治论》）……他不仅对于教会是一个亵渎神明的家伙，对于君王也是一个危险人物。斯宾诺莎主义经常被等同于自由放荡……

　　斯宾诺莎写的东西并不多，但他的无神论和自由观对后世产生了很大影响。尤其19世纪和现代，得到很多追捧。斯宾诺莎的最大贡献，是将笛卡尔的无神论倾向激进化，变成了真正的无神论。

　　另一位荷兰思想家沃秀斯（Isaac Vossius，1618—1689），在接受了中国文化历史信息之后，不信教思想比斯宾诺莎有过之无不及，也被称为无神论者。一次英王查理二世在听他高谈阔论中国之后发了一声喟叹："他除了圣经之外什么都相信。"据说他临终前拒绝接受圣礼。在这个意义上，他是一位比斯宾诺莎更彻底的无神论者。

　　沃秀斯用中国历史文化的信息对欧洲正统历史观发起一系列挑战，完全是一位自由化学者和激进分子形象。同时他也被认为是汉学家。他的老师正是笛卡尔的老师，荷兰第一位汉学家戈利乌斯。他也和笛卡尔一样，受瑞典女王克斯蒂娜的邀请去瑞典生活了6年，成为女王宫廷图书馆的管理员。晚年去了英国，被选为英国皇家学会会员。

　　沃秀斯最初了解中国的启蒙书，应该是戈利乌斯的中国手稿和书籍。同时，"与中国有关的新文件不断涌入欧洲"。1659年卫匡国的《中国上古史》在荷兰出版，给了沃秀斯决定影响。他深深为中华文明悠久的历史折服，坚

_____

① 黑格尔《哲学史演讲录》。
② 毕诺，第383页。

信中国历史的真实性。他认为"中国人的历史记录比犹太人的历史记录更古老、更可靠"……卫匡国报告的中国古代历史,成了沃秀斯手中粉碎西方圣经编年史的可怕武器。

沃秀斯在所著《多种观察之书》(1685年)中认为,如果从和平、公正、生活和谐、国家稳定、艺术与科学方面来看,中国不仅是人类文明最古老、最完善的社会,也是最荣耀的社会。其中"中国艺术与科学"一章,颂扬了中国的政治、艺术、航海、医学和天文占星术。尤其赞美中国的科学、技术与医学。他赞叹中国人发明了印刷术,比西方早了1500年。中国之所以会这么成功,是因为中国是一个哲学家统治的国家。哲学家们享有批评谏劝君主的自由。所以柏拉图理想国的哲学王统治已在中国实现。

沃秀斯被誉为"第一个热情接受中国古代历史的欧洲学者",也是欧洲最早的热爱中国的"中国热"思想家之一。

英国那位崇尚中国园林的威廉·坦普尔爵士也受到沃秀斯的影响,同样被骂为"无神论者"。两人曾在荷兰海牙一起生活过一段时间。坦普尔也深深崇尚中华文明,尤其是孔子。他认为孔子是"所有中国人中最博学、最智慧、最德行高尚的人"。他认为中国实现了"没有教堂、偶像或牧师"无神的乌托邦。

笛卡尔、斯宾诺莎和沃秀斯的荷兰无神论倾向,影响了同时期的法国。法国也出现了三位宣扬无神论或自然神论的思想家——勒瓦耶、培尔和马勒布朗士。

首先是拉莫特·勒瓦耶(La Mothe Le Vayer,1588—1672)。他当过路易十四的老师,却是一位思想活跃分子。很早就显示出"怀疑论"倾向。他是直接受金尼阁《基督教远征中国史》的影响。书中对中国的介绍,一下子让他开悟:异教徒也可以有德行。

他对中国的发现和惊艳,与沃秀斯一模一样。中国是一个异教的国家,不是基督教国家,却被治理得很好,因为"只有儒家哲学家们在下命令",是哲学王的统治。那里的科技也很发达:几何、算术、天文学、医学和物理学,水平精湛。

勒瓦耶在其名著《异教徒的德行》(De la vertu des paiens,1642)第二部分"论孔子,中国的苏格拉底"一章中写道:"孔子和苏格拉底一样,两人都强调道德的权威性，使哲学从天上降临人间大地。"

他引用了金尼阁称"孔子的一生充满神圣性"，赞赏孔子"己所不欲勿施于人"的格言，把孔子比作"中国的苏格拉底"。勒瓦耶称孔子和苏格拉底为"所有异教徒中道德最为高尚的两个人"。

按照基督教教义，只有信上帝的人才具有德行。信仰与道德紧紧捆绑在一起。而中国的孔子不信上帝，却德行高尚。中国的异教徒们根据自然法生活得很舒适幸福……

不信教的异教徒也具有德行，勒瓦耶的这个结论是为"不信教者"辩护，是赞美异教徒，赞美无神论，真是大逆不道！

金尼阁描述中国是由儒家道德在统治，做梦也不会想到这种描写会在欧洲激起如此对基督教的怀疑，溅起了不信教和无神论的浪花！是金尼阁的书导致了勒瓦耶的《异教徒的德行》。难怪安田朴说："金尼阁是怎样在不情愿的情况下，不是为上帝、而是为人类和无神论的最大荣耀而工作。"[①]

第二位是培尔（P. Bayle，1647—1706），属于笛卡尔派，以激烈的怀疑论，配以生动的文笔，在欧洲思想界叱咤风云。

他来自法国南方山区的新教家庭，年轻时上过一所耶稣会的学校，在日内瓦发现了笛卡尔的教义。1681年，他与笛卡尔一样移居荷兰，受聘于鹿特丹一所学校当教授，在荷兰生活了25年至终老，也可以算是荷兰人。

培尔在《写给一位索邦博士的几点散论》（1683年）中，指控宗教迷信。他认为，一个无神论者可以有德行，一个基督徒也可以犯所有的罪。他与勒瓦耶一样，认为宗教和道德不是一回事，无神论者也完全可能道德高尚。

1700年，中国的礼仪之争，随着李明的《中国现势新志》出版变得公开化，大家都来关注中国的宗教问题。耶稣会只承认宋代理学是无神论，但古代孔子儒家信奉的"天"和"上帝"是真神，与基督教上帝相通。祭孔拜祖是非宗教性的，应予以允许。反对派则认为，孔子儒家信奉的"天"是物质性的，不是精神性的上帝，所以孔子儒家是无神论，祭孔是偶像崇拜，祭祖是迷信，耶稣会在中国搞的那一套是败坏了天主教教义……

培尔正是在这场争论中，看清了中国儒家文人信奉的"天"或"理"就

---

① 安田朴，第315页。

是"自然"，看上去是泛神论其实是无神论。

培尔欣赏中国儒生文人把中国社会治理得很和谐幸福，称他们为"积极的无神论者"。然后以中国社会为案例，证明无神论的社会不仅可能存在，而且存在得很好，成为一个最文明的社会。

中国样板让培尔得出结论：一个社会可以无需宗教而存在。这个说法在欧洲各地引起轩然大波。

培尔的怀疑论导致他怀疑一切宗教，既反对天主教也不认同新教，成为一个真正的不信教者。培尔生活在思想气氛最宽容的荷兰，晚年愈战愈勇。

伏尔泰称颂他为"人类的骄子"，"有史以来最伟大的辩证法家"。列维—布留尔说他的著作"简直成了18世纪无信仰者之无穷的宝藏"，是法国大革命哲学的真正先驱。马克思在《神圣家族》中也称赞他："培尔不仅用怀疑论摧毁了形而上学……还证明，由清一色的无神论者所组成的社会是可能存在的。"培尔"对17世纪来说是最后一个形而上学者，而对18世纪来说则是第一个哲学家。"①

培尔吹响了18世纪法国无神论凯旋的号角，为伏尔泰开了路，最终导向法国大革命。

第三位法国思想家是马勒布朗士（N. Malebranche，1638—1715）。他与路易十四同年生，同年死。他倒是坚定信仰上帝，但是一位自然神论者，也深受笛卡尔影响，试图将新兴科学纳入到基督教义之中。他的思想既有宗教性，又理性主义。

马勒布朗士1675年出版的《真理的探求》（Recherche de la vérité），已将"中国的宗教"看作泛神论式的无神论。后来他认识了赴华回法国的巴黎外方传教会士梁宏仁（Artus de Lionne），比较深入地了解到了中国宗教哲学。梁宏仁不认可耶稣会士调和儒家的"天"和基督教上帝的做法。

1708年，马勒布朗士发表《一位基督教哲学家与一位中国哲学家关于上帝本性和存在的对话》，很较真地讨论了朱熹的理学概念。他认为中国理学的最高概念的"理"（Ly），所谓"最高理性"（souveraine raison），"不是上帝最完美的构想"。理依赖气（物质）而存在，"气"是"理"的形式。这个

---

① 朱谦之，第213页。

"理"不智慧，不聪明也不自由，不像基督教的上帝能够主宰干预世界。所以中国儒家信奉的"理"和"天"，是无知觉的物质性概念，是一种真正的无神论！

尽管马勒布朗士没有正面推崇中国，但他把当时欧洲神往的中国明确说成是无神论国家，给了欧洲人一个确凿的参照：无神论的国家竟然可以是一个人人幸福的天堂，也从反面质疑了欧洲的神权统治。

早在1627年，接替利玛窦担任中国耶稣会长的意大利人龙华民（N. Longobardi，1559—1654）撰写了《论中国宗教的几个问题》，就已经意识到中国人所谓的"天"和"上帝"，与基督教的上帝全然不是一回事。他发现中国人实际上是泛神论或无神论者。他高寿95岁，在中国生活了57年，比利玛窦更精通中文。他不认同利玛窦的做法，坚持要把上帝（Deus）按拉丁文发音译成"陡斯"（他传教的山东济南至今有"陡斯殿"遗址）。后来妥协，采用中国古籍没有的新词"天主"来指上帝。

柏应理也承认宋代儒学（理学）是无神论，不过坚称孔子代表的古代儒学是信奉真神。1698年来华耶稣会士马若瑟（J. H. M. de Prémare）专门写过《中国无神论思想论》……

还有各种商人、航海冒险家和其他修会会士的游记，都纷纷告诉欧洲人中国没有欧洲那样的基督教，是一个依靠道德伦理统治的国家。再加上培尔和马勒布朗士两位重要论辩家的宣扬，到17世纪末和18世纪初，中国是一个无神论国家，已在欧洲知识界广为知晓。

因此，耶稣会在欧洲宣扬中国的"天"与基督教上帝相通，到头来没有得到欧洲人的认可，反而让欧洲人发现中国是一个泛神论或无神论的理想国。

"传教士们忘记了一个无神论和高度文明的中国会对基督教造成多大威胁！那些不信教的思想家们从中发现了一些新思想的萌芽。这种新思想无情地鞭笞旧社会，导致一个现代社会的产生。"[①]

17世纪的荷兰，一边有笛卡尔高扬"理性"影响了德国和法国的理性主义，斯宾诺莎和沃秀斯的"无神论"影响了英国自然神论；另一边有格劳秀斯的自然法影响了英国洛克的"自然法"天赋人权。

---

① 布罗斯，第124页。

罗素曾说"17世纪的荷兰是唯一有思想自由的国度"。17世纪末，英国受荷兰影响也变得相当自由主义。其实是荷兰领受的中华文明之光，照亮了英国……

中国的"道"启示17世纪英国的"自然神论"（反基督教）

《圣经》有言："上帝用自己的形象创造了人"，意味着上帝与人长得一样。米开朗基罗绘制西斯廷小教堂天顶画"上帝创造亚当"，上帝被画成一个老人（图352）。中国人的"天"，显然不是西方基督教那个有人形和人格的上帝。

中国人喊"天哪"，是抽象的。西方人喊"上帝啊"，是想着天上有一位跟人一样的上帝。他有人格意志，主宰人类和世界。中国人可以拜天地日月山川，也可以拜菩萨观音，拜财神灶王送子娘娘等。为了祈福祛灾什么都可以拜，所以是泛神论。中国没有基督教和伊斯兰教那样的一神论，信奉唯一的、全知全能、主宰一切的最高神。

尤其，基督教是一种"神启"或"天启"的宗教。这个世界是由最高神创造，最高神掌握宇宙和人类的真理。基督教的上帝通过耶稣传达神的启示给人类。基督教认为人类具有原罪无法认知真理，只有通过上帝的启示（神启）才能认识世界。

图352　米开朗琪罗西斯廷小教堂天顶画"上帝创造亚当"：上帝是人的形象

基督教上帝的启示往往用超自然或奇迹的方式传达给人类。圣母玛利亚受圣灵感孕，以童贞女之身生下上帝的儿子耶稣。耶稣受难死后第三天又复活升天……属于奇迹神启。

17世纪英国兴起的"自然神论"（deism），其最核心就是三句话：否定人格化上帝，否定神启，崇尚理性，所以自然神论被称为"理性神学"（rational theology）。这不是明显反基督教吗？跟基督教的特征简直针锋相对。

先来看看西方是怎么介绍自然神论的：

> 自然神论或"自然宗教"（religion of nature）是一种"理性神学"，出现在17世纪和18世纪"自由思想"的欧洲人中。自然神论者坚持宗教真理应该服从人类理性的权威而不是神的启示。
>
> 自然神论拒绝将启示作为宗教知识的来源，认为对自然世界的经验理性观察足以证明最高存在（Supreme Being）作为造物主的存在。自然神论完全基于理性思考而信仰神的存在，而不依赖于宗教启示或宗教权威。
>
> 自然神论的起源是为了建立一种理性的宗教。它假定存在一个神圣的天意作为宇宙秩序的创造者——一个以自然法则统治宇宙的至高神。
>
> 自然神论反对蒙昧主义和神秘主义，否定迷信和各种违反自然规律的"奇迹"。
>
> 自然神论反对神权教会统治，主张用理性宗教或自然宗教，来代替天启宗教。
>
> 自然神论者被定义为"相信至高无上神的存在但否认天启宗教的人。他的信仰基于自然和理性之光。"
>
> 自然神论否认上帝超自然的干预，强调世界是由自然法则运作。世界是按照自然规律运行。
>
> 自然神论者是拒绝一切形式的超自然主义，包括圣经的奇迹故事，拒绝圣经的权威。
>
> 自然神论没有教会组织，它是个人的宗教，经常呈现为个人对

上帝关系的独立反思。自然神论者认为，人类有自由意志，可以根据自然法则来选择他们的生活方式。

自然神论是一种信仰最高神又拒绝基督教的宗教态度，经常与无神论混同。

……

综上所述，自然神论的重要特征就是"反基督教"，而与无神论纠缠在一起。一些人宣称自己是自然神论或泛神论者，其实只是不便承认自己是无神论者。自然神论与泛神论一样，实际上是无神论的一个托词。

历史上，自然神论在整个西方现代哲学体系里树大根深，至关重要。一大群哲学大佬和改变历史的政治人物，比如英国的洛克、休谟，荷兰的斯宾诺莎，德国的莱布尼茨、康德和黑格尔，法国的伏尔泰、卢梭和法国大革命头号人物罗伯斯庇尔，乃至美国的国父富兰克林、杰佛逊等人，都是自然神论者，或受自然神论的影响。

奇怪的是，英国首创自然神论，学界谈论甚少。那个被称为"自然神论之父"的赫伯特勋爵（E. Herbert, 1583—1648），也在中国知识界没有什么名气。

那么为什么英国"发明"了这么重要的自然神论，却论者甚少？大抵是因为这个赫伯特学术分量不够，而且他的思想也不全然是自然神论。另外，自然神论本身带有浓浓的中国味，说多了很容易露馅。

赫伯特与其说是一位学者，不如说是一位爱打仗的骑士，干过一段时间外交。1610 年他去荷兰担任奥兰治亲王的志愿者军官，带领新教徒去打仗，在荷兰待过一段时间。1619 年至 1624 年担任英国驻巴黎的外交官，闹出乱子。他最重要的拉丁文著作《论真理》（*De Veritate*），1624 年在巴黎出版。这本被称为"第一部英国人写的纯形而上学的著作"，冗长，概念含糊。

赫伯特认为神启是不必要的，因为人类的理性可以寻求到真理。但实际上赫伯特却是相信神的启示。他在决定要不要出版《论真理》而祈祷时，听到了"一个轻柔的声音从天上传来"……

赫伯特提出人类宗教有五条"共同概念"：信仰至高无上的神；敬拜神的义务；敬拜就是美德；忏悔的义务；相信神会赏罚人。这五条很符合基督教教义，而不那么符合自然神论。尤其第五条，因为真正的自然神论认为神是没有人格意志的。最高神好像一个钟表匠，创造完世界，上好发条就撒手不管，让其自然运行，不做超自然的干预，当然不会赏罚人。

赫伯特不完全否定神启，虔信有人格意志的神，所以他被称为自然神论之父实在有些勉强。

英国的自然神论，到洛克那里也不彻底。洛克也不完全拒绝超自然的神启，被称为"犹抱琵琶半遮面的自然神论者"。

一直要等到新一代更彻底的自然神论者托兰德（J. Toland，1670—1722）1696年发表《基督教不神秘》，拒绝接受任何超自然的神启真理，英国的自然神论才真正确立。1696年也被看作英国"自然神论巅峰"（peak of Deism）时期的开始。

托兰德不仅否定教会的权威，还挑战政治的权威，认为"主教与国王一样坏"。他的名著《基督教不神秘》，三册书被执行火刑焚毁。他甚至指控基督教、犹太教和伊斯兰教是三个诈骗（*Three Impostors*）。他自称是泛神论者，实际上是一个无神论者。

现在我们可以看到，赫伯特创立英国自然神论是徒有虚名，托兰德才是英国自然神论的真正确立者。

自然神论的最好定义，就是斯宾诺莎的"神即自然"，奉"自然"为神。托兰德在荷兰学习过，他的自然神论来自斯宾诺莎。

那么英国自然神论的源头最终到底在哪里？

明眼人一看便知，中国的儒道哲学是一种典型的"自然神论"或"自然宗教"。自然神论的故乡在中国。

事实上，在整个欧洲启蒙时期，欧洲思想界都认为中国社会信奉的是自然神论、无神论和泛神论。中国的"天"和"道"，都是无人格意志、非人格化的敬奉对象。

孔子说："天何言哉？四时行焉，百物生焉，天何言哉？"庄子曰："道者，万物之所由也。"老子曰："人法地，地法天，天法道，道法自然。"

斯宾诺莎的"神即自然"，简直是老子"道法自然"的翻译。

老子还有言："有物混成，先天地生。寂兮寥兮，独立而不改，周行而不殆，可以为天下母。吾不知其名，强字之曰道……"斯宾诺莎称为神或自然的"实体"，可不就是老子所说先天地生的"物"或"道"吗？

老子的"道"被朱熹理学吸收，变成同样意义的"理"："未有天地之先，毕竟只有理在那里。"（《朱子语类》）宋儒的"理"就是道家的"道"。

张允熠先生也指出："17 世纪以来，英法等国流行'自然神论'……实际上跟朱熹哲学的传入密不可分。"朱熹的理："在斯宾诺莎那里就是'实体'，也就是'自然神'。'自然神论'是当时欧洲进步哲学家对上帝（神）不敢否认的一种否认……是隐蔽的无神论，又称为泛神论。"①

美国学者戴维斯（Walter W. Davis）在《中国、孔子理想与欧洲启蒙时代》的文章中也指出："自然神论与新儒学（宋儒）之非人格的道或太极概念明显相合（Remarkable coincidence between deism and the Neo-Confucian conception of an impersonal Tao or Great Ultimate）。"西方的自然神论与中国宋儒"非人格的道"是一回事。

19 世纪英国学者斯蒂芬（L. Stephen）在《从中国人那里借来的话语》一文也承认英国自然神论来自中国："英国的自由思想家信奉自然神论，全是用中国人的议论，向传统的基督教徒进攻。从休谟说'孔子的门徒是天地间最纯正的自然神论信徒'就可以得知。"②

莱布尼茨认为中国古代哲学就是自然神论："在中国有一个极其令人赞佩的道德，再加上一个哲学学说或一个自然神论……这种学说或自然神论是自从约三千年以来建立的，且富有权威。"（《致德雷蒙先生的信》）所以，自然神论原本就带着浓浓的中国意味。

英国的自然神论直接来自荷兰，来自笛卡尔和斯宾诺莎，源头是中国的"天""道"。英国也成为荷兰之后第二个欧洲思想最自由的国家，第二个发生资产阶级革命的国家，也是西欧第二个被中华文明"开化"的国家。

英国自然神论"植根最深"，崇尚自然，也可以解释坦普尔在 1685 年盛赞自然主义的中国式园林……

伏尔泰深受英国自然神论影响，对其大加赞许："（英国）自然神论者……是哲学家而不是基督教徒……（自然神论）摒弃过分滥用的神启和滥用得更严重的教会权威……世界各国中，英国是这个宗教或这个哲学在绵绵

---

① 张允熠，第 22—23 页。
② 同上，第 12 页。

岁月中植根最深、传播最广的唯一国家……英格兰岛人民是唯一开始独立思考的人民。"①

正因为英国反基督教的自然神论"传播最广",英国也成为欧洲宗教观念最淡薄、不信教气氛最浓的国家。拙著《现代与后现代——西方艺术文化小史》曾引用描写18世纪初的英国:"基督教的神话在英国已经消散,以致每个时髦的人或有一定地位的人都耻于承认自己是基督徒……"游历过英国的孟德斯鸠也说:"英国没有宗教。如果有人谈宗教,大家都发笑。"②

直到19至20世纪,英国哲学家罗素还特地写一本书《为什么我不是基督教徒》,数落"教会是如何阻碍进步的","恐惧,宗教的基础",认为宗教对文明没有什么贡献……

中华文明从一开始就是"理性至上主义"(梁漱溟语),敬天奉道,没有西方那样的一神论宗教,很早就达到了西方"现代"才获得的世俗性。

毋庸置疑,对西方发生重大影响的自然神论,表面上源于英国,追根溯源是来自中国的"道"。

老子化胡,尤其化了英国。

洛克"天赋人权"的"天"是中国天理的"天"(反专制)

说起"天赋人权",一般都会追溯到洛克(J. Locke,1632—1704)头上。他被冠以西方"自由主义之父"的称号。

美国《独立宣言》几乎是照抄了洛克《政府论》(1690年)中的一段话:"我们认为如下这些真理是不言而喻的:人人生而平等,造物者赋予了他们某些不可剥夺的权利,其中包括生命、自由和追求幸福的权利。为了保障这些权利,人们在他们中间建立政府,其正当权力来自被管理者的同意。"

这是西方历史上"第一个人权宣言"。

洛克对在西方推广人的自然权利(天赋人权)和自由主义观念,的确贡献颇大。

---

① 伏尔泰:《风俗论》中册,第622—623页。
② 河清,第94页。

天赋人权和自由主义是来源于自然法。西方学界承认：

自然法对现代自然权利理论的自由主义产生了深刻影响。自由主义作为天赋人权的政治哲学，是一种寻求伦理正当性的意识形态。

自然法起到了对政治权力进行合理限制的自由功能。

自然法被赋予了激进的自由主义和革命性的潜力，通过个人的理性和道德判断来挑战所有不公正的国家权威和法令。因此自然法暗藏有一种颠覆性力量。

个人理性始终是抗议政治中违反人性现象的强大武器。"自然权利"的概念导致了现代自由主义。

什么是法律？自然法传统回答说：只有当它是正义的时候，法律才是法律。法律必须是符合自然正义秩序的理智行为，而不是立法者的简单意志。

自然法的原则不是公共权威，而是私人良知（private conscience），是个人的正当理性（individual's right reason）。（用中国话说，自然法即"天地良心"。）

伏尔泰有"关于自然法的对话"："乙：自然法是什么？甲：自然法就是令我们感到公正的本能。"

……

洛克张扬的天赋人权和自由主义都是建立在自然法的基础之上。洛克认为自然法是"每个人仅凭自然赋予我们的本性就能觉察到的法则"，"源自人类的良心"。他尤其强调自然法是一种"道德法则"，认为"真正的政治学是道德哲学的一部分"……

但洛克的自然法观念是来自萨拉曼卡学派的苏亚雷斯。苏亚雷斯和萨拉曼卡学派都强调自然法和道德法则。洛克宣告"人天生就是自由、平等和独立的"，实际上是苏亚雷斯说的更早"人天生是自由的，不受任何人的支配"。洛克的《论政府》批驳君权神授，苏亚雷斯也早就公开批驳英王詹姆斯一世的君权神授论……

洛克1683年去荷兰生活了5年。他受"自然法之父"格劳秀斯的影响更直接，也更明显。洛克在荷兰认识了一帮荷兰新教自由思想"异见人士"，自然接触到格劳秀斯的思想。他的《人类理解论》《论政府》和《论宽容》，都是在荷兰写成草稿，1688年回英国后陆续出版。

格劳秀斯提出了比较具体的天赋权利，诸如生命、自由、财产和追求幸福等权利，还有阐述社会契约的观点。洛克的自然法"天赋人权"和社会契约说直接参照了格劳秀斯。

另外我们要看到，洛克的《论政府》出版于英国光荣革命之后，可以说是为这场革命的成果辩护。他的天赋人权说更多为美国革命提供了理论武器，是美国革命的先驱。但洛克的自由主义没有为英国那场砍了国王脑袋的资产阶级革命做贡献。是苏亚雷斯的"诛杀暴君论"和格劳秀斯的人权学说让英国国王人头落地。

所以我们不能把提出天赋人权的荣耀和自由主义的颂歌都献给洛克，而是要看到洛克的自然法学说，是来自西班牙的苏亚雷斯和荷兰的格劳秀斯。而后两人的自然法观念是来自中国的"天理"。

因此，洛克天赋人权的"天"，是中国天理的"天"。

实际上，最早在英国提出"人权"概念和社会契约说的也不是洛克，而是霍布斯（T. Hobbes，1588—1679）。霍布斯也是从自然法引出人的自然权利，但主张人性恶。人在自然状态时会为了自己的天赋权利，像狼一样互相撕咬。

1640年英国闹资产阶级革命，霍布斯跟着一帮保皇派流亡去了巴黎，在那里待了11年。他见证了1649年英国人怎样砍了国王脑袋，模仿荷兰共和制建立了"英格兰共和国"，对外征战不断，国会派系倾轧，社会混乱不堪。于是他在巴黎写了一本鼓吹中央集权的书——《利维坦》，1651年出版。《利维坦》大量篇幅都是论证国家必须要有一个强大的中央政权，以保证国家的秩序和人民的安全。

霍布斯具有笛卡尔的理性思想，表现为唯物主义无神论。一方面，霍布斯明确否定神授君权。英国王室徽章有法文明示"神授我权"（Dieu et mon droit）（图353-左）。另一方面，他目睹英国没有了君主而陷入混乱状态，又极力主张国家必须要有一个拥有无限权力的"主权者"，通俗说就是元首（sovereign）。

英国王室徽章"神授我权"　　　　霍布斯《利维坦》封面（上半部）

图 353

霍布斯从萨拉曼卡学派的莫里纳那里借来了社会契约理论，认为人在自然状态中的自然权利（天赋人权）就是为了自保而互相残杀，所谓"一切人对一切人的战争"。自然状态没有法律没有政府，大家都活不好。

鉴于人人都要生存的自然法原理，人民必须订立契约，把自己的自然权利交给一个元首，形成一个名叫"利维坦"的国家。乌合之众"合众"而为一个人格——元首。由元首来代表人民来行动，他的意志就是人民的意志，人民服从他就是服从自己。元首给人民带来安全，人民则必须服从元首，因为元首是人民的"保护者"（protector）。注意"保护者"这个词。

《利维坦》封面的上半部，画了一个巨人"利维坦"（图 353- 右）。巨人身体里画满了小人，就是人民。巨人不是国王却戴着王冠，一手拿长剑控制着军队，一手拿牧师权杖控制着教会……元首"必须控制民事、军事、司法和教会，甚至语言的权力"，完全是一种独裁政体。

国家元首的权力不是来自上帝，而是来自人民，来自与人民订契约。与以往君权神授相比，这是一种"君权民授"。另外，元首统治教会，将宗教权力置于世俗政权的管制之下，这在西方也绝对是破天荒的设想。

让我们仔细咂摸咂摸霍布斯这种保护人民但又绝对君权的味道……是不是有一点中国皇帝的味道？世俗皇帝统治宗教权更是中国特色。

霍布斯在巴黎与梅森学院的圈子有交往，不会少接触有关中国皇帝和国家管理的信息。我们有理由怀疑霍布斯的《利维坦》是参照了中国的政体模式（皇权统治一切、人民安居乐业），写给英国资产阶级革命领袖克伦威尔的一个"折子"。

事实上，霍布斯 1651 年出版《利维坦》之后就回到英国，投靠克伦威尔政权。克伦威尔也几乎立即就采用了霍布斯的《利维坦》设想：1653 年解散"残余国会"，宣布自己为终生"护国公"（Lord Protector）。这个"护国公"称号完全来自霍布斯设想的"保护者"。他没有王袍加身，就任仪式只穿了一件普通黑衣服，不当神授的国王，而想当护民之主。克伦威尔后来的独裁，也完全参照《利维坦》里独揽大权的元首。

克伦威尔当上中央集权的元首确实让国家管理更高效，使英格兰在陆地和海洋上变得更强大。但这种元首制没法继承，"英格兰共和国"只存在了 11 年，很快又复辟回君主制。

克伦威尔尝试独裁元首没有成功，英国人发现没有国王行不通。但复辟君主制，发现复辟的国王也不好。最后 1689 年，英国人搞了一个折衷，尊法律为至高无上，制订了著名的《权利法案》，创造性地发明了"立宪君主制"（constitutional monarchy）。

英国用自然神论消解了基督教的神权，用自然法的天赋人权（民权）限制了国王的君权，背后是中华"天理"思想发生了影响……

德国莱布尼茨推崇中国儒家理性

17 世纪荷兰接受和中转的中华文明之光，不仅映照到了法国和英国，也向东投射到了德国。德国出现了两位热烈崇尚中国文化的思想家：莱布尼茨和沃尔夫。

莱布尼茨（G. W. Leibniz, 1646—1716）是当时德国最重要哲学家、思想家，也是地位极高的数学家。据称与牛顿同时独立发明了微积分。他涉猎领域非常广泛，被称为欧洲最后一个"全才"。

尤其他是欧洲第一位对中国文化持续关注，深入研究并且影响巨大的欧洲学者。利奇温说："认识中国文化对于西方文化发展的重要性，莱布尼茨实为第一人。"①

莱布尼茨从 1667 年读到基歇尔在荷兰出版的《中国图说》开始，到 1716 年去世前还给德莱蒙先生写了一封长信《论中国人的自然神学》(*Discours sur la théologie naturelle des Chinois*)，70 年人生，他对中华文明的关注和研究持续了整整 50 年。

1676 年，莱布尼茨担任了德国汉诺威王朝（布伦瑞克家族）的历史和政治顾问，直到去世。这个王室的乔治·路易，一句英文也不会讲的德国人，1714 年去英国当了国王——乔治一世。凭借王室顾问的身份，莱布尼茨有机会去欧洲各地旅行，并与各地王公贵族和科学家交往通信。他的许多论文和信件，都是在舟车劳顿中写成。他也是一个写信狂，一生与 1000 多位通信人写过 15000 多封信……

莱布尼茨对中华文明的向往和热爱，经历了三级跳。首先，1667 年基歇尔的《中国图说》，给莱布尼茨展现了一个遥远神奇的中国。莱布尼茨也引用过"热烈崇拜中国"的荷兰人沃秀斯。他最初对中国的热爱，可能受到了沃秀斯的启示。第二个台阶是 1687 年，柏应理出版《中国哲学家孔子》。他立即仔细阅读了这本书，让他发现了孔子，以及中国儒学的理性。第三个台阶是，1689 年他在罗马遇到从中国回到欧洲的耶稣会士闵明我（P. M. Grimaldi）（不是前面提到的闵明我，有两个闵明我），开始直接与在华耶稣会士通信，信件至少 70 多封。1697 年他出版了《中国近事》(*Novissima Sinica*)，成了一位名副其实的"中国通"。

这一年底，莱布尼茨写信给他的粉丝——汉诺威王室的苏菲·夏洛特（后来的普鲁士王后），信中有："我将在门上贴一个标签'中国咨询处'，让每个人知道，通过我就能了解中国的最新动态。"

莱布尼茨对中华文明的科技成果非常感兴趣。他于 1689 年和 1692 年给闵明我神父的两封信里，表达得很真切。莱布尼茨第一信附了一份 30 个问题的问卷，希望神父在中国帮助收集信息。其中涉及人工造火、制作小号的硬木、不知其名的金属（锡）、造纸配料、中国古时是否已掌握毕达哥拉斯定律（勾股定律）、不褪色的染色方法、列举几个中国自然科学著作的重要片段、

---

① 利奇温，第 69 页。

有无奇特的机器值得欧洲仿造、学习汉字有没有捷径……

第二封信里更直接表露让神父带回"物理学奥秘"、"采矿方面的独到之处",以及化学、医学和天文学方面的知识。莱布尼茨甚至建议:"各类书籍、植物及其种子、工具仪器的设计图纸和模型以及其他能够运送的东西,依我看也都应当运到欧洲来。甚至可以把那些擅长讲授语言又善于传授事物的人也一块带来。"表达了当时欧洲学习中国科技知识最热切的声音。

他认为"当时中国的医学大大超过了基督教国家的医学"[1],建议翻译中国《本草纲目》等中医著作。

早在 1669 年,他就建议"德国应设立科学院以奖励艺术与科学"。他还建议,以"法国、英国和中国为例",在柏林设立普鲁士王家科学院和天文台。这个"以中国为例"意味深长。1700 年他亲自任第一任科学院院长。

莱布尼茨也受到中国《易经》八卦图的启发,从阴爻和阳爻的符号中悟出 0 和 1 这两个数字,发明了二进制算术。莱布尼茨在耶稣会士白晋(J. Bouvet)给他寄去八卦图之前,就已经看到过八卦图。

莱布尼茨意识到中华文明对于欧洲是一个巨大的"知识财富",希望欧洲与中国建立联系。他有一个世界意识的"大构想",让全世界的宗教统一起来。1672 年他在法国时,曾劝说欧洲新霸主路易十四去征服埃及,把东方和西方统一在基督教旗帜下。后来又劝说俄罗斯彼得大帝,让俄罗斯作为欧洲与中国之间的中介,让欧洲和中国这两个"全人类最伟大的文化和最发达的文明"携起手来。

莱布尼茨作为当时欧洲最重要的"亲华派"(sinophile),干了三件事:大力宣扬中国汉字,热烈赞美了孔子和中国的道德伦理,极大推动了欧洲的"理性崇拜"。

我们无论如何都想象不到,当初欧洲人见到中国汉字是多么惊艳。方块形,单音节,表意,几千年不变,广大地域的人都能看明白意思……17 世纪初英国的弗朗西斯·培根就着迷于汉字,认为"方块字不是与物品的名称而是与物品本身相符",可以成为世界语。另一个英国人约翰·韦伯(J. Webb)也出版了一本《论中华帝国的语言可能是原初的语言》(1669 年),引起反响。

---

[1] 安田朴,第 450 页。

莱布尼茨同样迷醉汉字"无与伦比的结构"。当时欧洲语言单词量少，还一片混乱。只有法语稍微有点样子，所以莱布尼茨是用法文写作。当他得知中国文字跟中国的历史一样古老，便相信汉语是人类最原始的语言，是可供今人使用的世界语。他支持把汉文作为世界通用书面语。

他在给闵明我的信中还说："我相信罗马教廷的传信部（Congregatio de Propaganda 宣传部）已经做出了让你们首先把汉语传入欧洲的决定。"

"把汉语传入欧洲"？ 2001 年美国教授大卫·波特（D.Porter）出版《表意文字：早期现代欧洲的汉语密码》（*Ideographia: the Chinese cipher in early modern Europe*），就揭示了今天欧洲拼音文字能表达较丰富的意义，是因为"传入"了表意的"汉语密码"。诸玄识先生也认为欧洲现代语言从简单粗鄙到"雅化"，是借鉴汉字表意的"汉化"。

莱布尼茨读了《中国哲学家孔子》后，心悦诚服地崇拜孔子，把孔子比作"中国的柏拉图"。他大赞儒家道德治理的中国："谁人过去曾经想到，地球上还存在这么一个民族，它比我们这个自以为在所有方面都教养有素的民族更加具有道德修养？……在实践哲学方面，即在生活与人类现实伦理和治国学说方面，（与中国比）我们实在是相形见绌了。"[①]

莱布尼茨甚至建议："鉴于我们道德急剧衰败的现实，我认为，很有必要请中国派遣人员来教导我们自然神学的运用与实践，就像我们派传教士去传授天启神学那样。"（同上）

莱布尼茨的长信《论中国人的自然神学》（1716 年），竭力为赴华耶稣会士辩护，申辩中国孔子儒家学说不是无神论，而是一种自然神学，其精神性与基督教不冲突。

莱布尼茨在信中反复驳斥龙华民认定中国儒学是无神论。他使用朱熹的理学概念，令人吃惊地引用《性理大全书》《书经》《中庸》《论语》等典籍，论证中国的"理"就是西方基督教的神（上帝）。

莱布尼茨早年热切阅读过苏亚雷斯。苏亚雷斯的"理性"概念源自中国理学。如前所述，自然神论也称为一种"理性神学"（rational theology）。莱布尼茨信奉"理性神学""以理为神"，理即神也，源头是中国理学。

---

① 《中国近事》序言。

莱布尼茨崇拜"理性神"，或者说信奉"哲学神"（théiste philoso-phique），堪称开启 18 世纪法国启蒙运动的第一位启蒙思想家。

莱布尼茨也是 18 世纪初欧洲第一位重要的中华文明崇拜者。

另一位德国人沃尔夫（C. Wolff，1679—1754），受莱布尼茨的影响，也崇拜中国孔子儒家哲学，热烈赞颂中国的理性和道德伦理。

1721 年 7 月，他在担任数学和自然哲学教授的哈雷大学，做了一次题为《论中国的实践哲学》的演讲。他所谓的"实践哲学"实际上是指道德哲学。他在演讲中赞扬了孔子道德思想的纯洁性，认为儒家道德证明了"人类理性的力量"，或"人类理性的自然性"。孔子的道德学说与基督教的道德全无冲突，甚至可以互补。

沃尔夫歌颂中国在远古时就已是一个哲学家治国、充满道德智慧的国家。孔子只是中国智慧的"复兴者"，类似中国人的先知。

他认为哲学"无非是一门幸福的科学"，"哲学的真正基础就是与人类理性的自然性相一致"。中国人的道德培养是基于人的自然理性。人的自然（天性）就秉有道德理性，分辨善与恶（这也是沃尔夫继承苏亚雷斯的观点）。他赞美中国："中国人善于正确运用自然的力量，在道德才智方面享有崇高的声誉"，"中国人所有的行为都是以自身和他人的最高完善为最终目的"，"在道德的大路上"不断前进……

沃尔夫认为，道德的知识能够导致道德的行为，所以需要学校进行品德教育。他称道中国在各地设置两种学校：小学和大学。8 到 15 岁的孩子上小学，培养良好的道德习惯。16 岁以上的年轻人上大学，训练天赋理性指导善行，治国利民……

沃尔夫的演讲极力赞美孔子儒学道德，有些轻视基督教神学，引起该校其他神学教授的不满和指控，告状告到国王那里，终致 1723 年 11 月 8 日国王下令，勒令沃尔夫 48 小时之内离开哈雷和普鲁士国境。

由于沃尔夫的观点离经叛道，授课时曾经吸引 1000 多位来自各地的学生来听讲。再加上这次驱逐事件，引起普鲁士地区知识界的争论，双方论战出书 200 多种。有西方学者认为："这场冲突成为 18 世纪最重要的文化对抗之一，可能也是法国大革命前中欧国家启蒙运动中最重要的一次。"

沃尔夫是莱布尼茨之后德国最重要的思想家，也是第一位用德语写作的哲学家，自成沃尔夫学派，影响很大，在康德之前一直在德国占主导地位。沃尔夫的学生舒尔茨是康德的老师，所以沃尔夫对康德有师门的影响。

沃尔夫也信奉理性神学，坚持哲学理性。他作为公众人物，用通俗的文笔，把莱布尼茨颂扬中国，推崇孔子的影响在欧洲放大了……

18 世纪法国的"中国热"（"中国化的欧洲"）

如果说 17 世纪中华文明对欧洲的影响是通过荷兰向周围发散，那么时空转换，在 18 世纪时法国成了中国文化的宣传中心，出现了一种前所未有的"中国热"，将欧洲启蒙运动推向高潮，直至法国大革命。

18 世纪的法国不仅在艺术审美和生活趣味上出现洛可可"中国风"，而且在政治思想和国家制度的选择等方面，也掀起了热烈的"中国热"。

从 16 世纪初中欧海路开通到 18 世纪初，欧洲经过两百年吸收中华文明，科技上进步极快，但社会风俗依然粗蛮，宗教不宽容，政治制度很残酷。

17 世纪末，法国打败荷兰成为欧洲霸主，法语成为欧洲通用语。18 世纪的法国是欧洲政治中心，也是文化中心。但自诩"朕即国家"的路易十四迫害新教徒，宗教不宽容。路易十五沉迷享乐，留下一句名言："我死后哪管它洪水滔天。"（Après moi, le déluge）财政混乱，百姓穷困。教会僧侣享有特权，掌握着法国五分之一的土地。专制王权对书籍出版实行"审查制"（censure），新兴致富的市民阶级没有政治地位，民怨甚重……

1685 年起，法国耶稣会士大批去中国，直接向欧洲提供中国各方面的信息。耶稣会士认同中国人祭孔拜祖，拼命向欧洲介绍中国人是信上帝的，中国人的天或"上帝"就是基督教的上帝。再三申明祭孔不是偶像崇拜，孔子只是哲学家之王，儒教只是道德。

法国赴华耶稣会士李明 1698 年在荷兰出版《中国现势新志》，称"中国连续两千年都保持了对上帝的膜拜和景仰"，"中国人的道德如宗教一样纯真"，"中国人自古聪慧、博学，我甚至敢说，充满上帝的灵性"……巴黎耶稣会士郭弼恩（C. Le Gobien）在《中国皇帝允教敕令的故事》（1698 年）中称赞："中国哲人和最初几位皇帝所宣扬的宗教与基督教是同一宗教，他们敬仰的与基督徒敬仰的是同一上帝……"耶稣会在为自己辩护时显出明显的"颂华"

倾向。

而方济各会、多明我会、巴黎外方传教会的传教士则发现其中的危险倾向，不断斥责耶稣会不仅没有将中国基督教化，反而使基督教陷于汉化和异端化的危险之中。

1700年4月，巴黎外方传教会发表致教皇公开信，表达了对耶稣会的"诅咒"。

同年10月18日，巴黎索尔邦神学院举行投票要求禁止李明和郭弼恩的著作，结果以122票对46票获得通过。

法国这场关于中国礼仪的禁书事件"掀起了巨大风浪，震撼了整个欧洲"。把天主教内部的争议闹大了，整个欧洲知识界的眼光都投向中国。

一时间，捍卫基督教教义、批评耶稣会声浪汹涌。

郭弼恩从1702年开始编辑出版《耶稣会士中国书简集》，是赴华耶稣会士从中国发来各种新鲜信息的定期文集，类似游记，内容生动。之后由另一位耶稣会士杜赫德（J. B. du Halde，1674—1743）继续主编，一直出版到1776年，共34大卷。

须知，这是直接来自中国的第一手信息，大多是赞美中国：中国民风柔顺，教育出色，君主仁慈，法律公正，城市管理良好，农业极受重视，商贸发达，天文学和数学水平精良……像一个介绍中国的万花筒，引起了欧洲社会极大的兴趣。

1735年，杜赫德编撰出版了一部百科全书式介绍中国的《中华帝国全志》，是根据27名来华耶稣会士的通讯稿件编写而成，共四卷四册（图354）。第一卷介绍中国各省地理和各朝历史。第二卷介绍政治经济和儒家四书五经，尤其特别详细介绍了《孟子》（极大影响了卢梭的民主思想）。第三卷介绍宗教、道德、医药和博物等……《全志》27位供稿人，其中22位是法国人，平均在华生活25年。赫苍壁和冯秉正甚至在华生活了45年。

法国汉学家蓝莉认为，杜赫德出版这套书，一方面是回答1684年法国科学院给赴华耶稣会士拟定的34个问题，最主要的目的是为了给耶稣会士辩护：基督教与中国文化彼此相容。

1735年正值攻击耶稣会声浪再度高涨。1742年教皇即下令禁止耶稣会对中国礼仪妥协，礼仪之争以耶稣会失败告终。杜赫德在形势险恶之中编撰

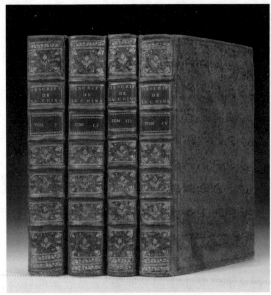

杜赫德《中华帝国全志》 　　　　　　　　　　　《中华帝国全志》封面

图 354

《全志》，其意是《请中国作证》（蓝莉书名）。

　　蓝莉的书开宗明义："启蒙时代的欧洲被'中国化'了。可是，是谁把欧洲'中国化'了呢？"杜赫德的这部《全志》起了很大作用，居功甚伟。

　　"《全志》以有教养的精英们普遍使用的法语写成，并迅速被译成其他欧洲文字。它所引起的巨大反响一直持续到 19 世纪末。一部著作能在如此长的时间里始终享有盛誉，岂是荣耀二字可以涵盖。"①

　　这是一部"颂华思潮的产物"。"杜赫德神父使中国人成了 18 世纪被赞赏的道德典范。"（毕诺）它直接影响了法国启蒙运动主将伏尔泰，让他成为一个坚定的"颂华派"。

　　可以说，正是《耶稣会士中国书简集》和《中华帝国全志》两部文集，全面推动了 18 世纪的法国和欧洲文化上"狂热的亲华风潮"（安田朴），"18 世纪法国出现了势头强劲的颂华热潮"（蓝莉）。这股热潮在世纪中叶达到顶峰："中国热的高峰发生在 1745 和 1755 年间。"（毕诺）

---

① 蓝莉，第 3 页。

安田朴说："这是一种真正的中国化的狂癖（manie chinoisante），接着是中国热的潮流，短时间内就使我们西方神魂颠倒了。"[1]

法国传教士、博物学家波维尔（P. Poivre）在《一个哲学家的游记》（1769 年）中说："如果中国的法律变为各国的法律，中国就可以为世界提供一个作为归向的美妙境界。到北京去！去瞻仰众生中最伟大的人，他是上天真正完美的楷模。"[2]

耶稣会源源不断向欧洲介绍孔子，翻译注释儒家经典《四书》，赞颂中国的美德和中国皇帝……结果，法国人只是在中国看到了美德，看到了哲学家孔子，看到崇尚理性的自然神论，没有发现宗教（只有泛神论或无神论）。他们发现，中国人无需宗教，仅凭美德也生存得很美满幸福……

历史上演了一场荒诞的悲喜剧：耶稣会士本意是为了在中国传播基督教，努力说服罗马教廷相信中国人有"慧根"，结果却是向欧洲宣传了崇尚哲学理性的孔子，以及儒家的"天理"（自然法）。

耶稣会无意间成为中国文化的吹捧者。"耶稣会成了孔夫子的卫道士和中国人的驻欧使节"[3]。

最终，耶稣会反倒促成了欧洲的非基督教化："向基督教世界介绍无需神启便具有高尚品德的中国人……极大地推动了欧洲人不信教的倾向。"[4] 无怪乎，1773 年教皇下令彻底禁了耶稣会。

更要命的是，中国的儒家理性和君主仁政给了欧洲自由思想者提供了参照，去质疑宗教和王权。中国文化成为欧洲人批判基督教神权和专制王权的武器！

耶稣会不断传回有关中国城市富裕、生活精致、人民幸福的信息，中国成为欧洲人心目中的"诗和远方"，一个理想国的样板！

"中国为 17 世纪的不信教者以及后来 18 世纪的哲学家们，提供了一种强有力的支持，甚至是一种具有决定意义的证据。他们自然会用这一强大和稳

---

① 安田朴，下册，第 566 页。
② 利奇温，第 82 页。
③ 同①，第 870 页。
④ 蓝莉，371 页。

定，非宗教而又伦理深深扎根的帝国，来反对其时代的社会。"[1]

于是，欧洲尤其法国出现了一批"公知"（公共知识分子），愤怒批判人间不公。他们极其像中国80年代以来的"公知"，一心向往美国宪政民主，批判中国体制，要求中国向美国学习，实行美国式宪政。把这些中国人的形象反转一下：

18世纪欧洲的"公知"对中国思想五体投地，言必称孔子，论必举中国，崇华颂华，猛烈批评欧洲或法国体制，要求以华为师，托华改制，实行"政治改革"，搞"维新"，全盘华化！

这简直是欧洲的"两条道路、两条路线的斗争"，是"欧洲向何处去"，走什么样的路，采取什么样政治体制的问题。

魁奈（F. Quesnay）认为法国应该学习中国的"开明专制"（despotisme éclairé），走中国道路。美国学者 L.A. 马弗利克称之为《中国：欧洲的样板》。

法国大革命的先驱霍尔巴赫男爵（Baron d'Holbach）喊出更激烈的口号："欧洲政府必须以中国为模范！"

最初，中国对于欧洲是一种宗教样板。欧洲宗教不宽容，中国则政教分离宗教宽容。孔子儒家的自然神论在欧洲人眼里是一种"理性宗教"，去掉了迷信和狂热，是"真正的宗教净化"（véritable épuration des religions）。所以孔子的形象在当时欧洲思想家心中无比高大神圣："孔子成了18世纪启蒙时代的保护神"（利奇温）。

在18世纪中后期，中国成为欧洲的政治样板。法国学者克雷蓬（M.Crépon）在《哲学镜像中的东方》指出："18世纪下半叶是被中国与启蒙哲学（本质上是法国哲学家）的关系所统治"，中国是"宗教和政治可能的希望"[2]。伏尔泰视中国政制为欧洲的榜样，大赞中国皇帝制为"开明专制"，认为皇帝是社会良好运行和公共福祉的保证。魁奈更是将中国开明专制辩护为"合法专制"。

18世纪法国及欧洲的"中国热"，非常类似中国的"新文化运动"和"80年代文化热"——中国的"欧洲热"（全盘西化）。

---

① 布罗斯，第82页。
② 克雷蓬，第12页。

现代中国人一心追求西方化（所谓"现代化"），做梦也不会想到，200 多年前欧洲人曾一心追求"中国梦"（rêve chinois），要求"中国化"。

中国是幸福、和平、富庶、自由的理想盛世。那时可真是中国的月亮比法国圆，中国的空气比欧洲甜。

连斯塔夫里阿诺斯的《全球通史》也不得不承认："当时，欧洲知识分子正被有关传说中的遥远的中国文明的许多详细报道所强烈吸引……引起了对中国和中国事物的巨大热情。实际上，17 世纪和 18 世纪初叶，中国对欧洲的影响比欧洲对中国的影响大得多。西方人得知中国的历史、艺术、哲学和政治后，完全入迷了。中国由于其孔子的伦理体系，为政府部门选拔人才的科举制度，对学问而不是对作战本领的尊重以及精美的手工艺品如瓷器、丝绸和漆器等，开始被推举为模范文明。"[①]

欧洲最早的"公知"，可举 17 世纪荷兰的沃秀斯。他不仅崇华，也被称为"系统性地把中国文化作为颠覆工具（instrument de subversion）的第一位自由思想家"。此外，英国的坦普尔爵士、德国的莱布尼茨和沃尔夫也具有崇华"公知"色彩。

18 世纪的法国，更是"公知"哲学家的天下。他们有的称颂中国样板，赞美中国的理性和道德，有的表现为无神论或"唯物论"（不承认精神的世界，只有物质—自然的世界，也是无神论），激烈攻击基督教神权。还有批评王权暴政，改良派要求把绝对君主制改为开明专制，革命派则要推翻君主制建立共和……

法国前耶稣会士雷纳尔神父（G.T. Raynal，1713—1796），"攻击所有的政府和所有的宗教"。1770 年，他匿名在荷兰阿姆斯特丹出版《两个印度的政治哲学史》（书中政论大多为狄德罗撰写），称颂中国社会是一个家长式、和平、农业和共产的乌托邦："对于这个由智者组成的民族，束缚和教化民众的唯一力量就是宗教，而宗教本身只是社会道德的实践。这是一个成熟而理性的民族，他们只需要民法约束就可以实现正义……大海、江河、运河等一切本质上无法分享的事物都是公共的，每个人都可以享受它们，但没有人可以拥有它们。航海、渔业和狩猎都是自由的……他们的生活方式通常颇为简

---

① 斯塔夫里阿诺斯：第 223 页。

单，花销甚少，并趋于越来越节省……中国就像一个大家庭，皇帝是这个大家庭的家长……如此完美的平等可以让中国人接受均等的教育，可以让他们拥有相同的规则……孔子创立了中国的民族宗教。他使用的法典仅仅是自然法典……有这样的制度，中国是世界上最人道的国家。"

这本书 1770 至 1787 年间在法国印了 30 多版，欧洲其他国家盗版印了 50 多版，取得了巨大的成功。1780 年第三版时印上他的肖像，下面标注"人性、真理和自由的捍卫者"。这部书遭到法国的查禁，1871 年判处在公共广场由刽子手当众烧毁。

阿尔让侯爵（Marquis d'Argens，1704—1771）也颂华贬欧。他写了一部虚构的《中国人信札》，借一位游历法国的中国文士之口，批评欧洲宗教不宽容，赞颂中国的道德伦理，尤其推荐具有尧舜道德的中国君主之楷模。

除了上述几位，还可以推举无神论者狄德罗，指控宗教和专制的爱尔维修等人。但 18 世纪欧洲最大的启蒙"公知"，毫无疑问是法国的伏尔泰和卢梭二位。

伏尔泰是宣扬"自由"的世纪大喇叭，卢梭则是现代"民主"的正牌老祖宗。

"自由"旗手伏尔泰鼓吹"全盘华化"论

关于启蒙运动，康德有一个最好的定义："拿出勇气来，使用你自己的理性吧！这就是启蒙的格言。"所以，启蒙运动可以归纳为两个字：理性。

法文"启蒙运动"是"Siècle des Lumières"，直译为"光明的世纪"。英文"The Enlightenment"，也是"照明""光明"的意思。"启蒙运动"就是"光明时代"。

人们要问，这是什么光明？看了康德的定义，当然是理性之光也。

人们再问，这理性之光来自哪里？正确答案是：这光来自中国！

中国理性之光启蒙欧洲有两条路径：法国耶稣会士直接通过海路从中国输送过来（如《全志》等），也有一条西班牙萨拉曼卡学派→荷兰→英国→法国的迂回路径。这是中国文化披着英国外衣（自然神论和自然法），从英国影响了法国启蒙思想家。

英国是继荷兰之后，西欧第二个受中国文化"开化"的国家。中国渊源的自然神论和自然法在英国兴起，砍掉国王脑袋实行共和，又复辟王权，最后走向一种"三制合一"的混合政体（君主、贵族、市民），所谓君主立宪制。社会日益世俗化（宗教被削弱），人民日益得自由（王权被限制）。中国道家的自然主义，在英国演变成一种英国特色的自由主义。

所以，法国启蒙思想家除了远方的中国模式，还有眼前的英国参照。伏尔泰曾流亡英国两年半，耳闻目睹了英国的自由和宽容。他的自由主义相当程度来自英国。

18 世纪法国启蒙运动的旗手和主帅，毫无疑问是伏尔泰（Voltaire，1694—1778）。他对 18 世纪的欧洲产生了巨大影响，以致有人说"18 世纪是伏尔泰的世纪"，被誉为"法兰西思想之王""欧洲的良心"等。

面对法国王权专制，宗教不宽容，司法不公正，伏尔泰"发出厌恶的呐喊"。他用"猛如雷电"的一支笔，"向这个茫茫的恐怖世界宣战"（雨果）。

在宗教上，伏尔泰是一位自然神论者，就是说，信奉"理性神学"（rational theology），但实际上是一位不折不扣的无神论者。

伏尔泰在政治上是改良派，但在宗教上非常激进。他一生对基督教进行了空前激烈的批判，斥之为迷信，是理性的大敌。

伏尔泰 1767 年 1 月 5 日写给普鲁士国王腓特烈二世的信中指控基督教："我们的宗教（基督教）无可争议是这个世界最可笑、最荒谬和最血腥的宗教！"应该"消灭这种可恶的迷信"。

他痛恨基督教，把教皇比作"两足禽兽"，教士为"文明恶棍"。"起初对教权和神权的攻击，最后变成了对圣经、教会教义，甚至对耶稣基督本人的愤怒抨击。耶稣被描绘成一个堕落的人"（维基百科）。

"基督徒的宗教与其说是一种仁慈、改善和慈惠的眷顾，不如说是万恶之主送给人类的祸害"（同上）。

伏尔泰有一个口号"消灭这卑鄙货"（Ecrasez l'infâme）。"卑鄙货"就是指迷信和不宽容。他临终时口中喃喃最后一句话，依然是"憎恨迷信"。

伏尔泰崇尚理性，直接把宗教等同为迷信，这导向了法国大革命对教堂打砸抢，取消基督教的激进现象，也预示了马克思的名言"宗教是麻醉人民的精神鸦片"，甚至新中国破除宗教迷信的运动也是其遥远的回响。

1717 年，伏尔泰因为写诗讽刺摄政淫乱，被关进巴士底狱 11 个月。后来又一次被判刑，流放英国，所以对法国王权专制深恶痛绝。他呼唤宗教和社会宽容，1763 年出版《论宽容》。那句所谓伏尔泰的名言"我不同意你的观点，但我誓死捍卫你说话的权利"是假的，但他极力主张言论自由是真的。

"自由主义之父"的帽子是戴在洛克头上，但伏尔泰是欧洲倡扬"自由"的伟大旗手无可置疑。

现在要问，为什么伏尔泰要如此激烈指控法国的宗教和专制？原因是他眼中有远方的中国样板（模范），借东打西。伏尔泰一边猛烈批判法国旧体制，一边热烈歌颂中国好榜样，希望法国学习中国的"开明专制"，实行改良，是一位坚定的"亲华分子"。

伏尔泰热烈讴歌中国的理性和道德，尤其崇拜孔子。伏尔泰在自己书房挂一幅孔子像，虽没有晨昏三叩首，早晚一炷香，那也是时时观瞻。在画像下，题了四句诗：

"他只用健全的理性来解说／他不炫惑世界而是开启心灵／他讲话是一个圣人，从不是一个先知／人们相信他就像在自己的国家。"（《哲学辞典》）

伏尔泰自称"用心读过孔子的书，并做摘录。我觉得这些书只是纯粹的道德。他只是劝人德行，不谈奇迹……"

1755 年，伏尔泰改编中国元代杂剧《赵氏孤儿》的戏剧《中国孤儿——孔子道德五幕剧》（ *L'Orphelin de la Chine: la morale de Confucius en cinq actes* ），在巴黎法兰西大喜剧院演出，引起巨大轰动。在巴黎共演了 16 场。很快被译成英语在伦敦上演，受到"伦敦文化界的热烈欢迎"："今晚有一位诗人乘苍鹰的双翅，向着新的道德翱翔，飞向日出处，飞向东方的中华帝国，勇敢地让英国人听到了儒家伦理。"[1]《中国孤儿》后来还在德国和意大利上演，1777 年甚至到美国费城和纽约上演。

正如剧本副标题"孔子的道德"，伏尔泰就是想通过这部戏剧来宣扬中国儒家道德，赞颂中国人的忠诚、牺牲精神和高尚的伦理。中国人正是凭理性和道德，感化了蒙古征服者。

---

[1] 安田朴，第 695 页。

今天的维基百科词条，看不到伏尔泰崇拜中国的内容。

而事实上，伏尔泰极其崇华颂华。他早年在耶稣会学校学习过 6 年，后来走向一种"亲华狂热"（fanatisme sinophile），"伏尔泰曾决定通过一切手段颂扬中国"[①]。安田朴的《中国文化西传欧洲史》下卷有一个"部分"，专论"热爱中国的伏尔泰"（Voltaire sinophile）。

伏尔泰全面赞美中国的道德、政治、法律和物质文明。朱谦之先生称"他是欧洲人中最大的中国赞美者"，是一个"全盘华化论者"[②]。

的确，伏尔泰在著作里赞美中国、主张效法中国的言论比比皆是：

"世界史是从中国开始的"。[③]"如果说有些历史具有确实可靠性，那就是中国人的历史"。[④]

"500 年前，不管是在北欧、在德国，还是在我国，还几乎没有一个人会写字。""当中国人幅员辽阔、人口众多的帝国已经治理得像一个家庭之时，我们还只是一小群在阿尔登森林中流浪的野人哩！"[⑤]

"这个国家已有 4000 多年光辉灿烂的历史……中国的历史就总的方面来说是无可争议的，是唯一建立在天象观察的基础上……中国人把天上的历史跟地上的历史联系起来，互相印证。"[⑥]"中国人发明了周期历法，比我们的历法早 2602 年。我们估算古代时间的方法有 60 种，因此我们就根本没有什么历法……"[⑦]

"中国人最深刻了解、最精心培育、最致力完善的东西是道德和法律。"[⑧]"世界上曾有过最幸福、最可敬的时代，就是奉行孔子法律的时代。"[⑨]

"我们不过是昨天的人，是刚刚开拓了荒野森林的克尔特族的后裔……早在四千年前，我们还不知读书识字的时候，他们就已经知道我们今天拿来夸

---

① 安田朴，第 663 页。
② 朱谦之，第 292 页。
③ 布罗斯，第 103 页。
④ 伏尔泰，《风俗论》上册，第 85 页。
⑤ 同上，第 87 页。
⑥ 同②，第 239 页。
⑦ 同②，第 242 页。
⑧ 同②，第 249 页。
⑨ 同②，第 253 页。

口的那些非常有用的事物了。"①

"中国人在道德和政治经济学、农业、生活必需的技艺等方面已臻完美境地……在道德、政治经济、农业、技艺这方面，我们应该做他们的学生了。"②

"东方是一切学术的摇篮，西方的一切都是由此而来。""我们对于中国人的优点，即使不至于五体投地，但最少可以承认他们帝国的组织为世界上前所未见的最好的，而且是唯一建立于父权宗法之上。"③

"我们不能像中国人一样，这真是大不幸！""欧洲的诸侯和商人在东方只是发现寻求财富，而哲学家则在那里发现了一个新的道德和物质的世界。""人类智慧不能想出比中国政治还要优良的政治组织。""我不得不主张只有中国是世界中最公正、最仁爱的民族了。"④

谈敏先生也指出："在伏尔泰看来，这些人类文明的各个领域，中国都竖起近乎完美无缺的榜样，欧洲国家唯有全盘照搬，才是出路。十八世纪由伏尔泰提出这种典型的全盘华化论思想，如与二十世纪前期在中国流行的全盘西化论观点相比，真是天壤之别。"⑤

正因为伏尔泰有"全盘华化"的"亲华狂热"，心中有榜样，才有底气高举理性（反基督教）和自由（反专制）的大旗，对法国旧制度发起猛烈的攻击。

"民主"祖宗卢梭受孟子"民为贵"思想影响

另一位法国启蒙运动主将级别的人物，无疑是卢梭（J.-J. Rousseau，1712年—1778年）。他有一句名言"人生而自由，却无往不在枷锁中"，俨然是一位自由主义战士，但他更确切的定位是"现代民主理论之父"。

30年前（1992年）我在巴黎写《民主的乌托邦》时，读过卢梭的《社会契约论》原著，对卢梭做了一些研究。发现西方从古希腊以来，"民主"一词

---

① 伏尔泰，《哲学词典》上册，第341页。
② 同上，第333页。
③ 利奇温，第80—81页。
④ 朱谦之，第284—294页。
⑤ 谈敏，第48页。

都是贬义词，是卢梭第一个站出来正面宣扬"民主"概念。也是在卢梭的旗帜下，法国大革命雅各宾党人首先在政治实践中倡导"民主"一词。

与上流社会的伏尔泰不一样，卢梭是草根，没上过学，靠大量看书自学成才，一生贫穷，晚年颠沛流离居无定所。卢梭关于政治观点的著作，主要是他50岁时出版的《社会契约论》（1762年）。伏尔泰只要求"自由"，政治改良；卢梭则要求"平等"，激进地要求政治革命，推翻专制……

伏尔泰在神往中国时会沉吟"今夜我们是中国人"；卢梭则对中国了解甚少，没有表现出明显的中国热。但卢梭的自然神论，"回归自然"的自然主义，性善论和人民最高主权论，无一不源于中国。

卢梭所受中国文化的影响一点不比伏尔泰少，只是这种影响主要是通过英国，也就是从萨拉曼卡学派经荷兰、英国再到法国的路径。

卢梭批评基督教，但不否认宗教。他信奉自然神论，源自斯宾诺莎的"神即自然"和英国自然神论。卢梭在著作中论及的"最高存在"（être suprême/Supreme Being，可译为"最高主神"），就是自然神论的"最高神"。法国大革命时期，罗伯斯庇尔曾试图用这个"最高主神"来取代基督教的上帝。而英国的自然神论，前文已讲过，是来自中国的"道"。

卢梭的自然主义，源于中国道家思想。1750年卢梭回应第戎学院征文的成名作《论科学与艺术》，跟百科全书派认为科学和艺术会给人类带来进步的观点大唱反调，纵情歌颂"回归自然"，回归人的"自然状态"。人类在自然状态天性善良，自由而平等，而科学和艺术则败坏人类淳朴的天性，导致人类道德堕落。人类发展的最好阶段是"高贵的野蛮人"。所以伏尔泰讽刺卢梭是让人"变成野兽""四足爬行"……

卢梭反文明赞原始，与老子宣扬"返朴归真""弃圣绝智"的思想完全一致。朱谦之先生指出："卢梭这种'复归自然'的思想实即得力于老子。"并认为卢梭是从狄德罗那里了解到老子（狄德罗写成Rossi）。卢梭崇尚自然，也受到英国人崇尚自然风尚的影响。卢梭在林中小屋度过人生最后日子的埃默农维尔花园，就是欧洲大陆第一个中英式花园。

卢梭认为人性本善，完全违背了基督教的原罪说，是继承了英国的洛克，但源头是中国孟子的性善论。

卢梭的"社会契约"概念也非他首创，而是来自萨拉曼卡学派的莫里纳、英国的霍布斯和洛克。但他的《社会契约论》与霍布斯和洛克不同。

霍布斯的社会契约，是要求人放弃自然权利，将权力交给一个单人的"最高主权者"，可谓给英格兰共和国独裁克伦威尔呈献计策。洛克的社会契约指向一种"复合的或混合的政府形式"，也可谓在理论上为英国君主立宪制辩护。而卢梭的社会契约论则是将权力交给一个集体的"最高主权者"——人民。卢梭认为人民是最高主权者，主权在民，即所谓"民主"，这是卢梭对西方政治哲学做出的最大贡献。

卢梭式民主第一个鲜明特色是最高主权者"人民"的集体性。人民的大多数形成"公意"（volonté générale，公共意志），公意表现为法律。因为人民最高主权是不会犯错误的，所以公意永远正确，始终以公共利益为归依，"人民"有权干一切。

尤其，卢梭的最高主权是"不可让与"（inaliénable）和"不可分裂"（indivisible）的。公意亦然："要么它是人民整体的意志，要么只是一部分人民的意志。"公意不能分裂，只能是整体一块。一旦分裂成部分的"协会"（association），便不再是公意。所以卢梭反对党派政党政治。

卢梭的"人民"也是不可被代表的。人民选举了代表让代表们替自己当政，那是公民的懒惰堕落。人民必须集体地自己当政，自己统治自己。所以卢梭也反对代议制"代民做主"。

卢梭的"公意"是凌驾于个人之上："任何拒绝服从公意的人，将由整个集体迫使他服从。"[1]"人民"必须集体地拥有最高主权，因此卢梭的"人民最高主权说"逻辑地导向一种集体主义，乃至极权专政。

还有一个与卢梭"民主"概念深度捆绑的概念——平等。平等是卢梭式民主的第二个鲜明特色。

卢梭不仅强调自由（"人生而自由"），更强调平等：从"天然平等"推导出"社会平等"。因为卢梭认为平等是自由的保障，没有平等就没有自由。平等是自由的必要条件。

卢梭的《论人类不平等的起源和基础》提出人类社会的不平等源于私有制。私有财产是社会不平等的根源，造成富人和穷人、强者和弱者、主人和

---

[1] 卢梭，《社会契约论》I·7。

奴隶的不平等。人一旦有了不平等的"隶从"关系，便失去自由。所以卢梭把平等作为契约社会的基础："这种根本的公约，并不摧毁人的天然平等，而是以一种道德和法律的平等，来取代自然在人之间造成的生理不平等。"[①]

卢梭没有走到要消灭私有制。他允许"人人都有一点财产，任何人都不能多占有"。富不能富到能"买下另一个公民"，穷不至于穷到"被迫出卖自己"。

卢梭设想的契约社会，公民们一个个自由而平等，集体形成公意，集体当政，形成一个既无富人、亦无穷人、社会条件相当"平等"的理想社会。

卢梭"天然平等"概念来自洛克。但洛克只要自由，卢梭则自由和平等都要。由此，英国是"自由主义民主"，法国成了"平等主义民主"。对于英国人，民主止于自由。而对于法国人，民主更在于平等。

卢梭的人民最高主权学说，甚至"人民"的概念，实际上是来自萨拉曼卡学派的苏亚雷斯。是苏亚雷斯最早在欧洲喊出了"人天生是自由的，不受任何人的支配"，也是他最早提出社会立法权不属于上帝，而是属于人民。如果统治者违背"自然正义"，人民有权收回统治者的权力，甚至"诛杀暴君"。卢梭也认为"绞死或废黜"暴君是"合法行为"，证明卢梭读过苏亚雷斯的书。而苏亚雷斯的"民权"和"弑君"论，是来自中国的孟子。

从源头上，卢梭的人民最高主权论来自苏亚雷斯，最终可以追溯到中国孟子的"民为贵"之说。1735 年出版的杜赫德《中华帝国全志》，有对《孟子》特别详细的介绍。卢梭不可能没有读过这本畅销书，所以他也可以直接阅读孟子的思想。

孟子曰："民为贵，社稷次之，君为轻。""闻诛一夫纣矣，未闻弑君也。"这些言论对于长期实行奴隶制的欧洲是破天荒的。欧洲基督教传统绝无可能产生这样的观点。重视"人民"，只有中华民族从历史一开始就已成形。《尚书》"民惟邦本，本固邦宁"这 8 个字，已道出了人类政治学的最高智慧。

任何思想都不可能凭空突然冒出来。人民最高主权论仿佛是卢梭最先提出来的，其实是源自中国的"民本"思想，尤其来自孟子的"民贵君轻"思想。卢梭只是把"民贵"极端化为"民主"。

---

① 卢梭：《社会契约论》I·9。

据说雨果在悼念伏尔泰时曾说："卢梭代表人民，伏尔泰代表人。"精辟！卢梭代表集体的"人民"——民主，伏尔泰代表个体的"个人"——自由。

还有歌德曾称："伏尔泰结束了一个旧时代，而卢梭开创了一个新时代。"也精辟之极。摧毁旧制度，伏尔泰和卢梭同心合力，难分伯仲。开创新制度，卢梭显然比伏尔泰发生了更巨大、更久远的影响。

这两位法国 18 世纪最耀眼的文化巨星，一位富贵一位贫贱，曾经的朋友，后来反目成仇，1778 年同一年去世，又在法国大革命时期入葬巴黎先贤祠（伏尔泰 1791 年，卢梭 1794 年）。这对欢喜冤家的墓很近，隔通道相对。

卢梭棺椁的浮雕，从墓门口伸出一只手，擎着一支火把（图 355- 上）。那支火把照亮的是未来，闪耀的是"民主"之光。

卢梭主张"人民自己当政"代表了真正的民主，是民主的正宗。

卢梭空前高扬了民主概念，赋予这个词以神圣性，以致"民主"成为一种宗教。法国哲人鲁吉埃（L. Rougier）所著《民主的玄虚》（网上可搜到我的译文），揭示卢梭"民主教"的实质是"以人民的神权取代国王的神权"。法国政治学家朱利亚尔（J. Julliard）写过一本《卢梭之错》，也批评卢梭"把民主变成了一种新的宗教"。[①]

今天西方的代议制，英国的君主贵族民选混合制、美国的共和制（其实是"财阀寡头制"oligarchies ploutocratiques）等，根本不是人民自己当政，但都标举是"民主"。

鲁吉埃将"平等"分为三个层次：民事平等（法律面前人人平等）、政治平等（人人有选举权）和社会平等（财产经济平等）。洛克代表的英国自由主义只承认前两种平等，拒绝社会平等。而卢梭则从人的"天然平等"出发，三种平等都要，尤其要求社会平等。

卢梭式"平等主义民主"给后世带来巨大影响。首先影响了美国革命。美国《独立宣言》开宗明义宣告"人人生而平等"，其实来自卢梭。

卢梭对法国大革命的影响更加直接。雅各宾派领袖罗伯斯庇尔是卢梭的狂热粉丝，宣称"平等是所有善益的源泉，不平等是所有政治弊端的源泉。"有一幅《法国大革命寓意画：向卢梭致敬》（图 355- 下），画面左侧的金字

---

① 参阅拙著《民主的乌托邦》。

卢梭墓门伸出一只手，
擎着火把

法国大革命寓意画：
向卢梭致敬　1794 年

卢梭

更新风俗

力量

平等　　　　　　真理　　　　　　　　法国革命

正义　　　自由

团结

图 355

十、17 至 18 世纪中国文化启蒙欧洲（从"神"走向"人"）

塔，就是标示"平等"。

法国大革命后期，巴贝夫（F. N. Babeuf）领导"平等派"，发表《平等派宣言》，把卢梭的平等推向极致，以消灭私有财产为手段来达到"社会条件的平等"，被马克思称为"最早的共产主义者"。所以卢梭启迪了以"消灭私有制"为宗旨的现代共产主义，对苏联和中国的社会——共产主义革命也发生遥远的影响。

因为卢梭式"民主"强调集体性"公意"，导致"多数人的暴政"，卢梭又被人称为"极权主义之父"。罗素指控"希特勒是卢梭的直接结果……"

归根结底，卢梭式真正的民主（人民自己当政，绝对社会平等）是乌托邦，中国的"民本"（《尚书》）"为民"（荀子）学说才代表了政治的最高智慧。这也是拙著《民主的乌托邦》的结论，意在破解国人的"民主"迷信，尤其抵御西方对中国的"民主"攻势。

非常赞同王绍光先生所说，中国政治传统不在乎政制（多党或一党），而在乎政道。中国的政道就是"民本""为民"，还有毛主席的"为人民服务"。这是放之四海而皆准的政治之道。

魁奈——"欧洲的孔夫子"（老子"无为"思想导向斯密经济自由主义）

18 世纪法国"中国热"，还有一位与伏尔泰同样热情鼓吹全盘华化的人，他就是法国重农学派领袖魁奈（F. Quesnay，1694—1774）。他歌颂中国是"一直存在至今的世界史最古老、最伟大、最仁慈，也是最繁荣的国家"！

伏尔泰在公众舞台上叱咤风云，嬉笑怒骂。魁奈则和风细雨，直接进入国王宫廷，给国王推荐用"中国药"治疗法国社会的沉疴痼疾，按照中国模式搞体制改革。

说起来，魁奈还真是一位医生。1749 年他成为法王路易十五情妇蓬巴杜侯爵夫人的私人医生，住进凡尔赛宫。后来 1752 年，因医术高明又成为国王的侍医。他结识了百科全书派的狄德罗和爱尔维修等文化人，还为百科全书撰写词条。

蓬巴杜夫人是一位中国迷。凡尔赛宫廷弥漫的中国风，让这位医生也染上了"中国化狂癖"，崇拜中国的孔子，投身于研究中国的经济和政治制度。

魁奈非常崇拜中国文化的"自然主义"（顺应天然），用中国话说就是天理天道。之前欧洲的思想家将中国的天理天道运用于解释人性（自然法），或信仰（自然神）。魁奈则将中国的"天""道"用来分析一个国家的经济和政治制度："自然秩序"（l'ordre naturel）"自然法（律）"（loi naturelle）和"自然法则"（droit naturel）等。魁奈说："自然秩序为人类所有立法、政治、经济及社会行动的最高原则。"①

魁奈用这些"自然"概念来赞美中国，也建议法国参照中国模式来施行经济和政治改革，创立了重农学派。

所谓重农学派（physiocratie），该词本意是"让自然做主"。physio 是"自然"的意思，cratie 意为"主尊"：自然做主，尊从自然。所以这个学派确切地应翻译成"天道学派"。

这个学派也的确使用"天道"（voie du ciel）这个词。魁奈弟子博多（Baudeau）说："只有中国人，他们的哲学家从远古便被最高深的真理所贯彻，他们称之为法则或'天道'。他们的一切措施，都根据于这个原则：顺乎'天意'。"② "自然法是什么？魁奈以为就是中国的天理天则，即中国先哲之所谓'道'。"③

这个学派重视农业，被意译成了"重农学派"。但我们一定不能忘记，这个学派本应叫做"天道学派"。

1758 年，魁奈发表《经济表》。这是欧洲首次用图表和公式来解释经济现象。论证比较抽象，宗旨是要揭示经济的"自然秩序"，经济运行的"自然规律"。

魁奈深深崇尚中国士农工商的社会秩序，把农民的地位置于工商之上。他是按照"中国模式"提出了重农主义观点：土地是一切财富的来源，工商业不创造财富。农业提供"净产品"（produit net），工商业只是加工和流通。所以魁奈痛切要求不能用层层征税压垮农业，建议实行土地单一税，消除对农民任意征收的苛捐杂税，保证谷物有一个"好价格"……

同时，魁奈从中国模式的"自然秩序"出发，提出对经济实行"放任"

---

① 利奇温，第 95 页。

② 同上，第 97 页。

③ 朱谦之，第 305 页。

自由的政策。"放任" laisser faire 原意是"放任去做"。国家不要对经济做干涉，顺其自然。经济规律与物理规律一样，都以同样的方式运行——顺应自然。农业产品在完全自由的"自然状态"下，会在社会各阶层之间得到最佳分配。政府的限制和管制则违反自然秩序，给社会带来恶果。

现在学界已经公认，魁奈的"放任"政策，是来自中国老子的"无为"和道家"无为而治"的思想。同样公认的是：魁奈的重农学派影响了英国经济学家亚当·斯密的自由市场和自由贸易观点。斯密曾在 1764 年—1766 年去法国，在巴黎了解到了重农学派的观点。所以，鼎鼎大名的亚当·斯密的经济自由主义，源头原来是中国老子的"无为"学说。

事实上，欧洲是受中国样板的启发才学会管理国家。法国元帅沃邦（Vauban）曾向路易十四建议学习中国，对法国搞一次人口普查。大家想想，像法国这样的当时欧洲"先进"国家，对自己国家人口都弄不清楚，其国家管理的粗放可想而知。而中国在隋唐就有三省六部，户部专管户口赋役。

魁奈创立重农学派，实际上是开创了一门新学科——经济学，成了欧洲第一位经济学家。就是说在魁奈之前，欧洲国家没有人去正规地研究一个国家的经济制度问题。所以魁奈也被认为是欧洲"政治经济学之父"。

魁奈也是第一个采用宏观经济学视角，不是着眼于社会的个体，而是以农、工、商等社会"阶层"来做整体经济分析，"预示了马克思和凯恩斯的思想"（précurseur de la pensée de Marx et de Keynes）。马克思在《资本论》等著作中多次提到魁奈的《经济表》，给予很高评价。

孟德斯鸠尚理性反专制，但没有跟随"中国热"，是一个贬华派，称中国是一个靠棍棒恐吓来统治的专制国家。

1767 年，为了反驳孟德斯鸠，魁奈发表了《中国专制主义》（Despotisme de Chine），全面为中国政治制度申辩：中国的专制不是君主独断专行的专制，而是建立在法制之上，皇帝也要服从法律。皇帝的诏书要通过"朝廷最高会议"才能生效，所以中国是一种"合法的专制主义"（despotisme légal）。

魁奈《中国专制主义》："中国的制度组织建立在明智与永恒的法律之上"，"中国的法律全部建立在伦理原则之上，因为伦理和政治在中国是唯一的科学"，"中国的政府制度是奠基于无可辩驳的自然法之上"，"只有在一个廉洁的政府统治之下，才会出现人口的大量增长，因为无道的政府只会毁灭财富和人口"。

中国专制的合法性基于"自然法"或"自然秩序"。

安田朴认为："（魁奈）重农派在任何方面都绝不是为专制制度辩护；合法的专制主义无论是与专制制度还是与专制明君的理论，都没有丝毫共同之处……合法的专制主义意为、仅仅意为'法律的专制主义'。因此，重点不在'专制'上，而在'法律'上。"[1]

所以，魁奈所谓的"合法专制"是一种"法律专制"或"立宪专制"（constitutional despotism），完全不是通常意义的专制，实际上是一种君主立宪制。

魁奈认为中国的"合法专制"是最好的政府体制，因为它基于自然秩序。其他三种政体都会破坏自然秩序：贵族制将权力交给一些只关心自己利益的大领主手中；君主制总是与贵族竞争权力和财富；民主制则人民太无知，不能管理国家，让国家遭受暴乱。

魁奈认为中国的经济模式也是最符合自然秩序。农业占据最重要的位置。皇帝每年春天要举行亲耕仪式鼓励农业。

当时法国农村贫困，路易十四的征战和路易十五的挥霍导致法国财政凋敝。"中华帝国前所未闻的财富与法兰西王国的贫穷"形成对比[2]。

魁奈和重农学派通过自己的刊物和书籍，公开主张学习中国开明专制的样板。他们"称赞中国人的经济，将其奉为整个欧洲的楷模"，"中国成了重农学派的一种典范和楷模，甚至成了任何开明政府和合理经济的表率"[3]。

魁奈崇拜孔子，认为《论语》所言胜过"希腊七圣"。"孔子的全部理论都倾向于重新赋予人本性一种自天而获的最初光辉和美丽……"中华帝国的持久与显赫，归功于孔子的道德学说。他心悦诚服地崇尚中国的社会体制：道德、政治和宗教三合一，融为一体，崇尚中国任人唯贤的科举制度。

尤其他倡导中国的"普遍教育"（universal education）。城乡遍布的学校给中国百姓带来良好的儒家道德教育……

魁奈的理论得到了当时许多法国上层人士的虔信，弟子众多。他们像孔

---

① 安田朴，第845页。

② 布罗斯，第89页。

③ 同①，第843页。

子七十二弟子一样，拥戴魁奈。当魁奈去世时，弟子博多尊奉魁奈是"伟大的立法者，欧洲的孔夫子"。另一弟子米拉波在老师的墓前发表极尽赞美的演说，也尊魁奈为"欧洲的孔夫子"……

魁奈曾建议路易十五学习中国，采取重农政策，改良法国君主制。魁奈的弟子杜尔哥（Turgot），曾担任路易十六的财政大臣，试图推行重农学派的经济理论，改革税制，结果以失败而告终。杜尔哥的确想学习中国。他找到两位被耶稣会士带到法国多年即将回国的中国青年，给了他们一份有关中国经济和技术的 52 个问题清单，委托他们回国后收集信息回馈给他……

魁奈被尊为"欧洲的孔夫子"。奇妙的是，这位"欧洲的孔夫子"非常虔信老子的"天道"，让自然做主……

康德——"哥尼斯堡的中国人"

德语是欧洲形成较晚的语言，因其粗鄙被讽为"对马讲的语言"。但德国靠这种"对马讲的语言"，竟然出了许多哲学家，成为欧洲以哲学著称的国家。

康德（I. Kant，1724—1804），不仅是一位启蒙思想家，也是德国古典哲学的开创者。他一生都没有离开过他的故乡——哥尼斯堡。可能人们不会想到，哥尼斯堡远离今天的德国，是在波兰东北边，原先属于东普鲁士，今天是俄罗斯的一块飞地，名叫加里宁格勒。

与其他启蒙思想家一样，康德也深受中国思想影响。尼采多次揶揄他是"哥尼斯堡的中国人"。

康德是属于笛卡尔—斯宾诺莎—莱布尼茨—沃尔夫的理性主义一脉。而这一脉的欧洲源头是苏亚雷斯。前面已述，从苏亚雷斯到沃尔夫、再到康德，有一条纵穿整个西方现代哲学的直通路径。

葡萄牙和西班牙帝国衰落后，话语权旁落，导致苏亚雷斯在今天以英法德为主导的西方知识体系里默默无闻。但苏亚雷斯把中国思想引入欧洲的巨大历史功绩，从苏亚雷斯直通康德这一脉络，我们必须要看清。

康德主要是从这条路径受中国思想的影响，尤其受到莱布尼茨和沃尔夫两位颂华派的影响，总源头是中国宋明理学的"理"。

康德主要著作是"三大批判"——《纯粹理性批判》（1781 年）《实践理

性批判》（1788 年）和《判断力批判》（1790 年）。批判，乃评论也。纯粹理性是关于人认识世界的能力，实践理性是关于道德，判断力是关于审美。于是乎，三大批判就是讨论真、善、美，或可归于认识论、伦理学和美学。

纯粹理性也叫理论理性。康德认为人的理性只能认识世界的表象。世界的本质，那个最高实体，所谓"物自体"（thing in itself），是不可知的。这实际上否认了精神性的上帝，导向了无神论。事实上，康德的无神论对上帝具有极大的杀伤力。以致海涅认为"思想界最大破坏者康德"，其恐怖主义远甚于罗伯斯庇尔："据说幽灵只要瞥见死刑执行人的剑，便吓得要命……现在突然拿出康德的《纯粹理性批判》来，要叫幽灵多么惊恐啊！……世人拿罗伯斯庇尔与康德进行比较，实际上是对他（康德）表示了过分的敬意。"[①]

康德的物自体与斯宾诺莎的实体一样，来自中国的"道"。物自体与现象二元论，完全暗窃中国的道器二分：形而上者谓之道，形而下者谓之器。道是常体本质，形而上不可知。形而下的表"相"可以看得见，所谓现象。

康德的"实践理性"是指道德理性，来自沃尔夫以"实践哲学"指道德哲学。康德的道德哲学在"三大批判"中地位最重要，也是受中国哲学影响最明显的。他所谓"至高的完善"，就是《大学》里的"至善"。所谓的"善良意志"，实际上是宋明理学的重要概念——"诚"。

康德其实很熟悉中国"四书"，曾称孔子是"中国的苏格拉底"，还在著作中常常提及老子。实际上跟他的宗师沃尔夫一样非常"中国热"，只是伪装掩饰极严。但尼采火眼金睛，一眼看出康德从中国哲学里偷了很多东西，多次讽喻康德是"哥尼斯堡的中国人"。

尼采所处的 19 世纪下半叶，中国形象与 18 世纪相比一落千丈，整个是一个"东亚病夫"。尼采是告诫世人，康德贩卖的中国道德哲学会毒害德国人……

关于中国哲学对德国古典哲学的影响，张允熠先生做过精辟的研究。他指出："正是由于中国哲学的传入，使欧洲思想界告别了'神学时代'而进入了'哲学时代'。"中国哲学对德国古典哲学的代表人物康德、费希特、谢林和黑格尔，以及黑格尔的学生马克思，都产生了不同程度的影响。

---

① 朱谦之，191 页。

费希特身上有王阳明的影子。谢林崇拜中国的"纯粹理性",也是一个中国迷:"世界上那些古老的帝国都消失了……然而中国却像不知其源头的河流始终在从容地流淌,在千百年漫长的岁月中竟然丝毫没有失去光彩和威严。"①

黑格尔表面上批判了康德的二元论,用一元的绝对精神来取代理性神,其实是换了一说法而已。黑格尔的绝对精神依然来自宋明理学那个作为宇宙终极真理的"理"或"道"。

黑格尔的绝对精神基于所谓正、反、合,超越主观客观、本质现象等二元终归于一元,所谓"对立统一"的辩证法,其实窃自中国。

二元归于一元本是中国哲学的根本特征:阴阳二分终归于太极。

张允熠指出:"黑格尔哲学中明显含有中国哲学尤其是朱熹理学的成分。贺麟在20世纪40年代就指出黑格尔的'绝对理念'就是朱熹的'理'或'太极'。张岱年一直坚持这个观点……马克思曾指出过,中国哲学跟黑格尔哲学具有共同之点。"②

黑格尔与康德一样,熟读中国典籍:"他曾研究过当时译成西文的各种中国经籍,阅读过13大本中国皇家要览、朱熹著的《通鉴纲目》、耶稣会士搜集的《中国通史》和《中国丛刊》、法国百科全书派收集的《中国集览》以及柏应理的《中国哲学家孔子》……对于中国哲学经典《周易》《论语》《老子》及全部的朱注《四书》和《五经》,他都阅读并研究过。"(同上)黑格尔还在《小逻辑》中引用了《老子》的"道生一,一生二,二生三,三生万物"。

好家伙,这位欧洲思想界最大的贬华派,竟然是个闷骚中国通!

张允熠还揭示中国儒学与马克思主义的共同之处,诸如无神论、实践观、辩证法、历史观和道德观等方面"相通相容",并引用李约瑟:"中国知识分子之所以更愿意接受辩证唯物主义,是因为从某种意义上说,这种哲学思想正是他们自己所产生的。"③我的老师许渊冲先生也在翻译课上说过:"communisme(共产主义)其实就是中国的"大同",应该把它翻译成'大同主义'……"

可见,中国古代思想对德国哲学的影响,一点不比对法国的影响小。

---

① 张允熠,第42页。
② 同上,第32页。
③ 同上,第59页。

前面曾提到，欧洲知识界剽窃别人成果司空见惯。众人借用了苏亚雷斯的思想，几乎都不说。康德绝口不提他崇拜的卢梭，更不提他那个"物自体"来自中国的"道"。黑格尔也一样，"极力设法开脱自己的'绝对理念'与儒家'理'的任何关联，但又无法自圆其说。"①

英国哲学家贝克莱的名言："存在即被感知"，其实就是王阳明所谓"你未看此花树时，此花与汝心同归于寂；你来看此花时，则此花颜色一时明白起来"。花树的存在只是被你看到（感知）。

再如西方"人权""自由""民主"的概念，是中国"天理""民本"思想启蒙欧洲的成果。现在披了一件西方马甲回来，中国人都不认识了，膜拜为"普世价值"……

中文的西方哲学和文学著作读起来既文雅又睿智，实际上是中国翻译家们的功劳。原文粗陋的莎士比亚戏剧翻译过来变得文辞高雅，那已不是原味的莎士比亚，而是朱生豪再创作的莎士比亚……

法国国王和奥地利皇帝模仿中国皇帝扶犁亲耕"籍田大礼"

北京城南永定门西侧有一个先农坛。明清两朝皇帝每年立春要到这里来举行皇帝扶犁亲耕的"籍田大礼"，以示劝农、重农之意。那里刚好有一亩三分皇帝的"自留地"，先由皇帝亲自带头，左手执鞭右手扶犁，往返犁田三个来回，叫做"三推三返"。然后由朝廷百官继续，完成犁田……

中国以农立国，自古重视农业。君王表演犁田秀，商朝就已经有了。周朝正式创制籍田礼。据说是周武王开的头，天子亲率诸侯耕地，举行籍田礼。《国语·周语上》有："民之大事在农。"《诗经》和《礼记》都有关于籍田礼的描述。

春秋战国时期籍田礼有所荒废。西汉皇帝恢复籍田礼。汉文帝下诏书："夫农，天下之本也，其开籍田，朕亲率耕，以给宗庙粢盛。"汉文帝重农贵粟，轻徭薄赋，开创文景盛世，垂范后人。

唐宋皇帝继续籍田礼。杭州凤凰山南的八卦田据说是南宋皇帝举行籍田

---

① 张允熠，第 44 页。

礼之处。最近几任日本天皇也在皇宫里弄一小块水田春种秋收，以示重农。越南 2009 年以来也恢复了由国家主席扶犁亲耕的籍田大礼。

法国重农学派领袖魁奈，凭借国王侍医身份，忠心耿耿向法王路易十五建议学习中国开明君主，搞经济和政治改革。劝国王学汉文帝重农，无为而治（自由放任）。魁奈的重农名言："农民穷则国穷，国穷则国王穷（Pauvres paysans, pauvre royaume; pauvre royaume, pauvre roi）。"几乎是《论语》："百姓足，君孰与不足。百姓不足，君孰与足。"的翻译。

1756 年，魁奈说动法王路易十五举行了一次模仿中国皇帝籍田大礼的农耕仪式。地点在凡尔赛的鹿园（Parc-aux-Cerfs）。路易十五模仿汉文帝，扶着一架犁的把手，煞有介事模拟了一把耕地。

1768 年，魁奈再次鼓动当时 14 岁的王太子（后来的路易十六），在凡尔赛宫里搞了一次耕地仪式。王太子使用一架小型的犁，象征性地比划了一番。另有说法是那年春天在巴黎郊外，王太子和宫廷总管拉沃吉庸公爵（duc de La Vauguyon）等人陪同，在他人帮助下扶了一会儿犁，以表示学习中国皇帝籍田礼的诚意。这件事被画成一幅画，名叫《太子亲耕图》（Dauphin labourant）（图 356-上）。

第二年 1769 年，路易十六的大舅子、奥地利神圣罗马帝国皇帝约瑟夫二世（Joseph II, 1741 年—1790 年），听闻此事觉得不能落后于妹夫。8 月 19 日，他在一次去捷克南摩拉维亚的旅行中看到有农夫耕地，也学习中国皇帝扶犁亲耕，抓起犁把耕了一阵地（图 356-下）。

这位皇帝学习中华帝国皇帝的态度很认真，不仅耕地比路易十六好，实施改革也更有成效。

西方公认 18 世纪欧洲最著名的三位"开明君主"是普鲁士国王腓特烈二世（1712—1786）、叶卡捷琳娜二世（1729—1796）和约瑟夫二世。这三个二世，或者说一个大帝、一个女沙皇和一个皇帝，都深受法国启蒙思想的影响。腓特烈大帝尊伏尔泰为精神导师，曾邀请伏尔泰到柏林宫廷住过两年多，还鄙视德语只用法语写作。女沙皇也与伏尔泰通信，并邀请法国启蒙思想家狄德罗去圣彼得堡住过四五个月，与其交心长谈。而约瑟夫皇帝则更多受魁奈的影响。

实际上，三位君主都是中国迷。前面已介绍，德国大帝在无忧宫建了一

法王路易十六学中国皇帝扶犁亲耕《太子亲耕图》

奥地利皇帝约瑟夫二世扶犁亲耕

图 356

十、17 至 18 世纪中国文化启蒙欧洲（从"神"走向"人"）

个中国塔和中国茶屋，俄国女沙皇在皇家公园建了中国村，奥地利皇帝模仿中国皇帝扶犁亲耕，可谓迷中国迷到了家。

三位君主不仅热衷"中国风"，更是认真学习中国的开明专制：政治上集权，政策上开明。要知道，原先欧洲所谓"封建制"，国王是不集权的。国王的权力被贵族和教会特权所分散。所以这三位都厉行改革，限制或取消贵族和教会特权，加强中央集权，所谓"绝对主义"（absolutism）。他们仨都在欧洲学习中国好榜样的热潮中，学得了一些中国式"开明专制"。

腓特烈大帝军功显赫，但也向往成为伏尔泰赞美的中国"哲学家国王"，崇尚理性和艺术。他建立科学院，重视教育。实行宗教宽容信仰自由，允许一定限度的出版自由。他改革司法体制，要求法律的平等。学习中国，建立高效的行政机构，以便独揽大权。尤其1763年他学习中国的普及教育（沃尔夫宣扬），颁布《普鲁士普通学校规程》，规定5至13岁儿童必须接受义务教育，兴建了数以百计的学校，成为世界上第一个实行强制性义务教育的国家。从此，普鲁士教育体系领先欧洲。

叶卡捷琳娜二世思想开明，搞了一些政治经济改革，主要是学习中国搞了教育改革，注重发展普通民众的教育。1786年颁布《国民教育章程》，在各省建了许多公共学校，让学生接受全新的道德教育和狄德罗百科全书式的知识教育。

学习中国模式最真诚的，要数这位奥地利的罗马帝国皇帝。小时候，是一位耶稣会士教他道德、拉丁文和数学等，还有一位神父教他自然法、人权和人民福祉等新思想。后来，皇帝不仅受伏尔泰和卢梭影响，还深深认同魁奈的重农学派。

1780年他单独执政，开始实施激进的改革。到他1790年逝世，10年间他颁布了6000条政令和11000条法律，同时向教会和贵族开刀。他强制奥地利的教会服从国家而不是服从教皇，解散700所不从事教育和医务的修道院，迫使3.6万名修道士离开修道院。同时采用重农学派的财税观，实行单一人头税，取消教会和贵族的特权。这简直是实现了法国大革命的最初目标。

尤其1782年，约瑟夫二世颁布法令废除农奴制。这是欧洲历史上最早废除奴隶制的法令。英国是1833年废除奴隶制，美国是1865年。经常会有人感念英美废除奴隶制的仁慈，其实废奴并非英美自发实施，而是来自约瑟夫皇帝的榜样，还可以追溯到西班牙萨拉曼卡学派对美洲奴隶制殖民政策的指控，最终源头要追溯到中国。就是说，欧洲废除奴隶制，追根溯源是受到中华文明的影响。

1781年他颁布《宽容敕令》，实行宗教宽容。1786年颁布《民法大典》，实行法律的平等。废除酷刑和死刑，取消出版审查制，允许言论自由，甚至允许民事结婚（无需去教堂）。他自称是"任何非法事物的敌人"。

尤其他学习中国的科举官僚体系，要求获得大学学位的人才可以录用进入公共行政机构工作，创立忠诚于他的行政官僚体系。同时还学习中国的普及教育（腓特烈已做了榜样），所有男孩和女孩都必须接受初级义务教育。

这位皇帝大刀阔斧搞改革，被称为"革命的皇帝"，而且生活俭朴，经常微服私访，体恤下民，是一个比较完美的中国式开明君主的典范。他模仿中国皇帝扶犁亲耕，不愧为"欧洲孔夫子"魁奈的好弟子。

他的神圣罗马帝国名不副实。伏尔泰嘲讽为"既不神圣，也不罗马，更非帝国"。但他在自己领地努力践行了魁奈的理想。而在法国，魁奈弟子杜尔哥改革没有成功，导致法国大革命，他妹夫路易十六掉了脑袋……

中国理性观念导致法国大革命（巴黎圣母院成了"理性庙"）

据说路易十六曾在牢房喟叹：是伏尔泰和卢梭"毁了法国"……的确如此。是伏尔泰的"自由"，卢梭的"民主"摧毁了法国旧制度。更确切地说，源于中国文化的"理性崇拜"，摧毁了法国神权君主制。

西方启蒙运动归结为"理性"二字，所以也被称为"理性时代"（Age of Reason）。而这个17至18世纪在欧洲大放光明的"理性"概念，是16世纪耶稣会士罗明坚从中国搬到欧洲葡萄牙、西班牙，17世纪传到荷兰，再传到英国、德国和法国。

英国是继荷兰之后第二个深受中国天理文化影响的西欧国家。英国不仅对法国启蒙运动，也对法国大革命产生了重大影响。

法国大革命根本上受到了中国理性文化的影响，也相当程度参照了英国模式。或者说，参照了英国外壳的中国文化。远方中国样板，眼前英国模式。

当然，18世纪法国耶稣会士在法国大力宣传中国文化，比如李明的《中国现势新志》、白晋的《中国皇帝》、杜赫德的《中华帝国全志》，还有《耶稣会士中国书简集》和《北京耶稣会士中国纪要》等，已经在法国掀起了足够的"中国热"。

伏尔泰热烈歌颂中国的道德和政治，卢梭推崇中国的"民为贵"，魁奈颂扬中国的"合法专制"，霍尔巴赫干脆喊出"欧洲政府必须以中国为模范"……法国的"中国热"已为实施政治改革（大革命）做好了铺垫。

笛卡尔的理性主义，勒瓦耶和培尔的无神论，马勒布朗士的自然神论，也为法国大革命的无神论和自然神论提供了本土的渊源。

但已经化为英国模式的中国文化，更切近地影响了法国大革命。英国已用中国的自然神论削弱了基督教神权，用中国"天理"自然法限制了国王君权，创造了君主立宪制。

英国的自然神论、君主立宪制和共济会，这三个英国特产给法国大革命打上深深的烙印。

第一，法国启蒙思想家和大革命的革命家几乎都信奉来自英国的自然神论，在法国大革命中沉重打击了基督教会，最终导致法国现代社会的政教分离（宗教退出对国家事务的管理）。

我们已经知道，是英国创生了自然神论。自然神论三要点：否认人格化上帝，否定神启，崇尚理性，被称为"理性神学"。

简言之，自然神论就是一种"理性崇拜"。而这种"理性崇拜"是源自中国的理性文化（不信人格化上帝）。英国自然神论是中国货，无可争议。

我们还知道，自然神论常常是无神论的托词。许多所谓自然神论者，实际上是无神论者。自然神论者攻击基督教跟无神论者一样凶狠。英国的托兰德和法国的伏尔泰是最好的例子。所以，自然神论是攻击基督教的一大杀器。

还有，英国也是唯物论的故乡（培根）。什么叫唯物论？唯物论的根本要义是否认世界是神创造的，不存在精神性的世界，把世界归结为物质自然的世界，可以用科学知识去认识……唯物论否定上帝和宗教，与无神论完全一样。所以，自然神论、无神论和唯物论，三者在反宗教方面可以说是一回事。

法国思想家和革命家正是运用了英国的自然神论和唯物论，成为法国大革命反基督教运动的强大思想武器。

伏尔泰、卢梭和孟德斯鸠（亲英分子），三位"公知"大佬都是自然神论信徒。三人都去过英国，深受英国自由思想的影响。

另三位重要启蒙思想家——狄德罗、爱尔维修和霍尔巴赫也信奉自然神论，更是无神论和唯物论者。他们三人信的自然神论、无神论和唯物论，也带有英国风味。

狄德罗（Diderot，1713—1784），受过耶稣会学校的教育，早年尊崇伏尔泰的自然神论，后转向无神论和唯物论。早年出版《论瞎子信札》和《怀疑论者散步》等，宣扬斯宾诺莎式的自然主义和无神论思想，坐过3个月大牢。他与卢梭是好朋友。他最重要的事业是用近20年时间编撰《科学、艺术与工艺百科全书》，通过传播知识宣扬理性主义，向宗教和专制发起猛烈攻击。

值得注意的是，狄德罗编《百科全书》之前的初衷，是翻译英国钱伯斯的百科《艺术与科学大辞典》。而钱伯斯的大辞典是取法中国的《农书》和《天工开物》这样的百科著作。

狄德罗也赞美中国文化："中国人，就其历史的悠久，文化、艺术、智慧、政治和对哲学的兴趣，无不在亚洲民族之上。"[1]

爱尔维修（C. A. Helvétius，1715—1771），早年也读过耶稣会学校，认同重农学派，期望通过"开明君主"实现政治改革。他去过英国，深受洛克的影响，主张人享有各种自然权利。如果人民的基本权利被剥夺，人民就有权起义。他主张摧毁一切传统宗教，尤其把天主教看作是一种专制，维持愚昧剥削人民。他信奉自然主义的自然神论，也是无神论和唯物论者。

霍尔巴赫男爵（Baron d'Holbach，1723—1789）则公开表明自己是无神论者。1761年出版《揭开基督教的面纱》（*Christianisme dévoilé*），直接抨击基督教和其他宗教是人类道德进步的障碍。1770年出版的《自然体系》（*Le Système de la nature*），主张一种唯物的"自然主义世界观"，彻底否认神的存在，是一位最激进、最彻底的唯物主义无神论者，被称为"法国唯物主义和无神论的顶峰"。

他也是公开的颂华派，尊崇重农学派，呼吁欧洲国家"必须以中国为模范"。他通过英国"自然主义自然神论"崇尚中国的理性和道德。他以中国为

---

① 利奇温，第82页。

模范，激烈抨击基督教压抑人性，认为宗教是为暴政服务，"宗教和暴政是人类所有不幸痛苦的根源"。他呼吁（像中国那样）以道德和美德（vertu）代替宗教；（像中国那样）普及教育，教育可以造就有美德的公民，去除愚昧、迷信和奴役；（像中国那样）君王必须服从法律，所谓"合法专制"……

他要求"无条件的自由"，激进要求平等，取消贵族和教会特权。他反对温和改良，而是要打倒现存制度，建设一个新世界……

正是上面这六位法国启蒙思想家吸收了英国自然神论和唯物论，根本地影响了法国大革命的反基督教运动。

这场反基督教运动从 1793 年 9 月到 1794 年 8 月。可以分为两场。前一场是埃贝尔（J. R. Hébert，1757—1794）、肖梅特（P. Chaumette）和克洛茨（A. Cloots）等无神论者领导的"理性崇拜"（Culte de la Raison），也称为"去基督教化"运动。后一场是法国大革命标志性人物罗伯斯庇尔（Robespierre，1758—1794）领导，崇拜自然神论的"最高主神"（être suprême），以取代基督教的上帝崇拜。

"理性崇拜"运动是从 1793 年秋到 1794 年春，持续时间比较长，规模也大。而崇拜"最高主神"持续时间不到三个月，主要表现为巴黎的一场庆典。

前后两场运动表面上有不同，但两者都尊奉自然神论。只是前者更激进到无神论，后者则犹抱琵琶，最高神还是要的，但也摒弃基督教的上帝。

"理性崇拜"运动的主要领导者埃贝尔是一位无神论者，也信奉自然神论。埃贝尔的思想主要来自狄德罗的无神论和自然主义。

大家不会想到，狄德罗不过是编编《百科全书》，怎么会对无神论"去基督教化"运动产生这么大影响？事实的确如此，因为《百科全书》有伏尔泰、爱尔维修和霍尔巴赫等人撰写的词条文章激烈抨击基督教。《百科全书》用唯物主义自然科学知识，破除宗教迷信，崇尚理性，所以导致了无神论的"理性崇拜"。

但反基督教运动的总司令是伏尔泰。是伏尔泰最早猛烈批评基督教，然后是狄德罗、爱尔维修、霍尔巴赫，一路到埃贝尔的"理性崇拜"。

也是伏尔泰最早提出教会法要服从于民法，教士世俗化并关闭修道院。法国大革命反基督教运动有一个逐步升级的过程。

1789 年"8 月法令"废除封建制，同时没收教会财产。

1790 年 2 月 13 日，法令解散宗教团体和修道院。7 月 12 日颁布《教士公民宪法》，法国教会脱离罗马教皇，让教士成为国家的雇员，薪俸由国家支付。教士、主教、大主教由公民选举产生，并要求神职人员宣誓效忠宪法。拒绝宣誓的教士遭到驱逐或迫害。

1792 年 8 月巴黎无套裤汉发动起义，无神论者埃贝尔和肖梅特当选巴黎起义公社领导。1793 年 5 月底至 6 月初巴黎又发生民众暴动，罗伯斯庇尔开始雅各宾派专政，建立了革命独裁统治。

1793 年 8 月份开始，法国外省多地出现反基督教运动，随后影响到巴黎出现反基督教的"理性崇拜"。

10 月 5 日，国民公会废除基督教历法，采用全新的共和历。就是说，不再使用基督纪年，而是"时间从此开始"：把法国建立第一共和国的 1792 年命名为"共和元年"（共和历使用了 12 年）。基督教 7 天一星期也被废除，改用 10 天一旬，一年 36 旬加 5—6 天。12 个月份也使用"自然主义"的命名：葡、雾、霜、雪、雨、风、芽、花、牧、获、热、果月，彻底清除基督教在时间上的痕迹。

在此期间，埃贝尔派领导的反基督教运动在巴黎和外省愈演愈烈。这些无神论者为了彻底清除天主教和旧制度的迷信，全力创造一个新信仰——"理性崇拜"。

人们让一位年轻女性扮演"理性女神"，到街上游行（图 357）。大家欢呼人类自己的理性，不再信奉那个给人们带来压抑和痛苦的基督教上帝。

法国多地发生打砸抢教堂的事件。人们砸毁教堂的雕塑，拆掉教堂的祭坛和十字架。巴黎圣母院的许多雕像，就是在法国大革命期间被砸掉的。还有暴民抢掠教堂的财

图 357　法国大革命，"理性女神"群众游行

物，甚至盗挖了巴黎圣德尼教堂的国王墓葬（图358）。

在反基督教运动的狂热当中，巴黎市中心城岛上的圣巴泰勒米教堂被拆毁（图359-左）。一些效忠罗马教廷的天主教人士和拒绝放弃天主教信仰的教士，被送上断头台或绞死（图359-右）。

1793年11月10日，法国各地举行庆祝"理性节"活动。巴黎圣母院被

抢掠教堂财物　1793年　　　　　　1793年10月挖盗圣德尼教堂国王墓葬

图358

巴黎城岛上的圣巴泰勒米教堂被拆毁　　　　英国讽刺法国大革命漫画
　　　　　　　　　　　　　　　　　　　　　吊死神父，烧毁教堂

图359

改成"理性庙"（Temple de la raison）。一位年轻女性扮演理性女神，头戴红帽，坐在一个"哲学"祭坛前。大家唱歌跳舞，赞美"理性"（图360）……同一时期，法国2000多个教堂被改成"理性庙"。

11月23日，国民公会下令关闭巴黎所有教堂。"理性崇拜"反基督教运动在法国东南部的勃艮第地区，中部里昂地区，巴黎地区和法国北部比较激烈。

罗伯斯庇尔不赞成理性崇拜和去基督教化的过度行为。1794年，他提出另一种公民宗教——崇拜自然神论的"最高主神"。

1794年6月8日，罗伯斯庇尔在巴黎战神广场，组织了一场空前盛大的庆祝"最高主神"节（图361）。据称来了几十万人。

罗伯斯庇尔信奉的自然神论是来自卢梭。他极其崇拜卢梭。曾去卢梭去世的埃默农维尔花园朝圣，还促成1794年4月把卢梭的遗骸入葬巴黎先贤祠。

所以，英国的自然神论通过伏尔泰和卢梭，给予法国大革命的反基督教运动以极大影响。

第二，英国的君主立宪制也给法国大革命提供了直接参照。

法国爆发大革命，有其财政、经济和社会危机的必然性，但最后走到雅各宾专政的暴力统治却有相当的偶然性。因为1789年大革命初期，制宪会议（顾名思义）革命者的最初目的只是制定一部宪法，建立英国式君主立宪制。

革命者们最初并未想推翻国王。1790年7月14日，巴黎战神广场举行联盟节庆祝活动，领导者们宣誓忠于"国家、法律和国王"，民众高呼"国王万岁！"

1791年9月，制宪会议完成制定了一部宪法，法国建立了君主立宪制。国王与立法议会分享权力。形成于大革命的法国红蓝白三色国旗，其中白色是象征法国王室的百合花颜色。

悲剧的是，路易十六和王后于1791年6月20日试图出逃外国，投靠王后的哥哥奥地利利奥波德二世（约瑟夫二世皇帝的弟弟），结果出逃未遂。之后利奥波德二世又联合普鲁士，组成普奥联军入侵法国，激怒了革命者。

终于1792年9月22日，国民公会宣告废除君主立宪制，成立法兰西共和国。国王以叛国罪被审判。1793年1月21日国王在巴黎革命广场（今协和广场），被送上断头台。法国大革命的血腥恐怖一发而不可收拾。雅各宾专政

图 360　1793 年 11 月 10 日，巴黎圣母院变成"理性庙"，庆祝"理性节"（La fête de la Raison）

　　　　　　　　　　　　　光从中华来——以图证史（下）

图 361　1794 年 6 月
8 日巴黎战神广场，
庆祝"最高主神节"

期间巴黎和外省共处决了 7 万多"反革命分子"。共和军屠杀了 20 万（至少 11 万）法国西部旺代地区保皇派的暴动农民。

　　一般认为法国大革命是一场最彻底的资产阶级革命，似乎具有空前意义。而实际上，法国大革命完全是照搬了 149 年前的英国资产阶级革命。甚至砍国王脑袋、成立共和国也是照搬英国。

　　荷兰、英国和法国建立共和国，都是资产阶级（市民阶级）推翻君主制夺取政权。荷兰和英国资产阶级建立共和国之后，发现没有国王自己当政有很多问题，不如假借一个国王当政的名义，搞了"立宪君主制"（比"君主立宪制"更确切）。国王是虚的，实际上是资产阶级自己当政。法国大革命之后君主制和共和制反复轮换，直到 1870 年最终确定共和制，但假借了"人民作主"的名义。民主是虚的，实际上是资产阶级"财阀当政"（plutocracy）。"立宪君主"和"民主"是西方现代资产阶级当政的两个假头套。

　　当然，法国大革命与英国革命也有不同，那就是法国大革命突出强调了平等。法国贵族奥尔良公爵路易·菲利普二世也参加革命，竟然放弃自己头衔，把自己的名字改成"菲利普·平等"（Philippe Egalité），自称"平等公民"。1792 年秋，雅各宾俱乐部从原名"宪法之友社"改名为"自由平等之友社"。法国大革命追求平等，导致出现巴贝夫的"平等派"。

　　英国人重自由，法国人重平等。

　　第三，英国共济会对法国大革命起到重大推动作用，其实是学界公开的秘密。甚至有观点认为，法国大革命是共济会发动的一场"政变"。

共济会本义是"自由石匠"（freemason）兄弟会。

1717 年 6 月 24 日共济会在英国伦敦成立。1738 年 6 月 24 日，有英格兰和苏格兰共济会代表参与，"法国大会所"成立。

1773 年 6 月 24 日，法国成立共济会"大东方"会所，这是法国总会所，也是欧洲大陆影响最大的会所。奥尔良公爵菲利普·平等担任首任大师傅（会长）。1776 年，天文学家拉朗德（J. Lalande）在巴黎创立隶属于"大东方"之下的"九姐妹"会所……

共济会的组织形式，最初类似秘密结社或私人俱乐部。英国和法国有总会所，欧洲各国各地有小会所，小会所经常有自己的名字。共济会不像罗马天主教廷统一管理各国教会，各国共济会之间是互相独立的关系。

共济会根本上是代表市民资产阶级新贵（也包括一部分贵族）的利益，反宗教反专制，要求自由平等，是其主要宗旨。

英国共济会反宗教，其实有信仰——信奉自然神论。英国共济会信仰"最高主神"（Supreme Being），也称"God"（简写为 G），认其为"宇宙伟大建筑师"。自然神论本是理性神学，所以共济会也崇尚理性。

崇尚理性，当然也崇尚知识，重视科学和对自然的探索。共济会推崇"七艺"：文法、修辞、辩证法、算术、几何、音乐。通过七艺通向智慧殿堂，所以许多共济会员是科学家、学者和音乐家（海顿、莫扎特和贝多芬都是共济会员）。"九姐妹"之说源于古希腊九位掌管艺术与科学的缪斯女神。

综合上述共济会特征——反宗教反专制、自然神论、崇尚理性，人们会发现英国共济会对法国启蒙运动（包括百科全书派）很早就发生了影响。

法国启蒙运动三剑客伏尔泰、卢梭和孟德斯鸠，百科全书派主将狄德罗、爱尔维修和霍尔巴赫等人都是共济会员！

1766 年爱尔维修与天文学家拉朗德一起，建立名叫"科学"的共济会所。1776 年拉朗德创建"九姐妹"会所，就在法国王家科学院内部活动，与科学院关系密切。科学院的常任秘书马蒙特尔（J.-F. Marmontel）就是"九姐妹"会员。另两个会员，植物学家朱西厄（A. L. de Jussieu）和历法学家罗姆（G. Romme）参与创建了法兰西学院（Institut de France）的前身。

"九姐妹"汇聚了法国科学界、思想界和文艺界著名人物。伏尔泰就是这个会所的荣誉会员，他的共济会围裙保留至今（图 362- 上）。美国国父之

日

月

金字塔

伏尔泰的共济会围裙
日＋月＝明

自由

博爱

平等

法国共济会大会所的旗帜：自由，
平等，博爱（兄弟之爱）

图 362

一富兰克林也是"九姐妹"的会员，1779 年甚至被选为会长，为争取法国支持美国独立战争起了很大作用。

爱尔维修夫人主持了一个沙龙，人称"奥斗耶圈子"（Le cercle d'Auteuil），成员大部分是共济会员，其中许多是英国人。霍尔巴赫的沙龙也差不多，也有亚当·斯密和休谟等英国朋友。

共济会不仅影响法国启蒙思想家，也直接对法国大革命发生影响。

1776 年，法国有 198 个共济会所，巴黎有 37 个。到法国大革命爆发之时，全法国大约有 1250 个共济会所，4 万名会员。里昂是共济会所较多的城市。

法国大革命的著名口号"自由、平等、博爱"，实际上是一个共济会口号。法国苏格兰礼仪共济会的旗帜上就绣有这个口号（图 362- 下）。其中"博爱"（fraternité）本义是"兄弟之爱"，浓浓的共济会味道。因为共济会就是兄弟会，内部互称兄弟。

法国大革命的头面人物几乎都是共济会员。演说家米拉波、拉法耶特将军、丹东、马拉、孔多塞侯爵，埃贝尔，罗伯斯庇尔的战友库东（G. Couthon）……都是明确身份的共济会员。罗伯斯庇尔没有明确是共济会员。但从思想和行为来看，他应该是

图363　《人权与公民权宣言》画板上共济会的标志：金字塔和全视之眼

共济会员。甚至有学者认为，雅各宾俱乐部就是一个共济会所的延续。

法国大革命的《人权与公民权宣言》，共济会员拉法耶特参与起草。无怪乎，在一块非常著名的人权宣言画板上，赫然画有共济会标志性的金字塔和全视之眼（图363）。

甚至法国国歌《马赛曲》的作者鲁热·德·利尔（R. de Lisle），也是一位身份明确的共济会员。

《马赛曲》并不是诞生于马赛，而是共济会员德·利尔创作于斯特拉斯堡，原名叫《莱茵军团进行曲》。邀请他创作此歌的斯特拉斯堡市长是当地共济会会长。法国共济会分布地区与发生反基督教"理性崇拜"的地区非常重合。斯特拉斯堡大教堂在"理性崇拜"运动中也被改成理性庙，与当地共济会势力有关。

共济会也是美国独立战争的幕后推手。富兰克林、华盛顿和杰弗逊等美国国父都是共济会员，广为人知，无需赘言……

尽管共济会在今天深度参与当今统治世界的盎格鲁－犹太国际金融财阀集团[1]，显得很神秘，搞阴谋，但在历史上还是起到一些积极意义。

认真追究起来，英国共济会的起源也有中国文化的影响。英国共济会崇奉的自然神论，其中国渊源就不用说了。

共济会"自由石匠"的标志性工具——圆规与矩尺，其实就是中国木匠的"规矩"。新疆吐鲁番阿斯塔纳古墓出土的唐朝绢画上，绘有女娲持圆规，

---

[1]　参阅何新先生揭密共济会《统治世界》三卷。

伏羲持矩尺。以工具而论，共济会可以称为"规矩会"。

共济会的象征图案上都画有一个太阳和一个月亮。参看伏尔泰的围裙。日和月，不就是中国的"明"字吗？

用理性之光明，知识之光明，驱散宗教黑暗。共济会有自己的纪元，把时间的开始（基督纪元前 4000 年）命名为"光明元年"。1776 年德国巴伐利亚成立一个类似共济会的组织，干脆把自己叫做"光明会"（Illuminati，"光照会"）。启蒙运动被称为"光明的世纪"（法文）和"光明照亮"（英文），可谓浓浓的共济会意味……共济会以日月象征光明，与中国的"明"字明显有联系。

中国的理性文化通过英国自然神论和共济会，影响了法国启蒙运动和法国大革命，脉络清晰。

1987 年 11 月 10 日，法国前总统希拉克在欢迎李先念主席时也曾说："（法国的启蒙思想家）在中国看到了一个理性、和谐的世界，这个世界听命于自然法则又体现了宇宙大秩序。他们从这种对世界的看法中汲取了很多思想，通过启蒙运动的宣传，导致了法国大革命。"

整个 17 至 18 世纪，是自然神论或无神论的中国理性文化启蒙了欧洲，让欧洲摆脱了愚昧，从神权统治走向现代世俗社会。

余绪——

很可惜，欧洲对中国文化的崇拜，所谓中国热，随着法国大革命的结束戛然而止。

中国"开明专制"的模式对于已经掌握政权的欧洲资产阶级失去了意义。同时，欧洲的科学技术得到迅速发展，后来居上。19世纪，欧洲中心主义，欧洲种族优越感和文化优越感日益兴盛。欧洲从狂热崇华，迅速转入全面贬华。

尽管如此，19世纪的西方依然在借取中华文明的成果。

欧洲的现代普及教育和公务员文官制度，都是从中国学来。

耶稣会士从一开始就夸赞中国的普及教育和科举考试。门多萨《中华大帝国史》说："（中国）皇帝在每座城市用自己的钱设置书院和学校。"沃尔夫全身心赞颂中国的普及教育。杜赫德《中华帝国全志》译述朱熹《劝学篇》有"关于建立公立学校使人民得幸福的方法"。魁奈对中国远及穷乡僻壤的"普遍教育"备极赞扬……

1833年，法国颁布《基佐教育法》，推行公立初等教育。每乡设立一所初等小学，每个城市一所高等小学。为了保证教师，每个省设立一所师范学校。

1870年，英国颁布《初等教育法》，实施国民义务初等教育。也就是说，欧洲国家普通国民的识字率，只是在19世纪才开始普及。

学习中国科举考试，欧洲建立了现代公务员制度。1855年英国颁布法令通过考试录用公务员。之前担任公职都是世袭贵族。美国是1883年颁布"彭德尔顿法"，通过考试录用公务员。法国晚至20世纪40年代，也采用考试录用公务员。

普及教育和文官制度，是 19 世纪中国馈赠给西方两个极其重要的文明礼物。

有意思的是，中国文化热在欧洲熄灭，却在美国又发了一阵余热。

19 世纪 40 年代，美国出现了一位热爱中国文化的思想家爱默生（R. W. Emerson，1803—1882）。他热切地阅读儒家经典"四书"，精研《论语》和《孟子》，在阅读过程中摘录引用儒家道德格言"达百余条"。他认为"这些格言无所不包，犹如天堂般完美"。

爱默生崇尚儒家道德，赞赏孔子"己所不欲勿施于人"的道德法则，认同孟子性善论。他欣赏中国文化所呈现的宇宙整体性，人与自然相和谐。他相信好的政府必须建立在良好的道德基础上，个人要做一个对社会负责的君子。他想借用中国文化来塑造美国的国民性，被称为"美国的孔夫子"……

爱默生作为"美国文艺复兴"的领袖，对美国社会的影响很大。也许是因为这位"美国孔夫子"，孔子在美国知识界有相当地位。

今天美国华盛顿最高法院正门的山花上，有一尊孔子的雕像，与摩西和梭伦在一起（图 364）。基督教的摩西十诫代表了宗教法典，古希腊立法者梭伦代表了民事法典，而孔子代表了道德典范。

中国文化直接影响了欧洲 500 余年。当年"中国热"的痕迹在今天的欧洲被洗刷殆尽，在美国还残留一些流风遗韵，令人悲喜交集……

图 364　美国华盛顿最高法院山花的孔子雕像

结语：中华文明之光照耀人类未来

英国历史学家杰克·古迪所著《偷窃历史》，揭露西方将别人的文明历史窃为己有："历史被西方接管。"

的确，19世纪以来，西方不仅在军事上称霸世界，也接管了世界历史，掌控了世界文明史的解释权。

西方代表了"文明"，其余世界都是蒙昧和野蛮。西方历史代表了人类文明正史。西方是世界历史舞台的主角，其余民族都是给西方历史充当配角，跑龙套。

"西方被想象成天然具有独一无二的美德：理性、勤勉、高效、节俭、具有牺牲精神、自由、民主、诚实、成熟、先进、富有独创性、积极向上、独立自主、进步和充满活力。东方就成为与西方相对的'他者'：非理性、武断、懒惰、低效、放纵、糜乱、专制、腐败、不成熟、落后、缺乏独创性、消极、具有依赖性和停滞不变。"（霍布森《西方文明的东方起源》）

然而，历史的真相是：中华大地是人类古代文明的主要发源地。中华文明史才真正是人类文明正史。中华文明在人类历史上长期占主导地位。

中华山河气候温润，物华天宝，钟灵毓秀。长江黄河孕育的中华古代农业文明，代表了人类古代文明的最高峰。

有了农业才有文明。没有农业，何来文明？

欧洲地处亚欧大陆西部，长期处于蛮荒状态。中国北方草原的游牧部族，文明程度不及中原。但当他们被中原王朝击败往西迁徙时，却可以在西迁道路上所向披靡，称王称霸。匈奴和蒙古人西征，对于欧洲是一种降维打击。

人类文明当然有互相交流。但当两个地区文明程度有落差时，必然呈现为一种从高到低的单向流动。中华文明在文化和科技上全面早熟，犹如源源不竭的文明甘泉，流溢四方，向西流向中亚、西亚，直至欧洲。

西方文明是在中华文明的滋养下得以现代"新生"。

尤其自1513年中欧海路开通之后，西方传教士来到中国，对中华文明成果进行了大规模搬运。除了四大发明，中华文明还在钢铁、陶瓷、医药、天文学数学、器物、艺术和文化思想等方面，全面影响欧洲，激发了大西洋五国葡萄牙、西班牙、荷兰、法国和英国的现代崛起。

西方在200多年中编撰出来的"世界文明史"，是西方中心论的产物。全然无视历史真相，把神话传说当历史，充斥了虚构和伪造，堪称故事学，是一部真正的伪史。

多山缺水人稀的半岛产生了"古希腊文明"，高温沙漠生长出"古埃及""古两河"和"古印度河"文明，可谓荒诞无稽。

欧洲本没有古代文明，就无所谓"重生"（文艺复兴）。"文艺复兴"一词是"被发明出来建构一个关于欧洲文化优越性的令人心悦诚服的神话"，"（它）强化了19世纪欧洲的帝国主义，用来证明欧洲对世界其他地区统治的合法性。"[①]

西方列强非常懂光有枪杆子不行，还得有笔杆子。军事武力并不能真正征服对手，必须在精神上进行征服，让对手产生自卑跪下来，心悦诚服崇拜西方。西方伪史为西方对其他民族实施精神征服发挥了巨大作用。

"帝国主义从来都不仅仅是枪炮和商品，它还是一个文化过程。"[②]19世纪英美传教士来中国，极其注重在中国办教育，灌输西方伪史。民国时期西方在中国办了20多所教会大学。国立学校也是照搬西方历史教科书。

西方伪史虚构出一个自古就辉煌的西方文明，处心积虑遮蔽中华文明的光辉。经过100多年西方伪史的洗脑，中国读书人对西方文明史深信不疑。历史学界充斥各种文明"西来"论。

百年中国，是一个文化上丧魂落魄的中国。中国读书人皆曰中华历史"专制"，中国文化"落后"，民族性"劣根"。文化精英们普遍文化自卑，全

---

① 古迪，第146页。
② 何伟亚，第3页。

身心拥抱西方文明，神往西方，魂迷西方。他们崇拜西方的"文化热"在80年代达到高潮，流风于今不绝。

社会进化论以物质为标准来衡量文化的先进落后（本质是西方文化中心论），构成现代中国人文化自卑的根本原因。随着中国物质经济军事水平的不断提高，物质原因导致的文化自卑日渐消失。今天，西方伪史成为中国人文化自卑的最主要原因。

自卑是因为迷信，迷信是因为无知。正是西方伪史教科书长期洗脑，一般中国文化人对17至18世纪欧洲狂热崇拜中华文明的"中国热"全然无知，对中华文明全面影响欧洲的真相全然无知。

当今之时，中华民族正走向伟大复兴。西方"接管历史"的现象不应再继续下去了。历史解释权不仅关乎文化自信，更关乎文化话语权，必须夺回掌握在自己手里。

毋庸置疑，西方现代文明为了人类做出了伟大贡献，西方现代科技为人类生活提供了巨大的便利。但同时应该看到，中华民族在整个人类文明科技史上做出了无数决定性贡献。西方现代科技并非独立起源，而是站在中国巨人的肩膀上进一步发展，才获得今天的成就。

乌云终究遮不住太阳。谎言终究不能掩盖真相。

中华民族要走向伟大复兴，必须清算西方伪史，重新昭显中华文明在人类文明史上长期占主导地位的正史。

中华文明是一个理性、包容、尊重他人的文明。伟大的孔子早在2500年前就提出"仁"的概念。仁，二人也，二人互相尊重。

君王要施仁政，用王道弃霸道。仁行天下为文明。中华民族正是以仁行天下的文明感召，不断同化周边的戎狄蛮夷，让华夏的"天下"越来越大，最终形成今天疆域如此辽阔的中国。

西方文明固然吸收了不少中华文明尊重人的成分，但西方历史上长期实行奴隶制，崇尚强权霸道，终究难改其奴役他人、统治他人的文化基因。

靠强权统治的文明不可持续。只有尊重他人、合作共存的文明才能获得人类最大多数的认同。

中华民族从历史一开始就向往天下大同："大道之行也，天下为公。"那是一种真正的人类各族人民和谐共存的文明形态。

中华民族自古还有天人合一的宇宙观，很早就意识到人类必须与大自然和谐共存。

因此，中华文明之光不仅照耀人类的过去，还将照耀人类的未来。

天不生华夏，世界万古如长夜！

光从中华来！

后记

本书自 2019 年 2 月底开始写，到今天完稿，整整过去了 4 年，写得非常非常慢。除了一些有限的教学任务，大部分时间都用于写书。三年疫情，对于很多人来说是一种禁闭，对于我没有什么影响，本来就是闭门写书。

最初仅仅是想写一本 10 万字左右，取名《如是我疑古希腊》的小书。后来发现西方虚构历史肆无忌惮，历史真相是中华文明全面影响欧洲，于是又增加了上册的第二部分和下册。最初书名拟为《历史的阴谋》，与我《艺术的阴谋》之书名相关联，后来没有采用。

内容越写越多，写作速度越来越慢，因为许多领域我以前不了解，需要先做一番研究才能动笔。很幸运，在研究中得到了许多意外发现，收获巨大。

2019 年 8 月，首届西史辨伪研讨会在北京举行，十几位学者相聚一堂，初步形成西史辨伪学派。与同道交流，开阔了视野，更进一步激发我去全面揭示西方虚构历史，贬低中华文明的真相。

2020 年底写完了上册，便在自己的微博（河清 00）和微信公众号，发了书稿的 8 个"以图证史"小片段，让读者先睹为快。

2021 年 1 月 23 日，因缘际会，受邀做了一个题为《以图证史——从希腊出发追索西方虚构历史》的网络直播讲座，把 8 个小片段合起来讲了一遍，结果引起了不小的社会反响。沸点视频电话采访我的短视频"浙大教授回应金字塔是现代伪造"，网络阅读达 1100 万次。

招来了不少谩骂，但都不是质疑我的论据，而是凭"常识"来骂人。只是谩骂，对我毫无损害，不予理会。

西方虚构历史，中华文明全面影响欧洲，论点不会有错。但本书涉及的领域和知识点非常广，一定会有很多疏误。很多主题没有展开，蜻蜓点水，无瑕全面论证。所以真诚欢迎读者们不吝指教，补充纠正。

我此前写过《现代与后现代——西方艺术文化小史》（1994）《民主的乌托邦》（1994）《全球化与国家意识的衰微》（2003）《破解进步论——为中国文化正名》（2004）和《艺术的阴谋》（2005）共5本书。每一本都是针对中国的具体现实提出自己的思考，自忖对祖国也算做了一点微薄的学术贡献。

没想到，过了花甲之年，竟有机缘用4年时间写出本书，自认比以前写的那些书更重要。本书对于中国知识界主流"常识"是颠覆性的，让人们得以全新的角度去看中国和世界文明史。揭露西方伪史，重昭中华正史，能写出这本书，此生无憾。

我在1990年底完稿的《现代与后现代》"题外话"中，就痛感"中国人的文化自卑感是当今中国的头号大患"，"一个在文化自卑和对自己的文化丧失自信的民族，是不可能在世界上久存的"，反复呼吁"文化自信心"，倡扬一种"文化的民族主义"……欣慰的是，30年后"文化自信"已成为神州大地的普遍呼声。

2017年底，我在浙大开启"破除西方文化中心论，高扬中国文化自信"的高校公益巡回讲座（讲了30多场）。

我在《现代与后现代》的"题外话"中，还呼吁恢复中国的纪年和度量衡。每次讲座也都要讲"我们要有自己的时间（纪年），过自己的新年，有自己的度量衡"。

这里再次呼吁：把1949年，设为"独立元年"或"复兴元年"（可以讨论），有了年号就可以接上中华纪年历史，拥有我们自己的历史纪年方法和时代链条。也可以考虑设立黄帝纪年。而今天使用的"公元"，其实是西方基督纪元。"2023"与中国历史毫无关系。

放弃所谓"春节"的说法，恢复称"新年"。1914年，西化的民国政府为了让中国过西方的新年，硬把中国的过年改名为"春节"，是一种文化自卑的表现。直到今天，西方的新年叫"元旦"（新年第一天），自己过的新年却叫作"春节"，名不副实，是时候改回来了。

恢复中国自己的度量衡，可采用双标注（斤两／公斤克、尺寸／米厘米）。"公斤""公里"的名称尚保留中国的斤和里，"千克"和"千米"则彻底去掉了中国度量衡的痕迹，应当放弃。……

还想建议设计中国大学自己的学位服。今天中国大学使用的学位服源于西方基督教徒的僧侣袍，荒诞不经，应予废止。

纪年、历法和度量衡，是一个民族历史意识和文化认同的根本体现。用时髦话说，这是当今中国最最最重要的"非物质文化遗产"。

恢复文化自信，就从恢复中国自己的年号、新年和度量衡开始吧！

癸卯孟春　于杭州

参考书目

1. 朱谦之:《中国哲学对欧洲的影响》(1940 年初版),上海世纪出版集团,2006 年。

2. 阎宗临:《中西交通史》,广西师范大学出版社,2007 年。

3. 阎宗临:《欧洲文化史》,商务印书馆,2021 年。

4. 河清:《现代与后现代——西方艺术文化小史》,香港三联书店,1994 年;中国美术学院出版社,1998 年。

5. 河清:《民主的乌托邦》,香港明报,1994 年;中国社会科学出版社,2004 年(《西方民主的乌托邦》,上海人民出版社,2014 年)。

6. 河清:《破解进步论——为中国文化正名》,云南人民出版社,2004 年;中央编译出版社,2012 年。

7. 何新:《希腊伪史考》,同心出版社,2013 年。

8. 何新:《希腊伪史续考》,中国言实出版社,2015 年。

9. 董并生:《虚构的古希腊文明》,山西人民出版社,2015 年。

10. 诸玄识:《虚构的西方文明史》,山西人民出版社,2017 年。

11. 潘吉星:《中外科学技术交流史论》,中国社会科学出版社,2012 年。

12. 张允熠、陶武、张驰:《中国:欧洲的样板》,时代出版传媒股份有限公司、黄山书社,2010 年。

13. 谈敏:《法国重农学派学说的中国渊源》,上海人民出版社,2014 年。

14. 边芹:《谁在导演世界》,中央编译出版社,2013 年。

15. 边芹：《被颠覆的文明：我们怎么会落到这一步》，东方出版社，2013年。

16. 徐晓东：《伊卡洛斯之翼：英国十八世纪文学伪作研究》，北京大学出版社，2014年。

17. 汤开建：《利玛窦：明清中文文献资料汇释》，上海古籍出版社，2017年。

18. 周宁：《光来自东方》，海天出版社，1998年。

19. 韩琦：《中国科学技术的西传及其影响》，河北人民出版社，1999年。

20. 刘海翔：《欧洲大地的中国风》，海天出版社，2005年。

21. ［西］门多萨：《中华大帝国史》，何高济译，中华书局，2013年。

22. ［德］基歇尔：《中国图说》，张西平等译，大象出版社，2010年。

23. ［法］安田朴：《中国文化西传欧洲史》（另译《中国的欧洲》），耿昇译，商务印书馆，2013年。

24. ［法］毕诺：《中国对法国哲学思想形成的影响》，耿昇译，商务印书馆，2000年。

25. ［法］雅克·布罗斯：《发现中国》，耿昇译，山东画报出版社，2002年。

26. ［法］陈艳霞：《华乐西传法兰西》，耿昇译，商务印书馆，1998年。

27. ［法］蓝莉：《请中国作证——杜赫德的〈中华帝国全志〉》，许明龙译，商务印书馆，2015年。

28. ［美］罗伯特·K·G·坦普尔：《中国：发明与发现的国度》，陈养正等译，21世纪出版社，1996年。

29. ［英］约翰·霍布森：《西方文明的东方起源》，孙建党译，山东画报出版社，2009年。

30. ［德］利奇温：《十八世纪中国与欧洲文化的接触》，朱杰勤译，商务印书馆，1962年。

31. ［英］杰克·古迪：《偷窃历史》，张正萍译，浙江大学出版社，2009年。

32. ［英］杰克·古迪：《文艺复兴：一个还是多个？》，邓沛东译，浙江大学出版社，2017年。

33．［美］詹姆斯·洛温：《老师的谎言》，马万利译，中央编译出版社，2009 年 。

34．［美］何伟亚（J. L. Hevia）：《英国的课业：19 世纪中国的帝国主义教程》，刘天路、邓红译，社会科学文献出版社，2007 年。

35．［德］贡德·弗兰克：《白银资本：重视经济全球化中的东方》，刘北成译，中央编译出版社，2008 年。

36．［美］彭慕兰：《大分流：欧洲、中国及现代世界经济的发展》，史建云译，江苏人民出版社，2016 年。

37．［英］加文·孟席斯：《1421：中国发现世界》，师研群译，京华出版社，2005 年。

38．［荷］约翰·赫伊津哈：《中世纪的秋天：14 世纪和 15 世纪法国与荷兰的生活、思想与艺术》，何道宽译，广西师范大学出版社，2008 年。

39．［英］彼得·伯克：《文艺复兴》，张宏译，北京大学出版社，2013 年。

40．［俄］A. N. 捷连季耶夫 - 卡坦斯基：《从东方到西方》，左少兴译，商务印书馆，2012 年。

41．［英］迈克尔·伍德：《追寻特洛伊》，沈毅译，浙江大学出版社，2014 年。

42．［美］埃里克·沃尔夫：《欧洲与没有历史的人民》，赵丙祥等译，上海世纪出版集团，2006 年。

43．［美］理查德·扎克斯：《西方文明的另类历史》，李斯译，海南出版社，2002 年。

44．［英］乔治·马戛尔尼、约翰·巴罗：《马戛尔尼使团使华观感》，何高济、何毓宁译，商务印书馆，2013 年。

45．［希］娜希亚·雅克瓦基：《欧洲由希腊走来》，刘瑞洪译，花城出版社，2012 年。

46．［英］裕尔：《东域纪程录丛》，张绪山译，中华书局，2008 年。

47．［英］洛克：《自然法论文集》，李季璇译，商务印书馆，2014 年。

48．［美］斯塔夫里阿诺斯：《全球通史》，吴象婴、梁赤民译，上海社会科学院出版社，1999 年。

49．［美］Lewis A. Maverick: *China, a Model for Europe*, Paul Anderson,

San Antonio, Texas, 1946（马弗利克：《中国，欧洲的样板》）。

50.［美］W.W. Appleton: *The Chinese Vogue in England during the Seventeenth and Eighteenth Centuries*, Columbia University Press, 1951（阿普勒顿：《17—18 世纪英国的中国热》）。

51.［法］Etiemble: *L'Europe chinoise*, Gallimard, 1989, Paris（安田朴：《中国的欧洲》）。

52.［法］Marc Crépon：*L'Orient au miroir de la philosophie*, 1993, Paris（克雷蓬：《哲学镜像中的东方》）。